JN059951

公益財団法人 全国商業高等学校協会 主催
文部科学省 後援

令和5年度　第97回
簿記実務検定試験
第1級　会計

(令和6年1月28日実施)

時間　9時00分から10時30分(制限時間90分)

注意事項

1　監督者の指示があるまで，問題を開いてはいけません。

2　問題用紙は1ページから7ページまであります。

3　問題用紙の落丁や印刷が不鮮明である場合には，挙手をして監督者の指示に従いなさい。なお，問題についての質問には応じません。

4　解答はすべて解答用紙に記入しなさい。

5　途中退室は原則できません。

6　試験終了後，問題用紙も回収します。

受験番号

1 次の各問いに答えなさい。

(1) 次の各文の [ ] にあてはまるもっとも適当な語を，下記の語群のなかから選び，その番号を記入しなさい。

a．企業会計は，すべての取引につき [ア] の原則にしたがって，正確な会計帳簿を作成しなければならない。しかし，勘定科目の性質や金額の大きさによっては，本来の厳密な処理方法によらず他の簡便な方法をとることも認められる。これは [イ] の原則によるものである。

b．企業会計上と課税所得計算上の資産または負債の額に相違等がある場合に，差異が生じることがある。この差異を調整して，税引前当期純利益と課税所得を合理的に対応させる手続きを税効果会計という。差異には，将来の期間で解消される貸倒引当金の繰入限度超過額やその他有価証券の評価差額などがあり，このような差異を [ウ] という。

c．株式会社が，すでに発行した自社の株式の一部を取得して保有している場合，この株式を自己株式という。期末に自己株式を保有している場合は，貸借対照表において，[エ] から控除する形式で表示する。

1. 重　要　性　　2. 永久差異　　3. 資産の部　　4. 一時差異
5. 純資産の部　　6. 単　一　性　　7. 正規の簿記　　8. 保守主義

(2) 次の文を読み，各問いに答えなさい。

棚卸資産の取得原価は，正しい期間損益を計算するために，当期の(ア)費用となる部分と [イ] として次期に繰り越す部分に分ける必要がある。これを [ウ] の原則という。

a．下線部(ア)を英語表記にした場合にあてはまる語を選び，その番号を記入しなさい。
1. Assets　　2. Revenues　　3. Expenses　　4. Liabilities

b．[イ] と [ウ] にあてはまるもっとも適当な語を選び，その番号を記入しなさい。
1. 費用配分　　2. 資　産　　3. 収　益　　4. 総額主義

2 次の各問いに答えなさい。

(1) 右の資料により，令和5年3月31日（連結決算日）における次の連結損益計算書・連結株主資本等変動計算書・連結貸借対照表の（ ア ）から（ エ ）にあてはまる金額を答えなさい。

連結損益計算書

P社　　令和4年4月1日から令和5年3月31日まで　　（単位：千円）

売上原価	225,900	売上高	（ ア ）
給料	84,600		
のれん償却	（ イ ）		
当期純利益	（ ）		
	（ ）		（ ）
非支配株主に帰属する当期純利益	900	当期純利益	（ ）
親会社株主に帰属する当期純利益	（ ）		
	（ ）		（ ）

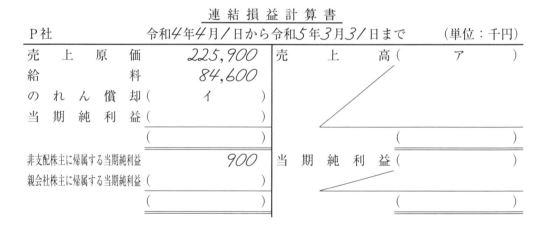

連結株主資本等変動計算書

P社　　令和4年4月1日から令和5年3月31日まで　　(単位：千円)

	資本金	利益剰余金	非支配株主持分
当期首残高	80,000	13,200	9,000
当期変動額　剰余金の配当		△3,400	
親会社株主に帰属する当期純利益		(　　)	
株主資本以外の項目の当期変動額(純額)			(　ウ　)
当期末残高	(　　)	(　　)	(　　)

連結貸借対照表

P社　　令和5年3月31日　　(単位：千円)

諸資産	173,200	諸負債	67,200
のれん	1,350	資本金	(　　)
		利益剰余金	(　エ　)
		非支配株主持分	(　　)
	(　　)		(　　)

資　料

i　令和5年3月31日における個別財務諸表

損益計算書

P社　　令和4年4月1日から令和5年3月31日まで　(単位：千円)

売上原価	171,900	売上高	242,650
給料	64,000	受取配当金	450
当期純利益	7,200		
	243,100		243,100

損益計算書

S社　　令和4年4月1日から令和5年3月31日まで　(単位：千円)

売上原価	54,000	売上高	76,850
給料	20,600		
当期純利益	2,250		
	76,850		76,850

株主資本等変動計算書

令和4年4月1日から令和5年3月31日まで　(単位：千円)

	資本金		利益剰余金	
	P社	S社	P社	S社
当期首残高	80,000	18,000	13,200	4,500
当期変動額　剰余金の配当			△3,400	△750
当期純利益			7,200	2,250
当期末残高	80,000	18,000	17,000	6,000

貸借対照表

P社　　令和5年3月31日　(単位：千円)

諸資産	136,200	諸負債	54,200
子会社株式	15,000	資本金	80,000
		利益剰余金	17,000
	151,200		151,200

貸借対照表

S社　　令和5年3月31日　(単位：千円)

諸資産	37,000	諸負債	13,000
		資本金	18,000
		利益剰余金	6,000
	37,000		37,000

ii　P社は，令和4年3月31日にS社の発行する株式の60%を15,000千円で取得し支配した。なお，取得日のS社の資本は，資本金18,000千円　利益剰余金4,500千円であった。また，諸資産および諸負債の時価は帳簿価額に等しかった。

iii　のれんは償却期間を10年間とし，定額法により償却する。

iv　P社とS社相互間の債権・債務の取引や資産の売買はなかった。

(2) 次の文を読んで，貸倒見積高を求めなさい。

宮崎商事株式会社は，東西商店に￥1,520,000を貸し付けていたが，同店に重大な問題が生じる可能性が高いことが判明した。よって，決算にあたり上記の貸付金を貸倒懸念債権に区分し，財務内容評価法により貸倒見積高を算定した。なお，担保処分見込額は￥1,060,000であり，貸倒見積率を50％とした。

(3) 熊本産業株式会社の右の資料によって，次の各問いに答えなさい。

① （　ア　）から（　ウ　）に入る金額および比率を求めなさい。なお，総資本利益率は，税引後の当期純利益と，期首と期末の総資本の平均を用いること。

② 次の文の［　　　］のなかに入る適当な比率を記入しなさい。また，｛　　　｝のなかから，いずれか適当な語を選び，その番号を記入しなさい。

収益性を調べるために，売上高総利益率を計算すると，第2期は40.0％で，第3期は［　エ　］％である。第3期は第2期に比べ，売上高総利益率の指標でみると，収益性がオ｛1. 高く　2. 低く｝なっている。売上高営業利益率を計算すると，第2期は15.0％で，第3期は［　カ　］％である。第3期は第2期に比べ，売上高営業利益率の指標でみると，収益性が高くなっている。これは，キ｛1. 広告料　2. 有価証券売却損｝などの販売費及び一般管理費が減少したことが理由に挙げられる。

③ 資料ⅳより判明したことについて説明している最も適切な文章を，次のなかから1つ選び，その番号を記入しなさい。

1. 繰越利益剰余金を原資として700千円の配当がおこなわれた。
2. 剰余金の配当のうち，資本準備金と利益準備金の合計額が，資本金の4分の1に達したため，差額分の70千円を利益準備金に計上した。
3. 増資による株式の発行がおこなわれており，払込金額のうち資本金とする額について会社法に規定する原則を適用した。

公益財団法人 全国商業高等学校協会主催・文部科学省後援

第97回 簿記実務検定 1級 会 計 〔解 答 用 紙〕

1

(1)

a		b	c
ア	イ	ウ	エ

(2)

a	b	
ア	イ	ウ

2

(1)

ア	千円	イ	千円
ウ	千円	エ	千円

(2)

¥

(3)

①

ア	イ	ウ
千円	%	%

②

エ	オ	カ	キ
%		%	

③

1 得点		2 得点		3 得点		4 得点		総得点	

試 験 場 校	受 験 番 号

3

(1)

貸 借 対 照 表

長野物産株式会社　　　　令和5年3月31日　　　　(単位：円)

資 産 の 部			
Ⅰ 流 動 資 産			
1. 現 金 預 金		3,029,000	
2. 受 取 手 形	( )		
貸 倒 引 当 金	( )	( )	
3. 売 掛 金	( )		
貸 倒 引 当 金	( )	( )	
4. ( )		( )	
5. ( )		( )	
6. ( )		( )	
流 動 資 産 合 計			( )
Ⅱ 固 定 資 産			
(1) 有 形 固 定 資 産			
1. 建 物	24,000,000		
減 価 償 却 累 計 額	( )	( )	
2. 備 品	2,840,000		
減 価 償 却 累 計 額	( )	( )	
3. 土 地		9,300,000	
4. 建 設 仮 勘 定		1,900,000	
有 形 固 定 資 産 合 計		( )	
(2) 無 形 固 定 資 産			
1. ソ フ ト ウ ェ ア		( )	
無 形 固 定 資 産 合 計		( )	
(3) 投資その他の資産			
1. ( )		( )	
2. ( )		( )	
投資その他の資産合計		( )	
固 定 資 産 合 計			( )
資 産 合 計			( )
負 債 の 部			
Ⅰ 流 動 負 債			
1. 支 払 手 形		720,000	
2. 買 掛 金		829,000	
3. 短 期 借 入 金		380,000	
4. ( )		( )	
5. 未 払 法 人 税 等		( )	
流 動 負 債 合 計			( )
Ⅱ 固 定 負 債			
1. 長 期 借 入 金		1,600,000	
2. ( )		( )	
固 定 負 債 合 計			( )
負 債 合 計			( )

第97回　全商簿記実務検定　第１級会計

解答編

実教出版

公益財団法人 全国商業高等学校協会主催・文部科学省後援

第97回 簿記実務検定 1級 会計 〔解 答〕

1

採点基準は当社の設定によるものです。 @2点×7＝14点

(1)

a		b	c
ア	イ	ウ	エ
7	1	4	5

(2)

a	b	
ア	イ	ウ
3	2	1

解説

(1)

a．正規の簿記の原則

企業会計は，すべての取引につき（**7．正規の簿記**）の原則にしたがって，正確な会計帳簿を作成しなければならない。しかし，勘定科目の性質や金額の大きさによっては，本来の厳密な処理方法によらず他の簡便な方法をとることも認められる。これは（**1．重要性**）の原則によるものである。

b．税効果会計

企業会計上と課税所得計算上の資産または負債の額に相違等がある場合に，差異が生じることがある。この差異を調整して，税引前当期純利益と課税所得を合理的に対応させる手続きを税効果会計という。差異には，将来の期間で解消される貸倒引当金の繰入限度超過額やその他有価証券の評価差額などがあり，このような差異を（**4．一時差異**）という。

c．自己株式

株式会社が，すでに発行した自社の株式の一部を取得して保有している場合，この株式を自己株式という。期末に自己株式を保有している場合は，貸借対照表において，（**5．純資産の部**）から控除する形式で表示する。

(2)

a．英語表記

1．Assets（資産）　2．Revenues（収益）　3．**Expenses（費用）**

4．Liabilities（負債）

b．費用配分の原則

棚卸資産の取得原価は，正しい期間損益を計算するために，当期の費用となる部分と（**2．資産**）として次期に繰り越す部分に分ける必要がある。これを（**1．費用配分**）の原則という。

2

@2点×11＝22点

(1)

ア	❶ 319,500 千円	イ	❷ 150 千円
ウ	❸ 600 千円	エ	❹ 17,750 千円

(2)

¥ 230,000

(3)

①

ア	イ	ウ
1,700 千円	101.0 %	6.5 %

②

エ	オ	カ	キ
30.0 %	2	20.0 %	1

（注意）エとオ，カとキは，それぞれ2つとも合っている場合に正答とする。
①イ，②エ，カの解答は，整数でも正答とする。

③

1

解説

(1) 連結財務諸表作成の問題（以下の説明は単位千円）

連結財務諸表は，親会社と子会社のそれぞれの個別財務諸表を合算し，次の連結修正の手続きを加えて作成する。なお，本問における支配獲得日は令和４年３月31日である。

(Ⅰ) 投資と資本の相殺消去

(借)	資本金	18,000	(貸)	子会社株式	15,000
	利益剰余金	4,500		非支配株主持分	9,000
	のれん	1,500			

支配獲得日の子会社純資産額　22,500＝資本金18,000＋利益剰余金4,500
（問題資料ⅱより，または資料ⅰの個別株主資本等変動計算書のＳ社当期首残高を用いる）
のれん　1,500＝子会社株式15,000－支配獲得日の子会社純資産額22,500×親会社持分割合60％
非支配株主持分　9,000＝支配獲得日の子会社純資産額22,500×非支配株主持分割合40％

(Ⅱ) 当期分の連結修正

① のれんの償却

(借)	のれん償却	150	(貸)	のれん	150

のれん償却　150＝のれん1,500÷償却年数10年

② 子会社当期純損益の非支配株主持分への振り替え

(借)	非支配株主に帰属する当期純利益	900	(貸)	非支配株主持分	900

非支配株主に帰属する当期純利益　900＝Ｓ社当期純利益2,250×非支配株主持分割合40％

③ 子会社配当金の修正

(借)	受取配当金	450	(貸)	剰余金の配当（利益剰余金）	750
	非支配株主持分	300			

受取配当金　450＝剰余金の配当750×親会社持分割合60％
非支配株主持分　300＝剰余金の配当750×非支配株主持分割合40％

(Ⅲ) 連結損益計算書の作成

①❶売上高　319,500＝Ｐ社売上高242,650＋Ｓ社売上高76,850
② 受取配当金 0（記載なし）＝Ｐ社受取配当金450－上記(Ⅱ)③受取配当金450
③ 売上原価　225,900＝Ｐ社売上原価171,900＋Ｓ社売上原価54,000
④ 給料　84,600＝Ｐ社給料64,000＋Ｓ社給料20,600
⑤❷のれん償却　150＝上記(Ⅱ)①のれん償却150
⑥ 当期純利益　8,850＝貸借差額8,850
⑦ 非支配株主に帰属する当期純利益　900＝上記(Ⅱ)②非支配株主に帰属する当期純利益900
⑧ 親会社株主に帰属する当期純利益　7,950＝貸借差額7,950

(Ⅳ) 連結株主資本等変動計算書の作成

① 資本金当期首残高　80,000
　＝Ｐ社資本金当期首残高80,000＋Ｓ社資本金当期首残高18,000－上記(Ⅰ)資本金18,000
② 利益剰余金当期首残高　13,200
　＝Ｐ社利益剰余金当期首残高13,200＋Ｓ社利益剰余金当期首残高4,500
　－上記(Ⅰ)利益剰余金4,500
③ 非支配株主持分当期首残高　9,000＝上記(Ⅰ)非支配株主持分9,000
④ 剰余金の配当　3,400
　＝Ｐ社剰余金の配当3,400＋Ｓ社剰余金の配当750－上記(Ⅱ)③剰余金の配当750
⑤ 親会社株主に帰属する当期純利益　7,950＝連結損益計算書より7,950
⑥❸非支配株主持分当期変動額　600
　＝上記(Ⅱ)②非支配株主持分900－上記(Ⅱ)③非支配株主持分300
⑦ 資本金当期末残高　80,000＝当期首残高80,000＋当期変動額0
⑧ 利益剰余金当期末残高　17,750＝当期首残高13,200＋当期変動額（△3,400＋7,950）
⑨ 非支配株主持分当期末残高　9,600＝当期首残高9,000＋当期変動額600

(Ⅴ) 連結貸借対照表の作成

① 諸資産　173,200＝Ｐ社諸資産136,200＋Ｓ社諸資産37,000
② のれん　1,350＝上記(Ⅰ)のれん1,500－上記(Ⅱ)①のれん150
③ 諸負債　67,200＝Ｐ社諸負債54,200＋Ｓ社諸負債13,000
④ 資本金　80,000＝連結株主資本等変動計算書の当期末残高より80,000
⑤❹利益剰余金　17,750＝連結株主資本等変動計算書の当期末残高より17,750
（または貸借差額）
⑥ 非支配株主持分　9,600＝連結株主資本等変動計算書の当期末残高より9,600

〈参考〉

連結損益計算書

P社　令和4年4月1日から令和5年3月31日まで　(単位：千円)

売上原価	225,900	売上高	(❶ 319,500)
給料	84,600		
のれん償却	(❷ 150)		
当期純利益	(差額 8,850)		
	(319,500)		(319,500)
非支配株主に帰属する当期純利益	900	当期純利益	(8,850)
親会社株主に帰属する当期純利益	(差額 7,950)		
	(8,850)		(8,850)

連結株主資本等変動計算書

P社　令和4年4月1日から令和5年3月31日まで　(単位：千円)

	資本金	利益剰余金	非支配株主持分
当期首残高	80,000	13,200	9,000
当期変動額　剰余金の配当		△ 3,400	
親会社株主に帰属する当期純利益		(7,950)	
株主資本以外の項目の当期変動額(純額)			(❸ 600)
当期末残高	(80,000)	(17,750)	(9,600)

連結貸借対照表

P社　令和5年3月31日　(単位：千円)

諸資産	173,200	諸負債	67,200
のれん	1,350	資本金	(80,000)
		利益剰余金	(❹ 17,750)
		非支配株主持分	(9,600)
	(174,550)		(174,550)

(2)　貸倒見積高の算定の問題

貸倒見積高（貸倒引当金）の算定は，得意先などの債務者の財政状態および経営成績等に応じて債権を一般債権・貸倒懸念債権・破産更生債権等に区分し，それぞれの区分ごとに定められた方法によっておこなう。

本問では，貸倒懸念債権に区分され，財務内容評価法により貸倒見積高を算定するとの指示があるため，次の計算式により求める。

貸倒見積高　¥230,000＝(貸付金¥1,520,000－担保処分見込額¥1,060,000)×貸倒見積率50％

(3)　財務諸表分析の問題（以下の説明は単位千円）

資料を用いて，各比率を求めて分析すると次のようになる。

①

ア．第3期の当期純利益　1,700

＝第3期の株主資本等変動計算書より

または，(第2期総資本20,000＋第3期総資本22,500)÷2×第3期総資本利益率8.0％

イ．第2期の固定比率　101.0％

$$=\frac{\text{第2期の固定資産}10{,}100}{\text{第2期の純資産}10{,}000\text{(株主資本等変動計算書の純資産合計の当期首残高より)}}\times100(\%)$$

※固定資産が返済の必要がない純資産（自己資本）でどれだけまかなわれているかを示すもので，この比率が低いほど，安全性が高いことを示す。

ウ．第2期の総資本利益率　6.5％

$$=\frac{\text{第2期の当期純利益}1{,}170}{\text{第2期の平均総資本}\{(\text{第1期の資産合計}16{,}000+\text{第2期の資産合計}20{,}000)\div2\}}\times100(\%)$$

※総資本がどの程度効率的に運用されたかを示すもので，この比率が高いほど，収益性が高いことを示す。

②

エ．第3期の売上高総利益率　30.0％

$$=\frac{\text{第3期の売上総利益}3{,}000}{\text{第3期の売上高}10{,}000}\times100(\%)$$

※売上高に対する売上総利益の割合を示すもので，この比率が高いほど，収益性が高いことを示す。

オ．**2．低く**　なっている。

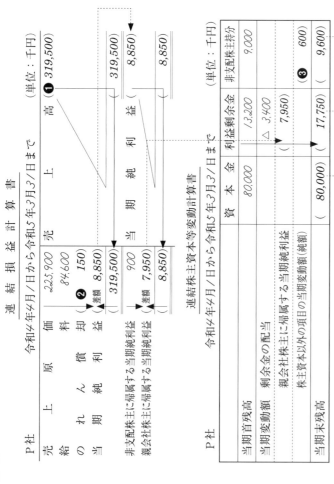

カ．第３期の売上高営業利益率　20.0％

$$=\frac{\text{第３期の営業利益}2,000}{\text{第３期の売上高}10,000}\times 100(\%)$$

※売上高に対する営業利益の割合を示すもので，この比率が高いほど，収益性が高いことを示す。

キ．**１．広告料**　などの販売費及び一般管理費が減少したことが理由に挙げられる。

※広告料は販売費及び一般管理費であり，有価証券売却損は営業外費用である。

③

１．繰越利益剰余金を原資として*700*千円の配当がおこなわれた。

※２は，資本準備金と利益準備金の合計額が，まだ資本金の４分の１に達していないため，誤りである。

３は，株式の発行による資本金の増加額は，会社法に規定する最低金額であるため，誤りである。

3

●印@4点×9＝36点

(1)

貸借対照表

長野物産株式会社　令和5年3月31日　(単位：円)

資産の部			
I 流動資産			
1．現金預金		3,029,000	
2．受取手形	(1,260,000)		
貸倒引当金	(25,200)	(1,234,800)	
3．売掛金	(2,540,000)		
貸倒引当金	(50,800)	(2,489,200)	
4．(有価証券)		(2,200,000) ●	
5．(商品)		(1,871,500) ●	
6．(前払費用)		(210,000)	
流動資産合計			(11,034,500)
II 固定資産			
(1) 有形固定資産			
1．建物	24,000,000		
減価償却累計額	(6,720,000)	(17,280,000)	
2．備品	2,840,000		
減価償却累計額	(1,242,500)	(1,597,500)	
3．土地		9,300,000	
4．建設仮勘定		1,900,000	
有形固定資産合計		(30,077,500)	
(2) 無形固定資産			
1．ソフトウェア		(560,000)	
無形固定資産合計		(560,000)	
(3) 投資その他の資産			
1．(投資有価証券)		(3,350,000)	
2．(長期前払費用)		(385,000) ●	
投資その他の資産合計		(3,735,000)	
固定資産合計			(34,372,500)
資産合計			(45,407,000)
負債の部			
I 流動負債			
1．支払手形		720,000	
2．買掛金		829,000	
3．短期借入金		380,000	
4．(未払費用)		(9,000) ●	
5．(未払法人税等)		(402,000)	
流動負債合計			(2,340,000)
II 固定負債			
1．長期借入金		1,600,000	
2．(退職給付引当金)		(4,900,000)	
固定負債合計			(6,500,000)
負債合計			(8,840,000)
純資産の部			
I 株主資本			
(1) 資本金			27,000,000
(2) 資本剰余金			
1．資本準備金		4,280,000	
資本剰余金合計			4,280,000
(3) 利益剰余金			
1．利益準備金		1,890,000	
2．その他利益剰余金			
① 別途積立金		506,000	
② 繰越利益剰余金		(2,741,000) ●	
利益剰余金合計			(5,137,000)
株主資本合計			(36,417,000)
II 評価・換算差額等			
1．その他有価証券評価差額金		(150,000) ●	
評価・換算差額等合計			(150,000)
純資産合計			(36,567,000)
負債及び純資産合計			(45,407,000)

(2)

損益計算書

長野物産株式会社　令和4年4月1日から令和5年3月31日まで　(単位：円)

I 売上高		27,930,000
II 売上原価		
1．期首商品棚卸高	1,800,000	
2．当期商品仕入高	17,139,000	
合計	18,939,000	
3．期末商品棚卸高	(2,000,000)	
	(16,939,000)	
4．(棚卸減耗損)	(30,000)	
5．(商品評価損)	(98,500) ●	(17,067,500)
売上総利益		(10,862,500)
III 販売費及び一般管理費		
1．給料	4,260,000	
2．発送費	50,000	
3．(貸倒引当金繰入)	(64,000)	
4．(減価償却費)	(1,012,500) ●	
5．(ソフトウェア償却)	(140,000) ●	
6．退職給付費用	(1,650,000)	
7．保険料	(204,000)	
8．租税公課	28,400	
9．水道光熱費	506,000	
10．(雑費)	(9,600)	(7,924,500)
営業利益		(2,938,000)

解説

〔付記事項〕

①	（借）退職給付引当金	*800,000*	（貸）仮　払　金	*800,000*

〔決算整理事項〕

a.	（借）仕　入	*1,800,000*	（貸）繰越商品	*1,800,000*
	繰越商品	*2,000,000*	仕　入	*2,000,000*
	棚卸減耗損	*30,000*	繰越商品	*30,000*
	商品評価損	*98,500*	繰越商品	*98,500*
	仕　入	*30,000*	棚卸減耗損	*30,000*
	仕　入	*98,500*	商品評価損	*98,500*

① 期末商品棚卸高　*¥2,000,000*＝@*¥1,000*（原価）×帳簿2,000個

② 棚卸減耗損　*¥30,000*＝@*¥1,000*（原価）×（帳簿2,000個－実地1,970個）

③ 商品評価損　*¥98,500*＝（原価@*¥1,000*－正味@*¥950*）×実地1,970個

④ 貸借対照表の商品　*¥1,871,500*
　＝上記①*¥2,000,000*－上記②*¥30,000*－上記③*¥98,500*

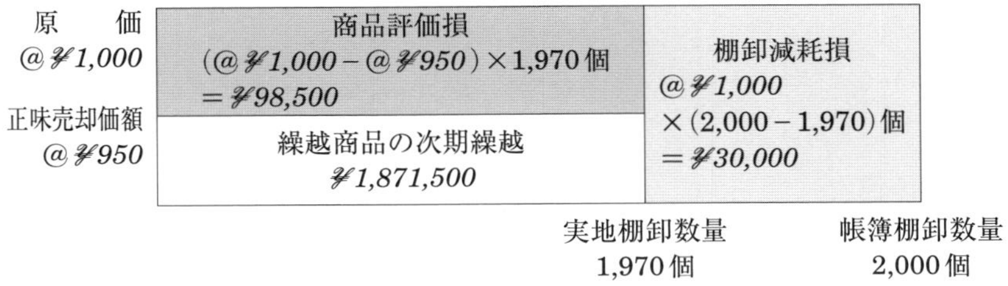

b.	（借）貸倒引当金繰入	*64,000*	（貸）貸倒引当金	*64,000*

① 受取手形の貸倒引当金計上額　*¥25,200*＝受取手形*¥1,260,000*×2％

② 売掛金の貸倒引当金計上額　*¥50,800*＝売掛金*¥2,540,000*×2％

③ 貸倒引当金繰入　*¥64,000*
　＝（上記①*¥25,200*＋上記②*¥50,800*）－貸倒引当金勘定残高*¥12,000*

c.	（借）有価証券評価損	*100,000*	（貸）売買目的有価証券	*100,000*
	（借）その他有価証券	*150,000*	（貸）その他有価証券評価差額金	*150,000*

① 有価証券評価損　*¥100,000*
　＝*¥2,300,000*（帳簿価額）－2,000株×@*¥1,100*（時価）

② その他有価証券評価差額金　*¥150,000*
　＝500株×@*¥6,700*（時価）－*¥3,200,000*（帳簿価額）

d.	（借）減価償却費	*1,012,500*	（貸）建物減価償却累計額	*480,000*
			備品減価償却累計額	*532,500*

① 建物の減価償却高　*¥480,000*
　＝（*¥24,000,000*（取得原価）－*¥0*（残存価額））÷耐用年数50年

② 備品の減価償却高　*¥532,500*
　＝（*¥2,840,000*（取得原価）－*¥710,000*（減価償却累計額））×償却率25％

③ 減価償却費　*¥1,012,500*＝上記①*¥480,000*＋上記②*¥532,500*

e.	（借）ソフトウェア償却	*140,000*	（貸）ソフトウェア	*140,000*

① ソフトウェア償却　*¥140,000*＝ソフトウェア*¥700,000*÷償却期間5年

f.	（借）前払保険料	*210,000*	（貸）保　険　料	*595,000*
	長期前払保険料	*385,000*		

① 保険料の前払高　*¥595,000*

$$＝3\text{年分の保険料}¥630{,}000\times\frac{34\text{か月（令和5年4月〜令和8年1月）}}{36\text{か月（令和5年2月〜令和8年1月）}}$$

② 前払保険料　*¥210,000*

$$＝3\text{年分の保険料}¥630{,}000\times\frac{12\text{か月（令和5年4月〜令和6年3月）}}{36\text{か月（令和5年2月〜令和8年1月）}}$$

③ 長期前払保険料　*¥385,000*

$$＝3\text{年分の保険料}¥630{,}000\times\frac{22\text{か月（令和6年4月〜令和8年1月）}}{36\text{か月（令和5年2月〜令和8年1月）}}$$

④ 損益計算書の保険料　*¥204,000*＝*¥799,000*（勘定残高）－上記①*¥595,000*

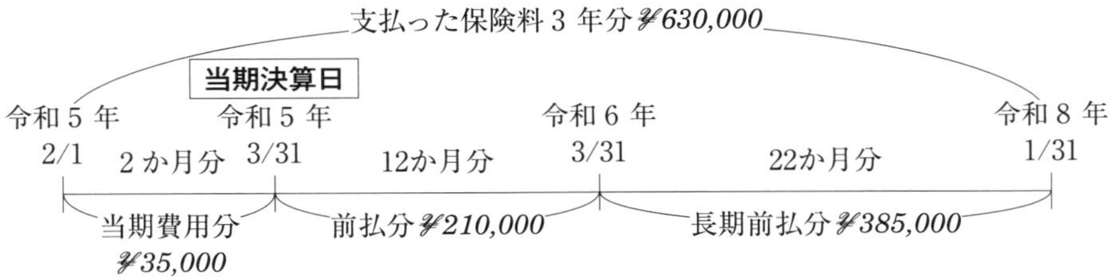

g.（借）支払利息	9,000	（貸）未払利息	9,000

① 未払利息 ￥9,000＝利息未払高￥9,000

h.（借）退職給付費用	1,650,000	（貸）退職給付引当金	1,650,000

① 退職給付費用 ￥1,650,000＝退職給付引当金繰入額￥1,650,000

i.（借）法人税等	782,000	（貸）仮払法人税等	380,000
		未払法人税等	402,000

① 法人税等 ￥782,000＝法人税・住民税及び事業税額￥782,000
② 未払法人税等 ￥402,000
　＝上記①￥782,000－仮払法人税等勘定残高￥380,000

〔解答欄の作成〕
(1) 貸借対照表
① 有価証券 ￥2,200,000＝売買目的有価証券の評価高(時価)￥2,200,000
② 前払費用 ￥210,000＝前払保険料￥210,000
③ 建物減価償却累計額 ￥6,720,000
　＝勘定残高￥6,240,000＋建物の減価償却高￥480,000
④ 備品減価償却累計額 ￥1,242,500
　＝勘定残高￥710,000＋備品の減価償却高￥532,500
⑤ ソフトウェア ￥560,000＝勘定残高￥700,000－ソフトウェア償却￥140,000
⑥ 投資有価証券 ￥3,350,000＝その他有価証券の評価高(時価)￥3,350,000
⑦ 長期前払費用 ￥385,000＝長期前払保険料￥385,000
⑧ 未払費用 ￥9,000＝未払利息￥9,000
⑨ 退職給付引当金 ￥4,900,000
　＝勘定残高￥4,050,000－付記①￥800,000＋退職給付費用￥1,650,000
⑩ 繰越利益剰余金 ￥2,741,000（貸借対照表の数値から求める計算方法）
(a) 資産合計￥45,407,000を負債及び純資産合計とし，その額から負債合計￥8,840,000を差し引いて，純資産合計￥36,567,000を求める。
(b) 純資産合計￥36,567,000から評価・換算差額等合計￥150,000を差し引いて，株主資本合計￥36,417,000を求める。
(c) 株主資本合計￥36,417,000から資本金￥27,000,000と資本剰余金合計￥4,280,000を差し引いて，利益剰余金合計￥5,137,000を求める。
(d) 利益剰余金合計￥5,137,000から利益準備金￥1,890,000と別途積立金￥506,000を差し引いて，繰越利益剰余金￥2,741,000を求める。

(2) 損益計算書（一部）
上記決算整理事項の解説を参照。

〈参考〉

損益計算書

長野物産株式会社　令和4年4月1日から令和5年3月31日まで　(単位：円)

Ⅰ 売上高		27,930,000
Ⅱ 売上原価		
1. 期首商品棚卸高	1,800,000	
2. 当期商品仕入高	17,139,000	
合計	18,939,000	
3. 期末商品棚卸高	2,000,000	
	16,939,000	
4. 棚卸減耗損	30,000	
5. 商品評価損	98,500	17,067,500
売上総利益		10,862,500
Ⅲ 販売費及び一般管理費		
1. 給料	4,260,000	
2. 発送費	50,000	
3. 貸倒引当金繰入	64,000	
4. 減価償却費	1,012,500	
5. ソフトウェア償却	140,000	
6. 退職給付費用	1,650,000	
7. 保険料	204,000	
8. 租税公課	28,400	
9. 水道光熱費	506,000	
10. 雑費	9,600	7,924,500
営業利益		2,938,000
Ⅳ 営業外費用		
1. 支払利息	54,000	
2. 為替差損	123,000	
3. 有価証券評価損	100,000	277,000
経常利益		2,661,000
Ⅴ 特別利益		
1. 新株予約権戻入益	270,000	270,000
Ⅵ 特別損失		
1. 固定資産売却損	42,000	42,000
税引前当期純利益		2,889,000
法人税・住民税及び事業税		782,000
当期純利益		2,107,000

4

@４点×７＝28点

	借方		貸方	
a	満期保有目的債券 有価証券利息	49,020,000 15,000	当座預金	49,035,000
b	建物 修繕費	5,270,000 930,000	当座預金	6,200,000
c	保証債務	6,000	保証債務取崩益	6,000
d	備品減価償却累計額 固定資産除却損	1,150,000 230,000	備品	1,380,000
e	売掛金 土地 のれん	1,670,000 8,530,000 340,000	買掛金 長期借入金 当座預金	800,000 1,500,000 8,240,000
f	仕入	290,000	買掛金	290,000
g	当座預金	500,000	新株予約権	500,000

解説

a．（借）満期保有目的債券　49,020,000　（貸）当座預金　49,035,000
　　　　有価証券利息　15,000

満期保有目的で社債を購入したときは，満期保有目的債券勘定（資産）の借方に記帳する。なお，社債の買い入れのさいに支払った買入手数料などの付随費用は取得原価に含める。また，売買のさいの端数利息は有価証券利息勘定（収益）で処理する。

満期保有目的債券　￥49,020,000＝￥50,000,000×$\frac{\text{買入￥98.00}}{\text{額面￥100}}$＋買入手数料￥20,000

有価証券利息　￥15,000＝端数利息￥15,000

b．（借）建物　5,270,000　（貸）当座預金　6,200,000
　　　　修繕費　930,000

資本的支出は，固定資産の価値を増加させる支出または耐用年数を延長させる支出をいい，収益的支出は，固定資産の維持管理や原状に回復させるための支出をいう。

資本的支出の場合は建物勘定（資産）で処理し，収益的支出の場合は修繕費勘定（費用）で処理する。

c．（借）保証債務　6,000　（貸）保証債務取崩益　6,000

かねて裏書譲渡していた手形が期日に決済されたときは，保証債務勘定（負債）を消滅させるとともに，保証債務取崩益（収益）を計上する。

保証債務取崩益　￥6,000＝手形額面金額￥300,000×２％

d．（借）備品減価償却累計額　1,150,000　（貸）備品　1,380,000
　　　　固定資産除却損　230,000

固定資産である備品を除却したときは，取得原価をもって備品勘定（資産）の貸方に記帳するとともに，備品減価償却累計額勘定（評価）の借方に記帳する。なお，帳簿価額（取得原価－減価償却累計額）と評価額（本問の場合は零（0））との差額は固定資産除却損勘定（費用）で処理する。

備品減価償却累計額（定額法）　￥1,150,000
　＝（取得原価￥1,380,000－残存価額￥0）÷耐用年数６年×経過５年
（第14期初頭～第19期初頭）

e.（借）	売掛金	*1,670,000*	（貸）買掛金	*800,000*
	土地	*8,530,000*	長期借入金	*1,500,000*
	のれん	*340,000*	当座預金	*8,240,000*

企業取得のさいに支払う取得対価の計算方法に収益還元価値法がある。これは対象企業の平均利益額を同種企業の平均利益率で割り，その企業の評価額とするもので，この額から対象企業の時価による純資産額を差し引いて，のれんの取得原価を求める。

のれんは［収益還元価値による取得対価］－［時価による純資産額］で計算する。

収益還元価値による取得対価

平均利益額 ￥*412,000* ÷同種企業の平均利益率５％＝￥*8,240,000*

時価による純資産額

資産総額 ￥*10,200,000* －負債総額 ￥*2,300,000* ＝￥*7,900,000*

のれん

収益還元価値による取得対価 ￥*8,240,000* －時価による純資産額 ￥*7,900,000* ＝￥*340,000*

f.（借）	仕入	*290,000*	（貸）買掛金	*290,000*

商品を掛けで仕入れたときは，仕入勘定（費用）の借方に記帳するとともに，買掛金勘定(負債)の貸方に記帳する。なお，本問は外貨建取引であるため，取引発生時の為替相場により円換算した額によって記帳する。

買掛金　￥*290,000* ＝＄*2,000* ×@￥*145*

g.（借）	当座預金	*500,000*	（貸）新株予約権	*500,000*

新株予約権を発行したときは，払込金額をもって新株予約権勘定（純資産）の貸方に記帳する。

新株予約権　￥*500,000* ＝100個×@￥*5,000*

純資産の部

Ⅰ 株主資本		
(1) 資本金		27,000,000
(2) 資本剰余金		
1. 資本準備金	4,280,000	
資本剰余金合計		4,280,000
(3) 利益剰余金		
1. 利益準備金	1,890,000	
2. その他利益剰余金		
① 別途積立金	506,000	
② 繰越利益剰余金	(　　)	
利益剰余金合計		(　　)
株主資本合計		(　　)
Ⅱ 評価・換算差額等		
1. その他有価証券評価差額金	(　　)	
評価・換算差額等合計		(　　)
純資産合計		(　　)
負債及び純資産合計		(　　)

(2)

損益計算書

長野物産株式会社　　令和4年4月1日から令和5年3月31日まで　　(単位：円)

Ⅰ 売上高		27,930,000
Ⅱ 売上原価		
1. 期首商品棚卸高	1,800,000	
2. 当期商品仕入高	17,139,000	
合計	18,939,000	
3. 期末商品棚卸高	(　　)	
	(　　)	
4. (　　)	(　　)	
5. (　　)	(　　)	(　　)
売上総利益		(　　)
Ⅲ 販売費及び一般管理費		
1. 給料	4,260,000	
2. 発送費	50,000	
3. (　　)	(　　)	
4. (　　)	(　　)	
5. (　　)	(　　)	
6. 退職給付費用	(　　)	
7. 保険料	(　　)	
8. 租税公課	28,400	
9. 水道光熱費	506,000	
10. (　　)	(　　)	(　　)
営業利益		(　　)

3 得点	

4

	借　　　　方	貸　　　　方
a		
b		
c		
d		
e		
f		
g		

4 得点	

資　料

i　比較損益計算書

比較損益計算書　(単位：千円)

項目	第2期	第3期
売上高	10,000	10,000
売上原価	6,000	7,000
売上総利益	4,000	3,000
販売費及び一般管理費	2,500	1,000
営業利益	1,500	2,000
営業外費用	100	100
経常利益	1,400	1,900
特別利益	200	400
税引前当期純利益	1,600	2,300
法人税・住民税及び事業税	430	(　　　)
当期純利益	1,170	(　ア　)

ii　第2期と第3期の金額と財務比率

	第2期	第3期
固定資産合計	10,100 千円	11,880 千円
資産合計	20,000 千円	22,500 千円
固定比率	(　イ　) %	99.0 %
総資本利益率	(　ウ　) %	8.0 %

※総資本利益率は，税引後の当期純利益と，期首と期末の総資本の平均を用いている。

iii　第1期の期末資産合計　16,000千円

iv　第3期の株主資本等変動計算書

(第3期)　株主資本等変動計算書

熊本産業株式会社　令和4年4月1日から令和5年3月31日まで　(単位：千円)

	資本金	資本剰余金	利益剰余金				純資産合計
		資本準備金	利益準備金	その他利益剰余金			
				新築積立金	別途積立金	繰越利益剰余金	
当期首残高	6,300	520	600	900	380	1,300	10,000
当期変動額							――
剰余金の配当			70			△770	△700
新築積立金の積立				100		△100	――
別途積立金の積立					200	△200	――
株式の発行	500	500					1,000
新築積立金の取り崩し				△1,000		1,000	――
当期純利益						1,700	1,700
当期変動額合計	500	500	70	△900	200	1,630	2,000
当期末残高	6,800	1,020	670	――	580	2,930	12,000

3 長野物産株式会社の総勘定元帳勘定残高と付記事項および決算整理事項によって,

(1) 報告式の貸借対照表を完成しなさい。

(2) 報告式の損益計算書(営業利益まで)を完成しなさい。

ただし, i 会社計算規則によること。

ii 会計期間は令和4年4月1日から令和5年3月31日までとする。

iii 税効果会計は適用しない。

元帳勘定残高

現　　金	¥ 708,000	当座預金	¥ 2,321,000	受取手形	¥ 1,260,000
売　掛　金	2,540,000	貸倒引当金	12,000	売買目的有価証券	2,300,000
繰越商品	1,800,000	仮払法人税等	380,000	仮　払　金	800,000
建　　物	24,000,000	建物減価償却累計額	6,240,000	備　　品	2,840,000
備品減価償却累計額	710,000	土　　地	9,300,000	建設仮勘定	1,900,000
ソフトウェア	700,000	その他有価証券	3,200,000	支払手形	720,000
買　掛　金	829,000	手形借入金	380,000	長期借入金	1,600,000
退職給付引当金	4,050,000	資　本　金	27,000,000	資本準備金	4,280,000
利益準備金	1,890,000	別途積立金	506,000	繰越利益剰余金	634,000
売　　上	27,930,000	新株予約権戻入益	270,000	仕　　入	17,139,000
給　　料	4,260,000	発　送　費	50,000	保　険　料	799,000
租税公課	28,400	水道光熱費	506,000	雑　　費	9,600
支払利息	45,000	為替差損益(借方残高)	123,000	固定資産売却損	42,000

付記事項

① 仮払金 ¥800,000 は, 退職した従業員に対する退職一時金であったので, 退職給付引当金勘定を用いて処理する。

決算整理事項

a. 期末商品棚卸高　帳簿棚卸数量 2,000個　原　　価 @¥1,000
　実地棚卸数量 1,970〃　正味売却価額 〃〃 950
　ただし, 棚卸減耗損および商品評価損は売上原価の内訳項目とする。

b. 貸倒見積高　受取手形と売掛金の期末残高に対し, それぞれ2%と見積もり, 貸倒引当金を設定する。

c. 有価証券評価高　保有株式は次のとおりである。
　売買目的有価証券:南北商事株式会社 2,000株 時価 1株 ¥1,100
　その他有価証券:大分産業株式会社 500株 時価 1株 ¥6,700

d. 減価償却高　建物:取得原価 ¥24,000,000 残存価額は零(0) 耐用年数は50年とし, 定額法により計算している。
　備品:取得原価 ¥2,840,000 毎期の償却率を25%とし, 定率法により計算している。

e. ソフトウェア償却高　ソフトウェアは, 当期首に取得したものであり, 5年間にわたり定額法により計算する。

f. 保険料前払高　保険料のうち ¥630,000 は, 令和5年2月1日から3年分の保険料として支払ったものであり, 前払高を次期に繰り延べる。

g. 利息未払高　¥ 9,000

h. 退職給付引当金繰入額　¥1,650,000

i. 法人税・住民税及び事業税額　¥ 782,000

問題を読みやすくするために，このページは空白にしてあります。

4 は次ページにあります。

4 下記の取引の仕訳を示しなさい。ただし，勘定科目は，次のなかからもっとも適当なものを使用すること。

現金	当座預金	受取手形	売掛金
売買目的有価証券	営業外受取手形	建物	備品
備品減価償却累計額	土地	のれん	満期保有目的債券
買掛金	保証債務	長期借入金	資本金
自己株式	新株予約権	売上	有価証券利息
受取利息	保証債務取崩益	仕入	修繕費
保証債務費用	固定資産売却損	固定資産除却損	法人税等

a．満期まで保有する目的で，山梨物産株式会社の額面￥50,000,000の社債を，額面￥100につき￥98.00で買い入れ，代金は買入手数料￥20,000および端数利息￥15,000とともに小切手を振り出して支払った。

b．佐賀産業株式会社は，建物の改良と修繕をおこない，その代金￥6,200,000を小切手を振り出して支払った。ただし，代金のうち￥5,270,000は建物の使用可能期間を延長させる資本的支出と認められ，残額は通常の維持・管理のための収益的支出とした。

c．岐阜株式会社は，かねて，裏書譲渡していた静岡商店振り出しの約束手形￥300,000が期日に決済されたとの通知を受けた。なお，この手形を裏書譲渡したさいに，手形金額の2％の保証債務を計上している。

d．鹿児島商事株式会社（決算年1回）は，取得原価￥1,380,000の備品を第19期初頭に除却し，廃棄処分した。ただし，この備品は，第14期初頭に買い入れたもので，定額法により，残存価額は零（0）耐用年数は6年として減価償却費を計算し，間接法で記帳してきた。なお，この備品の評価額は零（0）である。

e．長崎商事株式会社は，次の財政状態にある東西商会を取得し，代金は小切手を振り出して支払った。ただし，同商会の平均利益額は￥412,000 同種企業の平均利益率を5％として収益還元価値を求め，その金額を取得対価とした。なお，東西商会の貸借対照表に表示されている資産および負債の時価は帳簿価額に等しいものとする。

東西商会　　　　貸借対照表　　　　(単位：円)

売掛金	1,670,000	買掛金	800,000
土地	8,530,000	長期借入金	1,500,000
		資本金	7,900,000
	10,200,000		10,200,000

f．福岡商事株式会社は，ロサンゼルスカンパニーと外貨建取引をしており，本日，商品＄2,000を輸入し，代金は掛けとした。なお，輸入時の為替相場は＄1あたり￥145であった。

g．愛知産業株式会社は，次の条件で新株予約権を発行し，受け取った払込金額は当座預金とした。

発行条件

発行総数	100個（新株予約権1個につき100株を付与）
払込金額	新株予約権1個につき￥5,000
権利行使価額	1株につき￥13,000
権利行使期間	令和5年7月1日から令和6年6月30日

令和６年版　全商簿記実務検定
模擬試験問題集　第１級会計

解答編

出題形式別練習問題――――――解答・解説

模擬試験問題――――――――解答・解説・採点基準

＊採点基準は当社の設定によるものです

実教出版

出題形式別練習問題　適語選択・英語表記の問題

1

ア	イ	ウ	エ	オ	カ	キ	ク	ケ	コ
6	1	2	5	9	3	4	8	13	19

サ	シ	ス	セ
17	11	16	12

解説

a．真実性の原則

企業会計の実務のなかに慣習として発達したもののなかから，一般に公正妥当と認められたところを要約したものが［6．企業会計原則］である。このなかの一般原則は七つの原則から構成されており，そのうち他の一般原則を総括する基本的な原則を［1．真実性］の原則という。

b．正規の簿記の原則

企業会計は，すべての取引について［2．正規の簿記］の原則にしたがって，正確な会計帳簿を作成しなければならない。しかし，勘定科目の性質や金額の大きさによっては，本来の厳密な処理方法によらず他の簡便な方法をとることも認められている。これは［5．重要性］の原則によるものである。

c．明瞭性の原則

企業会計では，［9．財務諸表］を作成する場合，科目の分類や配列に一定の基準を設けたり，重要な会計方針を注記するなどして，利害関係者に企業の状況に関する判断を誤らせないようにしなければならない。これは［3．明瞭性］の原則によるものである。

d．継続性の原則

企業会計ではいったん採用した会計処理の原則および手続きは，正当な理由により変更をおこなう場合を除き，みだりにこれを変更してはならない。これを［4．継続性］の原則という。この原則により財務諸表の［8．期間比較］が可能となり，また，利益操作の防止ができる。

e．資本的支出

有形固定資産の価値を増加させたり，耐用年数を延長させたりするための支出を［13．資本的支出］といい，その支出は有形固定資産の取得原価に加算する。しかし，このような支出を当期の費用として処理した場合，純利益は［19．過小］に計上されることになる。

f．費用収益対応の原則

費用および収益は，その発生源泉にしたがって明瞭に分類し，各収益項目とそれに関連する費用項目とを対応させて［17．損益計算書］に表示しなければならない。これは［11．費用収益対応］の原則によるものである。

g．貸倒懸念債権

経営破綻の状態には至っていないが，債務の弁済に重大な問題が生じているか，または生じる可能性が高い債務者に対する債権を［16．貸倒懸念債権］という。これに対する貸倒見積高の算定方法には［12．財務内容評価法］とキャッシュ・フロー見積法がある。

2

ア	イ	ウ	エ	オ	カ	キ	ク	ケ	コ
2	5	9	14	16	7	11	15	19	18

解説

ア．会計期間	2．accounting period
イ．会計責任	5．accountability
ウ．流動資産	9．current assets
エ．株主資本	14．shareholders' equity
オ．売上原価	16．cost of goods sold
カ．のれん	7．goodwill
キ．販売費及び一般管理費	11．selling and administrative expenses
ク．営業利益	15．operating profit
ケ．自己資本利益率	19．return on equity
コ．連結財務諸表	18．consolidated financial statements

■英語表記一覧表

【財務会計の基礎】

会計	accounting
財務会計	financial accounting
管理会計	management accounting
財務諸表	financial statements
会計期間	accounting period
会計公準	accounting postulates
継続企業	going concern
会計責任	accountability
投資家	investors

【財務諸表の種類】

貸借対照表	balance sheet ; B/S
	statement of financial position
損益計算書	profit and loss statement ; P/L
	income statement ; I/S
株主資本等変動計算書	statement of changes in shareholders' equity

【財務諸表の構成要素】

資産	assets
負債	liabilities
純資産	net assets
株主資本	shareholders' equity
収益	revenues
費用	expenses

【会計基準】

国際会計基準委員会	IASC
国際会計基準	IAS
証券監督者国際機構	IOSCO
国際会計基準審議会	IASB
国際財務報告基準	IFRS
企業会計基準委員会	ASBJ ; Accounting Standards Board of Japan

【貸借対照表】

（資産）

流動資産	current assets
当座資産	quick assets
引当金(評価性引当金)	allowance
棚卸資産	inventories
固定資産	fixed assets
有形固定資産	tangible fixed assets
	property, plant and equipment
減価償却	depreciation
無形固定資産	intangible fixed assets
のれん	goodwill

（負債）

引当金(負債性引当金)	provisions
流動負債	current liabilities
固定負債	fixed liabilities

（純資産）

資本金	stated capital
資本剰余金	capital surplus
利益剰余金	earned surplus
	retained earnings

（流動資産と固定資産，流動負債と固定負債の分類基準）

営業循環基準	operating cycle rule
(正常営業循環基準)	normal operating cycle rule
1年基準	one-year rule

（棚卸資産の単価の計算方法）

先入先出法	first-in first-out method ; FIFO
移動平均法	moving average method
総平均法	weighted average method

【損益計算書】

売上高	sales
売上原価	cost of goods sold
売上総利益	gross profit (on sales)
販売費及び一般管理費	selling and administrative expenses
営業利益	operating profit
営業損失	operating loss
営業外収益	non-operating revenues
仕入割引	purchase discount
営業外費用	non-operating expenses
支払利息	interest expense
法人税等	corporate income taxes
当期純利益	net income

（収益と費用の認識基準）

現金主義	cash basis
発生主義	accrual basis
実現主義	realization principle

【財務諸表の活用】

ディスクロージャー	disclosure
自己資本利益率	ROE ; return on equity
総資産利益率	ROA ; return on assets

【連結財務諸表】

連結財務諸表	consolidated financial statements
連結貸借対照表	consolidated balance sheet
連結損益計算書	consolidated profit and loss statement
親会社	parent company
子会社	subsidiary company
非支配株主持分	non-controlling interests

出題形式別練習問題　計算・連結財務諸表・分析の問題

1

(1)

期末商品棚卸高(原価)	¥	1,184,000

解説

売価還元法の問題

売価による期末商品棚卸高に原価率をかけて，原価による期末商品棚卸高を計算する方法である。多くの種類の商品を扱っている小売業などで用いられている。

原価率　74％＝$\dfrac{\text{期首商品棚卸高(原価)¥980,000＋当期純仕入高(原価)¥8,640,000}}{\text{期首商品棚卸高(売価)¥1,400,000＋当期純仕入高(売価)¥11,600,000}}$×100(％)

期末商品棚卸高（原価）　¥1,184,000＝期末商品棚卸高(売価)¥1,600,000×原価率74％

(2)

①	期末商品棚卸高(原価)	¥	375,000	②	売　上　高	¥	8,680,000

解説

売価還元法の問題

売価による期末商品棚卸高に原価率をかけて，原価による期末商品棚卸高を計算する方法である。多くの種類の商品を扱っている小売業などで用いられている。

原価率　75％＝$\dfrac{\text{期首商品棚卸高(原価)¥585,000＋当期純仕入高(原価)¥6,300,000}}{\text{期首商品棚卸高(売価)¥780,000＋当期純仕入高(売価)¥8,400,000}}$×100(％)

①　期末商品棚卸高（原価）　¥375,000＝期末商品棚卸高(売価)¥500,000×原価率75％

②　売上高　¥8,680,000＝期首商品棚卸高(売価)¥780,000
＋当期純仕入高(売価)¥8,400,000
－期末商品棚卸高(売価)¥500,000

(3)

当座預金出納帳の次月繰越高	¥	2,190,000

解説

当座預金出納帳の問題

資料をもとに必要な仕訳を示すと次のとおりである。

i　(借) 当座預金　400,000　(貸) 買掛金　400,000

ii　(借) 当座預金　790,000　(貸) 買掛金　790,000

誤った仕訳：
(借) 買掛金　1,040,000　(貸) 当座預金　1,040,000

誤った仕訳の貸借反対の仕訳：
(借) 当座預金　1,040,000　(貸) 買掛金　1,040,000　…ⓐ

正しい仕訳：
(借) 買掛金　250,000　(貸) 当座預金　250,000　…ⓑ

上記ⓐⓑの２つの仕訳をまとめると訂正仕訳となる。

訂正仕訳：
(借) 当座預金　790,000　(貸) 買掛金　790,000

iii　(借) 通信費　20,000　(貸) 当座預金　20,000

当座預金出納帳の次月繰越高　¥2,190,000
＝残高¥1,020,000＋上記 i ¥400,000＋上記 ii ¥790,000－上記 iii ¥20,000

(4)

当座預金出納帳の次月繰越高	¥	3,640,000

解説

当座預金出納帳の問題

資料をもとに必要な仕訳を示すと次のとおりである。

i　仕訳不要

ii　仕訳不要

iii　(借) 当座預金　480,000　(貸) 買掛金　480,000

当座預金出納帳の次月繰越高　¥3,640,000＝残高¥3,160,000＋上記 iii ¥480,000

2

(1)

①	工事進行基準による当期の工事収益	¥120,000,000	②	原価回収基準による当期の工事収益	¥ 96,000,000

解説

工事契約の問題

長期請負工事などの工事契約については，工事収益総額，工事原価総額，決算日における工事の進捗度の三つの要件を合理的に見積もることができる場合は，工事進行基準によって工事収益を計上し，合理的に見積もることができない場合には，原価回収基準により収益を計上する。

① 工事進行基準による当期の工事収益　¥120,000,000

$$= 工事収益総額¥400,000,000 \times \frac{当期までに発生した実際工事原価¥96,000,000}{完成までの工事原価総額¥320,000,000}$$

② 原価回収基準による当期の工事収益　¥96,000,000＝当期発生工事原価¥96,000,000

(2)

①	工事進行基準による当期の工事収益	¥117,400,000	②	原価回収基準による当期の工事収益	¥ 37,080,000

解説

工事契約の問題

長期請負工事などの工事契約については，工事収益総額，工事原価総額，決算日における工事の進捗度の三つの要件を合理的に見積もることができる場合は，工事進行基準によって工事収益を計上し，合理的に見積もることができない場合には，原価回収基準により収益を計上する。

① 工事進行基準による当期の工事収益　¥117,400,000

$$= 工事収益総額¥469,600,000 \times \frac{当期までに発生した実際工事原価¥93,600,000}{完成までの工事原価総額¥374,400,000}$$

② 原価回収基準による当期の工事収益　¥37,080,000

＝当期の実際発生工事原価¥37,080,000

(3)

貸借対照表に記載する鉱業権の金額	¥ 292,800,000

解説

無形固定資産（鉱業権）の期末評価の問題

無形固定資産とは，具体的形態をもたない固定資産で，法律上の権利・のれん・ソフトウェアがある。期末評価額は，取得原価または未償却残高から毎期の償却額を差し引いた金額である。なお，償却について，記帳方法は直接法であり，計算方法は残存価額を零（0）として，定額法や生産高比例法などの合理的な方法により計算する。

生産高比例法による鉱業権の当期償却額　¥7,200,000

$$= 取得原価¥300,000,000 \times \frac{当期採掘量36,000トン}{推定埋蔵量1,500,000トン}$$

貸借対照表に記載する鉱業権の金額　¥292,800,000

＝取得原価¥300,000,000－当期償却額¥7,200,000

(4)

①	損益計算書に記載するソフトウェア償却	¥ 200,000	②	貸借対照表に記載するソフトウェア	¥ 800,000

解説

無形固定資産（ソフトウェア）の期末評価の問題

無形固定資産とは，具体的形態をもたない固定資産で，法律上の権利・のれん・ソフトウェアがある。期末評価額は，取得原価または未償却残高から毎期の償却額を差し引いた金額である。なお，償却について，記帳方法は直接法であり，計算方法は残存価額を零（0）として，定額法や生産高比例法などの合理的な方法により計算する。

① 定額法によるソフトウェアの当期償却額　¥200,000

＝取得原価¥1,000,000÷使用可能期間5年

② 貸借対照表に記載するソフトウェアの金額　¥800,000

＝取得原価¥1,000,000－当期償却額¥200,000

3

(1)

①	貸借対照表に記載する売掛金	¥ 3,900,000	②	損益計算書に記載する為替差（益）	¥ 110,000

※（　）内に「益」または「損」を記入すること。

解説

外貨建取引の問題

外国企業との取引において外国通貨（外貨）でおこなわれる取引を外貨建取引といい，外貨建取引を記帳するときは，為替レート（為替相場）を用いて日本円に換算する必要がある。なお，決算日において保有する外貨建金銭債権債務は，決算時の為替相場による円換算額をもって記帳しなければならないため，取引発生時の円換算額と決算時の円換算額との差額は，為替差損益勘定で処理する。

① 貸借対照表に記載する売掛金　¥3,900,000＝外貨額30,000ドル×決算時の為替相場¥130
貸借対照表に記載する買掛金　¥2,600,000＝外貨額20,000ドル×決算時の為替相場¥130

② 損益計算書に記載する為替差（益）　¥110,000
売掛金（貸借対照表）¥3,900,000－売掛金（帳簿価額）¥3,750,000＝¥150,000（益）
買掛金（貸借対照表）¥2,600,000－買掛金（帳簿価額）¥2,560,000＝¥ 40,000（損）
計¥110,000（益）

(2)

①	貸借対照表に記載する前受金	¥ 1,740,000	②	損益計算書に記載する為替差（損）	¥ 80,000

※（　）内に「益」または「損」を記入すること。

解説

外貨建取引の問題

外国企業との取引において外国通貨（外貨）でおこなわれる取引を外貨建取引といい，外貨建取引を記帳するときは，為替レート（為替相場）を用いて日本円に換算する必要がある。なお，決算日において保有する外貨建金銭債権債務は，決算時の為替相場による円換算額をもって記帳しなければならないため，取引発生時の円換算額と決算時の円換算額との差額は，為替差損益勘定で処理する。

貸借対照表に記載する売掛金　¥5,600,000＝外貨額40,000ドル×決算時の為替相場¥140

① 貸借対照表に記載する前受金　¥1,740,000＝帳簿価額¥1,740,000
※外貨建金銭債権債務に該当しないため，決算時の為替相場により円換算しないこと。

② 損益計算書に記載する為替差（損）　¥80,000
売掛金（貸借対照表）¥5,600,000－売掛金（帳簿価額）¥5,680,000＝¥80,000（損）
前受金（貸借対照表）¥1,740,000－前受金（帳簿価額）¥1,740,000＝¥　　0
計¥80,000（損）

(3)

繰延税金資産	¥ 105,000

解説

税効果会計の問題

税効果会計では，資産と負債について，会計上の簿価と税法上の金額が異なるかを調べ，その差異が将来の期間において解消される差異である一時差異を対象に会計処理をおこなう。なお，一時差異の種類には「貸倒引当金の繰入限度超過額」，「減価償却の償却限度超過額」，「その他有価証券の時価評価差額」などがある。

i　（借）繰延税金資産　60,000　（貸）法人税等調整額　60,000

繰延税金資産　¥60,000
＝（会計上の貸倒引当金¥800,000－税法上の繰入限度額¥600,000）×法定実効税率30%

ii　（借）繰延税金資産　45,000　（貸）法人税等調整額　45,000

会計上の減価償却費　¥400,000＝（取得原価¥2,000,000－残存価額¥0）÷耐用年数5年
税法上の償却限度額　¥250,000＝（取得原価¥2,000,000－残存価額¥0）÷耐用年数8年
繰延税金資産　¥45,000
＝（会計上の減価償却費¥400,000－税法上の償却限度額¥250,000）×法定実効税率30%
繰延税金資産の金額　¥105,000＝上記 i ¥60,000＋上記 ii ¥45,000

(4)

法人税等調整額	¥ 45,000

解説

税効果会計の問題

税効果会計では，資産と負債について，会計上の簿価と税法上の金額が異なるかを調べ，その差異が将来の期間において解消される差異である一時差異を対象に会計処理をおこなう。なお，一時差異の種類には「貸倒引当金の繰入限度超過額」，「減価償却の償却限度超過額」，「その他有価証券の時価評価差額」などがある。

i　（借）繰延税金資産　30,000　（貸）その他有価証券　100,000
　　　その他有価証券評価差額金　70,000

その他有価証券　¥100,000＝取得原価¥1,000,000－時価¥900,000
繰延税金資産　¥30,000＝その他有価証券¥100,000×法定実効税率30%
その他有価証券評価差額金　¥70,000＝その他有価証券¥100,000－繰延税金資産¥30,000

ii　（借）繰延税金資産　45,000　（貸）法人税等調整額　45,000

繰延税金資産　¥45,000＝貸倒引当金の繰入限度超過額¥150,000×法定実効税率30%
法人税等調整額の金額　¥45,000＝上記 ii ¥45,000

4

(1)

連結損益計算書

P社　令和○4年4月1日から令和○5年3月31日まで　(単位：千円)

借方	金額	貸方	金額
売上原価	(41,400)	売上高	(60,000)
給料	(16,480)		
のれん償却	(40)		
当期純利益	(2,080)		
	(60,000)		(60,000)
非支配株主に帰属する当期純利益	(180)	当期純利益	(2,080)
親会社株主に帰属する当期純利益	(1,900)		
	(2,080)		(2,080)

解説

連結損益計算書作成の問題　(以下の説明は単位千円)

連結財務諸表は，親会社と子会社のそれぞれの個別財務諸表を合算し，次の連結修正の手続きを加えて作成する。なお，本問における支配獲得日は令和○4年3月31日である。

(Ⅰ)　支配獲得日の投資と資本の相殺消去

(借)	資本金	6,000	(貸) 子会社株式	6,400
	利益剰余金	2,000	非支配株主持分	2,400
	のれん	800		

(問題資料ⅱより，または個別株主資本等変動計算書のS社当期首残高を用いる)

支配獲得日の子会社純資産額　8,000＝資本金6,000＋利益剰余金2,000

のれん　800＝子会社株式6,400－支配獲得日の子会社純資産額8,000×親会社持分割合70%

非支配株主持分　2,400＝支配獲得日の子会社純資産額8,000×非支配株主持分割合30%

(Ⅱ)　当期分の連結修正

①　のれんの償却

(借)	のれん償却	40	(貸) のれん	40

のれん償却　40＝のれん800÷償却年数20年

②　子会社当期純損益の非支配株主持分への振り替え

(借)	非支配株主に帰属する当期純利益	180	(貸) 非支配株主持分	180

非支配株主に帰属する当期純利益　180

＝子会社当期純利益600×非支配株主持分割合30%

③　子会社配当金の修正

(借)	受取配当金	280	(貸) 剰余金の配当(利益剰余金)	400
	非支配株主持分	120		

受取配当金　280＝剰余金の配当400×親会社持分割合70%

非支配株主持分　120＝剰余金の配当400×非支配株主持分割合30%

(Ⅲ)　連結損益計算書の作成

①　売上高　60,000＝P社売上高46,000＋S社売上高14,000

②　受取配当金　0（記載なし）＝P社受取配当金280－上記(Ⅱ)③受取配当金280

③　売上原価　41,400＝P社売上原価31,400＋S社売上原価10,000

④　給料　16,480＝P社給料13,080＋S社給料3,400

⑤　のれん償却　40＝上記(Ⅱ)①のれん償却40

⑥　当期純利益　2,080＝貸借差額2,080

⑦　非支配株主に帰属する当期純利益　180

＝上記(Ⅱ)②非支配株主に帰属する当期純利益180

⑧　親会社株主に帰属する当期純利益　1,900＝貸借差額1,900

〈参考〉

連結損益計算書

P社　令和○4年4月1日から令和○5年3月31日まで　(単位：千円)

借方	金額	貸方	金額
売上原価	(41,400)	売上高	(60,000)
給料	(16,480)		
のれん償却	(40)		
当期純利益	(差額 2,080)		
	(60,000)		(60,000)
非支配株主に帰属する当期純利益	(180)	当期純利益	(2,080)
親会社株主に帰属する当期純利益	(差額 1,900)		
	(2,080)		(2,080)

(2)

連結貸借対照表

P社　　　　令和○5年3月31日　　　　(単位：千円)

諸資産	(27,700)	諸負債	(13,100)
のれん	(1,800)	資本金	(10,000)
		利益剰余金	(3,880)
		非支配株主持分	(2,520)
	(29,500)		(29,500)

連結株主資本等変動計算書

P社　　令和○4年4月1日から令和○5年3月31日まで　　(単位：千円)

	資本金	利益剰余金	非支配株主持分
当期首残高	10,000	2,400	(2,400)
当期変動額　剰余金の配当		△1,600	
親会社株主に帰属する当期純利益		(3,080)	
株主資本以外の項目の当期変動額(純額)			(120)
当期末残高	10,000	(3,880)	(2,520)

解説

連結財務諸表作成の問題　(以下の説明は単位千円)

連結財務諸表は，親会社と子会社のそれぞれの個別財務諸表を合算し，次の連結修正の手続きを加えて作成する。なお，本問における支配獲得日は令和○4年3月31日である。

(Ⅰ)　支配獲得日の投資と資本の相殺消去

(借) 資本金 6,000　(貸) 子会社株式 7,600
　　利益剰余金 2,000　　非支配株主持分 2,400
　　のれん 2,000

(問題資料ⅰより，個別株主資本等変動計算書のS社当期首残高を用いる)
支配獲得日の子会社純資産額　8,000＝資本金6,000＋利益剰余金2,000
のれん　2,000
　＝子会社株式7,600－支配獲得日の子会社純資産額8,000×親会社持分割合70％
非支配株主持分　2,400＝支配獲得日の子会社純資産額8,000×非支配株主持分割合30％

(Ⅱ)　当期分の連結修正
①　のれんの償却

(借) のれん償却 200　(貸) のれん 200

のれん償却　200＝のれん2,000÷償却年数10年

②　子会社当期純損益の非支配株主持分への振り替え

(借) 非支配株主に帰属する当期純利益 300　(貸) 非支配株主持分 300

非支配株主に帰属する当期純利益　300
　＝子会社当期純利益1,000×非支配株主持分割合30％

③　子会社配当金の修正

(借) 受取配当金 420　(貸) 剰余金の配当(利益剰余金) 600
　　非支配株主持分 180

受取配当金　420＝剰余金の配当600×親会社持分割合70％
非支配株主持分　180＝剰余金の配当600×非支配株主持分割合30％

(Ⅲ)　連結貸借対照表の作成
①　諸資産　27,700＝P社諸資産15,800＋S社諸資産11,900
②　のれん　1,800＝上記(Ⅰ)のれん2,000－上記(Ⅱ)①のれん200
③　諸負債　13,100＝P社諸負債9,600＋S社諸負債3,500
④　資本金　10,000＝P社資本金10,000＋S社資本金6,000－上記(Ⅰ)資本金6,000
　(または連結株主資本等変動計算書の当期末残高より)
⑤　利益剰余金　3,880＝貸借差額3,880
　(または連結株主資本等変動計算書の当期末残高より)
⑥　非支配株主持分　2,520
　＝上記(Ⅰ)非支配株主持分2,400＋上記(Ⅱ)②非支配株主持分300
　－上記(Ⅱ)③非支配株主持分180
　(または連結株主資本等変動計算書の当期末残高より)

(Ⅳ)　連結株主資本等変動計算書の作成
①　資本金当期首残高　10,000
　＝P社資本金当期首残高10,000＋S社資本金当期首残高6,000－上記(Ⅰ)資本金6,000
②　利益剰余金当期首残高　2,400
　＝P社利益剰余金当期首残高2,400＋S社利益剰余金当期首残高2,000
　－上記(Ⅰ)利益剰余金2,000
③　非支配株主持分当期首残高　2,400＝上記(Ⅰ)非支配株主持分2,400
④　剰余金の配当　1,600
　＝P社剰余金の配当1,600＋S社剰余金の配当600－上記(Ⅱ)③剰余金の配当600
⑤　親会社株主に帰属する当期純利益　3,080
　＝利益剰余金当期末残高3,880－利益剰余金当期首残高2,400＋剰余金の配当1,600
⑥　非支配株主持分当期変動額　120
　＝上記(Ⅱ)②非支配株主持分300－上記(Ⅱ)③非支配株主持分180
⑦　資本金当期末残高　10,000＝当期首残高10,000＋当期変動額0
　(または連結貸借対照表より)

⑧　利益剰余金当期末残高　3,880＝連結貸借対照表より3,880

⑨　非支配株主持分当期末残高　2,520＝当期首残高2,400＋当期変動額120

（または連結貸借対照表より）

〈参考〉

連結株主資本等変動計算書

Ｐ社　　令和○4年4月1日から令和○5年3月31日まで　　（単位：千円）

	資　本　金	利益剰余金	非支配株主持分
当期首残高	10,000	2,400	（　2,400）
当期変動額　剰余金の配当		△1,600	
親会社株主に帰属する当期純利益		（　3,080）	
株主資本以外の項目の当期変動額（純額）			（　120）
当期末残高	10,000	（　3,880）	（　2,520）

連結貸借対照表

Ｐ社　　令和○5年3月31日　　（単位：千円）

諸資産	（　27,700）	諸負債	（　13,100）
のれん	（　1,800）	資本金	（　10,000）
		利益剰余金	（　3,880）
		非支配株主持分	（　2,520）
	（　29,500）		（　29,500）

5

①	当座資産	¥ 6,060,000	②	流動負債	¥ 3,000,000
③	当座比率	202 %	④	流動資産	¥ 7,320,000
⑤	流動比率	244 %	⑥	固定資産	¥ 7,680,000
⑦	総資産(総資本)	¥ 15,000,000	⑧	負債(他人資本)	¥ 5,400,000
⑨	純資産(自己資本)	¥ 9,600,000	⑩	負債比率	56.3 %
⑪	自己資本比率	64 %	⑫	固定比率	80 %

解説

財務諸表分析の問題

財務諸表分析は，貸借対照表や損益計算書の数値を分析することにより，企業の財政状態や経営成績の良否を判断し，その原因を明らかにするためにおこなう。

まず，貸借対照表の資産・負債・純資産について，それぞれ分類すると次のとおりとなる。

＜資産＞

① 当座資産 ¥ 6,060,000 ＝現金預金，受取手形，売掛金，有価証券
④ 流動資産 ¥ 7,320,000 ＝現金預金，受取手形，売掛金，有価証券，商品，前払費用
⑥ 固定資産 ¥ 7,680,000 ＝備品，土地，投資有価証券
⑦ 総資産 ¥15,000,000 ＝資産合計（総資本も同額である）

＜負債（他人資本）＞

② 流動負債 ¥ 3,000,000 ＝支払手形，買掛金，短期借入金，未払法人税等
　 固定負債 ¥ 2,400,000 ＝長期借入金，退職給付引当金
⑧ 他人資本 ¥ 5,400,000 ＝負債合計

＜純資産（自己資本）＞

⑨ 自己資本 ¥ 9,600,000 ＝純資産合計（資本金，資本剰余金，利益剰余金）

貸借対照表　（単位：円）

区分	資産	金額	負債及び純資産	金額	区分	
当座資産 ¥6,060,000	現金預金	1,460,000	支払手形	450,000	流動負債 ¥3,000,000	負債合計 ¥5,400,000
	受取手形	1,580,000	買掛金	930,000		
	売掛金	1,300,000	短期借入金	1,250,000		
	有価証券	1,720,000	未払法人税等	370,000		
流動資産 ¥7,320,000	商品	820,000	長期借入金	1,280,000	固定負債 ¥2,400,000	
	前払費用	440,000	退職給付引当金	1,120,000		
固定資産 ¥7,680,000	備品	1,570,000	資本金	6,080,000	自己資本 ¥9,600,000	
	土地	4,600,000	資本剰余金	480,000		
	投資有価証券	1,510,000	利益剰余金	3,040,000		
		15,000,000		15,000,000		

次に，資料を用いて，各比率を求めて分析すると次のようになる。

③ 当座比率　$202\% = \frac{\text{当座資産¥6,060,000}}{\text{流動負債¥3,000,000}} \times 100(\%)$

※流動負債に対する当座資産の割合を示すもので，「即時の支払能力」を示す。なお，この比率は「高い」方がよい。ふつう100％以上であることが望ましいとされている。

⑤ 流動比率　$244\% = \frac{\text{流動資産¥7,320,000}}{\text{流動負債¥3,000,000}} \times 100(\%)$

※流動負債に対する流動資産の割合を示すもので，「短期的な支払能力」を示す。なお，この比率は「高い」方がよい。ふつう200％以上であることが望ましいとされている。

⑩ 負債比率　$56.3\% \fallingdotseq \frac{\text{負債(他人資本)¥5,400,000}}{\text{純資産(自己資本)¥9,600,000}} \times 100(\%)$

（注）　％の小数第2位を四捨五入している。

※純資産（自己資本）に対する負債（他人資本）の割合を示すもので，「長期的な支払能力」を示す。なお，この比率は「低い」方がよい。

⑪ 自己資本比率　$64\% = \frac{\text{純資産(自己資本)¥9,600,000}}{\text{総資本¥15,000,000}} \times 100(\%)$

※総資本に対する純資産（自己資本）の割合を示すもので，「長期的な支払能力」を示す。なお，この比率は「高い」方がよい。ふつう50％以上であることが望ましいとされている。

⑫ 固定比率　$80\% = \frac{\text{固定資産¥7,680,000}}{\text{純資産(自己資本)¥9,600,000}} \times 100(\%)$

※純資産（自己資本）に対する固定資産の割合を示すもので，「長期的な支払能力」と固定資産がどのくらい自己資本でまかなわれているかを示す。なお，この比率は「低い」方がよい。ふつう100％以下であることが望ましいとされている。

6

①	売上原価率	80 %	②	売上総利益	¥ 3,600,000
③	売上高総利益率	20 %	④	営業利益	¥ 540,000
⑤	経常利益	¥ 720,000	⑥	税引前当期純利益	¥ 900,000
⑦	当期純利益	¥ 540,000	⑧	売上高純利益率	3 %
⑨	総資本利益率	2.7 %	⑩	自己資本利益率	5.4 %
⑪	総資本回転率	0.9 回	⑫	自己資本回転率	1.8 回
⑬	受取勘定回転率	10 回	⑭	売上債権平均回収日数	36.5 日
⑮	商品回転率	12 回	⑯	固定資産回転率	1.2 回

解説

財務諸表分析の問題

財務諸表分析は，貸借対照表や損益計算書の数値を分析することにより，企業の財政状態や経営成績の良否を判断し，その原因を明らかにするためにおこなう。

まず，資料について，収益・費用をそれぞれ分類し，各利益を計算すると次のとおりとなる。

	売上高	(+)¥ 18,000,000	=売上
	売上原価	(−)¥ 14,400,000	=期首商品棚卸高+当期商品仕入高−期末商品棚卸高
②	売上総利益	¥ 3,600,000	=売上高−売上原価
	販売費及び一般管理費	(−)¥ 3,060,000	=給料，貸倒引当金繰入，減価償却費，退職給付費用，雑費
④	営業利益	¥ 540,000	=売上総利益−販売費及び一般管理費
	営業外収益	(+)¥ 300,000	=受取利息，有価証券利息
	営業外費用	(−)¥ 120,000	=支払利息，有価証券評価損
⑤	経常利益	¥ 720,000	=営業利益+営業外収益−営業外費用
	特別利益	(+)¥ 280,000	=固定資産売却益
	特別損失	(−)¥ 100,000	=固定資産除却損
⑥	税引前当期純利益	¥ 900,000	=経常利益+特別利益−特別損失
	法人税・住民税及び事業税	(−)¥ 360,000	=法人税等
⑦	当期純利益	¥ 540,000	=税引前当期純利益−法人税・住民税及び事業税

損益計算書（単位：円）

項目		金額
売上高	(+)	18,000,000
売上原価	(−)	14,400,000
売上総利益		(3,600,000)
販売費及び一般管理費	(−)	3,060,000
営業利益		(540,000)
営業外収益	(+)	300,000
営業外費用	(−)	120,000
経常利益		(720,000)
特別利益	(+)	280,000
特別損失	(−)	100,000
税引前当期純利益		(900,000)
法人税・住民税及び事業税	(−)	360,000
当期純利益		(540,000)

次に，資料を用いて，各比率を求めて分析すると次のようになる。

① 売上原価率　$80\% = \frac{売上原価¥14,400,000}{売上高¥18,000,000} \times 100(\%)$

※売上高に対する売上原価の割合を示すもので，原価幅および収益性を示す。なお，この比率は「低い」方がよい。

③ 売上高総利益率　$20\% = \frac{売上総利益¥3,600,000}{売上高¥18,000,000} \times 100(\%)$

※売上高に対する売上総利益の割合を示すもので，利幅および収益性を示す。なお，この比率は「高い」方がよい。

⑧ 売上高純利益率　$3\% = \frac{当期純利益¥540,000}{売上高¥18,000,000} \times 100(\%)$

※売上高に対する当期純利益の割合を示すもので，活動全体の収益性を示す。なお，この比率は「高い」方がよい。

⑨ 総資本利益率　$2.7\% = \frac{当期純利益¥540,000}{総資本¥20,000,000} \times 100(\%)$

※総資本に対する当期純利益の割合を示すもので，総資産利益率（ROA）ともいわれ，総資本がどの程度効率的に運用されたかを示す。なお，この比率は「高い」方がよい。

⑩ 自己資本利益率　$5.4\% = \frac{当期純利益¥540,000}{純資産(自己資本)¥10,000,000} \times 100(\%)$

※純資産（自己資本）に対する当期純利益の割合を示すもので，株主資本利益率（ROE）ともいわれ，自己資本がどの程度効率的に運用されたかを示す。なお，この比率は「高い」方がよい。

⑪ 総資本回転率　0.9回 = $\frac{\text{売上高￥}18,000,000}{\text{総資本￥}20,000,000}$

※総資本に対する売上高の割合を示すもので，一会計期間の売上高をあげるために総資本が何回利用されたかの効率性を示す。なお，この比率は「高い」方がよい。

⑫ 自己資本回転率　1.8回 = $\frac{\text{売上高￥}18,000,000}{\text{純資産(自己資本)￥}10,000,000}$

※純資産（自己資本）に対する売上高の割合を示すもので，一会計期間の売上高をあげるために自己資本が何回利用されたかの効率性を示す。なお，この比率は「高い」方がよい。

⑬ 受取勘定（売上債権）回転率　10回

$= \frac{\text{売上高￥}18,000,000}{\text{受取勘定￥}1,800,000\text{(受取手形￥}950,000+\text{売掛金￥}850,000)}$

※受取勘定（売上債権）に対する売上高の割合を示すもので，一会計期間の売上債権を何回回収できたかを示す。なお，この比率は「高い」方が売上債権を早く回収できているためよい。

⑭ 売上債権（受取勘定）平均回収日数　36.5日 = $\frac{365\text{日}}{\text{受取勘定回転率}10\text{回}}$

※売上債権を回収するさいに1回あたり平均何日かかったかを示す。なお，この比率は「低い」方が売上債権を早く回収できているためよい。

⑮ 商品回転率　12回 = $\frac{\text{売上原価￥}14,400,000}{(\text{期首商品￥}1,190,000+\text{期末商品￥}1,210,000)\div 2}$

※平均商品有高（期首商品と期末商品の平均有高）に対する売上原価の割合を示すもので，商品を効率よく販売できているかを示す。なお，この比率は「高い」方が商品の在庫が少ないためよい。

⑯ 固定資産回転率　1.2回 = $\frac{\text{売上高￥}18,000,000}{\text{固定資産￥}15,000,000}$

※固定資産に対する売上高の割合を示すもので，固定資産が有効に利用できているかを示す。なお，この比率は「高い」方がよい。

7

(1)

a	当座資産合計	20,560　千円	b	負債(他人資本)合計	18,640　千円

(2)

a		b		c	
ア	イ	ウ	エ	オ	カ
1	208　%	1.6　回	3	10.5　%	5

解説

財務諸表分析の問題　（以下の説明は単位千円）

財務諸表分析は，貸借対照表や損益計算書，株主資本等変動計算書など財務諸表の数値を分析することにより，企業の財政状態や経営成績の良否を判断し，その原因を明らかにするためにおこなう。

6/26	（借）繰越利益剰余金	*480*	（貸）未払配当金	*400*
			利益準備金	*40*
			別途積立金	*40*

株主総会において繰越利益剰余金を財源とした剰余金の配当等が決議されたときは，配当金額を未払配当金勘定（負債），会社法による額を利益準備金勘定（純資産），別途積立額を別途積立金勘定（純資産）のいずれも貸方に記入し，配当等の総額を繰越利益剰余金勘定（純資産）の借方に記入する。

未払配当金（配当金額）　*400*

利益準備金（会社法が定める金額）　*40*

(a)　配当金額の10分の1

配当金額*400*÷10＝*40*

(b)　積立限度額（資本金の4分の1から資本準備金と利益準備金を控除した金額）

資本金*32,000*÷4－資本準備金*1,040*－利益準備金*600*＝*6,360*

(c)　(a)と(b)のいずれか低い金額

上記(a)*40*＜上記(b)*6,360*　よって，利益準備金の積立額は*40*

別途積立金（積立額）　*40*

繰越利益剰余金　*480*＝未払配当金*400*＋利益準備金*40*＋別途積立金*40*

上記を考慮して株主資本等変動計算書および貸借対照表を完成させると次のようになる。

（第5期）　株主資本等変動計算書

山口商事株式会社　令和○5年4月1日から令和○6年3月31日まで　（単位：千円）

	資本金	資本剰余金		利益剰余金				純資産合計
		資本準備金	資本剰余金合計	利益準備金	その他利益剰余金		利益剰余金合計	
					別途積立金	繰越利益剰余金		
当期首残高	32,000	1,040	1,040	(600)	960	(8,720)	10,280	43,320
当期変動額								
剰余金の配当				(40)		(△440)	(△400)	(△400)
別途積立金の積立					(40)	△40	―	―
当期純利益						2,360	2,360	2,360
当期変動額合計	―	―	―	(40)	(40)	(1,880)	(1,960)	(1,960)
当期末残高	32,000	1,040	1,040	(640)	(1,000)	10,600	(12,240)	45,280

比較貸借対照表　（単位：千円）

区分	資産	第4期	第5期	負債・純資産	第4期	第5期	区分
流動資産・当座資産	現金預金	5,278	5,520	支払手形	1,760	1,680	流動負債・負債・総資本
流動資産・当座資産	受取手形	2,500	2,680	買掛金	8,162	7,720	流動負債・負債・総資本
流動資産・当座資産	売掛金	12,930	12,360	未払法人税等	1,280	1,200	流動負債・負債・総資本
流動資産	商品	1,296	(1,160)	長期借入金	5,448	6,340	負債・総資本
流動資産	前払費用	400	328	退職給付引当金	1,750	1,700	負債・総資本
	備品	5,000	5,000	資本金	(32,000)	(32,000)	総資本
	土地	(21,600)	21,600	資本準備金	1,040	1,040	総資本
	特許権	1,624	1,600	利益準備金	600	(640)	総資本
	関係会社株式	9,092	9,680	別途積立金	960	(1,000)	総資本
	長期貸付金	2,000	3,992	繰越利益剰余金	(8,720)	10,600	総資本
		(61,720)	(63,920)		(61,720)	(63,920)	

したがって，資料を用いて，各金額を求めると次のようになる。

(1)　第5期の次の金額

a．当座資産合計　*20,560*＝現金預金*5,520*＋受取手形*2,680*＋売掛金*12,360*

b．負債（他人資本）合計　*18,640*＝支払手形*1,680*＋買掛金*7,720*＋未払法人税等*1,200*
＋長期借入金*6,340*＋退職給付引当金*1,700*

なお，資料を用いて，各比率を求めて分析すると次のようになる。

(2)

ア．**1．流動比率**

イ．$208\% = \frac{\text{流動資産}22{,}048}{\text{流動負債}10{,}600} \times 100(\%)$

※流動負債に対する流動資産の割合を示すもので，「短期的な支払能力」を示す。なお，この比率は「高い」方がよい。ふつう200%以上であることが望ましいとされている。

ウ．総資本回転率　$1.6\text{回} = \frac{\text{売上高}102{,}272}{\text{総資本}63{,}920}$

※総資本に対する売上高の割合を示すもので，一会計期間の売上高をあげるために総資本が何回利用されたかの効率性を示す。なお，この比率は「高い」方がよい。

エ．第4期より多くなっているため，総資本が売上高に対して有効に　**3．利用されている**　と判断できる。

オ．売上高成長率(増収率)　$10.5\% \fallingdotseq \frac{\text{第5期売上高}102{,}272 - \text{第4期売上高}92{,}580}{\text{第4期売上高}92{,}580} \times 100\%$

（注）　%の小数第2位を四捨五入している。

※売上高の伸び率を示すもので，この比率が高いほど事業が拡大していることを示す。

カ．第4期の9.4%に比べて，**5．高く**　なったと判断できる。

■財務諸表分析のまとめ

〈安全性分析〉

① 流動比率 $=\dfrac{流動資産}{流動負債}\times 100(\%)$	流動負債に対する流動資産の割合で，短期（１年以内）の支払能力を示す。 ※一般に200％以上が望ましい。
② 当座比率 $=\dfrac{当座資産^{※}}{流動負債}\times 100(\%)$ ※当座資産：現金，当座預金，受取手形，売掛金，有価証券 など	流動資産中の当座資産と流動負債との割合で，即時の支払能力を示す。 ※一般に100％以上が望ましい。
③ 自己資本比率 $=\dfrac{自己資本}{総資本(他人資本+自己資本)}\times 100(\%)$	総資本に対する自己資本の割合で，この比率が高いほど資金繰りが安定しており，倒産の危険性も低いことを示す。 ※一般に50％以上が望ましい。
④ 負債比率 $=\dfrac{負債}{自己資本}\times 100(\%)$	自己資本に対する負債（他人資本）の割合で，この比率が低いほど企業が堅実で安全であることを示す。
⑤ 固定比率 $=\dfrac{固定資産}{自己資本}\times 100(\%)$	固定資産が返済の必要のない自己資本でどれだけまかなわれているかを示す。 ※一般に100％以下が望ましい。

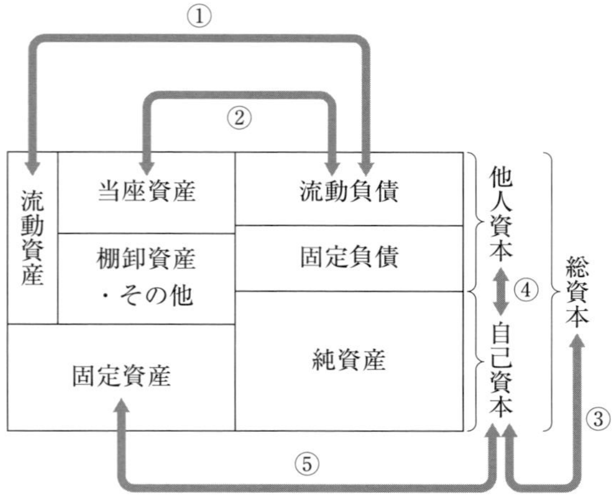

〈収益性分析〉

売上高利益率	⑥ 売上高総利益率 $=\dfrac{売上総利益}{売上高}\times 100(\%)$	売上高に対する売上総利益の割合を示すものである。この比率が大きいほど，収益性が高いことを示す。
	⑦ 売上高純利益率 $=\dfrac{当期純利益}{売上高}\times 100(\%)$	売上高に対する当期純利益の割合を示すものである。この比率が大きいほど，収益性が高いことを示す。
	⑧ 売上原価率 $=\dfrac{売上原価}{売上高}\times 100(\%)$	売上高に対する売上原価の割合を示すものである。この比率が低いほど利幅が大きく，収益性が高いことを示す。 ※売上高総利益率＋売上原価率＝100％の関係にある。
資本利益率	⑨ 総資本利益率 $=\dfrac{当期純利益}{総資本}\times 100(\%)$	総資本利益率は投下した総資本がどの程度効率的に運用されたかを示すものである。この比率が高いほど，収益性が高いことを示す。
	⑩ 自己資本利益率 $=\dfrac{当期純利益}{自己資本}\times 100(\%)$	株主資本利益率（ROE）ともいわれ，株主の資本がどの程度効率的に運用されたかを示す。この比率が高いほど，収益性が高いことを示す。

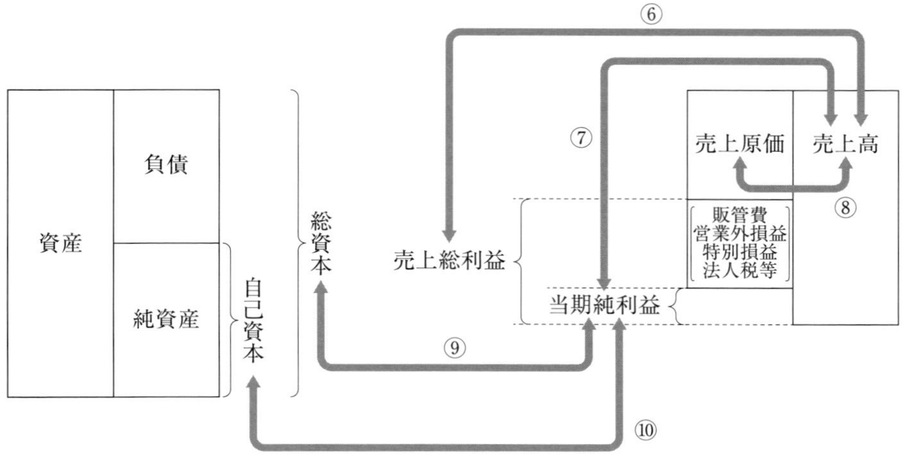

〈効率性分析〉

資本回転率	⑪　総資本回転率 $=\frac{売上高}{総資本}$(回)	総資本に対する売上高の割合で，投下された資本が一会計期間に何回利用されたかがわかる。この回転率が高いほど，資本の利用状況がよいことを示す。
資産回転率	⑫　商品回転率 $=\frac{売上原価}{商品(平均有高)^{※}}$(回) ※商品平均有高 ＝(期首商品棚卸高＋期末商品棚卸高)÷2	商品として投下された資本が，それぞれ一会計期間に何回利用されたかがわかる。この回転率が高いほど商品の在庫期間が短く，販売効率がよいことを示す。
	⑬　売上債権（受取勘定）回転率 $=\frac{売上高}{売上債権(平均有高)^{※}}$(回) ※売上債権（受取勘定）平均有高 ＝(期首売上債権＋期末売上債権)÷2	売上債権の回収の早さを示すものである。この回転率が高いほど債権の回収が早く，状況がよいことを示す。
	⑭　固定資産回転率 $=\frac{売上高}{固定資産(平均有高)}$(回)	固定資産が，有効に活用されているかを示すもので，この回転率が高いほど設備の利用状況がよいことを示す。
回転期間	⑮　売上債権の平均回収日数（日） ＝365日÷売上債権（受取勘定）回転率	売上債権が発生してから回収されるまでにかかる平均の日数がわかる。
	⑯　平均在庫日数（日） ＝365日÷商品回転率	商品を仕入れてから販売されるまでにかかる平均の日数がわかる。

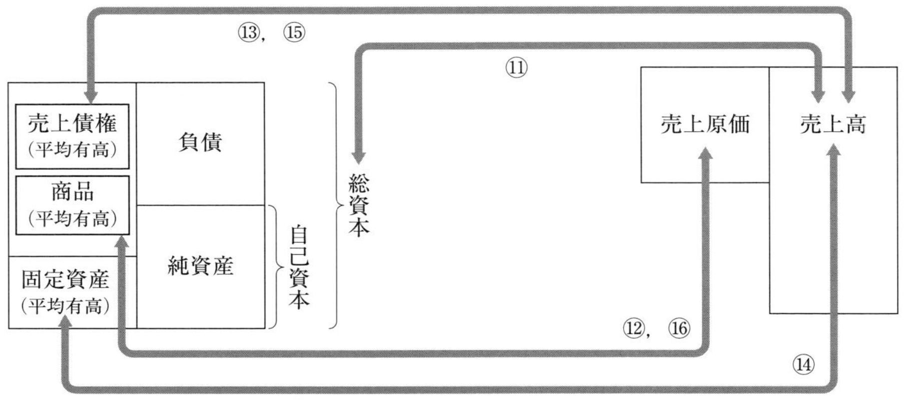

〈成長性分析〉

⑰　売上高成長率（増収率） $=\frac{当期売上高-前期売上高}{前期売上高}\times 100(\%)$	売上高の伸び率をあらわすものである。これが高いほど事業が拡大していることを示す。

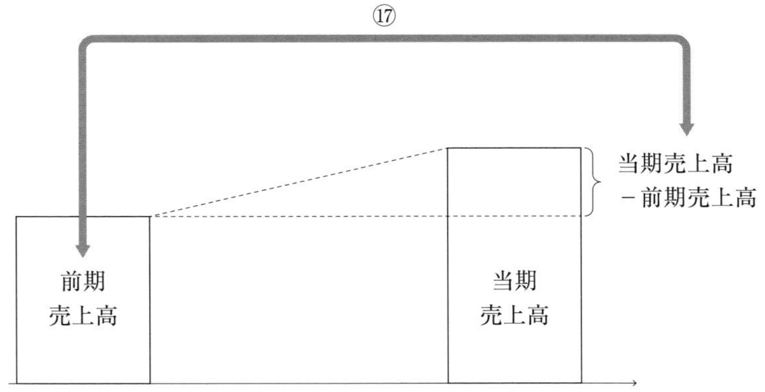

出題形式別練習問題　決算の問題

1

損益計算書

千葉商事株式会社　令和○4年4月1日から令和○5年3月31日まで　（単位：円）

Ⅰ 売上高		17,300,000
Ⅱ 売上原価		
1．期首商品棚卸高	（1,808,000）	
2．当期商品仕入高	（9,313,500）	
合計	（11,121,500）	
3．期末商品棚卸高	（1,536,000）	
	（9,585,500）	
4．（棚卸減耗損）	（16,000）	
5．（商品評価損）	（57,000）	（9,658,500）
売上総利益		（7,641,500）
Ⅲ 販売費及び一般管理費		
1．給料	4,724,000	
2．発送費	490,000	
3．広告料	380,000	
4．（貸倒引当金繰入）	（28,000）	
5．（減価償却費）	（185,500）	
6．（退職給付費用）	（225,000）	
7．通信費	269,000	
8．消耗品費	41,000	
9．保険料	（175,000）	
10．租税公課	108,000	
11．（雑費）	（86,000）	6,711,500
営業利益		（930,000）
Ⅳ 営業外収益		
1．受取配当金	（158,000）	
2．有価証券利息	（32,000）	
3．（有価証券評価益）	（30,000）	（220,000）
Ⅴ 営業外費用		
1．（支払利息）	（36,000）	
2．電子記録債権売却損	46,000	
3．為替差損	（20,000）	（102,000）
経常利益		（1,048,000）
Ⅵ 特別利益		
1．固定資産売却益	132,000	132,000
Ⅶ 特別損失		
1．固定資産除却損	100,000	100,000
税引前当期純利益		（1,080,000）
法人税・住民税及び事業税	（327,000）	
法人税等調整額	（△3,000）	（324,000）
当期純利益		（756,000）

貸借対照表

千葉商事株式会社　令和○5年3月31日　（単位：円）

資産の部			
Ⅰ 流動資産			
1．現金預金		（4,211,000）	
2．電子記録債権	1,400,000		
貸倒引当金	（14,000）	（1,386,000）	
3．売掛金	2,600,000		
貸倒引当金	（26,000）	（2,574,000）	
4．（有価証券）		（1,120,000）	
5．（商品）		（1,463,000）	
6．前払費用		（434,000）	
流動資産合計			11,188,000
Ⅱ 固定資産			
(1) 有形固定資産			
1．建物	4,750,000		
減価償却累計額	（1,710,000）	（3,040,000）	
2．備品	800,000		
減価償却累計額	（500,000）	（300,000）	
有形固定資産合計		（3,340,000）	
(2) 投資その他の資産			
1．投資有価証券		（992,000）	
2．繰延税金資産		（3,000）	
投資その他の資産合計		（995,000）	
固定資産合計			4,335,000
資産合計			15,523,000
負債の部			
Ⅰ 流動負債			
1．電子記録債務		772,500	
2．買掛金		（1,388,000）	
3．未払費用		（9,000）	
4．（未払法人税等）		（185,000）	
流動負債合計			2,354,500
Ⅱ 固定負債			
1．長期借入金		1,200,000	
2．（退職給付引当金）		（3,285,000）	
固定負債合計			（4,485,000）
負債合計			（6,839,500）
純資産の部			
Ⅰ 株主資本			
(1) 資本金			6,000,000
(2) 資本剰余金			
1．資本準備金		825,000	
資本剰余金合計			825,000
(3) 利益剰余金			
1．利益準備金		450,000	
2．その他利益剰余金			
① 別途積立金		280,000	
② 繰越利益剰余金		（1,128,500）	
利益剰余金合計			（1,858,500）
株主資本合計			（8,683,500）
純資産合計			（8,683,500）
負債及び純資産合計			15,523,000

解説

〔付記事項〕

①	（借）現　　　金	80,000	（貸）受取配当金	80,000

配当金領収証を受け取ったときは，現金（資産）および受取配当金（収益）を増額する。

〔決算整理事項〕

a.	（借）仕　　入	1,808,000	（貸）繰越商品	1,808,000
	繰越商品	1,536,000	仕　　入	1,536,000
	棚卸減耗損	16,000	繰越商品	16,000
	商品評価損	57,000	繰越商品	57,000
	仕　　入	16,000	棚卸減耗損	16,000
	仕　　入	57,000	商品評価損	57,000

㋐ 期末商品棚卸高　¥1,536,000＝@¥800（原価）×帳簿1,920個

㋑ 棚卸減耗損　¥16,000＝@¥800（原価）×（帳簿1,920個－実地1,900個）

㋒ 商品評価損　¥57,000＝（原価@¥800－正味@¥770）×実地1,900個

㋓ 貸借対照表の商品　¥1,463,000

＝上記㋐¥1,536,000－上記㋑¥16,000－上記㋒¥57,000

原　価 @¥800	商品評価損 （@¥800－@¥770）×1,900個 ＝¥57,000	棚卸減耗損 @¥800 ×（1,920－1,900）個 ＝¥16,000
正味売却価額 @¥770	繰越商品の次期繰越 ¥1,463,000	
	実地棚卸数量 1,900個	帳簿棚卸数量 1,920個

b.	（借）為替差損益	20,000	（貸）買掛金	20,000

㋔ 為替差損益（損）　¥20,000

＝（決算日の為替レート112円－取引日の為替レート110円）×買掛金10,000ドル

※買掛金（負債）が決算日において増加しているため，為替差損益は「損」（費用）とする。

c.	（借）貸倒引当金繰入	28,000	（貸）貸倒引当金	28,000
	繰延税金資産	3,000	法人税等調整額	3,000

㋕ 電子記録債権の貸倒引当金計上額　¥14,000

＝電子記録債権勘定残高¥1,400,000×1%

㋖ 売掛金の貸倒引当金計上額　¥26,000＝売掛金勘定残高¥2,600,000×1%

㋗ 貸倒引当金繰入　¥28,000

＝（上記㋕¥14,000＋上記㋖¥26,000）－貸倒引当金勘定残高¥12,000

㋘ 繰延税金資産　¥3,000＝貸倒引当金の繰入限度超過額¥10,000×法定実効税率30%

d.	（借）売買目的有価証券	30,000	（貸）有価証券評価益	30,000
	（借）満期保有目的債券	2,000	（貸）有価証券利息	2,000

㋙ 売買目的有価証券の評価高（時価）　¥1,120,000

東京商事株　@¥4,100（時価）×200株＝¥　820,000

埼玉物産株　@¥2,000（時価）×150株＝¥　300,000

計¥1,120,000

㋚ 有価証券評価益　¥30,000＝¥1,120,000（時価）－¥1,090,000（帳簿価額）

㋛ 満期保有目的債券の評価高（償却原価）　¥992,000

㋜ 有価証券利息　¥2,000＝¥992,000（償却原価）－¥990,000（帳簿価額）

e.	（借）減価償却費	185,500	（貸）建物減価償却累計額	85,500
			備品減価償却累計額	100,000

㋝ 建物の減価償却高　¥85,500

＝（¥4,750,000（取得原価）－¥475,000（残存価額））÷耐用年数50年

㋞ 備品の減価償却高　¥100,000

＝（¥800,000（取得原価）－¥0（残存価額））÷耐用年数8年

㋟ 減価償却費　¥185,500＝上記㋝¥85,500＋上記㋞¥100,000

f.	（借）前払保険料	434,000	（貸）保険料	434,000

㋠ 前払保険料　¥434,000＝保険料前払高¥434,000

g.	（借）支払利息	9,000	（貸）未払利息	9,000

㋡ 未払利息　¥9,000＝利息未払高¥9,000

h．（借）退職給付費用	225,000	（貸）退職給付引当金	225,000

㋢ 退職給付費用 ¥225,000＝退職給付引当金繰入額¥225,000

i．（借）法人税等	327,000	（貸）仮払法人税等	142,000
		未払法人税等	185,000

㋣ 法人税等 ¥327,000＝法人税・住民税及び事業税額¥327,000
㋤ 未払法人税等 ¥185,000＝上記㋣¥327,000－仮払法人税等勘定残高¥142,000

〔解答欄の完成〕
(1) 損益計算書
上記決算整理事項の解説を参照。

(2) 貸借対照表
現金預金 ¥4,211,000
＝現金¥1,849,000＋当座預金¥2,282,000＋付記事項①¥80,000
有価証券 ¥1,120,000＝売買目的有価証券の評価高(時価)¥1,120,000
前払費用 ¥434,000＝前払保険料¥434,000
建物減価償却累計額 ¥1,710,000
＝勘定残高¥1,624,500＋建物の減価償却高¥85,500
備品減価償却累計額 ¥500,000＝勘定残高¥400,000＋備品の減価償却高¥100,000
投資有価証券 ¥992,000＝満期保有目的債券の評価高(償却原価)¥992,000
未払費用 ¥9,000＝未払利息¥9,000
退職給付引当金 ¥3,285,000＝勘定残高¥3,060,000＋退職給付費用¥225,000
繰越利益剰余金 ¥1,128,500（次のいずれかの計算方法により求める）
(a) 損益計算書の当期純利益を用いて求める方法
勘定残高¥372,500＋当期純利益¥756,000
(b) 貸借対照表の数値から求める計算方法
(イ) 負債及び純資産合計¥15,523,000から負債合計¥6,839,500を差し引いて純資産合計¥8,683,500を求め，株主資本合計¥8,683,500とする。
(ロ) 株主資本合計¥8,683,500から資本金¥6,000,000と資本剰余金合計¥825,000を差し引いて利益剰余金合計¥1,858,500とする。
(ハ) 利益剰余金合計¥1,858,500から利益準備金¥450,000と別途積立金¥280,000を差し引いて繰越利益剰余金¥1,128,500を求める。

2

損　益　計　算　書

高知商事株式会社　令和○2年4月1日から令和○3年3月31日まで　（単位：円）

Ⅰ 売上高		（38,325,000）
Ⅱ 売上原価		
1．期首商品棚卸高	2,571,000	
2．当期商品仕入高	27,283,000	
合計	29,854,000	
3．期末商品棚卸高	（2,612,000）	
	（27,242,000）	
4．（棚卸減耗損）	（182,000）	
5．（商品評価損）	（60,000）	（27,484,000）
売上総利益		（10,841,000）
Ⅲ 販売費及び一般管理費		
1．給料	4,788,000	
2．発送費	768,000	
3．広告料	920,000	
4．（貸倒引当金繰入）	（28,000）	
5．（減価償却費）	（240,000）	
6．退職給付費用	（623,000）	
7．ソフトウェア償却	（120,000）	
8．保険料	（147,000）	
9．租税公課	298,000	
10．水道光熱費	484,000	
11．（雑費）	（54,000）	8,470,000
営業利益		（2,371,000）
Ⅳ 営業外収益		
1．受取家賃	（420,000）	
2．受取配当金	90,000	（510,000）
Ⅴ 営業外費用		
1．支払利息	45,000	
2．手形売却損	50,000	
3．（有価証券評価損）	（60,000）	（155,000）
経常利益		（2,726,000）
Ⅵ 特別利益		
1．固定資産売却益	62,000	62,000
Ⅶ 特別損失		
1．固定資産除却損	（190,000）	（190,000）
税引前当期純利益		2,598,000
法人税・住民税及び事業税		（1,271,000）
当期純利益		（1,327,000）

貸借対照表

高知商事株式会社　令和○3年3月31日　(単位：円)

資産の部

Ⅰ 流動資産			
1. 現金預金		(1,902,500)	
2. 受取手形	(1,000,000)		
貸倒引当金	(20,000)	(980,000)	
3. 売掛金	(2,000,000)		
貸倒引当金	(40,000)	(1,960,000)	
4. (有価証券)		(2,100,000)	
5. (商品)		(2,370,000)	
6. (前払費用)		(144,000)	
流動資産合計			(9,456,500)
Ⅱ 固定資産			
(1) 有形固定資産			
1. 建物	3,000,000		
減価償却累計額	(1,890,000)	(1,110,000)	
2. 土地		4,100,000	
3. リース資産	750,000		
減価償却累計額	(300,000)	(450,000)	
有形固定資産合計		(5,660,000)	
(2) 無形固定資産			
1. ソフトウェア		(480,000)	
無形固定資産合計		(480,000)	
(3) 投資その他の資産			
1. 投資有価証券		(2,970,000)	
2. 長期前払費用		(240,000)	
投資その他の資産合計		(3,210,000)	
固定資産合計			9,350,000
資産合計			(18,806,500)

負債の部

Ⅰ 流動負債			
1. 支払手形		643,000	
2. 買掛金		1,870,000	
3. 短期借入金		1,250,000	
4. 未払金		86,000	
5. リース債務		(150,000)	
6. (未払法人税等)		(671,000)	
7. (前受収益)		(35,000)	
流動負債合計			(4,705,000)
Ⅱ 固定負債			
1. 長期借入金		(1,500,000)	
2. リース債務		(300,000)	
3. (退職給付引当金)		(1,984,000)	
4. 繰延税金負債		(81,000)	
固定負債合計			(3,865,000)
負債合計			8,570,000

純資産の部

Ⅰ 株主資本		
(1) 資本金		(6,500,000)
(2) 資本剰余金		
1. 資本準備金	(1,000,000)	
資本剰余金合計		(1,000,000)
(3) 利益剰余金		
1. 利益準備金	(430,000)	
2. その他利益剰余金		
① 繰越利益剰余金	(1,617,500)	
利益剰余金合計		(2,047,500)
株主資本合計		(9,547,500)
Ⅱ 評価・換算差額等		
1. その他有価証券評価差額金	(189,000)	
評価・換算差額等合計		(189,000)
Ⅲ 新株予約権		(500,000)
純資産合計		(10,236,500)
負債及び純資産合計		(18,806,500)

解説

〔付記事項〕

① リース債務のうち決算日の翌日から1年以内に支払期限が到来する¥150,000は「流動負債」の区分に，また1年を超えて支払期限が到来する¥300,000は「固定負債」の区分にそれぞれ記載する。

1年あたりのリース債務　¥150,000

＝リース債務残高¥450,000

÷リース期間残り3年(令和○3年4月1日〜令和○6年3月31日)

当期決算日

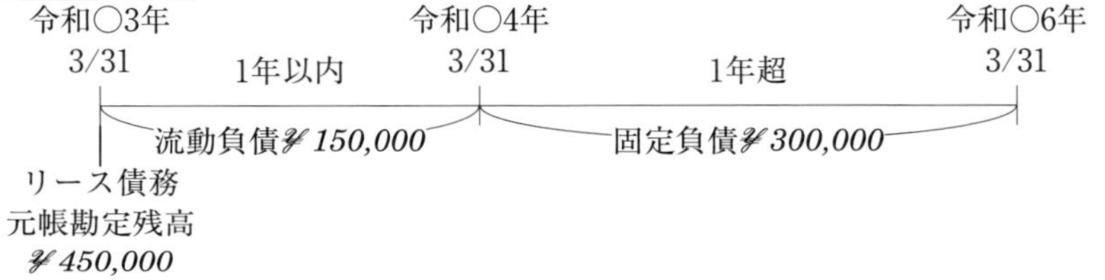

〔決算整理事項〕

a.（借）	仕　　入	2,571,000	（貸）繰越商品	2,571,000
	繰越商品	2,612,000	仕　　入	2,612,000
	棚卸減耗損	182,000	繰越商品	182,000
	商品評価損	60,000	繰越商品	60,000
	仕　　入	182,000	棚卸減耗損	182,000
	仕　　入	60,000	商品評価損	60,000

㋐ 期末商品棚卸高　¥2,612,000
A品　@¥1,000（原価）×1,300個＝¥1,300,000
B品　@¥　820（原価）×1,600個＝¥1,312,000
計¥2,612,000

㋑ 棚卸減耗損　¥182,000
A品　@¥1,000（原価）×（帳簿1,300個－実地1,200個）＝¥100,000
B品　@¥　820（原価）×（帳簿1,600個－実地1,500個）＝¥　82,000
計¥182,000

㋒ 商品評価損　¥60,000
A品は原価より正味売却価額が高いので，評価替えはしない。
B品　（原価@¥820－正味@¥780）×実地1,500個＝¥60,000

㋓ 貸借対照表の商品　¥2,370,000
＝上記㋐¥2,612,000－上記㋑¥182,000－上記㋒¥60,000

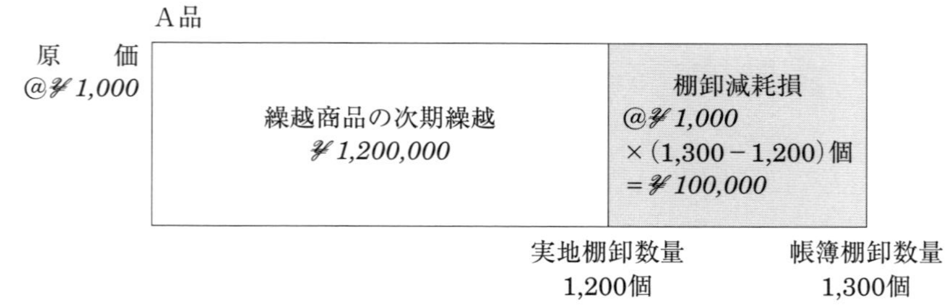

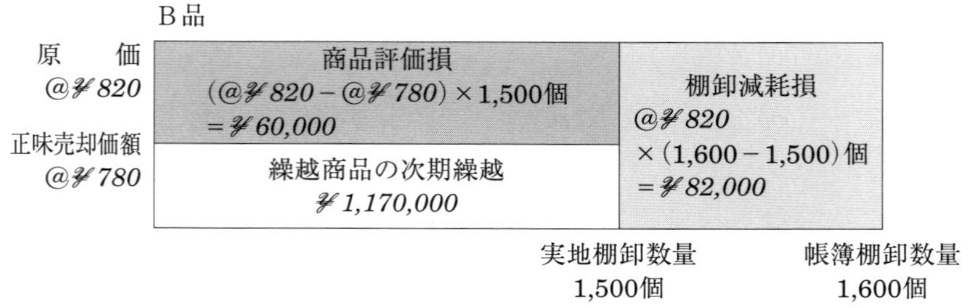

b.（借）	貸倒引当金繰入	28,000	（貸）貸倒引当金	28,000

㋔ 受取手形の貸倒引当金計上額　¥20,000＝受取手形勘定残高¥1,000,000×2％
㋕ 売掛金の貸倒引当金計上額　¥40,000＝売掛金勘定残高¥2,000,000×2％
㋖ 貸倒引当金繰入　¥28,000
＝（上記㋔¥20,000＋上記㋕¥40,000）－貸倒引当金勘定残高¥32,000

c.（借）	有価証券評価損	60,000	（貸）売買目的有価証券	60,000
（借）	その他有価証券	270,000	（貸）繰延税金負債	81,000
			その他有価証券評価差額金	189,000

㋗ 売買目的有価証券の評価高（時価）　¥2,100,000
R商事株　@¥2,700（時価）×500株＝¥1,350,000
S物産株　@¥7,500（時価）×100株＝¥　750,000
計¥2,100,000
㋘ 有価証券評価損　¥60,000＝¥2,160,000（帳簿価額）－¥2,100,000（時価）
㋙ その他有価証券評価高（時価）　¥2,970,000＝T産業株@¥1,100（時価）×2,700株
㋚ その他有価証券の評価差額　¥270,000＝¥2,970,000（時価）－¥2,700,000（帳簿価額）
㋛ 繰延税金負債　¥81,000＝上記㋚¥270,000×法定実効税率30％
㋜ その他有価証券評価差額金　¥189,000＝上記㋚¥270,000－上記㋛¥81,000

d.（借）	減価償却費	240,000	（貸）建物減価償却累計額	90,000
			リース資産減価償却累計額	150,000

㋝ 建物の減価償却高　¥90,000
＝（¥3,000,000（取得原価）－¥300,000（残存価額））÷耐用年数30年
㋞ リース資産の減価償却高　¥150,000
＝（¥750,000（取得原価）－¥0（残存価額））÷耐用年数5年
㋟ 減価償却費　¥240,000＝上記㋝¥90,000＋上記㋞¥150,000

e.（借）	ソフトウェア償却	120,000	（貸）ソフトウェア	120,000

㋠ ソフトウェア償却　¥120,000＝ソフトウェア¥600,000÷利用可能期間5年

f．(借)	前払保険料	144,000	(貸) 保　険　料	384,000
	長期前払保険料	240,000		

㋡ 保険料の前払高　¥384,000

$$=3年分の保険料¥432,000\times\frac{32か月(令和○3年4月〜令和○5年11月)}{36か月(令和○2年12月〜令和○5年11月)}$$

㋢ 前払保険料　¥144,000

$$=3年分の保険料¥432,000\times\frac{12か月(令和○3年4月〜令和○4年3月)}{36か月(令和○2年12月〜令和○5年11月)}$$

㋣ 長期前払保険料　¥240,000

$$=3年分の保険料¥432,000\times\frac{20か月(令和○4年4月〜令和○5年11月)}{36か月(令和○2年12月〜令和○5年11月)}$$

㋤ 損益計算書の保険料　¥147,000
=¥531,000(勘定残高)－上記㋡保険料の前払高¥384,000

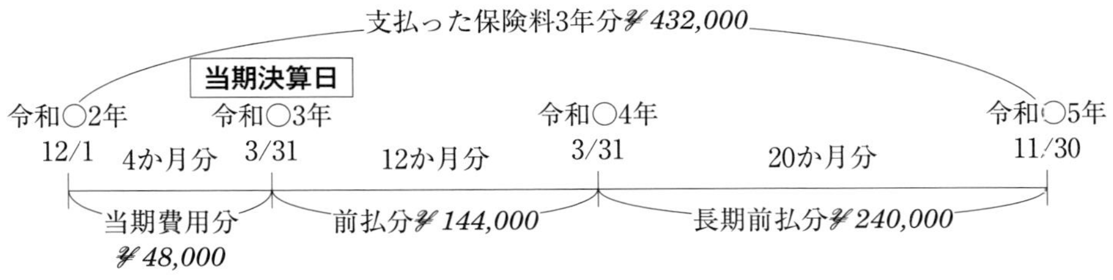

g．(借)	受　取　家　賃	35,000	(貸) 前　受　家　賃	35,000

㋥ 前受家賃　¥35,000＝家賃前受高¥35,000

h．(借)	退職給付費用	623,000	(貸) 退職給付引当金	623,000

㋦ 退職給付費用　¥623,000＝退職給付引当金繰入額¥623,000

i．(借)	法　人　税　等	1,271,000	(貸) 仮払法人税等	600,000
			未払法人税等	671,000

㋧ 法人税等　¥1,271,000＝法人税・住民税及び事業税額¥1,271,000
㋨ 未払法人税等　¥671,000＝法人税等¥1,271,000－仮払法人税等勘定残高¥600,000

〔解答欄の完成〕
(1) 損益計算書
上記決算整理事項の解説を参照。

(2) 貸借対照表
現金預金　¥1,902,500＝現金¥341,600＋当座預金¥1,560,900
有価証券　¥2,100,000＝売買目的有価証券の評価高(時価)¥2,100,000
前払費用　¥144,000＝前払保険料¥144,000
建物減価償却累計額　¥1,890,000
＝勘定残高¥1,800,000＋建物の減価償却高¥90,000
リース資産減価償却累計額　¥300,000
＝勘定残高¥150,000＋リース資産の減価償却高¥150,000
ソフトウェア　¥480,000＝勘定残高¥600,000－ソフトウェア償却高¥120,000
投資有価証券　¥2,970,000＝その他有価証券の評価高(時価)¥2,970,000
長期前払費用　¥240,000＝長期前払保険料¥240,000
リース債務　＝付記事項①より
前受収益　¥35,000＝前受家賃¥35,000
退職給付引当金　¥1,984,000＝勘定残高¥1,361,000＋退職給付費用¥623,000
繰越利益剰余金　¥1,617,500（次のいずれかの計算方法により求める）
(a) 損益計算書の当期純利益を用いて求める方法
勘定残高¥290,500＋当期純利益¥1,327,000
(b) 貸借対照表の数値から求める計算方法
(イ) 資産合計¥18,806,500を負債及び純資産合計とし，その額から負債合計¥8,570,000を差し引いて純資産合計¥10,236,500を求め，さらにその額から新株予約権¥500,000と評価・換算差額等合計¥189,000を差し引いて株主資本合計¥9,547,500とする。
(ロ) 株主資本合計¥9,547,500から資本金¥6,500,000と資本剰余金合計¥1,000,000を差し引いて利益剰余金合計¥2,047,500とする。
(ハ) 利益剰余金合計¥2,047,500から利益準備金¥430,000を差し引いて繰越利益剰余金¥1,617,500を求める。

3 (1)

損　益　計　算　書

鹿児島商事株式会社　令和○6年4月1日から令和○7年3月31日まで　(単位：円)

I　売　上　高		32,053,550
II　売　上　原　価		
1．期首商品棚卸高	468,500	
2．当期商品仕入高	(21,382,500)	
合　計	(21,851,000)	
3．期末商品棚卸高	(450,000)	
	(21,401,000)	
4．(棚卸減耗損)	(15,000)	
5．(商品評価損)	(12,000)	(21,428,000)
売上総利益		10,625,550
III　販売費及び一般管理費		
1．給料	4,020,000	
2．発送費	437,000	
3．広告料	781,500	
4．(貸倒引当金繰入)	(34,300)	
5．(減価償却費)	(245,000)	
6．(退職給付費用)	(396,500)	
7．通信費	630,800	
8．保険料	(384,500)	
9．租税公課	136,500	
10．(雑費)	(99,150)	7,165,250
営業利益		(3,460,300)
IV　営業外収益		
1．受取地代	240,000	
2．受取配当金	22,500	
3．為替差益	(80,000)	
4．(有価証券評価益)	(75,000)	(417,500)
V　営業外費用		
1．支払利息	(36,000)	(36,000)
経常利益		(3,841,800)
VI　特別利益		
1．固定資産売却益	(53,000)	(53,000)
VII　特別損失		
1．固定資産除却損	(70,000)	(70,000)
税引前当期純利益		(3,824,800)
法人税・住民税及び事業税	(1,155,480)	
法人税等調整額	(△8,040)	(1,147,440)
当期純利益		(2,677,360)

(2)

株主資本等変動計算書

鹿児島商事株式会社　令和○6年4月1日から令和○7年3月31日まで　(単位：円)

	株主資本							
	資本金	資本剰余金		利益剰余金				株主資本合計
		資本準備金	資本剰余金合計	利益準備金	その他利益剰余金		利益剰余金合計	
					別途積立金	繰越利益剰余金		
当期首残高	5,000,000	750,000	750,000	250,000	321,000	2,231,500	2,802,500	8,552,500
当期変動額								
剰余金の配当				(180,000)		(△1,980,000)	△1,800,000	△1,800,000
別途積立金の積立					15,000	△15,000	—	—
当期純利益						(2,677,360)	(2,677,360)	2,677,360
株主資本以外(純額)								
当期変動額合計	—	—	—	(180,000)	(15,000)	(682,360)	(877,360)	(877,360)
当期末残高	5,000,000	750,000	750,000	430,000	336,000	(2,913,860)	(3,679,860)	(9,429,860)

下段へ続く

上段より続く

	評価・換算差額等		純資産合計
	その他有価証券評価差額金	評価・換算差額等合計	
当期首残高	—	—	8,552,500
当期変動額			
剰余金の配当			△1,800,000
別途積立金の積立			—
当期純利益			2,677,360
株主資本以外(純額)	(35,000)	(35,000)	(35,000)
当期変動額合計	(35,000)	(35,000)	(912,360)
当期末残高	(35,000)	(35,000)	(9,464,860)

(3)

貸借対照表に記載する流動負債合計	¥　5,218,480

解説

〔純資産の部に関する事項〕

(借) 繰越利益剰余金	1,995,000	(貸) 未払配当金	1,800,000
		利益準備金	180,000
		別途積立金	15,000

① 利益準備金（会社法による額） ¥180,000

(a) 配当金額の10分の1

配当金額¥1,800,000 ÷ 10 = ¥180,000

(b) 積立限度額（資本金の4分の1から資本準備金と利益準備金を控除した金額）

資本金¥5,000,000 ÷ 4 − 資本準備金¥750,000 − 利益準備金¥250,000(注1)

= ¥250,000

（注1） 利益準備金の元帳勘定残高¥430,000は，令和○6年6月26日の繰越利益剰余金を配当および処分したあとの金額である。ここでは，解答欄の株主資本等変動計算書の利益準備金当期首残高より¥250,000となる。

(c) (a)と(b)のいずれか低い金額

上記(a)¥180,000＜上記(b)¥250,000 よって，¥180,000

② 繰越利益剰余金 ¥1,995,000

= 未払配当金¥1,800,000 + 利益準備金¥180,000 + 別途積立金¥15,000

※なお，元帳勘定残高の資本金から別途積立金までの金額が，株主資本等変動計算書の当期末残高と一致していることから，この仕訳はすでに元帳勘定残高に反映されていることがわかる。よって，この仕訳による元帳勘定残高への修正は不要である。

〔決算整理事項〕

a.	(借) 仕入	468,500	(貸) 繰越商品	468,500
	繰越商品	450,000	仕入	450,000
	棚卸減耗損	15,000	繰越商品	15,000
	商品評価損	12,000	繰越商品	12,000
	仕入	15,000	棚卸減耗損	15,000
	仕入	12,000	商品評価損	12,000

㋐ 期末商品棚卸高 ¥450,000

A品 @¥500（原価）× 600個 = ¥300,000

B品 @¥300（原価）× 500個 = ¥150,000

計¥450,000

㋑ 棚卸減耗損 ¥15,000

B品 @¥300（原価）×（帳簿500個 − 実地450個）= ¥15,000

㋒ 商品評価損 ¥12,000

A品 （原価@¥500 − 正味@¥480）× 実地600個 = ¥12,000

B品は原価より正味売却価額が高いので，評価替えはしない。

㊁ 貸借対照表の商品 ¥423,000 = 上記㋐¥450,000 − 上記㋑¥15,000 − 上記㋒¥12,000

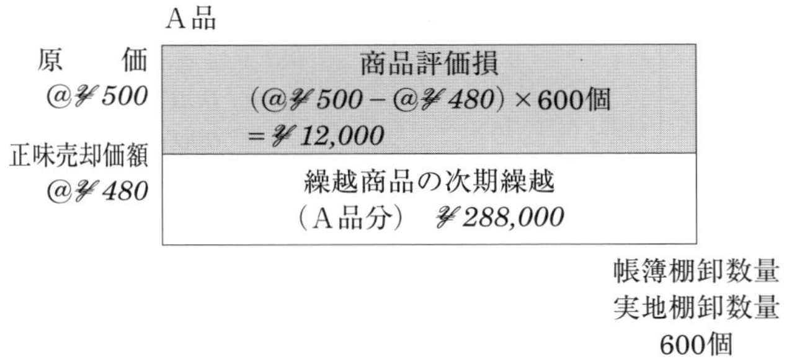

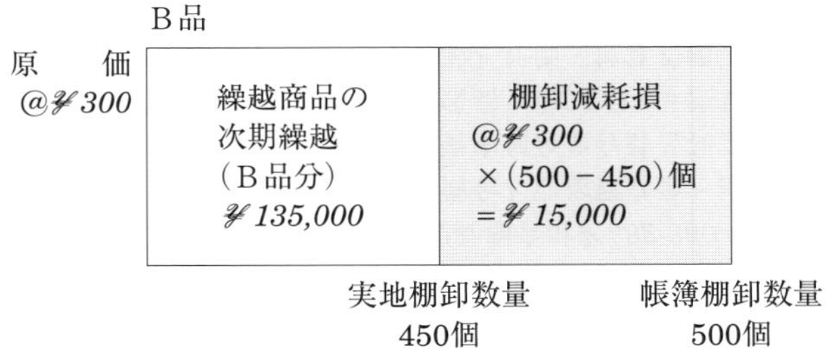

b.	(借) 売掛金	180,000	(貸) 買掛金	100,000
			為替差損益	80,000

㋔ 売掛金 ¥180,000

=（決算日の為替レート120円 − 取引日の為替レート108円）× 売掛金15,000ドル

㋕ 買掛金 ¥100,000

=（決算日の為替レート120円 − 取引日の為替レート110円）× 買掛金10,000ドル

㋖ 為替差損益（益） ¥80,000

= 売掛金の増加額¥180,000 − 買掛金の増加額¥100,000

※売掛金（資産）の増加額が買掛金（負債）の増加額を上回っているため，為替差損益は「益」（収益）とする。

c．（借）貸倒引当金繰入	*34,300*	（貸）貸倒引当金	*34,300*
繰延税金資産	*8,040*	法人税等調整額	*8,040*

㋗ 受取手形の貸倒引当金計上額 *¥18,500*＝受取手形勘定残高*¥1,850,000*×1％
㋘ 売掛金の貸倒引当金計上額 *¥23,300*
　＝売掛金(勘定残高*¥2,150,000*＋上記㋔*¥180,000*)×1％
㋙ 貸倒引当金繰入 *¥34,300*
　＝(上記㋗*¥18,500*＋上記㋘*¥23,300*)－貸倒引当金勘定残高*¥7,500*
㋚ 繰延税金資産 *¥8,040*＝貸倒引当金の繰入限度超過額*¥26,800*×法定実効税率30％

d．（借）売買目的有価証券	*75,000*	（貸）有価証券評価益	*75,000*
（借）その他有価証券	*50,000*	（貸）繰延税金負債	*15,000*
		その他有価証券評価差額金	*35,000*

㋛ 売買目的有価証券評価高（時価） *¥900,000*＝九州産業株@*¥6,000*(時価)×150株
㋜ 有価証券評価益 *¥75,000*＝*¥900,000*(時価)－*¥825,000*(帳簿価額)
㋝ その他有価証券評価高（時価） *¥800,000*＝福岡製菓株@*¥3,200*(時価)×250株
㋞ その他有価証券 *¥50,000*＝*¥800,000*(時価)－*¥750,000*(帳簿価額)
㋟ 繰延税金負債 *¥15,000*＝上記㋞*¥50,000*×法定実効税率30％
㋠ その他有価証券評価差額金 *¥35,000*＝上記㋞*¥50,000*－上記㋟*¥15,000*

e．（借）減価償却費	*245,000*	（貸）建物減価償却累計額	*85,000*
		備品減価償却累計額	*160,000*

㋡ 建物の減価償却高 *¥85,000*
　＝(*¥4,250,000*(取得原価)－*¥0*(残存価額))÷耐用年数50年
㋢ 備品の減価償却高 *¥160,000*
　＝(*¥1,250,000*(取得原価)－*¥450,000*(減価償却累計額))×償却率20％
㋣ 減価償却費 *¥245,000*＝上記㋡*¥85,000*＋上記㋢*¥160,000*

f．（借）前払保険料	*52,500*	（貸）保険料	*52,500*

㋤ 前払保険料 *¥52,500*
　＝1年分の保険料*¥210,000*× 3か月(令和○7年4月～令和○7年6月) / 12か月(令和○6年7月～令和○7年6月)
㋥ 損益計算書の保険料 *¥384,500*＝*¥437,000*(勘定残高)－上記㋤*¥52,500*

g．（借）支払利息	*4,000*	（貸）未払利息	*4,000*

㋦ 未払利息 *¥4,000*＝利息未払高*¥4,000*

h．（借）退職給付費用	*396,500*	（貸）退職給付引当金	*396,500*

㋧ 退職給付費用 *¥396,500*＝退職給付引当金繰入額*¥396,500*

i．（借）法人税等	*1,155,480*	（貸）仮払法人税等	*380,000*
		未払法人税等	*775,480*

㋨ 法人税等 *¥1,155,480*＝法人税・住民税及び事業税額*¥1,155,480*
㋩ 未払法人税等 *¥775,480*＝法人税等*¥1,155,480*－仮払法人税等勘定残高*¥380,000*

〔解答欄の完成等〕
(1) 損益計算書
上記決算整理事項の解説を参照。

(2) 株主資本等変動計算書
利益準備金の当期変動額 *¥180,000*＝当期末残高*¥430,000*－当期首残高*¥250,000*
別途積立金の当期変動額合計 *¥15,000*
　＝当期末残高*¥336,000*－当期首残高*¥321,000*
繰越利益剰余金の当期変動額（剰余金の配当） △*¥1,980,000*
　＝配当金△*¥1,800,000*＋利益準備金積立額△*¥180,000*
繰越利益剰余金の当期変動額（当期純利益） *¥2,677,360*
　＝損益計算書の当期純利益*¥2,677,360*
繰越利益剰余金の当期末残高 *¥2,913,860*
　＝当期首残高*¥2,231,500*＋当期変動額合計*¥682,360*
利益剰余金合計の各残高は，利益準備金と別途積立金と繰越利益剰余金の合計額である。
株主資本合計の各残高は，資本金と資本剰余金合計と利益剰余金合計の合計額である。
その他有価証券評価差額金の当期末残高 *¥35,000*＝決算整理事項ｄ．より*¥35,000*
純資産合計欄の金額は，株主資本合計と評価・換算差額等合計の合計額である。

(3) 貸借対照表に記載する流動負債合計
以下の6科目の合計額*¥5,218,480*である。
電子記録債務 *¥1,435,000*
買掛金 *¥2,005,000*（＝元帳勘定残高*¥1,905,000*＋決算整理事項ｂ．*¥100,000*）
短期借入金 *¥650,000*
未払金 *¥349,000*
未払利息 *¥4,000*
未払法人税等 *¥775,480*

〈参考〉

貸借対照表

鹿児島商事株式会社　　令和○7年3月31日　　(単位：円)

資産の部

Ⅰ 流動資産			
1．現金預金		2,369,600	
2．受取手形	1,850,000		
貸倒引当金	18,500	1,831,500	
3．売掛金	2,330,000		
貸倒引当金	23,300	2,306,700	
4．有価証券		900,000	
5．商品		423,000	
6．前払費用		52,500	
流動資産合計			7,883,300
Ⅱ 固定資産			
(1) 有形固定資産			
1．建物	4,250,000		
減価償却累計額	595,000	3,655,000	
2．備品	1,250,000		
減価償却累計額	610,000	640,000	
3．土地		4,542,000	
有形固定資産合計		8,837,000	
(2) 投資その他の資産			
1．投資有価証券		800,000	
投資その他の資産合計		800,000	
固定資産合計			9,637,000
資産合計			17,520,300

負債の部

Ⅰ 流動負債		
1．電子記録債務	1,435,000	
2．買掛金	2,005,000	
3．短期借入金	650,000	
4．未払金	349,000	
5．未払費用	4,000	
6．未払法人税等	775,480	
流動負債合計		5,218,480
Ⅱ 固定負債		
1．長期借入金	1,600,000	
2．繰延税金負債	6,960	
3．退職給付引当金	1,230,000	
固定負債合計		2,836,960
負債合計		8,055,440

純資産の部

Ⅰ 株主資本		
(1) 資本金		5,000,000
(2) 資本剰余金		
1．資本準備金	750,000	
資本剰余金合計		750,000
(3) 利益剰余金		
1．利益準備金	430,000	
2．その他利益剰余金		
① 別途積立金	336,000	
② 繰越利益剰余金	2,913,860	
利益剰余金合計		3,679,860
株主資本合計		9,429,860
Ⅱ 評価・換算差額等		
1．その他有価証券評価差額金	35,000	
評価・換算差額等合計		35,000
純資産合計		9,464,860
負債及び純資産合計		17,520,300

出題形式別練習問題　仕訳の問題

1

	借方		貸方	
a	売買目的有価証券 有価証券利息	4,435,000 18,000	当座預金	4,453,000
b	当座預金 有価証券売却損	5,988,000 6,000	売買目的有価証券 有価証券利息	5,856,000 138,000
c	建物 新築積立金	6,000,000 6,000,000	建設仮勘定 当座預金 繰越利益剰余金	3,300,000 2,700,000 6,000,000
d	リース資産	150,000	リース債務	150,000
e	リース債務 支払利息	36,000 4,000	現金	40,000
f	備品 備品減価償却累計額 固定資産売却損	2,500,000 960,000 160,000	備品 未払金	1,920,000 1,700,000
g	ソフトウェア償却	800,000	ソフトウェア	800,000
h	売掛金 繰越商品 のれん	11,200,000 12,400,000 600,000	買掛金 当座預金	13,600,000 10,600,000
i	子会社株式評価損	7,150,000	子会社株式	7,150,000
j	仕入 保証債務費用	500,000 10,000	受取手形 保証債務	500,000 10,000
k	不渡手形 保証債務	607,000 12,000	当座預金 保証債務取崩益	607,000 12,000

解説

a．（借）売買目的有価証券　4,435,000　（貸）当座預金　4,453,000
　　　　有価証券利息　18,000

売買目的で有価証券を購入したときは，売買目的有価証券勘定（資産）の借方に記帳する。なお，有価証券の買い入れのさいに支払った買入手数料などの付随費用は取得原価に含める。また，売買のさいの端数利息は有価証券利息勘定（収益）で処理する。

売買目的有価証券　$¥4,435,000 = ¥4,500,000 \times \frac{買入¥98.40}{額面¥100} + 買入手数料¥7,000$

有価証券利息　¥18,000＝端数利息¥18,000

b．（借）当座預金　5,988,000　（貸）売買目的有価証券　5,856,000
　　　　有価証券売却損　6,000　　　　有価証券利息　138,000

売買目的で保有する有価証券を売却したときは，売却した有価証券の帳簿価額をもって売買目的有価証券勘定（資産）の貸方に記帳する。なお，帳簿価額について，有価証券の買い入れのさいに支払った買入手数料などの付随費用は取得原価に含める。また，売買のさいに受け取った端数利息は有価証券利息勘定（収益）で処理する。

売買目的有価証券の帳簿価額　¥5,856,000

$= (¥10,000,000 \times \frac{買入¥97.40}{額面¥100} + 買入手数料¥20,000) \times \frac{¥6,000,000}{¥10,000,000}$

売買目的有価証券の売却価額　$¥5,850,000 = ¥6,000,000 \times \frac{売却¥97.50}{額面¥100}$

有価証券売却損　¥6,000＝帳簿価額¥5,856,000－売却価額¥5,850,000
有価証券利息　¥138,000＝端数利息¥138,000
当座預金　¥5,988,000＝売却価額¥5,850,000＋端数利息¥138,000

c．（借）建物　6,000,000　（貸）建設仮勘定　3,300,000
　　　　　　　　　　　　　　　　当座預金　2,700,000
　　　　新築積立金　6,000,000　　　繰越利益剰余金　6,000,000

有形固定資産の完成前に支払った工事代金は建設仮勘定で処理する。そして，固定資産が完成し，引き渡しを受けたときに固定資産の勘定に振り替える。

建築を依頼している建物について，完成し，引き渡しを受けたため，建物勘定（資産）の借方に記帳するとともに，建設仮勘定（資産）の貸方に記帳する。また，取締役会の決議により新築積立金を取り崩したときは，新築積立金勘定（純資産）の借方に記帳するとともに，繰越利益剰余金勘定（純資産）の貸方に記帳する。

建物　¥6,000,000＝建築代金¥6,000,000
当座預金¥2,700,000＝建物¥6,000,000－建設仮勘定　¥3,300,000

d.	（借）リース資産	150,000	（貸）リース債務	150,000

ファイナンス・リース取引（利子込み法）の場合，リース取引を開始したときは，リース料総額をもってリース資産勘定（資産）の借方に記帳するとともに，リース債務勘定（負債）の貸方に記帳する。

リース料総額　¥150,000＝リース料年額¥30,000×リース期間5年

e.	（借）リース債務	36,000	（貸）現　　金	40,000
	支払利息	4,000		

ファイナンス・リース取引（利子抜き法）の場合，リース料を支払ったときは，リース料総額に含まれる利息相当額を，リース期間にわたり定額法等により配分し，支払利息勘定（費用）の借方に記帳する。また，リース料支払額から支払利息を差し引いた額をもってリース債務勘定（負債）の借方に記帳する。

利息相当額　¥16,000＝リース料年額¥40,000×4年－見積現金購入価額¥144,000

支払利息　¥4,000＝利息相当額¥16,000÷4年

リース債務　¥36,000＝リース料支払額¥40,000－支払利息¥4,000

f.	（借）備　　品	2,500,000	（貸）備　　品	1,920,000
	備品減価償却累計額	960,000	未　払　金	1,700,000
	固定資産売却損	160,000		

売却価額（下取価額）と帳簿価額（取得原価－減価償却累計額）との差額は，固定資産売却損（益）勘定で処理する。

旧備品の減価償却累計額（定額法）

（¥1,920,000－¥0）÷8年×4年分（3期～6期）＝¥960,000

旧備品の帳簿価額

¥1,920,000（旧備品の取得原価）－¥960,000（旧備品の減価償却累計額）＝¥960,000

固定資産売却損

¥800,000（旧備品の下取価額）－¥960,000（旧備品の帳簿価額）＝－¥160,000

→帳簿価額より低い下取価額のため，固定資産売却損となる。

g.	（借）ソフトウェア償却	800,000	（貸）ソフトウェア	800,000

決算にあたり自社利用目的のソフトウェアを償却するときは，ソフトウェア勘定（資産）の貸方に記帳するとともに，ソフトウェア償却勘定（費用）の借方に記帳する。なお，無形固定資産の償却は，残存価額を零（0）として計算し，直接法により記帳することに留意する。

ソフトウェア償却　¥800,000＝取得原価¥4,000,000÷償却期間5年

h.	（借）売　掛　金	11,200,000	（貸）買　掛　金	13,600,000
	繰越商品	12,400,000	当座預金	10,600,000
	の　れ　ん	600,000		

企業取得のさいに支払う取得原価の計算方法に収益還元価値法がある。これは対象企業の平均利益額を同種企業の平均利益率で割り，その企業の評価額とするもので，この額から対象企業の時価による純資産額を差し引いて，のれんの取得原価を求める。

のれんは［収益還元価値による取得対価］－［時価による純資産額］で計算する。

収益還元価値による取得対価

平均利益額¥848,000÷同種企業の平均利益率8%＝¥10,600,000

時価による純資産額

資産総額¥23,600,000－負債総額¥13,600,000＝¥10,000,000

のれん

収益還元価値による取得対価¥10,600,000－時価による純資産額¥10,000,000＝¥600,000

なお，被取得企業から引き継いだ「商品」は，問題に示された勘定科目のなかから「繰越商品」により仕訳する。

i.	（借）子会社株式評価損	7,150,000	（貸）子会社株式	7,150,000

子会社株式の期末評価は原則として取得原価による。ただし，市場価格がない場合で財政状態の悪化により実質価額が著しく低下したときは，実質価額によって評価する。そのさいに発生した評価損は子会社株式評価損勘定（費用）で処理する。

子会社株式の1株あたりの実質価額

$$\frac{¥27,240,000\text{（資産総額）}-¥19,640,000\text{（負債総額）}}{200\text{株（発行済株式数）}}=¥38,000$$

子会社株式の帳簿価額　¥12,090,000＝1株の帳簿価額¥93,000×130株

子会社株式評価損　¥7,150,000＝帳簿価額¥12,090,000－実質価額¥38,000×保有130株

j.	（借）仕　　入	500,000	（貸）受取手形	500,000
	保証債務費用	10,000	保証債務	10,000

所有する手形を裏書譲渡した場合，その手形が不渡りになったときには，手形の支払人にかわって手形代金を支払わなければならない遡求義務が生じる。この二次的な責任を保証債務といい，時価で評価し，その評価額を保証債務費用勘定（費用）と保証債務勘定（負債）を用いて仕訳をする。

保証債務費用　¥10,000＝裏書譲渡した手形金額¥500,000×2%

k.	（借）不渡手形	607,000	（貸）当座預金	607,000
	保証債務	12,000	保証債務取崩益	12,000

所有する手形を裏書譲渡した場合，その手形が不渡りになったときには，手形の支払人にかわって手形代金を支払わなければならない遡求義務が生じる。この二次的な責任を保証債務という。実際に手形が不渡りになったときには，保証債務勘定（負債）を消滅させるとともに保証債務取崩益勘定（収益）を計上する。

不渡手形　¥607,000＝手形金額¥600,000＋期日以後の利息等¥7,000

保証債務取崩益　¥12,000＝手形額面金額¥600,000×2%

2

	借方		貸方	
a	退職給付引当金	9,500,000	定期預金	9,500,000
b	当座預金	15,000,000	資本金	7,500,000
			資本準備金	7,500,000
	株式交付費	860,000	当座預金	860,000
c	繰越利益剰余金	720,000	未払配当金	600,000
			利益準備金	20,000
			別途積立金	100,000
d	当座預金	4,900,000	自己株式	4,200,000
			その他資本剰余金	700,000
e	当座預金	1,000,000	新株予約権	1,000,000
f	仕掛品	300,000	給料	170,000
			旅費	130,000
g	現金	600,000	役務収益	600,000
	役務原価	300,000	仕掛品	300,000
h	仕入	520,000	買掛金	520,000
i	為替差損益	12,000	買掛金	12,000
j	繰延税金資産	2,400	法人税等調整額	2,400
k	その他有価証券	200,000	繰延税金負債	60,000
			その他有価証券評価差額金	140,000

解説

a.（借）退職給付引当金	9,500,000	（貸）定期預金	9,500,000

従業員の退職時に支払う退職一時金などに備えて，その債務額を見積もり退職給付引当金勘定（負債）を計上することがある。この場合，従業員の退職にともない，退職一時金を支払ったときは，退職給付引当金勘定の減少として処理する。

b.（借）当座預金	15,000,000	（貸）資本金	7,500,000
		資本準備金	7,500,000
株式交付費	860,000	当座預金	860,000

株式を発行したときは，払込金額の全額を資本金とすることが原則であるが，払込額の2分の1以内の金額は資本金に計上しないことができる。この金額は資本準備金勘定(純資産)で処理する。また，事業拡張のため，会社設立後あらたな株式の発行に要した諸費用は株式交付費勘定（費用）で処理する。

当座預金　¥15,000,000＝@¥75,000×200株

資本準備金　¥7,500,000＝当座預金¥15,000,000÷2

資本金　¥7,500,000＝当座預金¥15,000,000－資本準備金¥7,500,000

c.（借）繰越利益剰余金	720,000	（貸）未払配当金	600,000
		利益準備金	20,000
		別途積立金	100,000

株主総会において繰越利益剰余金を財源とした剰余金の配当等が決議されたときは，会社法による額を利益準備金勘定（純資産），配当金額を未払配当金勘定（負債），別途積立金の積立額を別途積立金勘定（純資産）のいずれも貸方に記入し，配当等の総額を繰越利益剰余金勘定（純資産）の借方に記入する。

利益準備金（会社法による額）　¥20,000

① 配当金額の10分の1
　配当金額¥600,000÷10＝¥60,000

② 積立限度額（資本金の4分の1から資本準備金と利益準備金を控除した金額）
　資本金¥32,000,000÷4－資本準備金¥7,300,000－利益準備金¥680,000
　＝¥20,000

③ ①と②のいずれか低い金額
　上記①¥60,000＞上記②¥20,000　よって，¥20,000

未払配当金（配当金額）　¥600,000

別途積立金（積立額）　¥100,000

繰越利益剰余金　¥720,000

　＝利益準備金¥20,000＋未払配当金¥600,000＋別途積立金¥100,000

d.（借）	当座預金	4,900,000	（貸）	自己株式	4,200,000
				その他資本剰余金	700,000

自己株式を処分したときは，処分した自己株式の帳簿価額をもって自己株式勘定の貸方に記帳するとともに，処分対価をもって当座預金勘定（資産）の借方に記帳する。なお，処分対価と自己株式の帳簿価額との差額を，その他資本剰余金勘定（純資産）として処理する。

自己株式　¥4,200,000＝帳簿価額@¥60,000×70株

当座預金　¥4,900,000＝処分対価@¥70,000×70株

その他資本剰余金　¥700,000＝処分対価¥4,900,000－帳簿価額¥4,200,000

e.（借）	当座預金	1,000,000	（貸）	新株予約権	1,000,000

新株予約権を発行したときは，払込金額をもって新株予約権勘定（純資産）の貸方に記帳する。

新株予約権　¥1,000,000＝10個×@¥100,000

f.（借）	仕掛品	300,000	（貸）	給料	170,000
				旅費	130,000

役務提供完了前に発生した費用を仕掛品勘定へ振り替えるときは，該当する費用項目を貸方に記帳するとともに，仕掛品勘定（資産）の借方に記帳する。なお，役務提供完了時点で仕掛品勘定から役務原価勘定（費用）に振り替える。

g.（借）	現金	600,000	（貸）	役務収益	600,000
	役務原価	300,000		仕掛品	300,000

商品売買業以外のサービスを営む企業は，サービス（役務）の提供による対価のうち，すでに役務提供が完了した部分に対応する金額を役務収益勘定（収益）の貸方に記帳し，これにかかる費用は役務原価勘定（費用）の借方に記帳する。なお，本問は以前に役務提供完了前に発生した費用を仕掛品勘定（資産）で処理しているため，役務提供完了時点で仕掛品勘定から役務原価勘定に振り替える。

h.（借）	仕入	520,000	（貸）	買掛金	520,000

商品を掛けで仕入れたときは，仕入勘定（費用）の借方に記帳するとともに，買掛金勘定（負債）の貸方に記帳する。なお，本問は外貨建取引であるため，取引発生時の為替相場により円換算した額によって記帳する。

買掛金　¥520,000＝4,000ドル×@¥130

i.（借）	為替差損益	12,000	（貸）	買掛金	12,000

外貨建ての買掛金については，決算時の為替相場により円換算した額とする。なお，換算替えによって生じた差額は，為替差損益勘定に記帳する。

為替差損益（損）　¥12,000＝4,000ドル×@¥133－帳簿価額¥520,000

j.（借）	繰延税金資産	2,400	（貸）	法人税等調整額	2,400

貸倒引当金の繰入限度超過額について税効果会計を適用するときは，繰延税金資産勘定（資産）の借方に記帳するとともに，法人税等調整額勘定の貸方に記帳する。

繰延税金資産　¥2,400＝繰入限度超過額¥8,000×法定実効税率30％

k.（借）	その他有価証券	200,000	（貸）	繰延税金負債	60,000
				その他有価証券評価差額金	140,000

その他有価証券の時価評価にともない税効果会計を適用する場合，時価が取得原価を上回っているときは，その他有価証券勘定（資産）の借方に記帳するとともに，繰延税金負債勘定（負債）およびその他有価証券評価差額金勘定（純資産）の貸方に記帳する。

その他有価証券　¥200,000＝時価(20株×@¥60,000)－取得原価(20株×@¥50,000)

繰延税金負債　¥60,000＝その他有価証券¥200,000×法定実効税率30％

その他有価証券評価差額金　¥140,000

＝その他有価証券¥200,000－繰延税金負債¥60,000

1級会計模擬試験問題　第 1 回

1

@２点×７＝14点

(1)

ア	イ	ウ	エ
1	4	8	10

(2)

ア	イ	ウ
2	4	9

解説

(1)

a．真実性の原則

企業会計の実務のなかに慣習として発達したもののなかから，一般に公正妥当と認められたところを要約したものが［1．企業会計原則］である。このなかの一般原則は七つの原則から構成されており，そのうち他の一般原則を総括する基本的な原則を［4．真実性］の原則という。

b．資本的支出

有形固定資産の価値を増加させたり，耐用年数を延長させたりするための支出を［8．資本的支出］といい，その支出は有形固定資産の取得原価に加算する。しかし，このような支出を当期の費用として処理した場合，純利益は過少に計上されることになる。

c．減価の種類

有形固定資産の減価のうち，企業経営上，当然発生する減価を経常的減価という。これには，使用または時の経過などにともない生じる物質的減価と，陳腐化や不適応化によって生じる［10．機能的］減価がある。

(2)

ア．会　計　期　間	2．accounting period
イ．財　務　会　計	4．financial accounting
ウ．管　理　会　計	9．management accounting

※英語表記一覧表（⇒p.3）を参照。

2

(1)　@２点×１＝２点
(2)　@２点×４＝８点
(3)①・②@１点×６＝６点
③　@３点×２＝６点

(1)

期末商品棚卸高(原価)　¥　*1,110,000*

(2)

ア	❶ *96,250* 千円	イ	❷ *27* 千円
ウ	❸ *5,323* 千円	エ	❹ *600* 千円

(3)

①

a	100.4 %	b	149.6 %
c	12.5 回		

②

a	206.5 %	b	15.2 %
c	12.8 回		

③

ア	11.2 %	イ	5.1 %	ウ	2

(注意)　イとウは，２つとも合っている場合に正答とする。

解説

(1) **売価還元法の問題**

売価による期末商品棚卸高に原価率をかけて，原価による期末商品棚卸高を計算する方法である。多くの種類の商品を扱っている小売業などで用いられている。

原価率　74％

$$=\frac{\text{期首商品棚卸高(原価)}¥880,000+\text{当期純仕入高(原価)}¥8,000,000}{\text{期首商品棚卸高(売価)}¥1,200,000+\text{当期純仕入高(売価)}¥10,800,000}\times 100(\%)$$

期末商品棚卸高（原価）　¥1,110,000＝期末商品棚卸高(売価)¥1,500,000×原価率74％

(2) **連結損益計算書作成の問題**　（以下の説明は単位千円）

連結財務諸表は，親会社と子会社のそれぞれの個別財務諸表を合算し，次の連結修正の手続きを加えて作成する。なお，本問における支配獲得日は令和○6年3月31日である。

(I) 支配獲得日の投資と資本の相殺消去

(借)	資本金	10,000	(貸) 子会社株式	10,200
	利益剰余金	3,800	非支配株主持分	4,140
	のれん	540		

(問題資料ⅱより，または個別株主資本等変動計算書のS社当期首残高を用いる)

支配獲得日の子会社純資産額　13,800＝資本金10,000＋利益剰余金3,800

のれん　540

＝子会社株式10,200－支配獲得日の子会社純資産額13,800×親会社持分割合70％

非支配株主持分　4,140＝支配獲得日の子会社純資産額13,800×非支配株主持分割合30％

(II) 当期分の連結修正

① のれんの償却

(借)	のれん償却	27	(貸) のれん	27

のれん償却　27＝のれん540÷償却年数20年

② 子会社当期純損益の非支配株主持分への振り替え

(借)	非支配株主に帰属する当期純利益	600	(貸) 非支配株主持分	600

非支配株主に帰属する当期純利益　600

＝子会社当期純利益2,000×非支配株主持分割合30％

③ 子会社配当金の修正

(借)	受取配当金	280	(貸) 剰余金の配当(利益剰余金)	400
	非支配株主持分	120		

受取配当金　280＝剰余金の配当400×親会社持分割合70％

非支配株主持分　120＝剰余金の配当400×非支配株主持分割合30％

(III) 連結損益計算書の作成

①❶売上高　96,250＝P社売上高72,250＋S社売上高24,000

② 受取配当金　0(記載なし)＝P社受取配当金280－上記(II)③受取配当金280

③ 売上原価　70,180＝P社売上原価55,000＋S社売上原価15,180

④ 給料　20,720＝P社給料13,900＋S社給料6,820

⑤❷のれん償却　27＝上記(II)①のれん償却27

⑥❸当期純利益　5,323＝貸借差額5,323

⑦❹非支配株主に帰属する当期純利益　600

＝上記(II)②非支配株主に帰属する当期純利益600

⑧ 親会社株主に帰属する当期純利益　4,723＝貸借差額4,723

〈参考〉

連結損益計算書

P社　令和○6年4月1日から令和○7年3月31日まで　(単位：千円)

売上原価	70,180	売上高	(96,250)
給料	20,720		
のれん償却	(27)		
当期純利益	(差額 5,323)		
	(96,250)		(96,250)
非支配株主に帰属する当期純利益	(600)	当期純利益	(5,323)
親会社株主に帰属する当期純利益	(差額 4,723)		
	(5,323)		(5,323)

(3) **財務諸表分析の問題**

資料を用いて，各比率を求めて分析すると次のようになる。

① 茨城株式会社の比率

a．当座比率

当座資産＝現金預金¥786,800＋受取手形¥517,440＋売掛金¥596,160

＋有価証券¥509,200

＝¥2,409,600

流動負債＝支払手形¥1,044,800＋買掛金¥1,291,200＋未払法人税等¥64,000

＝¥2,400,000

$$\text{当座比率}=\frac{\text{当座資産}¥2,409,600}{\text{流動負債}¥2,400,000}\times 100=100.4\%$$

※当座比率は流動負債に対する当座資産の割合を示すもので，この比率が高いほど即時の支払能力が高く，より安全である。

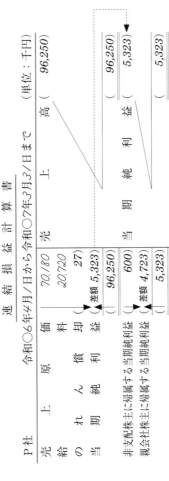

b．固定比率

固定資産＝建物¥1,440,000＋備品¥480,000＋土地¥1,120,000
＋投資有価証券¥1,027,200＋関係会社株式¥504,000
＋長期前払費用¥216,000
＝¥4,787,200

自己資本は，株主資本に評価・換算差額等を加えた額となる。

株主資本＝資本金¥2,240,000＋資本準備金¥344,000＋利益準備金¥152,000
＋繰越利益剰余金¥480,000－自己株式¥56,000
＝¥3,160,000

自己資本＝株主資本¥3,160,000＋その他有価証券評価差額金¥40,000
＝¥3,200,000

$$\text{固定比率}=\frac{\text{固定資産¥}4{,}787{,}200}{\text{自己資本¥}3{,}200{,}000}\times 100=149.6\%$$

※固定資産が返済の必要のない自己資本でどれだけまかなわれているかを示すもので，安全性，特に長期支払能力の分析比率である。この比率は100％以下が望ましいとされている。

c．商品回転率（商品有高の平均値と売上原価を用いる）

商品有高の平均値＝(期首商品¥931,520＋期末商品¥923,200)÷2＝¥927,360

$$\text{商品回転率}=\frac{\text{売上原価¥}11{,}592{,}000}{\text{商品有高の平均値¥}927{,}360}=12.5\text{回}$$

※平均商品有高に対する売上原価の割合を示すものである。この回転率が高いほど商品の在庫期間が短く，販売効率がよいことを示す。

② 栃木株式会社の比率

a．流動比率

流動資産＝現金預金¥259,600＋受取手形¥158,640＋売掛金¥182,960
＋有価証券¥205,200＋商品¥215,200＋前払費用¥35,680
＝¥1,057,280

流動負債＝支払手形¥200,000＋買掛金¥292,000＋未払法人税等¥20,000
＝¥512,000

$$\text{流動比率}=\frac{\text{流動資産¥}1{,}057{,}280}{\text{流動負債¥}512{,}000}\times 100=206.5\%$$

※流動比率は流動負債に対する流動資産の割合を示すもので，この比率が高いほど短期の支払能力が高く，より安全である。

b．総資本営業利益率

営業利益は，売上総利益から販売費及び一般管理費を差し引いた¥304,000である。

総資本の期首と期末の平均値
＝(期首総資本¥1,840,000＋期末総資本¥2,160,000)÷2＝¥2,000,000

$$\text{総資本営業利益率}=\frac{\text{営業利益¥}304{,}000}{\text{総資本の期首と期末の平均値¥}2{,}000{,}000}\times 100=15.2\%$$

※総資本営業利益率は投下した総資本がどの程度効率的に運用されたかを示すもので，この比率が高いほど収益性が高いことを示す。

c．受取勘定回転率

期末売上債権＝受取手形¥158,640＋売掛金¥182,960＝¥341,600

受取勘定（売上債権）の期首と期末の平均値
＝(期首売上債権¥378,400＋期末売上債権¥341,600)÷2＝¥360,000

$$\text{受取勘定回転率}=\frac{\text{売上高¥}4{,}608{,}000}{\text{受取勘定(売上債権)の期首と期末の平均値¥}360{,}000}=12.8\text{回}$$

※受取勘定回転率は売上債権の回収速度を示すもので，この回転率が高いほど債権の回収が早く，状況がよいことになる。

③ 2社比較

ア．茨城株式会社の自己資本利益率

自己資本の期首と期末の平均値＝(¥2,800,000＋¥3,200,000)÷2＝¥3,000,000

$$\text{自己資本利益率}=\frac{\text{当期純利益¥}336{,}000}{\text{自己資本(期首と期末の平均値)¥}3{,}000{,}000}\times 100=11.2\%$$

※自己資本利益率は，株主資本利益率（ROE）ともいわれ，株主の資本がどの程度効率的に運用されたかを示す。この比率が高いほど収益性が高いことを示す。

イ．栃木株式会社の総資本利益率

総資本の期首と期末の平均値＝(¥1,840,000＋¥2,160,000)÷2＝¥2,000,000

$$\text{総資本利益率}=\frac{\text{当期純利益¥}102{,}000}{\text{総資本(期首と期末の平均値)¥}2{,}000{,}000}\times 100=5.1\%$$

※総資本利益率は，投下した総資本がどの程度効率的に運用されたかを示すもので，この比率が高いほど収益性が高いことを示す。

ウ．自己資本利益率と総資本利益率の2社比較

2社を比較して自己資本利益率が高い会社は，総資本に対して，他人資本の割合がより大きく，自己資本の割合がより小さいと考えられる。

自己資本利益率がより高いのは茨城株式会社であるため，茨城株式会社の方が総資本に占める他人資本の割合が高いことがわかる。

〈参考〉

茨城株式会社の自己資本比率

$$=\frac{\text{自己資本¥}3{,}200{,}000}{\text{総資本¥}8{,}120{,}000}\times 100=39.4\cdots\%$$

栃木株式会社の自己資本比率

$$=\frac{\text{自己資本¥}1{,}250{,}400^{※}}{\text{総資本¥}2{,}160{,}000}\times 100=57.8\cdots\%$$

※栃木株式会社の自己資本
＝資本金¥800,000＋資本準備金¥136,000＋利益準備金¥36,000
＋繰越利益剰余金¥267,200＋その他有価証券評価差額金¥11,200
＝¥1,250,400

自己資本が他人資本より小さい会社

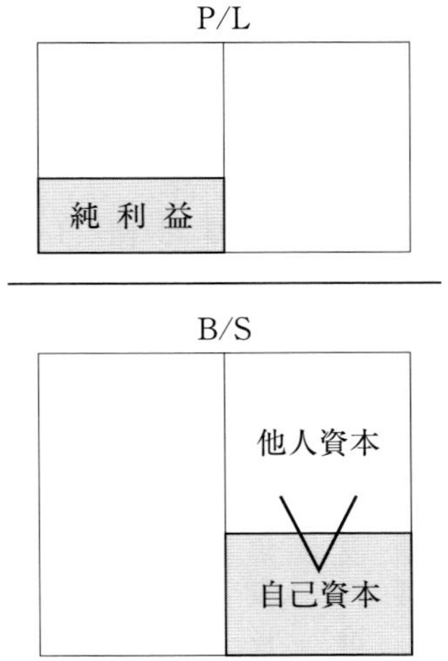

自己資本利益率の計算において，
分母（＝自己資本）が小さいので，
自己資本利益率は高くなる。

自己資本が他人資本より大きい会社

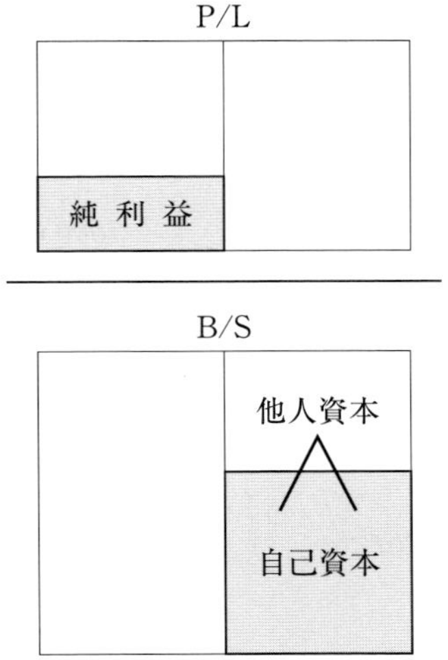

自己資本利益率の計算において，
分母（＝自己資本）が大きいので，
自己資本利益率は低くなる。

※財務諸表分析のまとめ（⇒p.14 ～ 15）を参照。

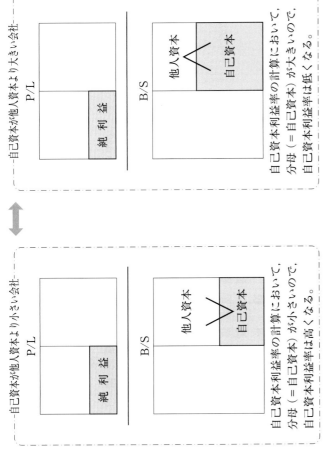

3 (1) ●印@4点×9＝36点

損益計算書

宮崎産業株式会社　令和○6年4月1日から令和○7年3月31日まで　（単位：円）

Ⅰ 売上高		(37,243,000)
Ⅱ 売上原価		
1. 期首商品棚卸高	(1,165,000)	
2. 当期商品仕入高	(24,615,000) ●	
合計	(25,780,000)	
3. 期末商品棚卸高	(1,200,000)	
	(24,580,000)	
4. (棚卸減耗損)	(40,000)	
5. (商品評価損)	(58,000) ●	(24,678,000)
売上総利益		(12,565,000)
Ⅲ 販売費及び一般管理費		
1. 給料	4,098,000	
2. 発送費	1,250,000	
3. 広告料	1,060,000	
4. (貸倒引当金繰入)	(26,000)	
5. (減価償却費)	(36,000)	
6. (退職給付費用)	(235,000) ●	
7. 支払家賃	1,728,000	
8. 保険料	(136,000)	
9. 租税公課	98,000	
10. (雑費)	(85,000)	(8,752,000)
営業利益		(3,813,000)
Ⅳ 営業外収益		
1. 受取配当金	(130,000)	
2. (有価証券評価益)	(80,000) ●	(210,000)
Ⅴ 営業外費用		
1. 支払利息	(18,000)	(18,000)
経常利益		(4,005,000)
Ⅵ 特別利益		
1. 固定資産売却益	(100,000)	(100,000)
Ⅶ 特別損失		
1. 固定資産除却損	(120,000)	(120,000)
税引前当期純利益		(3,985,000)
法人税・住民税及び事業税		(1,065,000)
当期純利益		(2,920,000) ●

(2)

貸借対照表

宮崎産業株式会社　令和○7年3月31日　（単位：円）

資産の部

Ⅰ 流動資産			
1. 現金預金		(2,245,000)	
2. 電子記録債権	1,700,000		
貸倒引当金	(17,000)	(1,683,000) ●	
3. 売掛金	1,300,000		
貸倒引当金	(13,000)	(1,287,000)	
4. 有価証券		(1,430,000) ●	
5. 商品		(1,102,000)	
6. 前払費用		(46,000) ●	
流動資産合計			(7,793,000)
Ⅱ 固定資産			
(1) 有形固定資産			
1. 建物	1,800,000		
減価償却累計額	(396,000)	(1,404,000) ●	
2. 土地		4,000,000	
有形固定資産合計		(5,404,000)	
(2) 投資その他の資産			
1. 長期貸付金		1,500,000	
投資その他の資産合計		1,500,000	
固定資産合計			(6,904,000)
資産合計			(14,697,000)
負債及び純資産合計			14,697,000

解説

〔付記事項〕

① (借) 現金	50,000	(貸) 受取配当金	50,000

配当金領収証を受け取ったときは，現金（資産）および受取配当金（収益）を増額する。

〔決算整理事項〕

a. (借) 仕入	1,165,000	(貸) 繰越商品	1,165,000
繰越商品	1,200,000	仕入	1,200,000
棚卸減耗損	40,000	繰越商品	40,000
商品評価損	58,000	繰越商品	58,000
仕入	40,000	棚卸減耗損	40,000
仕入	58,000	商品評価損	58,000

㋐ 期末商品棚卸高　¥1,200,000＝@¥2,000(原価)×帳簿600個
㋑ 棚卸減耗損　¥40,000＝@¥2,000(原価)×(帳簿600個－実地580個)
㋒ 商品評価損　¥58,000＝(原価@¥2,000－正味@¥1,900)×実地580個
㋓ 貸借対照表の商品　¥1,102,000
　＝上記㋐¥1,200,000－上記㋑¥40,000－上記㋒¥58,000

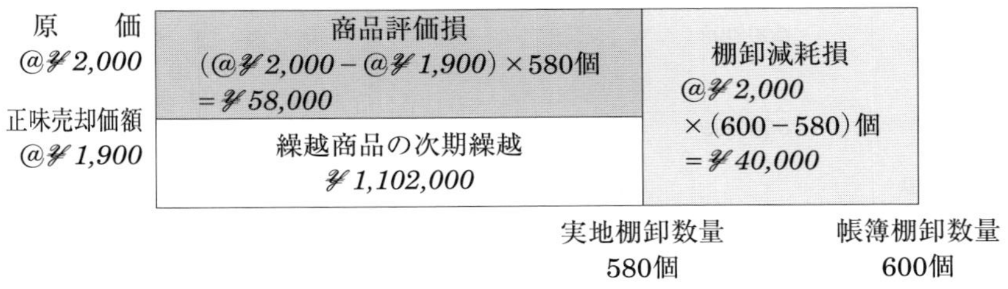

b．（借）貸倒引当金繰入　26,000　（貸）貸 倒 引 当 金　26,000

㋔ 電子記録債権の貸倒引当金計上額　¥17,000
　＝電子記録債権勘定残高¥1,700,000×1%
㋕ 売掛金の貸倒引当金計上額　¥13,000＝売掛金勘定残高¥1,300,000×1%
㋖ 貸倒引当金繰入　¥26,000
　＝(上記㋔¥17,000＋上記㋕¥13,000)－貸倒引当金勘定残高¥4,000

c．（借）売買目的有価証券　80,000　（貸）有価証券評価益　80,000

㋗ 売買目的有価証券の評価高（時価）　¥1,430,000
　南東商事株　@¥31,000(時価)×20株＝¥　620,000
　北西商事株　@¥27,000(時価)×30株＝¥　810,000
　計¥1,430,000
㋘ 有価証券評価益　¥80,000＝¥1,430,000(時価)－¥1,350,000(帳簿価額)

d．（借）減 価 償 却 費　36,000　（貸）建物減価償却累計額　36,000

㋙ 減価償却費　¥36,000
　＝(¥1,800,000(取得原価)－¥0(残存価額))÷耐用年数50年

e．（借）前 払 保 険 料　46,000　（貸）保　険　料　46,000

㋚ 前払保険料　¥46,000＝保険料前払高¥46,000

f．（借）支 払 利 息　5,000　（貸）未 払 利 息　5,000

㋛ 未払利息　¥5,000＝利息未払高¥5,000

g．（借）退 職 給 付 費 用　235,000　（貸）退職給付引当金　235,000

㋜ 退職給付費用　¥235,000＝退職給付引当金繰入額¥235,000

h．（借）法 人 税 等　1,065,000　（貸）仮 払 法 人 税 等　335,000
　　　　　　　　　　　　　　　　　　　未 払 法 人 税 等　730,000

㋝ 法人税等　¥1,065,000＝法人税・住民税及び事業税額¥1,065,000
㋞ 未払法人税等　¥730,000
　＝上記㋝法人税等¥1,065,000－仮払法人税等勘定残高¥335,000

〔解答欄の完成〕
(1) 損益計算書
上記決算整理事項の解説を参照。

(2) 貸借対照表（一部）
現金預金　¥2,245,000
　＝現金¥295,000＋当座預金¥1,900,000＋付記事項①¥50,000
有価証券　¥1,430,000＝売買目的有価証券の評価高(時価)¥1,430,000
前払費用　¥46,000＝前払保険料¥46,000
建物減価償却累計額　¥396,000＝勘定残高¥360,000＋建物の減価償却高¥36,000

〈参考〉

貸借対照表

宮崎産業株式会社　　令和○7年3月31日　　（単位：円）

資産の部			
Ⅰ 流動資産			
1. 現金預金		2,245,000	
2. 電子記録債権	1,700,000		
貸倒引当金	17,000	1,683,000	
3. 売掛金	1,300,000		
貸倒引当金	13,000	1,287,000	
4. 有価証券		1,430,000	
5. 商品		1,102,000	
6. 前払費用		46,000	
流動資産合計			7,793,000
Ⅱ 固定資産			
(1) 有形固定資産			
1. 建物	1,800,000		
減価償却累計額	396,000	1,404,000	
2. 土地		4,000,000	
有形固定資産合計		5,404,000	
(2) 投資その他の資産			
1. 長期貸付金		1,500,000	
投資その他の資産合計		1,500,000	
固定資産合計			6,904,000
資産合計			14,697,000
負債の部			
Ⅰ 流動負債			
1. 電子記録債務		685,000	
2. 買掛金		530,000	
3. 未払費用		5,000	
4. 未払法人税等		730,000	
流動負債合計			1,950,000
Ⅱ 固定負債			
1. 長期借入金		1,100,000	
2. 退職給付引当金		753,000	
固定負債合計			1,853,000
負債合計			3,803,000
純資産の部			
Ⅰ 株主資本			
(1) 資本金			6,500,000
(2) 資本剰余金			
1. 資本準備金		650,000	
資本剰余金合計			650,000
(3) 利益剰余金			
1. 利益準備金		360,000	
2. その他利益剰余金			
① 別途積立金		273,000	
② 繰越利益剰余金		3,111,000	
利益剰余金合計			3,744,000
株主資本合計			10,894,000
純資産合計			10,894,000
負債及び純資産合計			14,697,000

4

@４点×７＝28点

	借方		貸方	
a	売買目的有価証券 有価証券利息	9,898,000 47,000	当座預金	9,945,000
b	当座預金	1,988,000	売買目的有価証券 有価証券利息 有価証券売却益	1,956,000 18,000 14,000
c	当座預金 手形売却損 保証債務費用	1,379,000 21,000 14,000	受取手形 保証債務	1,400,000 14,000
d	保証債務	30,000	保証債務取崩益	30,000
e	当座預金 株式交付費	24,500,000 210,000	資本金 当座預金	24,500,000 210,000
f	自己株式	6,000,000	当座預金	6,000,000
g	その他資本剰余金	1,680,000	自己株式	1,680,000

解説

a．（借）売買目的有価証券　9,898,000　（貸）当座預金　9,945,000
　　　　有価証券利息　47,000

売買目的で有価証券を購入したときは，売買目的有価証券勘定（資産）の借方に記帳する。なお，有価証券の買い入れのさいに支払った買入手数料などの付随費用は取得原価に含める。また，売買のさいの端数利息は有価証券利息勘定（収益）で処理する。

売買目的有価証券　¥9,898,000＝¥10,000,000×$\frac{\text{買入}¥98.50}{\text{額面}¥100}$＋買入手数料¥48,000

有価証券利息　¥47,000＝端数利息¥47,000

b．（借）当座預金　1,988,000　（貸）売買目的有価証券　1,956,000
　　　　　　　　　　　　　　　　　有価証券利息　18,000
　　　　　　　　　　　　　　　　　有価証券売却益　14,000

売買目的で保有する有価証券を売却したときは，売却した有価証券の帳簿価額をもって売買目的有価証券勘定（資産）の貸方に記帳する。なお，帳簿価額について，有価証券の買い入れのさいに支払った買入手数料などの付随費用は取得原価に含める。また，売買のさいに受け取った端数利息は有価証券利息勘定（収益）で処理する。

売買目的有価証券の帳簿価額　¥1,956,000
＝（¥4,000,000×$\frac{\text{買入}¥97.60}{\text{額面}¥100}$＋買入手数料¥8,000）×$\frac{¥2,000,000}{¥4,000,000}$

売買目的有価証券の売却価額　¥1,970,000＝¥2,000,000×$\frac{\text{売却}¥98.50}{\text{額面}¥100}$

有価証券売却益　¥14,000＝売却価額¥1,970,000－帳簿価額¥1,956,000
有価証券利息　¥18,000＝端数利息¥18,000
当座預金　¥1,988,000＝売却価額¥1,970,000＋端数利息¥18,000

c．（借）当座預金　1,379,000　（貸）受取手形　1,400,000
　　　　手形売却損　21,000
　　　　保証債務費用　14,000　　　　保証債務　14,000

保有する手形を割引した場合，その手形が不渡りになったときには，手形の支払人にかわって手形代金を支払わなければならない遡求義務が生じる。この二次的な責任を保証債務といい，時価で評価し，その評価額を保証債務費用勘定（費用）と保証債務（負債）を用いて仕訳する。

手形売却損　¥21,000＝手形額面金額¥1,400,000－割引後の手取額¥1,379,000
保証債務費用　¥14,000＝手形額面金額¥1,400,000×1％

d．（借）保証債務　30,000　（貸）保証債務取崩益　30,000

銀行に割引したさいに保証債務を計上している手形が期日に決済されたときは，保証債務勘定（負債）を消滅させるとともに，保証債務取崩益（収益）を計上する。

保証債務取崩益　¥30,000＝手形額面金額¥1,500,000×2％

e.	(借) 当座預金	*24,500,000*	(貸) 資本金	*24,500,000*
	株式交付費	*210,000*	当座預金	*210,000*

株式を発行したときは，払込金額の全額を資本金とすることが原則である。また，事業規模拡大のため，会社設立後あらたな株式の発行に要した諸費用は株式交付費勘定（費用）で処理する。

資本金　*¥24,500,000*＝@*¥700*×35,000株

f.	(借) 自己株式	*6,000,000*	(貸) 当座預金	*6,000,000*

株式会社が，自社の発行する株式を取得して保有する場合，取得原価で自己株式勘定（純資産の評価勘定）の借方に計上する。

自己株式　*¥6,000,000*＝@*¥600*×10,000株

g.	(借) その他資本剰余金	*1,680,000*	(貸) 自己株式	*1,680,000*

自己株式を消却したときは，自己株式の帳簿価額をその他資本剰余金勘定（純資産）から減額する。なお，その他資本剰余金が不足する場合は，会計期末に不足額をその他利益剰余金（繰越利益剰余金）から減額する。

自己株式　*¥1,680,000*＝帳簿価額@*¥840*×2,000株

1級会計模擬試験問題　第 2 回

1

@2点×7＝14点

(1)

ア	イ	ウ	エ
2	7	8	12

(2)

ア	イ	ウ
3	5	7

解説

(1)

a．正規の簿記の原則

企業会計は，すべての取引について 2．正規の簿記 の原則にしたがって，正確な会計帳簿を作成しなければならない。しかし，勘定科目の性質や金額の大きさによっては，本来の厳密な処理方法によらず他の簡便な方法をとることも認められている。これは 7．重要性 の原則によるものである。

b．費用収益対応の原則

費用および収益は，その発生源泉にしたがって明瞭に分類し，各収益項目とそれに関連する費用項目とを対応させて損益計算書に表示しなければならない。これは 8．費用収益対応 の原則によるものである。

c．総額主義の原則

損益計算書の費用および収益は，費用の項目と収益の項目とを相殺して，その差額だけを表示してはならない。これを 12. 総額主義 の原則といい，たとえば支払利息*¥30,000*と受取利息*¥40,000*を相殺して，受取利息*¥10,000*として表示してはならない。

(2)

ア．投　資　家	3．investors
イ．会 計 責 任	5．accountability
ウ．会 計 公 準	7．accounting postulates

※英語表記一覧表（⇒p.3）を参照。

2

(1)・(2)　@2点×5＝10点
(3)ア～エ@2点×3＝　6点
オ～コ@1点×6＝　6点

(1)

当座預金出納帳の次月繰越高　*¥　9,100,000*

(2)

ア	❶	*128,800*	千円	イ	❷	*2,592*	千円
ウ	❸	*22,152*	千円	エ	❹	*9,240*	千円

(3)

ア	5.0　%	イ	40.0　%	ウ	7.0　%	エ	2

（注意）ウとエは，2つとも合っている場合に正答とする。

オ	*¥　619,920*	カ	*¥　936,000*

キ	5.4　%	ク	9.0　%	ケ	73.5　%	コ	12.0　回

（注意）ア・イ・ウ・ク・コの解答は，整数でも正答とする。

解説

(1) **当座預金出納帳の問題**

資料をもとに必要な仕訳を示すと次のとおりである。

i	仕訳不要			
ii	仕訳不要			
iii	(借) 当座預金	1,200,000	(貸) 買掛金	1,200,000

当座預金出納帳の次月繰越高　¥9,100,000＝残高¥7,900,000＋上記iii¥1,200,000

(2) **連結財務諸表作成の問題**　(以下の説明は単位千円)

連結財務諸表は，親会社と子会社のそれぞれの個別財務諸表を合算し，次の連結修正の手続きを加えて作成する。なお，本問における支配獲得日は令和○2年3月31日である。

(I) 支配獲得日の投資と資本の相殺消去

(借) 資本金	15,000	(貸) 子会社株式	15,300
利益剰余金	5,700	非支配株主持分	8,280
のれん	2,880		

(問題資料iiより，または個別株主資本等変動計算書のＳ社当期首残高を用いる)

支配獲得日の子会社純資産額　20,700＝資本金15,000＋利益剰余金5,700

のれん　2,880

＝子会社株式15,300－支配獲得日の子会社純資産額20,700×親会社持分割合60%

非支配株主持分　8,280＝支配獲得日の子会社純資産額20,700×非支配株主持分割合40%

(II) 当期分の連結修正

① のれんの償却

(借) のれん償却	288	(貸) のれん	288

のれん償却　288＝のれん2,880÷償却年数10年

② 子会社当期純損益の非支配株主持分への振り替え

(借) 非支配株主に帰属する当期純利益	1,200	(貸) 非支配株主持分	1,200

非支配株主に帰属する当期純利益　1,200

＝子会社当期純利益3,000×非支配株主持分割合40%

③ 子会社配当金の修正

(借) 受取配当金	360	(貸) 剰余金の配当(利益剰余金)	600
非支配株主持分	240		

受取配当金　360＝剰余金の配当600×親会社持分割合60%

非支配株主持分　240＝剰余金の配当600×非支配株主持分割合40%

(III) 連結貸借対照表の作成

①❶諸資産　128,800＝Ｐ社諸資産92,700＋Ｓ社諸資産36,100

②❷のれん　2,592＝上記(I)のれん2,880－上記(II)①のれん288

③ 諸負債　52,000＝Ｐ社諸負債39,000＋Ｓ社諸負債13,000

④ 資本金　48,000＝Ｐ社資本金48,000＋Ｓ社資本金15,000－上記(I)資本金15,000
(または連結株主資本等変動計算書の当期末残高より)

⑤ 利益剰余金　22,152＝貸借差額22,152
(または連結株主資本等変動計算書の当期末残高より)

⑥ 非支配株主持分　9,240＝上記(I)非支配株主持分8,280＋上記(II)②非支配株主持分1,200
－上記(II)③非支配株主持分240
(または連結株主資本等変動計算書の当期末残高より)

(IV) 連結株主資本等変動計算書の作成

① 資本金当期首残高　48,000
＝Ｐ社資本金当期首残高48,000＋Ｓ社資本金当期首残高15,000
－上記(I)資本金15,000

② 利益剰余金当期首残高　19,130
＝Ｐ社利益剰余金当期首残高19,130＋Ｓ社利益剰余金当期首残高5,700
－上記(I)利益剰余金5,700

③ 非支配株主持分当期首残高　8,280＝上記(I)非支配株主持分8,280

④ 剰余金の配当　3,600
＝Ｐ社剰余金の配当3,600＋Ｓ社剰余金の配当600－上記(II)③剰余金の配当600

⑤ 親会社株主に帰属する当期純利益　6,622
＝利益剰余金当期末残高22,152－利益剰余金当期首残高19,130＋剰余金の配当3,600

⑥ 非支配株主持分当期変動額　960
＝上記(II)②非支配株主持分1,200－上記(II)③非支配株主持分240

⑦ 資本金当期末残高　48,000＝当期首残高48,000＋当期変動額0
(または連結貸借対照表より)

⑧❸利益剰余金当期末残高　22,152＝当期首残高19,130＋当期変動額(－3,600＋6,622)
(または連結貸借対照表より)

⑨❹非支配株主持分当期末残高　9,240＝当期首残高8,280＋当期変動額960
(または連結貸借対照表より)

〈**参考**〉

連結貸借対照表

P社　令和○3年3月31日　(単位：千円)

借方	金額	貸方	金額
諸資産	(❶ 128,800)	諸負債	52,000
のれん	(❷ 2,592)	資本金	48,000
		利益剰余金	(22,152)
		非支配株主持分	(9,240)
	(131,392)		(131,392)

連結株主資本等変動計算書

P社　令和○2年4月1日から令和○3年3月31日まで　(単位：千円)

	資本金	利益剰余金	非支配株主持分
当期首残高	48,000	19,130	(8,280)
当期変動額　剰余金の配当		△3,600	
親会社株主に帰属する当期純利益		(6,622)	
株主資本以外の項目の当期変動額(純額)			(960)
当期末残高	48,000	(❸ 22,152)	(❹ 9,240)

(3)　**財務諸表分析の問題**

まず，資料iiiの費用を分類すると次のとおりとなる。

販売費及び一般管理費＝給料，減価償却費，広告料，保険料，退職給付費用，租税公課，雑費

営業外費用＝有価証券評価損，雑損，支払利息，有価証券売却損

また，資料iiの比較損益計算書について空欄を推定して完成させると次のようになる。

比較損益計算書　(単位：円)

項目	第5期	第6期
売上高	7,200,000	7,560,000
売上原価	(4,176,000)	4,536,000
売上総利益	3,024,000	(3,024,000)
販売費及び一般管理費	2,160,000	(2,404,080)
営業利益	(864,000)	(オ 619,920)
営業外収益	35,680	(36,000)
営業外費用	215,680	(247,680)
経常利益	(684,000)	408,240
特別利益	13,440	12,160
特別損失	2,560	2,640
税引前当期純利益	(694,880)	417,760
法人税・住民税及び事業税	190,880	115,360
当期純利益	(504,000)	302,400

なお，資料を用いて，各比率を求めて分析すると次のようになる。

ア．第6期の売上高成長率（増収率）

売上高成長率　$5.0\% = \frac{\text{第6期の売上高¥7,560,000} - \text{第5期の売上高¥7,200,000}}{\text{第5期の売上高¥7,200,000}} \times 100(\%)$

※売上高の伸び率を示すもので，この比率が高いほど事業が拡大していることを示す。

イ．第6期の売上高総利益率

売上高総利益率　$40.0\% = \frac{\text{第6期の売上総利益¥3,024,000}}{\text{第6期の売上高¥7,560,000}} \times 100(\%)$

※売上高に対する売上総利益の割合を示すもので，この比率が高いほど利幅が大きく，収益性が高いことを示す。

ウ．第5期の売上高純利益率

売上高純利益率　$7.0\% = \frac{\text{第5期の当期純利益¥504,000}}{\text{第5期の売上高¥7,200,000}} \times 100(\%)$

※売上高に対する当期純利益の割合を示すもので，この比率が高いほど収益性が高いことを示す。

エ．第5期よりも第6期の収益性は　**2．低下**　していることがわかる。

オ．第6期の営業利益　¥619,920（解説の比較損益計算書を参照）

カ．第5期末の受取勘定（売上債権）

$$\frac{\text{第5期の売上高¥}7{,}200{,}000}{\text{期首と期末の平均受取勘定¥}\quad x}=\text{受取勘定回転率8.0回}$$

期首と期末の平均受取勘定¥　x　＝¥900,000

第5期末の受取勘定（売上債権）　¥936,000

＝期首と期末の平均受取勘定¥900,000×2－第4期末の受取勘定¥864,000

キ．第6期の売上高経常利益率

$$\text{売上高経常利益率}\quad 5.4\%=\frac{\text{第6期の経常利益¥}408{,}240}{\text{第6期の売上高¥}7{,}560{,}000}\times 100(\%)$$

※売上高に対する経常利益の割合を示すもので，この比率が高いほど収益性が高いことを示す。

ク．第5期の自己資本利益率

$$\text{自己資本利益率}\quad 9.0\%=\frac{\text{第5期の当期純利益¥}504{,}000}{\text{第5期末の自己資本¥}5{,}600{,}000}\times 100(\%)$$

※株主資本利益率（ROE）ともいわれ，株主の資本がどの程度効率的に運用されたかを示す。この比率が高いほど収益性が高いことを示す。

ケ．第6期の負債比率

$$\frac{\text{第6期末の固定資産合計¥}5{,}880{,}000}{\text{第6期末の純資産合計¥}\quad x}\times 100(\%)=\text{固定比率87.5\%}$$

第6期末の純資産合計¥　x　＝¥6,720,000

第6期末の資産合計¥11,659,200－第6期末の純資産合計¥6,720,000

＝第6期末の負債合計¥4,939,200

$$\text{負債比率}\quad 73.5\%=\frac{\text{第6期末の負債合計¥}4{,}939{,}200}{\text{第6期末の純資産合計¥}6{,}720{,}000}\times 100(\%)$$

※純資産（自己資本）に対する負債の割合を示すもので，この比率が低いほど企業の安全性が高いことを示す。

コ．第5期の商品回転率

$$\frac{\text{第6期の売上原価¥}4{,}536{,}000}{\text{期首と期末の平均商品有高¥}\quad x}=\text{商品回転率10.5回}$$

期首と期末の平均商品有高¥　x　＝¥432,000

期首と期末の平均商品有高¥432,000×2－第6期末の商品¥467,200

＝第5期末の商品¥396,800

$$\text{第5期の商品回転率}\quad 12.0\text{回}=\frac{\text{第5期の売上原価¥}4{,}176{,}000}{(\text{第4期末の商品¥}299{,}200+\text{第5期末の商品¥}396{,}800)\div 2}$$

※平均商品有高に対する売上原価の割合を示すものである。この回転率が高いほど商品の在庫期間が短く，販売効率がよいことを示す。

3 (1) ●印@4点×9＝36点

貸借対照表

大分商事株式会社　令和○8年3月31日　(単位：円)

資産の部			
Ⅰ 流動資産			
1. 現金預金		(5,037,000)●	
2. 電子記録債権	2,000,000		
貸倒引当金	(20,000)	(1,980,000)	
3. 売掛金	(3,900,000)		
貸倒引当金	(39,000)	(3,861,000)	
4. (商品)		(4,820,000)	
5. 前払費用		(750,000)●	
流動資産合計			(16,448,000)
Ⅱ 固定資産			
(1) 有形固定資産			
1. 備品	4,000,000		
減価償却累計額	(1,952,000)	(2,048,000)	
2. 土地		9,185,000	
有形固定資産合計		(11,233,000)	
(2) 投資その他の資産			
1. 投資有価証券		(5,800,000)	
投資その他の資産合計		(5,800,000)	
固定資産合計			(17,033,000)
資産合計			(33,481,000)
負債の部			
Ⅰ 流動負債			
1. 電子記録債務		1,500,000	
2. 買掛金		2,497,000	
3. 短期借入金		1,500,000	
4. 未払金		161,000	
5. 未払費用		(65,000)	
6. (未払法人税等)		(1,084,000)●	
流動負債合計			(6,807,000)
Ⅱ 固定負債			
1. 長期借入金		(2,000,000)	
2. (退職給付引当金)		(3,823,000)●	
固定負債合計			(5,823,000)
負債合計			(12,630,000)
純資産の部			
Ⅰ 株主資本			
(1) 資本金			(12,000,000)
(2) 資本剰余金			
1. 資本準備金		(2,100,000)	
資本剰余金合計			(2,100,000)
(3) 利益剰余金			
1. 利益準備金		760,000	
2. その他利益剰余金			
① 繰越利益剰余金		(5,691,000)	
利益剰余金合計			(6,451,000)
株主資本合計			(20,551,000)
Ⅱ 評価・換算差額等			
1. その他有価証券評価差額金		(300,000)●	
評価・換算差額等合計			(300,000)
純資産合計			(20,851,000)
負債及び純資産合計			(33,481,000)

(2)

損益計算書

大分商事株式会社　令和○7年4月1日から令和○8年3月31日まで　(単位：円)

Ⅰ 売上高		79,304,000
Ⅱ 売上原価		
1. 期首商品棚卸高	5,022,000	
2. 当期商品仕入高	52,865,000	
合計	57,887,000	
3. 期末商品棚卸高	(5,460,000)	
	(52,427,000)	
4. (棚卸減耗損)	(245,000)	
5. (商品評価損)	(395,000)	(53,067,000)●
売上総利益		(26,237,000)
Ⅲ 販売費及び一般管理費		
1. 給料	9,260,000	
2. 発送費	1,657,000	
3. 広告料	1,860,000	
4. (貸倒引当金繰入)	(35,000)●	
5. (減価償却費)	(512,000)●	
6. (退職給付費用)	(1,327,000)	
7. 保険料	(818,000)	
8. 租税公課	796,000	
9. 支払家賃	2,270,000	
10. 水道光熱費	1,053,000	
11. 雑費	206,000	(19,794,000)
営業利益		(6,443,000)●

解説

〔付記事項〕

① (借) 現金 96,000　(貸) 売掛金 96,000

売掛金を他店振り出し小切手で回収したときは，現金（資産）が増加するとともに売掛金（資産）が減少する。

〔決算整理事項〕

	借方科目	金額	貸方科目	金額
a.	(借) 仕入	5,022,000	(貸) 繰越商品	5,022,000
	繰越商品	5,460,000	仕入	5,460,000
	棚卸減耗損	245,000	繰越商品	245,000
	商品評価損	395,000	繰越商品	395,000
	仕入	245,000	棚卸減耗損	245,000
	仕入	395,000	商品評価損	395,000

㋐ 期末商品棚卸高　¥5,460,000
　A品　@¥2,100（原価）×1,800個＝¥3,780,000
　B品　@¥1,400（原価）×1,200個＝¥1,680,000
　計¥5,460,000

㋑ 棚卸減耗損　¥245,000
　A品　@¥2,100（原価）×（帳簿1,800個－実地1,750個）＝¥105,000
　B品　@¥1,400（原価）×（帳簿1,200個－実地1,100個）＝¥140,000
　計¥245,000

㋒ 商品評価損　¥395,000
　A品　（原価@¥2,100－正味@¥2,000）×実地1,750個＝¥175,000
　B品　（原価@¥1,400－正味@¥1,200）×実地1,100個＝¥220,000
　計¥395,000

㋓ 貸借対照表の商品　¥4,820,000
　＝上記㋐¥5,460,000－上記㋑¥245,000－上記㋒¥395,000

A品

原　価 @¥2,100	商品評価損 （@¥2,100－@¥2,000）×1,750個 ＝¥175,000	棚卸減耗損 @¥2,100 ×（1,800－1,750）個 ＝¥105,000
正味売却価額 @¥2,000	繰越商品の次期繰越 ¥3,500,000	
	実地棚卸数量 1,750個	帳簿棚卸数量 1,800個

B品

原　価 @¥1,400	商品評価損 （@¥1,400－@¥1,200）×1,100個 ＝¥220,000	棚卸減耗損 @¥1,400 ×（1,200－1,100）個 ＝¥140,000
正味売却価額 @¥1,200	繰越商品の次期繰越 ¥1,320,000	
	実地棚卸数量 1,100個	帳簿棚卸数量 1,200個

b．（借）貸倒引当金繰入　35,000　（貸）貸倒引当金　35,000

㋔ 電子記録債権の貸倒引当金計上額　¥20,000
　＝電子記録債権勘定残高¥2,000,000×1％
㋕ 売掛金の貸倒引当金計上額　¥39,000
　＝売掛金（元帳勘定残高¥3,996,000－付記事項①¥96,000）×1％
㋖ 貸倒引当金繰入　¥35,000
　＝（上記㋔¥20,000＋上記㋕¥39,000）－貸倒引当金勘定残高¥24,000

c．（借）その他有価証券　300,000　（貸）その他有価証券評価差額金　300,000

㋗ その他有価証券の評価高（時価）　¥5,800,000
　北東商事株　@¥22,000（時価）×200株＝¥4,400,000
　南西商事株　@¥14,000（時価）×100株＝¥1,400,000
　計¥5,800,000
㋘ その他有価証券評価差額金　¥300,000＝¥5,800,000（時価）－¥5,500,000（帳簿価額）

d．（借）減価償却費　512,000　（貸）備品減価償却累計額　512,000

㋙ 備品の減価償却高　¥512,000
　＝（¥4,000,000（取得原価）－¥1,440,000（減価償却累計額））×償却率20％

e．（借）前払保険料　750,000　（貸）保険料　750,000

㋚ 前払保険料　¥750,000
　＝1年分の保険料¥900,000×10か月（令和○8年4月～令和○9年1月）／12か月（令和○8年2月～令和○9年1月）
㋛ 損益計算書の保険料　¥818,000＝¥1,568,000（勘定残高）－上記㋚¥750,000

f．（借）支払利息　65,000　（貸）未払利息　65,000

㋜ 未払利息　¥65,000＝利息未払高¥65,000

g．（借）退職給付費用　1,327,000　（貸）退職給付引当金　1,327,000

㋝ 退職給付費用　¥1,327,000＝退職給付引当金繰入額¥1,327,000

h．（借）法人税等　2,284,000　（貸）仮払法人税等　1,200,000
　未払法人税等　1,084,000

㋞ 法人税等　¥2,284,000＝法人税・住民税及び事業税額¥2,284,000
㋟ 未払法人税等　¥1,084,000
　＝上記㋞法人税等¥2,284,000－仮払法人税等勘定残高¥1,200,000

〔解答欄の完成〕

(1) 貸借対照表

現金預金　¥5,037,000

　＝現金¥1,704,000＋当座預金¥3,237,000＋付記事項①¥96,000

前払費用　¥750,000＝前払保険料¥750,000

備品減価償却累計額　¥1,952,000

　＝勘定残高¥1,440,000＋備品の減価償却高¥512,000

投資有価証券　¥5,800,000＝その他有価証券の評価高(時価)¥5,800,000

未払費用　¥65,000＝未払利息¥65,000

退職給付引当金　¥3,823,000＝勘定残高¥2,496,000＋退職給付費用¥1,327,000

繰越利益剰余金　¥5,691,000（貸借対照表の数値から求める計算方法）

(a) 資産合計¥33,481,000を負債及び純資産合計とし，その額から負債合計¥12,630,000を差し引いて純資産合計¥20,851,000を求め，さらにその額から評価・換算差額等合計¥300,000を差し引いて株主資本合計¥20,551,000とする。

(b) 株主資本合計¥20,551,000から資本金¥12,000,000と資本剰余金合計¥2,100,000を差し引いて利益剰余金合計¥6,451,000とする。

(c) 利益剰余金合計¥6,451,000から利益準備金¥760,000を差し引いて繰越利益剰余金¥5,691,000を求める。

(2) 損益計算書（一部）

上記決算整理事項の解説を参照。

〈参考〉

損益計算書

大分商事株式会社　令和○7年4月1日から令和○8年3月31日まで　（単位：円）

Ⅰ 売上高		79,304,000
Ⅱ 売上原価		
1. 期首商品棚卸高	5,022,000	
2. 当期商品仕入高	52,865,000	
合計	57,887,000	
3. 期末商品棚卸高	5,460,000	
	52,427,000	
4. 棚卸減耗損	245,000	
5. 商品評価損	395,000	53,067,000
売上総利益		26,237,000
Ⅲ 販売費及び一般管理費		
1. 給料	9,260,000	
2. 発送費	1,657,000	
3. 広告料	1,860,000	
4. 貸倒引当金繰入	35,000	
5. 減価償却費	512,000	
6. 退職給付費用	1,327,000	
7. 保険料	818,000	
8. 租税公課	796,000	
9. 支払家賃	2,270,000	
10. 水道光熱費	1,053,000	
11. 雑費	206,000	19,794,000
営業利益		6,443,000
Ⅳ 営業外収益		
1. 受取地代	920,000	
2. 受取配当金	189,000	1,109,000
Ⅴ 営業外費用		
1. 支払利息	115,000	115,000
経常利益		7,437,000
Ⅵ 特別利益		
1. 固定資産売却益	373,000	373,000
Ⅶ 特別損失		
1. 固定資産除却損	300,000	300,000
税引前当期純利益		7,510,000
法人税・住民税及び事業税		2,284,000
当期純利益		5,226,000

4

@４点×７＝28点

	借方		貸方	
a	建物	43,000,000	建設仮勘定	28,000,000
			当座預金	15,000,000
	新築積立金	43,000,000	繰越利益剰余金	43,000,000
b	建物	6,000,000	当座預金	7,360,000
	修繕費	1,360,000		
c	備品	4,400,000	備品	4,800,000
	備品減価償却累計額	2,880,000	現金	2,800,000
	固定資産売却損	320,000		
d	売掛金	10,400,000	買掛金	6,600,000
	繰越商品	9,200,000	長期借入金	3,000,000
	のれん	600,000	当座預金	10,600,000
e	仕掛品	360,000	給料	120,000
			旅費	240,000
f	現金	1,000,000	役務収益	1,000,000
	役務原価	660,000	仕掛品	660,000
g	繰延税金資産	3,600	法人税等調整額	3,600

解説

a.（借）	建物	43,000,000	（貸）建設仮勘定	28,000,000
			当座預金	15,000,000
	新築積立金	43,000,000	繰越利益剰余金	43,000,000

有形固定資産の完成前に支払った工事代金は建設仮勘定で処理する。そして，固定資産が完成し，引き渡しを受けたときに固定資産の勘定に振り替える。

建築を依頼している建物について，完成し，引き渡しを受けたため，建物勘定（資産）の借方に記帳するとともに，建設仮勘定（資産）の貸方に記帳する。また，取締役会の決議により新築積立金を取り崩したときは，新築積立金勘定（純資産）の借方に記帳するとともに，繰越利益剰余金勘定（純資産）の貸方に記帳する。

建物　￥43,000,000＝建築代金￥43,000,000

建設仮勘定　￥28,000,000＝建物￥43,000,000－当座預金￥15,000,000

b.（借）	建物	6,000,000	（貸）当座預金	7,360,000
	修繕費	1,360,000		

資本的支出は，固定資産の価値を増加させる支出または耐用年数を延長させる支出をいい，収益的支出は，固定資産の維持管理や原状を回復させるための支出をいう。

資本的支出の場合は建物勘定（資産）で処理し，収益的支出の場合は修繕費勘定（費用）で処理する。

c.（借）	備品	4,400,000	（貸）備品	4,800,000
	備品減価償却累計額	2,880,000	現金	2,800,000
	固定資産売却損	320,000		

売却価額（下取価額）と帳簿価額（取得原価－減価償却累計額）との差額は，固定資産売却損（益）勘定で処理する。

旧備品の減価償却累計額（定額法）

（￥4,800,000－￥0）÷5年×3年分（4期～6期）＝￥2,880,000

旧備品の帳簿価額

￥4,800,000（旧備品の取得原価）－￥2,880,000（旧備品の減価償却累計額）

＝￥1,920,000

固定資産売却損

￥1,600,000（旧備品の下取価額）－￥1,920,000（旧備品の帳簿価額）＝－￥320,000

→帳簿価額より低い下取価額のため，固定資産売却損となる。

d.（借）	売掛金	10,400,000	（貸）買掛金	6,600,000
	繰越商品	9,200,000	長期借入金	3,000,000
	のれん	600,000	当座預金	10,600,000

企業取得のさいに支払う取得原価の計算方法に収益還元価値法がある。これは対象企業の平均利益額を同種企業の平均利益率で割り，その企業の評価額とするもので，この額から対象企業の時価による純資産額を差し引いて，のれんの取得原価を求める。

のれんは［収益還元価値による取得対価］－［時価による純資産額］で計算する。

収益還元価値による取得対価

平均利益額￥742,000÷同種企業の平均利益率7％＝￥10,600,000

時価による純資産額

資産総額￥19,600,000－負債総額￥9,600,000＝￥10,000,000

のれん

収益還元価値による取得対価￥10,600,000－時価による純資産額￥10,000,000

＝￥600,000

なお，被取得企業から引き継いだ「商品」は，問題に示された勘定科目のなかから「繰越商品」により仕訳する。

e.（借）	仕　掛　品	*360,000*	（貸）	給　　料	*120,000*
				旅　　費	*240,000*

役務提供完了前に発生した費用を仕掛品勘定へ振り替えるときは，該当する費用項目を貸方に記帳するとともに，仕掛品勘定（資産）の借方に記帳する。なお，役務提供完了時点で仕掛品勘定から役務原価勘定（費用）に振り替える。

f.（借）	現　　金	*1,000,000*	（貸）	役務収益	*1,000,000*
	役務原価	*660,000*		仕　掛　品	*660,000*

商品売買業以外のサービスを営む企業は，サービス（役務）の提供による対価のうち，すでに役務提供が完了した部分に対応する金額を役務収益勘定（収益）の貸方に記帳し，これにかかる費用は役務原価勘定（費用）の借方に記帳する。なお，本問は以前に役務提供完了前に発生した費用を仕掛品勘定（資産）で処理しているため，役務提供完了時点で仕掛品勘定から役務原価勘定に振り替える。

g.（借）	繰延税金資産	*3,600*	（貸）	法人税等調整額	*3,600*

貸倒引当金の繰入限度超過額について税効果会計を適用するときは，繰延税金資産勘定（資産）の借方に記帳するとともに，法人税等調整額勘定の貸方に記帳する。

繰延税金資産　*¥3,600*＝繰入限度超過額*¥12,000*×法定実効税率30％

1級会計模擬試験問題　第 3 回

1

@2点×7＝14点

(1)

ア	イ	ウ	エ
1	6	9	11

(2)

ア	イ	ウ
1	6	8

解説

(1)

a．明瞭性の原則

企業会計では，財務諸表を作成する場合，科目の分類や配列に一定の基準を設けたり，重要な会計方針を注記するなどして，利害関係者に企業の状況に関する判断を誤らせないようにしなければならない。これは［1．明瞭性］の原則によるものである。

b．貸倒懸念債権

経営破綻の状態には至っていないが，債務の弁済に重大な問題が生じているか，または生じる可能性が高い債務者に対する債権を［6．貸倒懸念債権］という。これに対する貸倒見積高の算定方法には，［9．財務内容評価法］とキャッシュ・フロー見積法がある。

c．財務会計

株主・債権者など企業の経営に直接かかわらない外部の者に対しておこなう外部報告会計を財務会計という。この会計には，配当金などによる企業の財産の分配について，それが適正である根拠を財務諸表によって示し，利害関係者を納得させる利害調整機能がある。また，投資家に対して意思決定に必要な財務諸表を開示する［11．情報提供］機能もあり，これは企業の資金調達を円滑にする重要な機能とされている。

(2)

ア．1 年 基 準	1．one-year rule
イ．流 動 資 産	6．current assets
ウ．流 動 負 債	8．current liabilities

※英語表記一覧表（⇒p.3）を参照。

2

(1)　@1点×2＝2点
(2)　@2点×4＝8点
(3)①ア・イ@1点×2＝2点
　ウ　@2点×1＝2点
　②・③　@2点×4＝8点

(1)

①	工事進行基準による当期の工事収益	¥ 112,500,000	②	原価回収基準による当期の工事収益	¥ 95,000,000

(2)

ア	❶	9,324	千円	イ	❷	8,984	千円
ウ	❸	3,344	千円	エ	❹	1,560	千円

(3)

①

ア	44,096	千円	イ	21,200	千円
ウ	208	%			

②

エ	127,840	千円	オ	1.6	回	カ	1

③

キ	19,384	千円	ク	10.5	%	ケ	3

（注意）　オとカ，クとケは，それぞれ2つとも合っている場合に正答とする。

解説

(1) **工事契約の問題**

長期請負工事などの工事契約については，工事収益総額，工事原価総額，決算日における工事の進捗度の三つの要件を合理的に見積もることができる場合は，工事進行基準によって工事収益を計上し，合理的に見積もることができない場合には，原価回収基準により収益を計上する。

① 工事進行基準による当期の工事収益　¥112,500,000

$$=\text{工事収益総額¥}450{,}000{,}000\times\frac{\text{当期までに発生した実際工事原価¥}95{,}000{,}000}{\text{完成までの工事原価総額¥}380{,}000{,}000}$$

② 原価回収基準による当期の工事収益　¥95,000,000

=当期発生工事原価¥95,000,000

(2) **連結財務諸表作成の問題**　(以下の説明は単位千円)

連結財務諸表は，親会社と子会社のそれぞれの個別財務諸表を合算し，次の連結修正の手続きを加えて作成する。なお，本問における支配獲得日は令和○3年3月31日である。

(Ⅰ) 支配獲得日の投資と資本の相殺消去

(借) 資本金	6,000	(貸) 子会社株式	8,800
利益剰余金	600	非支配株主持分	1,320
のれん	3,520		

(問題資料ⅱより，または個別株主資本等変動計算書のＳ社当期首残高を用いる)

支配獲得日の子会社純資産額　6,600＝資本金6,000＋利益剰余金600

のれん　3,520

＝子会社株式8,800－支配獲得日の子会社純資産額6,600×親会社持分割合80％

非支配株主持分　1,320＝支配獲得日の子会社純資産額6,600×非支配株主持分割合20％

(Ⅱ) 当期分の連結修正

① のれんの償却

(借) のれん償却	176	(貸) のれん	176

のれん償却　176＝のれん3,520÷償却年数20年

② 子会社当期純損益の非支配株主持分への振り替え

(借) 非支配株主に帰属する当期純利益	340	(貸) 非支配株主持分	340

非支配株主に帰属する当期純利益　340

＝子会社当期純利益1,700×非支配株主持分割合20％

③ 子会社配当金の修正

(借) 受取配当金	400	(貸) 剰余金の配当(利益剰余金)	500
非支配株主持分	100		

受取配当金　400＝剰余金の配当500×親会社持分割合80％

非支配株主持分　100＝剰余金の配当500×非支配株主持分割合20％

(Ⅲ) 連結損益計算書の作成

① 売上高　103,500＝Ｐ社売上高85,000＋Ｓ社売上高18,500

② 受取配当金　0(記載なし)＝Ｐ社受取配当金400－上記(Ⅱ)③受取配当金400

③ 売上原価　75,300＝Ｐ社売上原価63,000＋Ｓ社売上原価12,300

④ 給料　18,700＝Ｐ社給料14,200＋Ｓ社給料4,500

⑤ のれん償却　176＝上記(Ⅱ)①のれん償却176

⑥❶当期純利益　9,324＝貸借差額9,324

⑦ 非支配株主に帰属する当期純利益　340

＝上記(Ⅱ)②非支配株主に帰属する当期純利益340

⑧ 親会社株主に帰属する当期純利益　8,984＝貸借差額8,984

(Ⅳ) 連結株主資本等変動計算書の作成

① 資本金当期首残高　20,000

＝Ｐ社資本金当期首残高20,000＋Ｓ社資本金当期首残高6,000－上記(Ⅰ)資本金6,000

② 利益剰余金当期首残高　5,600

＝Ｐ社利益剰余金当期首残高5,600＋Ｓ社利益剰余金当期首残高600

－上記(Ⅰ)利益剰余金600

③ 非支配株主持分当期首残高　1,320＝上記(Ⅰ)非支配株主持分1,320

④ 剰余金の配当　2,000

＝Ｐ社剰余金の配当2,000＋Ｓ社剰余金の配当500－上記(Ⅱ)③剰余金の配当500

⑤❷親会社株主に帰属する当期純利益　8,984

＝利益剰余金当期末残高12,584－利益剰余金当期首残高5,600＋剰余金の配当2,000

(または連結損益計算書より)

⑥ 非支配株主持分当期変動額　240

＝上記(Ⅱ)②非支配株主持分340－上記(Ⅱ)③非支配株主持分100

⑦ 資本金当期末残高　20,000＝当期首残高20,000＋当期変動額0

(または連結貸借対照表より)

⑧ 利益剰余金当期末残高　12,584＝当期首残高5,600＋当期変動額(－2,000＋8,984)

(または連結貸借対照表より)

⑨ 非支配株主持分当期末残高　1,560＝当期首残高1,320＋当期変動額240

(または連結貸借対照表より)

(Ⅴ) 連結貸借対照表の作成

① 諸資産　60,600＝Ｐ社諸資産45,000＋Ｓ社諸資産15,600

②❸のれん　3,344＝上記(Ⅰ)のれん3,520－上記(Ⅱ)①のれん176

③ 諸負債　29,800＝Ｐ社諸負債22,000＋Ｓ社諸負債7,800

④ 資本金　20,000＝P社資本金20,000＋S社資本金6,000－上記(I)資本金6,000
（または連結株主資本等変動計算書の当期末残高より）

⑤ 利益剰余金　12,584＝貸借差額12,584
（または連結株主資本等変動計算書の当期末残高より）

⑥❹非支配株主持分　1,560
＝上記(I)非支配株主持分1,320＋上記(II)②非支配株主持分340
－上記(II)③非支配株主持分100
（または連結株主資本等変動計算書の当期末残高より）

〈参考〉

連結損益計算書

P社　令和○3年4月1日から令和○4年3月31日まで　（単位：千円）

売上原価	75,300	売上高	103,500
給料	18,700		
のれん償却	(176)		
当期純利益	(差額 9,324)		
	(103,500)		(103,500)
非支配株主に帰属する当期純利益	(340)	当期純利益	(❶ 9,324)
親会社株主に帰属する当期純利益	(差額 8,984)		
	(9,324)		(9,324)

連結株主資本等変動計算書

P社　令和○3年4月1日から令和○4年3月31日まで　（単位：千円）

	資本金	利益剰余金	非支配株主持分
当期首残高	20,000	5,600	(1,320)
当期変動額　剰余金の配当		△2,000	
親会社株主に帰属する当期純利益		(8,984) ❷	
株主資本以外の項目の当期変動額(純額)			(240)
当期末残高	20,000	(12,584)	(1,560)

連結貸借対照表

P社　令和○4年3月31日　（単位：千円）

諸資産	60,600	諸負債	29,800
のれん	(❸ 3,344)	資本金	(20,000)
		利益剰余金	(12,584)
		非支配株主持分	(❹ 1,560)
	(63,944)		(63,944)

(3) **財務諸表分析の問題**　（以下の説明は単位千円）

財務諸表分析は，貸借対照表や損益計算書，株主資本等変動計算書など財務諸表の数値を分析することにより，企業の財政状態や経営成績の良否を判断し，その原因を明らかにするためにおこなう。

6/25	（借）繰越利益剰余金　960	（貸）未払配当金	800
		利益準備金	80
		別途積立金	80

株主総会において繰越利益剰余金を財源とした剰余金の配当等が決議されたときは，配当金額を未払配当金勘定（負債），会社法による額を利益準備金勘定（純資産），別途積立額を別途積立金勘定（純資産）のいずれも貸方に記入し，配当等の総額を繰越利益剰余金勘定（純資産）の借方に記入する。

未払配当金（配当金額）　800

利益準備金（会社法が定める金額）　80

(a)　配当金額の10分の1
配当金額800÷10＝80

(b)　積立限度額（資本金の4分の1から資本準備金と利益準備金を控除した金額）
資本金64,000÷4－資本準備金2,080－利益準備金1,200＝12,720

(c)　(a)と(b)のいずれか低い金額
上記(a)80＜上記(b)12,720　よって，利益準備金の積立額は80

別途積立金（積立額）　80

繰越利益剰余金　960＝未払配当金800＋利益準備金80＋別途積立金80

上記を考慮して株主資本等変動計算書および貸借対照表を完成させると次のようになる。

（第5期）株主資本等変動計算書

大阪商事株式会社　令和○5年4月1日から令和○6年3月31日まで　（単位：千円）

	資本金	資本剰余金		利益剰余金				純資産合計
		資本準備金	資本剰余金合計	利益準備金	その他利益剰余金		利益剰余金合計	
					別途積立金	繰越利益剰余金		
当期首残高	64,000	2,080	2,080	(1,200)	1,920	(17,440)	20,560	86,640
当期変動額								
剰余金の配当				(80)		(△880)	(△800)	(△800)
別途積立金の積立					(80)	△80	—	—
当期純利益						4,720	4,720	4,720
当期変動額合計	—	—	—	(80)	(80)	(3,760)	(3,920)	(3,920)
当期末残高	64,000	2,080	2,080	(1,280)	(2,000)	21,200	(24,480)	90,560

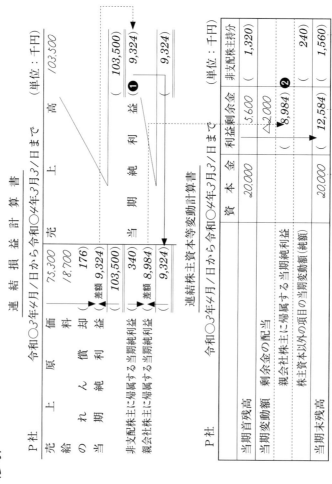

比較貸借対照表 (単位：千円)

資産	第4期	第5期	負債・純資産	第4期	第5期
現金預金	10,556	11,040	支払手形	3,520	3,360
受取手形	5,000	5,360	買掛金	16,324	15,440
売掛金	25,860	24,720	未払法人税等	2,560	2,400
商品	2,592	(**2,320**)	長期借入金	10,896	12,680
前払費用	800	656	退職給付引当金	3,500	3,400
備品	10,000	10,000	資本金	(**64,000**)	(**64,000**)
土地	(**43,200**)	43,200	資本準備金	2,080	2,080
特許権	3,248	3,200	利益準備金	1,200	(**1,280**)
関係会社株式	18,184	19,360	別途積立金	1,920	(**2,000**)
長期貸付金	4,000	7,984	繰越利益剰余金	(**17,440**)	21,200
	(**123,440**)	(**127,840**)		(**123,440**)	(**127,840**)

(現金預金～前払費用：流動資産／支払手形～未払法人税等：流動負債／支払手形～繰越利益剰余金：総資本)

したがって，資料を用いて，各金額と各比率を求めて分析すると次のようになる。

①

ア．流動資産　*44,096* = 現金預金*11,040* + 受取手形*5,360* + 売掛金*24,720* + 商品*2,320*
+ 前払費用*656*

イ．流動負債　*21,200* = 支払手形*3,360* + 買掛金*15,440* + 未払法人税等*2,400*

ウ．流動比率　208％ = $\frac{流動資産44,096}{流動負債21,200}$ × 100(％)

②

エ．総資本　*127,840* = 比較貸借対照表の第5期負債・純資産合計または資産合計より

オ．総資本回転率　1.6回 = $\frac{売上高204,544}{総資本127,840}$

※総資本に対する売上高の割合を示すもので，一会計期間の売上高をあげるために総資本が何回利用されたかの効率性を示す。なお，この比率は「高い」方がよい。

カ．第4期より多くなっているため，総資本が売上高に対して有効に，**1．利用されている**　と判断できる。

③

キ．売上高(増加額)　*19,384* = 第5期売上高*204,544* − 第4期売上高*185,160*

ク．売上高成長率(増収率)　10.5％ ≒ $\frac{第5期売上高204,544 - 第4期売上高185,160}{第4期売上高185,160}$ × 100％

(注)　％の小数第2位を四捨五入している。

※売上高の伸び率を示すもので，この比率が高いほど事業が拡大していることを示す。

ケ．第4期の9.4％に比べて，**3．高く**　なったと判断できる。

3 (1)　●印@4点×9＝36点

損　益　計　算　書

長野商事株式会社　令和○6年4月1日から令和○7年3月31日まで　（単位：円）

Ⅰ 売上高		74,200,000
Ⅱ 売上原価		
1．期首商品棚卸高	1,038,000	
2．当期商品仕入高	53,800,000	
合計	54,838,000	
3．期末商品棚卸高	(900,000)	
	(53,938,000)	
4．(棚卸減耗損)	(20,000)	
5．(商品評価損)	(44,000)	(54,002,000)●
売上総利益		(20,198,000)
Ⅲ 販売費及び一般管理費		
1．給料	8,000,000	
2．発送費	1,740,000	
3．広告料	1,360,000	
4．(貸倒引当金繰入)	(64,000)●	
5．(減価償却費)	(1,350,000)●	
6．(退職給付費用)	(700,000)	
7．支払家賃	900,000	
8．保険料	(340,000)●	
9．租税公課	296,000	
10．(雑費)	(198,000)	(14,948,000)
営業利益		(5,250,000)
Ⅳ 営業外収益		
1．受取地代	450,000	
2．有価証券利息	(110,000)●	(560,000)
Ⅴ 営業外費用		
1．支払利息	160,000	
2．手形売却損	40,000	
3．為替差損	(50,000)●	(250,000)
経常利益		(5,560,000)
Ⅵ 特別利益		
1．固定資産売却益	150,000	150,000
Ⅶ 特別損失		
1．固定資産除却損	60,000	
2．関係会社株式評価損	(1,500,000)	(1,560,000)
税引前当期純利益		(4,150,000)
法人税・住民税及び事業税		(1,300,000)
当期純利益		(2,850,000)●

(2)

株主資本等変動計算書

長野商事株式会社　令和○6年4月1日から令和○7年3月31日まで　（単位：円）

	資本金	資本剰余金		利益剰余金				純資産合計
		資本準備金	資本剰余金合計	利益準備金	その他利益剰余金		利益剰余金合計	
					別途積立金	繰越利益剰余金		
当期首残高	12,000,000	1,500,000	1,500,000	640,000	575,000	2,220,000	3,435,000	16,935,000
当期変動額								
剰余金の配当				●(160,000)		(△1,760,000)	△1,600,000	△1,600,000
別途積立金の積立					25,000	△25,000	——	——
当期純利益						●(2,850,000)	(2,850,000)	(2,850,000)
当期変動額合計	——	——	——	(160,000)	25,000	(1,065,000)	(1,250,000)	(1,250,000)
当期末残高	12,000,000	1,500,000	1,500,000	(800,000)	600,000	(3,285,000)	(4,685,000)	(18,185,000)

解説

〔純資産の部に関する事項〕

（借）繰越利益剰余金　1,785,000　（貸）未払配当金　1,600,000
　　　　　　　　　　　　　　　　　　　利益準備金　160,000
　　　　　　　　　　　　　　　　　　　別途積立金　25,000

① 利益準備金（会社法による額）　¥160,000

(a) 配当金額の10分の1
　配当金額¥1,600,000÷10＝¥160,000

(b) 積立限度額（資本金の4分の1から資本準備金と利益準備金を控除した金額）
　資本金¥12,000,000÷4－資本準備金¥1,500,000－利益準備金¥640,000(注1)
　＝¥860,000

（注1）利益準備金の元帳勘定残高¥800,000は，令和○6年6月25日の繰越利益剰余金を配当および処分したあとの金額である。ここでは，解答欄の株主資本等変動計算書の利益準備金当期首残高より¥640,000となる。

(c) (a)と(b)のいずれか低い金額
　上記(a)¥160,000＜上記(b)¥860,000　よって，¥160,000

② 繰越利益剰余金　¥1,785,000
　＝未払配当金¥1,600,000＋利益準備金¥160,000＋別途積立金¥25,000

※なお，元帳勘定残高の資本金から別途積立金までの金額が，株主資本等変動計算書の当期末残高と一致していることから，この仕訳はすでに元帳勘定残高に反映されていることがわかる。よって，この仕訳による元帳勘定残高への修正は不要である。

〔決算整理事項〕

a．（借）	仕　　　入	*1,038,000*	（貸）繰越商品	*1,038,000*
	繰越商品	*900,000*	仕　　　入	*900,000*
	棚卸減耗損	*20,000*	繰越商品	*20,000*
	商品評価損	*44,000*	繰越商品	*44,000*
	仕　　　入	*20,000*	棚卸減耗損	*20,000*
	仕　　　入	*44,000*	商品評価損	*44,000*

㋐ 期末商品棚卸高　*¥900,000*＝@*¥1,000*(原価)×帳簿900個
㋑ 棚卸減耗損　*¥20,000*＝@*¥1,000*(原価)×(帳簿900個－実地880個)
㋒ 商品評価損　*¥44,000*＝(原価@*¥1,000*－正味@*¥950*)×実地880個
㋓ 貸借対照表の商品　*¥836,000*＝上記㋐*¥900,000*－上記㋑*¥20,000*－上記㋒*¥44,000*

原　価 @*¥1,000*
正味売却価額 @*¥　950*

商品評価損 (@*¥1,000*－@*¥950*)×880個 ＝*¥44,000*	棚卸減耗損 @*¥1,000* ×(900－880)個 ＝*¥20,000*
繰越商品の次期繰越 *¥836,000*	

実地棚卸数量 880個　　帳簿棚卸数量 900個

b．（借）	為替差損益	*50,000*	（貸）買　掛　金	*50,000*

㋔ 為替差損益（損）　*¥50,000*
　＝(決算日の為替レート*131*円－取引日の為替レート*129*円)×買掛金*25,000*ドル
　※買掛金（負債）が決算日において増加しているため，為替差損益は「損」（費用）とする。

c．（借）	貸倒引当金繰入	*64,000*	（貸）貸倒引当金	*64,000*

㋕ 受取手形の貸倒引当金計上額　*¥36,000*＝受取手形勘定残高*¥3,600,000*×1%
㋖ 売掛金の貸倒引当金計上額　*¥44,000*＝売掛金勘定残高*¥4,400,000*×1%
㋗ 貸倒引当金繰入　*¥64,000*
　＝(上記㋕*¥36,000*＋上記㋖*¥44,000*)－貸倒引当金勘定残高*¥16,000*

d．（借）	満期保有目的債券	*50,000*	（貸）有価証券利息	*50,000*
（借）	子会社株式評価損	*1,500,000*	（貸）子会社株式	*1,500,000*

㋘ 満期保有目的債券評価高（償却原価）　*¥1,800,000*
㋙ 有価証券利息　*¥50,000*＝*¥1,800,000*(償却原価)－*¥1,750,000*(帳簿価額)
㋚ 子会社株式の評価高（実質価額）　*¥1,000,000*
　＝東西物産株@*¥5,000*(実質価額)×200株
㋛ 子会社株式評価損　*¥1,500,000*＝*¥2,500,000*(帳簿価額)－上記㋚*¥1,000,000*

e．（借）	減価償却費	*1,350,000*	（貸）備品減価償却累計額	*750,000*
			リース資産減価償却累計額	*600,000*

㋜ 備品の減価償却高　*¥750,000*
　＝(*¥4,000,000*(取得原価)－*¥1,000,000*(減価償却累計額))×償却率25%
㋝ リース資産の減価償却高　*¥600,000*
　＝(*¥3,000,000*(取得原価)－*¥0*(残存価額))÷耐用年数5年
㋞ 減価償却費　*¥1,350,000*＝上記㋜*¥750,000*＋上記㋝*¥600,000*

f．（借）	前払保険料	*160,000*	（貸）保　険　料	*160,000*

㋟ 前払保険料　*¥160,000*

$$＝1年分の保険料¥240,000\times\frac{8か月(令和○7年4月〜令和○7年11月)}{12か月(令和○6年12月〜令和○7年11月)}$$

㋠ 損益計算書の保険料　*¥340,000*＝*¥500,000*(勘定残高)－上記㋟*¥160,000*

g．（借）	退職給付費用	*700,000*	（貸）退職給付引当金	*700,000*

㋡ 退職給付費用　*¥700,000*＝退職給付引当金繰入額*¥700,000*

h．（借）	法人税等	*1,300,000*	（貸）仮払法人税等	*730,000*
			未払法人税等	*570,000*

㋢ 法人税等　*¥1,300,000*＝法人税・住民税及び事業税額*¥1,300,000*
㋣ 未払法人税等　*¥570,000*＝上記㋢*¥1,300,000*－仮払法人税等勘定残高*¥730,000*

〔解答欄の完成〕

(1) 損益計算書

上記決算整理事項の解説を参照。

(2) 株主資本等変動計算書

利益準備金の当期変動額　¥160,000＝純資産の部に関する事項より

繰越利益剰余金の当期変動額（剰余金の配当）　△¥1,760,000

＝配当金¥1,600,000＋利益準備金積立額¥160,000

繰越利益剰余金の当期変動額（当期純利益）　¥2,850,000

＝損益計算書の当期純利益¥2,850,000

繰越利益剰余金の当期末残高　¥3,285,000

＝当期首残高¥2,220,000＋当期変動額合計¥1,065,000

利益剰余金合計の各残高は，利益準備金と別途積立金と繰越利益剰余金の合計額である。

純資産合計の各残高は，資本金と資本剰余金合計と利益剰余金合計の合計額である。

〈参考〉

貸借対照表

長野商事株式会社　　令和○7年3月31日　　（単位：円）

資産の部			
Ⅰ 流動資産			
1．現金預金		5,689,000	
2．受取手形	3,600,000		
貸倒引当金	36,000	3,564,000	
3．売掛金	4,400,000		
貸倒引当金	44,000	4,356,000	
4．商品		836,000	
5．未収入金		450,000	
6．前払費用		160,000	
流動資産合計			15,055,000
Ⅱ 固定資産			
(1) 有形固定資産			
1．備品	4,000,000		
減価償却累計額	1,750,000	2,250,000	
2．リース資産	3,000,000		
減価償却累計額	1,200,000	1,800,000	
3．土地		9,000,000	
有形固定資産合計		13,050,000	
(2) 投資その他の資産			
1．投資有価証券		1,800,000	
2．関係会社株式		1,000,000	
投資その他の資産合計		2,800,000	
固定資産合計			15,850,000
資産合計			30,905,000
負債の部			
Ⅰ 流動負債			
1．支払手形		675,000	
2．買掛金		3,375,000	
3．短期借入金		1,300,000	
4．リース債務		600,000	
5．未払法人税等		570,000	
流動負債合計			6,520,000
Ⅱ 固定負債			
1．長期借入金		3,200,000	
2．リース債務		1,200,000	
3．退職給付引当金		1,800,000	
固定負債合計			6,200,000
負債合計			12,720,000
純資産の部			
Ⅰ 株主資本			
(1) 資本金			12,000,000
(2) 資本剰余金			
1．資本準備金		1,500,000	
資本剰余金合計			1,500,000
(3) 利益剰余金			
1．利益準備金		800,000	
2．その他利益剰余金			
① 別途積立金		600,000	
② 繰越利益剰余金		3,285,000	
利益剰余金合計			4,685,000
株主資本合計			18,185,000
純資産合計			18,185,000
負債及び純資産合計			30,905,000

4

@４点×７＝28点

	借方		貸方	
a	リース資産	360,000	リース債務	360,000
b	リース債務	10,000	現金	10,000
c	退職給付引当金	12,000,000	定期預金	12,000,000
d	繰越利益剰余金	1,410,000	未払配当金 利益準備金 別途積立金	1,200,000 100,000 110,000
e	利益準備金	1,600,000	繰越利益剰余金	1,600,000
f	建物減価償却累計額 火災損失	12,000,000 8,000,000	建物	20,000,000
g	その他有価証券	300,000	繰延税金負債 その他有価証券評価差額金	90,000 210,000

解説

a．（借）リース資産　360,000　（貸）リース債務　360,000

ファイナンス・リース取引（利子込み法）の場合，リース取引を開始したときは，リース料総額をもってリース資産勘定（資産）の借方に記帳するとともに，リース債務勘定（負債）の貸方に記帳する。

リース料総額　￥360,000＝リース料年額￥45,000×リース期間8年

b．（借）リース債務　10,000　（貸）現金　10,000

ファイナンス・リース取引（利子込み法）の場合，リース料を支払ったときは，支払額をもってリース債務勘定（負債）の借方に記帳する。

c．（借）退職給付引当金　12,000,000　（貸）定期預金　12,000,000

従業員の退職時に支払う退職一時金などに備えて，その債務額を見積もり退職給付引当金勘定（負債）を計上することがある。この場合，従業員の退職にともない，退職一時金を支払ったときは，退職給付引当金勘定の減少として処理する。

d．（借）繰越利益剰余金　1,410,000　（貸）未払配当金　1,200,000
利益準備金　100,000
別途積立金　110,000

株主総会において繰越利益剰余金を財源とした剰余金の配当等が決議されたときは，会社法による額を利益準備金勘定（純資産），配当金額を未払配当金勘定（負債），別途積立金の積立額を別途積立金勘定（純資産）のいずれも貸方に記入し，配当等の総額を繰越利益剰余金勘定（純資産）の借方に記入する。

利益準備金（会社法による額）￥100,000

① 配当金額の10分の1
配当金額￥1,200,000÷10＝￥120,000

② 積立限度額（資本金の4分の1から資本準備金と利益準備金を控除した金額）
資本金￥40,000,000÷4－資本準備金￥8,000,000－利益準備金￥1,900,000
＝￥100,000

③ ①と②のいずれか低い金額
上記①￥120,000＞上記②￥100,000　よって，￥100,000

未払配当金（配当金額）￥1,200,000
別途積立金（積立額）￥110,000
繰越利益剰余金　￥1,410,000
＝利益準備金￥100,000＋未払配当金￥1,200,000＋別途積立金￥110,000

e．（借）利益準備金　1,600,000　（貸）繰越利益剰余金　1,600,000

繰越利益剰余金の借方残高（損失の累計額）について，利益準備金を取り崩しててん補したときは，利益準備金勘定（純資産）の借方に記帳するとともに，繰越利益剰余金勘定（純資産）の貸方に記帳する。

f．（借）建物減価償却累計額　12,000,000　（貸）建物　20,000,000
火災損失　8,000,000

火災・暴風雨・洪水などの災害によって建物などの資産が損害を受けた場合，災害損失勘定（費用）で処理する。なお，火災のときは火災損失勘定（費用）を用いることもある。本問では勘定科目の指示により，火災損失勘定を用いる。

g.	（借）その他有価証券	*300,000*	（貸）繰延税金負債	*90,000*
			その他有価証券評価差額金	*210,000*

その他有価証券の時価評価にともない税効果会計を適用する場合，時価が取得原価を上回っているときは，その他有価証券勘定（資産）の借方に記帳するとともに，繰延税金負債勘定（負債）およびその他有価証券評価差額金勘定（純資産）の貸方に記帳する。

その他有価証券　*¥300,000*＝時価（30株×@*¥70,000*）－取得原価（30株×@*¥60,000*）

繰延税金負債　*¥90,000*＝その他有価証券*¥300,000*×法定実効税率30％

その他有価証券評価差額金　*¥210,000*

＝その他有価証券*¥300,000*－繰延税金負債*¥90,000*

1級会計模擬試験問題　第 4 回

1

@2点×7＝14点

(1)

ア	イ	ウ	エ
2	4	9	11

(2)

ア	イ	ウ
2	4	8

解説

(1)

a．継続性の原則

企業会計ではいったん採用した会計処理の原則および手続きは，正当な理由により変更をおこなう場合を除き，みだりにこれを変更してはならない。これを 2．継続性 の原則という。この原則により財務諸表の 4．期間比較 が可能となり，また，利益操作の防止ができる。

b．財務諸表のディスクロージャー

企業が自社の会計情報を開示することを 9．ディスクロージャー といい，わが国では会社法や金融商品取引法によって規制されている。会社法は，株主に対する計算書類の提供や，貸借対照表・損益計算書の要旨を官報や新聞等で公告することを規定している。また，金融商品取引法は， 11．有価証券報告書 の開示を義務づけている。

(2)

ア．固定負債	2．fixed liabilities
イ．株主資本	4．shareholders' equity
ウ．固定資産	8．fixed assets

※英語表記一覧表（⇒p.3）を参照。

2

(1) @2点×1＝2点
(2) @2点×4＝8点
(3)①@1点×6＝6点
②@2点×3＝6点

(1)

貸借対照表に記載する鉱業権の金額	¥ 391,200,000

(2)

連結損益計算書

P社　令和○8年4月1日から令和○9年3月31日まで　(単位：千円)

売上原価	116,640	売上高	171,000
給料	30,600		
のれん償却	(540)		
当期純利益	(23,220)		
	171,000		171,000
非支配株主に帰属する当期純利益	(3,600)	当期純利益	(23,220)
親会社株主に帰属する当期純利益	(19,620)		
	(23,220)		(23,220)

連結株主資本等変動計算書

P社　令和○8年4月1日から令和○9年3月31日まで　(単位：千円)

	資本金	利益剰余金	非支配株主持分
当期首残高	86,400	14,400	(10,800)
当期変動額　剰余金の配当		△7,200	
親会社株主に帰属する当期純利益		(19,620)	
株主資本以外の項目の当期変動額(純額)			(1,440)
当期末残高	86,400	(26,820)	(12,240)

連結貸借対照表

P社　令和○9年3月31日　(単位：千円)

諸資産	187,200	諸負債	66,600
のれん	(4,860)	資本金	(86,400)
		利益剰余金	(26,820)
		非支配株主持分	(12,240)
	(192,060)		(192,060)

(3)
①

ア	❶ 21.0 回	イ	❶ 2	ウ	❷ 139.5 %

エ	❸ 215.0 %	オ	❹ 4	カ	❹ 77.5 %

②

a	❺ 105,000 千円	b	❻ 40,425 千円
c	❼ 94,122 千円		

解説

(1) **無形固定資産（鉱業権）の期末評価の問題**

無形固定資産とは，具体的形態をもたない固定資産で，法律上の権利・のれん・ソフトウェアがある。期末評価額は，取得原価または未償却残高から毎期の償却額を差し引いた金額である。なお，償却について，記帳方法は直接法であり，計算方法は残存価額を零（0）として，定額法や生産高比例法などの合理的な方法により計算する。

生産高比例法による鉱業権の当期償却額　¥8,800,000

$$= 取得原価¥400,000,000 \times \frac{当期採掘量44,000トン}{推定埋蔵量2,000,000トン}$$

貸借対照表に記載する鉱業権の金額　¥391,200,000

＝取得原価¥400,000,000－当期償却額¥8,800,000

(2) **連結財務諸表作成の問題**　（以下の説明は単位千円）

連結財務諸表は，親会社と子会社のそれぞれの個別財務諸表を合算し，次の連結修正の手続きを加えて作成する。なお，本問における支配獲得日は令和○8年3月31日である。

(I) 支配獲得日の投資と資本の相殺消去

(借)	資本金	18,000	(貸) 子会社株式	21,600
	利益剰余金	9,000	非支配株主持分	10,800
	のれん	5,400		

支配獲得日の子会社純資産額　27,000＝資本金18,000＋利益剰余金9,000
（個別株主資本等変動計算書のS社当期首残高を用いる）
のれん　5,400＝子会社株式21,600－支配獲得日の子会社純資産額27,000
×親会社持分割合60%
非支配株主持分　10,800
＝支配獲得日の子会社純資産額27,000×非支配株主持分割合40%

(II) 当期分の連結修正
① のれんの償却

(借)	のれん償却	540	(貸) のれん	540

のれん償却　540＝のれん5,400÷償却年数10年
② 子会社当期純損益の非支配株主持分への振り替え

(借)	非支配株主に帰属する当期純利益	3,600	(貸) 非支配株主持分	3,600

非支配株主に帰属する当期純利益　3,600
＝子会社当期純利益9,000×非支配株主持分割合40%
③ 子会社配当金の修正

(借)	受取配当金	3,240	(貸) 剰余金の配当（利益剰余金）	5,400
	非支配株主持分	2,160		

受取配当金　3,240＝剰余金の配当5,400×親会社持分割合60%
非支配株主持分　2,160＝剰余金の配当5,400×非支配株主持分割合40%

(III) 連結損益計算書の作成
① 売上高　171,000＝P社売上高124,200＋S社売上高46,800
② 受取配当金　0（記載なし）＝P社受取配当金3,240－上記(II)③受取配当金3,240
③ 売上原価　116,640＝P社売上原価84,240＋S社売上原価32,400
④ 給料　30,600＝P社給料25,200＋S社給料5,400
⑤ のれん償却　540＝上記(II)①のれん償却540
⑥ 当期純利益　23,220＝貸借差額23,220
⑦ 非支配株主に帰属する当期純利益　3,600
＝上記(II)②非支配株主に帰属する当期純利益3,600
⑧ 親会社株主に帰属する当期純利益　19,620＝貸借差額19,620

(IV) 連結株主資本等変動計算書の作成
① 資本金当期首残高　86,400
＝P社資本金当期首残高86,400＋S社資本金当期首残高18,000－上記(I)資本金18,000
② 利益剰余金当期首残高　14,400
＝P社利益剰余金当期首残高14,400＋S社利益剰余金当期首残高9,000
－上記(I)利益剰余金9,000
③ 非支配株主持分当期首残高　10,800＝上記(I)非支配株主持分10,800
④ 剰余金の配当　7,200
＝P社剰余金の配当7,200＋S社剰余金の配当5,400－上記(II)③剰余金の配当5,400
⑤ 親会社株主に帰属する当期純利益　19,620＝連結損益計算書より19,620
⑥ 非支配株主持分当期変動額　1,440
＝上記(II)②非支配株主持分3,600－上記(II)③非支配株主持分2,160

⑦ 資本金当期末残高　86,400＝当期首残高86,400＋当期変動額0
⑧ 利益剰余金当期末残高　26,820＝当期首残高14,400＋当期変動額(△7,200＋19,620)
⑨ 非支配株主持分当期末残高　12,240＝当期首残高10,800＋当期変動額1,440

(V) 連結貸借対照表の作成
① 諸資産　187,200＝P社諸資産126,000＋S社諸資産61,200
② のれん　4,860＝上記(I)のれん5,400－上記(II)①のれん540
③ 諸負債　66,600＝P社諸負債36,000＋S社諸負債30,600
④ 資本金　86,400＝連結株主資本等変動計算書の当期末残高より86,400
⑤ 利益剰余金　26,820
　＝連結株主資本等変動計算書の当期末残高より26,820(または貸借差額)
⑥ 非支配株主持分　12,240＝連結株主資本等変動計算書の当期末残高より12,240

〈参考〉

連結損益計算書

P社　令和○8年4月1日から令和○9年3月31日まで　(単位：千円)

売上原価	116,640	売上高	171,000
給料	30,600		
のれん償却	(540)		
当期純利益	(差額23,220)		
	171,000		171,000
非支配株主に帰属する当期純利益	(3,600)	当期純利益	(23,220)
親会社株主に帰属する当期純利益	(差額19,620)		
	(23,220)		(23,220)

連結株主資本等変動計算書

P社　令和○8年4月1日から令和○9年3月31日まで　(単位：千円)

	資本金	利益剰余金	非支配株主持分
当期首残高	86,400	14,400	(10,800)
当期変動額　剰余金の配当		△7,200	
親会社株主に帰属する当期純利益		(19,620)	
株主資本以外の項目の当期変動額(純額)			(1,440)
当期末残高	86,400	(26,820)	(12,240)

連結貸借対照表

P社　令和○9年3月31日　(単位：千円)

諸資産	187,200	諸負債	66,600
のれん	(4,860)	資本金	(86,400)
		利益剰余金	(26,820)
		非支配株主持分	(12,240)
	(192,060)		(192,060)

(3) **財務諸表分析の問題**　(以下の説明は単位千円)

比較貸借対照表　(単位：千円)

		資産	第8期	第9期	負債及び純資産	第8期	第9期		
流動資産	当座資産	現金預金	17,190	(23,340)	支払手形	13,860	13,590	流動負債	負債
		受取手形	11,550	12,750	買掛金	17,385	16,815		
		売掛金	16,950	15,150	短期借入金	9,720	11,220		
		有価証券	12,900	12,840	未払法人税等	1,035	1,095		
		商品	27,720	27,270	長期借入金	28,800	28,368	固定負債	
		前払費用	840	498	退職給付引当金	(11,625)	11,682		
固定資産	有形固定資産	建物	36,300	34,500	資本金	(60,000)	60,540	自己資本	
		備品	16,440	(15,687)	資本準備金	7,500	8,040		
		土地	43,935	43,935	利益準備金	3,900	(4,320)		
		長期貸付金	3,600	3,600	別途積立金	(7,800)	7,950		
					繰越利益剰余金	25,800	(25,950)		
			(187,425)	(189,570)		(187,425)	(189,570)		

まず，資料ⅰの純資産の部に関する事項の仕訳を考える。(入金は当座預金とした。)

4/18	(借) 当座預金	1,080	(貸) 資本金	540
			資本準備金	540
6/27	(借) 繰越利益剰余金	4,770	(貸) 未払配当金	4,200
			利益準備金	420
			別途積立金	150
3/31	(借) 損益	4,920	(貸) 繰越利益剰余金	4,920

以上の内容から，比較貸借対照表の純資産4項目の空欄を先に計算しておく。

❶ 第8期の商品回転率（ア）

$$商品回転率 = \frac{売上原価}{平均商品有高}(回)$$ ←平均商品有高は(期首商品＋期末商品)÷2

第8期の期首商品棚卸高は，資料ⅲより*27,480*

$$よって，商品回転率 = \frac{579{,}600}{(27{,}480 + 27{,}720) \div 2} = 21.0回$$

※商品回転率は平均商品有高に対する売上原価の割合を示すもので，この回転率が高いほど販売効率がよく，収益性が高いことを示す。

❷ 第8期の当座比率（ウ）

$$当座比率 = \frac{当座資産}{流動負債} \times 100（\%）$$

$$= \frac{58{,}590(第8期現金預金から有価証券までの合計)}{42{,}000(第8期支払手形から未払法人税等までの合計)} \times 100 = 139.5\%$$

※当座比率は流動負債に対する当座資産の割合を示すもので，この比率が高いほど即時の支払能力が高く，より安全である。

❸ 第9期の流動比率（エ）

$$流動比率 = \frac{流動資産}{流動負債} \times 100(\%)$$

第9期の現金預金が不明なので，第9期の固定比率から固定資産額を求め，資産総額から差し引くことで流動資産合計額を逆算する。

第9期の固定比率は91.5%

$$固定比率 = \frac{固定資産}{自己資本} \times 100(\%)$$

$$= \frac{第9期固定資産x(建物から長期貸付金までの合計)}{第9期自己資本106{,}800(資本金から繰越利益剰余金までの合計)} = 0.915$$

よって，固定資産$x = 106{,}800 \times 0.915 = 97{,}722$

第9期の負債及び純資産を合計すると*189,570*で，これを資産総額とし，*189,570*－固定資産*97,722*＝*91,848*が流動資産合計となる。

以上から

$$流動比率 = \frac{91{,}848(第9期現金預金から前払費用までの合計)}{42{,}720(第9期支払手形から未払法人税等までの合計)} \times 100 = 215.0\%$$

※流動比率は流動負債に対する流動資産の割合を示すもので，この比率が高いほど短期の支払能力が高く，より安全である。

❹ 第9期の負債比率（カ）

$$負債比率 = \frac{負債}{自己資本} \times 100(\%)$$

$$= \frac{第9期負債82{,}770(支払手形から退職給付引当金までの合計)}{第9期自己資本106{,}800} \times 100 = 77.5\%$$

※自己資本に対する負債の割合を示すもので，この比率が低いほど企業の安全性が高く，長期の支払能力があると判断される。(負債には固定負債も含まれるので長期の支払能力を見ることができる。)

❺ 第8期の自己資本（a）

第8期の資本金から繰越利益剰余金までの合計*105,000*

❻ 第8期の固定負債（b）

第8期の負債比率が78.5%から

$$\frac{第8期負債x}{第8期自己資本（a）105{,}000} = 0.785$$

よって，$x = 105{,}000 \times 0.785 = 82{,}425$

この第8期負債*82,425*から第8期の流動負債（支払手形から未払法人税等までの合計）*42,000*を差し引いて*40,425*が固定負債の金額となる。

❼ 第9期の有形固定資産（c）

❸の計算過程で第9期の固定資産*97,722*が算出されているので，この額から無形固定資産（本設問では該当なし）と投資その他の資産（長期貸付金*3,600*）を差し引いて*94,122*が有形固定資産の金額となる。

●ポイント

ア．**商品回転率**

平均商品有高に対する売上原価の割合を示すものである。この回転率が高いほど商品の在庫期間が短く，販売効率がよいことを示す。

$$\textbf{商品回転率}=\frac{\textbf{売上原価}}{\textbf{平均商品有高}}(回)$$

平均商品有高＝(期首商品棚卸高＋期末商品棚卸高)÷2

ウ．**当座比率**

流動負債に対する当座資産の割合を示すもので，即時の支払能力を分析するための比率である。

$$\textbf{当座比率}=\frac{\textbf{当座資産}}{\textbf{流動負債}}\times 100(\%)$$

エ．**流動比率**

流動負債に対する流動資産の割合を示すもので，短期の支払能力を分析するための比率である。

$$\textbf{流動比率}=\frac{\textbf{流動資産}}{\textbf{流動負債}}\times 100(\%)$$

固定比率

固定資産が返済の必要のない自己資本でどれだけまかなわれているかを示すもので，安全性，特に長期支払能力の分析比率である。この比率は100%以下が望ましいとされている。

$$\textbf{固定比率}=\frac{\textbf{固定資産}}{\textbf{自己資本}}\times 100(\%)$$

オ．カ．**負債比率**

自己資本に対する負債の割合を示すもので，この比率が低いほど企業の安全性が高いことを示す。

$$\textbf{負債比率}=\frac{\textbf{負債}}{\textbf{自己資本}}\times 100(\%)$$

3 (1) ●印@4点×9＝36点

貸借対照表

静岡商事株式会社　令和○5年3月31日　(単位：円)

資産の部

Ⅰ 流動資産			
1. 現金預金		(2,108,000)	
2. 電子記録債権	1,600,000		
貸倒引当金	(32,000)	(1,568,000)	
3. 売掛金	1,400,000		
貸倒引当金	(28,000)	(1,372,000)	
4. (有価証券)		(1,940,000)●	
5. (商品)		(1,707,000)	
6. 前払費用		(120,000)	
流動資産合計			(8,815,000)
Ⅱ 固定資産			
(1) 有形固定資産			
1. 建物	4,500,000		
減価償却累計額	(1,650,000)	(2,850,000)	
2. 備品	2,000,000		
減価償却累計額	(800,000)	(1,200,000)	
3. 土地		16,100,000	
4. 建設仮勘定		1,000,000	
有形固定資産合計		(21,150,000)	
(2) 無形固定資産			
1. ソフトウェア		(400,000)●	
無形固定資産合計		(400,000)	
(3) 投資その他の資産			
1. 投資有価証券		(3,100,000)	
2. 長期前払費用		(210,000)●	
投資その他の資産合計		(3,310,000)	
固定資産合計			(24,860,000)
資産合計			(33,675,000)

負債の部

Ⅰ 流動負債			
1. 電子記録債務		2,400,000	
2. 買掛金		2,200,000	
3. (前受金)		(100,000)●	
4. 短期借入金		1,000,000	
5. (未払法人税等)		(910,000)	
流動負債合計			(6,610,000)
Ⅱ 固定負債			
1. 長期借入金		2,000,000	
2. (退職給付引当金)		(4,285,000)	
3. 繰延税金負債		(30,000)	
固定負債合計			(6,315,000)
負債合計			(12,925,000)

純資産の部

Ⅰ 株主資本		
(1) 資本金		12,000,000
(2) 資本剰余金		
1. 資本準備金	1,200,000	
資本剰余金合計		1,200,000
(3) 利益剰余金		
1. 利益準備金	1,250,000	
2. その他利益剰余金		
① 別途積立金	1,400,000	
② 繰越利益剰余金	(4,830,000)	
利益剰余金合計		(7,480,000)
株主資本合計		(20,680,000)
Ⅱ 評価・換算差額等		
1. その他有価証券評価差額金	(70,000)●	
評価・換算差額等合計		(70,000)
純資産合計		(20,750,000)
負債及び純資産合計		(33,675,000)

(2)

損益計算書

静岡商事株式会社　令和○4年4月1日から令和○5年3月31日まで　(単位：円)

Ⅰ 売上高		71,580,000
Ⅱ 売上原価		
1. 期首商品棚卸高	1,600,000	
2. 当期商品仕入高	49,540,000	
合計	51,140,000	
3. 期末商品棚卸高	(1,940,000)	
	(49,200,000)	
4. (棚卸減耗損)	(170,000)	
5. (商品評価損)	(63,000)	(49,433,000)
売上総利益		(22,147,000)●
Ⅲ 販売費及び一般管理費		
1. 給料	8,160,000	
2. 発送費	680,000	
3. 広告料	1,870,000	
4. (貸倒引当金繰入)	(28,000)●	
5. (減価償却費)	(550,000)●	
6. ソフトウェア償却	(100,000)	
7. (退職給付費用)	(1,485,000)	
8. 支払家賃	1,910,000	
9. 消耗品費	130,000	
10. 保険料	(290,000)	
11. 租税公課	340,000	
12. (雑費)	(105,000)	(15,648,000)
営業利益		(6,499,000)

(3)

損益計算書に記載する当期純利益	¥ 4,200,000 ●

解説

〔付記事項〕

①	(借) 仮受金	100,000	(貸) 前受金	100,000

仮受金について内容が判明したときは，仮受金（負債）を減少させるとともに，該当科目として本問は商品注文に対する内金であるため，前受金（負債）を増加させる。

②	(借) 現金	30,000	(貸) 受取配当金	30,000

配当金領収証を受け取ったときは，現金（資産）および受取配当金（収益）を増額する。

〔決算整理事項〕

a.	(借) 仕入	1,600,000	(貸) 繰越商品	1,600,000
	繰越商品	1,940,000	仕入	1,940,000
	棚卸減耗損	170,000	繰越商品	170,000
	商品評価損	63,000	繰越商品	63,000
	仕入	170,000	棚卸減耗損	170,000
	仕入	63,000	商品評価損	63,000

㋐ 期末商品棚卸高　¥1,940,000

A品　@¥900(原価)×帳簿1,000個＝¥　900,000

B品　@¥800(原価)×帳簿1,300個＝¥1,040,000

計¥1,940,000

㋑ 棚卸減耗損　¥170,000

A品　@¥900(原価)×(帳簿1,000個－実地　900個)＝¥　90,000

B品　@¥800(原価)×(帳簿1,300個－実地1,200個)＝¥　80,000

計¥170,000

㋒ 商品評価損　¥63,000

A品　(原価@¥900－正味@¥830)×実地900個＝¥63,000

B品は原価より正味売却価額が高いので，評価替えはしない。

㋓ 貸借対照表の商品　¥1,707,000

＝上記㋐¥1,940,000－上記㋑¥170,000－上記㋒¥63,000

A品

原価 @¥900

正味売却価額 @¥830

商品評価損 (@¥900－@¥830)×900個 ＝¥63,000

繰越商品の次期繰越 ¥747,000

棚卸減耗損 @¥900 ×(1,000－900)個 ＝¥90,000

実地棚卸数量 900個　帳簿棚卸数量 1,000個

B品

原価 @¥800

繰越商品の次期繰越 ¥960,000

棚卸減耗損 @¥800 ×(1,300－1,200)個 ＝¥80,000

実地棚卸数量 1,200個　帳簿棚卸数量 1,300個

b.	(借) 貸倒引当金繰入	28,000	(貸) 貸倒引当金	28,000

㋔ 電子記録債権の貸倒引当金計上額　¥32,000

＝電子記録債権勘定残高¥1,600,000×2%

㋕ 売掛金の貸倒引当金計上額　¥28,000＝売掛金勘定残高¥1,400,000×2%

㋖ 貸倒引当金繰入　¥28,000

＝(上記㋔¥32,000＋上記㋕¥28,000)－貸倒引当金勘定残高¥32,000

c.	(借) 有価証券評価損	160,000	(貸) 売買目的有価証券	160,000
	(借) その他有価証券	100,000	(貸) 繰延税金負債	30,000
			その他有価証券評価差額金	70,000

㋗ 売買目的有価証券の評価高（時価）　¥1,940,000

甲商事株　@¥2,800(時価)×200株＝¥　560,000

乙商事株　@¥4,600(時価)×300株＝¥1,380,000

計¥1,940,000

㋘ 有価証券評価損　(－)¥160,000＝¥1,940,000(時価)－¥2,100,000(帳簿価額)

㋙ その他有価証券評価高（時価）　¥3,100,000＝丙物産株@¥31,000(時価)×100株

㋚ その他有価証券　¥100,000＝¥3,100,000(時価)－¥3,000,000(帳簿価額)

㋛ 繰延税金負債　¥30,000＝上記㋚¥100,000×法定実効税率30%

㋜ その他有価証券評価差額金　¥70,000＝上記㋚¥100,000－上記㋛¥30,000

d．（借）減価償却費　550,000　（貸）建物減価償却累計額　150,000
備品減価償却累計額　400,000

㋝ 建物の減価償却高　¥150,000
＝（¥4,500,000（取得原価）－¥0（残存価額））÷耐用年数30年

㋞ 備品の減価償却高　¥400,000
＝（¥2,000,000（取得原価）－¥0（残存価額））÷耐用年数5年

㋟ 減価償却費　¥550,000＝上記㋝¥150,000＋上記㋞¥400,000

e．（借）ソフトウェア償却　100,000　（貸）ソフトウェア　100,000

㋠ ソフトウェア償却　¥100,000＝ソフトウェア¥500,000÷利用可能期間5年

f．（借）前払保険料　120,000　（貸）保険料　330,000
長期前払保険料　210,000

㋡ 保険料の前払高　¥330,000
$=3年分の保険料¥360,000\times\frac{33か月（令和○5年4月～令和○7年12月）}{36か月（令和○5年1月～令和○7年12月）}$

㋢ 前払保険料　¥120,000
$=3年分の保険料¥360,000\times\frac{12か月（令和○5年4月～令和○6年3月）}{36か月（令和○5年1月～令和○7年12月）}$

㋣ 長期前払保険料　¥210,000
$=3年分の保険料¥360,000\times\frac{21か月（令和○6年4月～令和○7年12月）}{36か月（令和○5年1月～令和○7年12月）}$

㋤ 損益計算書の保険料　¥290,000＝¥620,000（勘定残高）－上記㋡¥330,000

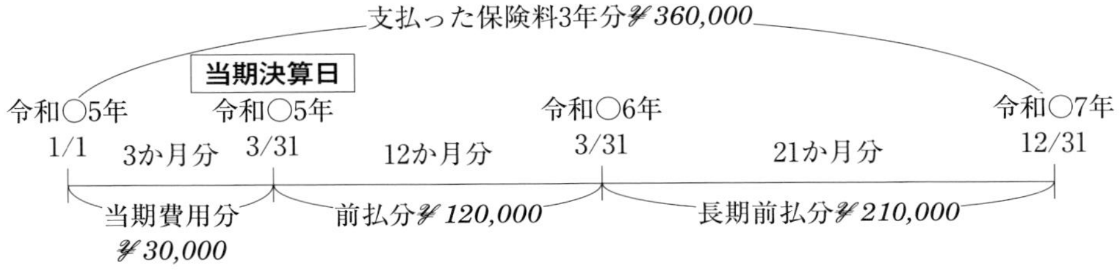

g．（借）退職給付費用　1,485,000　（貸）退職給付引当金　1,485,000

㋥ 退職給付費用　¥1,485,000＝退職給付引当金繰入額¥1,485,000

h．（借）法人税等　1,800,000　（貸）仮払法人税等　890,000
未払法人税等　910,000

㋦ 法人税等　¥1,800,000＝法人税・住民税及び事業税額¥1,800,000

㋧ 未払法人税等　¥910,000＝上記㋦¥1,800,000－仮払法人税等勘定残高¥890,000

〔解答欄の完成等〕

(1) 貸借対照表

現金預金　¥2,108,000
＝現金勘定残高¥902,000＋当座預金勘定残高¥1,176,000＋付記事項②¥30,000
有価証券　¥1,940,000＝売買目的有価証券の評価高（時価）¥1,940,000
前払費用　¥120,000＝前払保険料¥120,000
建物減価償却累計額　¥1,650,000
＝勘定残高¥1,500,000＋建物の減価償却高¥150,000
備品減価償却累計額　¥800,000＝勘定残高¥400,000＋備品の減価償却高¥400,000
ソフトウェア　¥400,000＝勘定残高¥500,000－ソフトウェア償却高¥100,000
投資有価証券　¥3,100,000＝その他有価証券の評価高（時価）¥3,100,000
長期前払費用　¥210,000＝長期前払保険料¥210,000
前受金　¥100,000＝付記事項①より
退職給付引当金　¥4,285,000＝勘定残高¥2,800,000＋退職給付費用¥1,485,000
繰越利益剰余金　¥4,830,000（貸借対照表の数値から求める計算方法）

(a) 資産合計¥33,675,000を負債及び純資産合計とし，その額から負債合計¥12,925,000を差し引いて純資産合計¥20,750,000を求め，さらにその額から評価・換算差額等合計¥70,000を差し引いて株主資本合計¥20,680,000とする。

(b) 株主資本合計¥20,680,000から資本金¥12,000,000と資本剰余金合計¥1,200,000を差し引いて利益剰余金合計¥7,480,000とする。

(c) 利益剰余金合計¥7,480,000から利益準備金¥1,250,000と別途積立金¥1,400,000を差し引いて繰越利益剰余金¥4,830,000を求める。

(2) 損益計算書（一部）

上記決算整理事項の解説を参照。

(3) 損益計算書に記載する当期純利益

(a) 繰越利益剰余金勘定残高の増減額から推定する方法
貸借対照表の繰越利益剰余金¥4,830,000
－元帳勘定残高の繰越利益剰余金¥630,000

(b) 損益計算書を完成させる方法
次ページの損益計算書を参照。

〈参考〉

損益計算書

静岡商事株式会社　令和○4年4月1日から令和○5年3月31日まで		(単位：円)
Ⅰ 売上高		71,580,000
Ⅱ 売上原価		
1．期首商品棚卸高	1,600,000	
2．当期商品仕入高	49,540,000	
合計	51,140,000	
3．期末商品棚卸高	1,940,000	
	49,200,000	
4．棚卸減耗損	170,000	
5．商品評価損	63,000	49,433,000
売上総利益		22,147,000
Ⅲ 販売費及び一般管理費		
1．給料	8,160,000	
2．発送費	680,000	
3．広告料	1,870,000	
4．貸倒引当金繰入	28,000	
5．減価償却費	550,000	
6．ソフトウェア償却	100,000	
7．退職給付費用	1,485,000	
8．支払家賃	1,910,000	
9．消耗品費	130,000	
10．保険料	290,000	
11．租税公課	340,000	
12．雑費	105,000	15,648,000
営業利益		6,499,000
Ⅳ 営業外収益		
1．受取配当金	115,000	
2．仕入割引	70,000	185,000
Ⅴ 営業外費用		
1．支払利息	84,000	
2．有価証券評価損	160,000	244,000
経常利益		6,440,000
Ⅵ 特別利益		
1．固定資産売却益	120,000	120,000
Ⅶ 特別損失		
1．固定資産除却損	560,000	560,000
税引前当期純利益		6,000,000
法人税・住民税及び事業税		1,800,000
当期純利益		4,200,000

4

@4点×7＝28点

	借方		貸方	
a	備品減価償却累計額	1,365,000	備品	1,820,000
	固定資産除却損	455,000		
b	ソフトウェア	3,100,000	当座預金	3,100,000
c	子会社株式評価損	5,200,000	子会社株式	5,200,000
d	当座預金	600,000	新株予約権	600,000
e	当座預金	3,500,000	資本金	1,900,000
	新株予約権	300,000	資本準備金	1,900,000
f	売掛金	2,800,000	売上	2,800,000
g	売掛金	10,000	為替差損益	10,000

解説

a．（借）備品減価償却累計額　1,365,000　（貸）備　　品　1,820,000
　　　　固定資産除却損　455,000

帳簿価額（取得原価－減価償却累計額）と評価額との差額は固定資産除却損勘定（費用）で処理する。

毎期の減価償却額（定額法）（取得原価¥1,820,000－残存価額¥0）÷8年＝¥227,500

よって　¥227,500×6年＝¥1,365,000

固定資産除却損

取得原価¥1,820,000－減価償却累計額¥1,365,000＝¥455,000

b．（借）ソフトウェア　3,100,000　（貸）当座預金　3,100,000

自社利用目的のソフトウェアを取得したときは，ソフトウェア勘定（資産）の借方に記帳する。また，決算をむかえたさいには見込利用可能期間にもとづき減価償却がおこなわれる。

c．（借）子会社株式評価損　5,200,000　（貸）子会社株式　5,200,000

子会社株式の期末評価は原則として取得原価による。ただし，市場価格がない場合で財政状態の悪化により実質価額が著しく低下したときは，実質価額によって評価する。そのさいに発生した評価損は子会社株式評価損勘定（費用）で処理する。

子会社株式の1株あたりの実質価額

$$\frac{¥34,000,000(\text{資産総額}) - ¥28,000,000(\text{負債総額})}{600\text{株}(\text{発行済株式数})} = ¥10,000$$

子会社株式評価損　¥5,200,000＝帳簿価額¥9,200,000－実質価額¥10,000×保有400株

d．（借）当座預金　600,000　（貸）新株予約権　600,000

新株予約権を発行したときは，払込金額をもって新株予約権勘定（純資産）の貸方に記帳する。

新株予約権　¥600,000＝10個×@¥60,000

e．（借）当座預金　3,500,000　（貸）資本金　1,900,000
　　　　新株予約権　300,000　　　　資本準備金　1,900,000

新株予約権の権利行使があったときは，権利行使分に対応する帳簿価額をもって新株予約権勘定（純資産）の借方に記帳する。また，権利行使にともない株式を発行したことから，新株予約権の権利行使分に対応する帳簿価額と権利行使による払込金額の総額をもって株主資本が増加するため，資本金勘定（純資産）の貸方に記帳する。なお，株主資本の増加額のうち資本金に計上しなかった金額は資本準備金勘定（純資産）の貸方に記帳する。本問では，会社法に規定する最高限度額を資本金に計上しないことと指示があるため，株主資本の増加額の2分の1を資本準備金として計上することとする。

新株予約権　¥300,000＝権利行使5個×帳簿価額@¥60,000
払込金額　¥3,500,000＝権利行使5個×権利行使価額@¥700,000
株主資本の増加額　¥3,800,000＝新株予約権¥300,000＋払込金額¥3,500,000
資本準備金　¥1,900,000＝株主資本の増加額¥3,800,000÷2
資本金　¥1,900,000＝株主資本の増加額¥3,800,000－資本準備金¥1,900,000

f．（借）売掛金　2,800,000　（貸）売上　2,800,000

商品を掛けで売り上げたときは，売上勘定（収益）の貸方に記帳するとともに，売掛金勘定（資産）の借方に記帳する。なお，本問は外貨建取引であるため，取引発生時の為替相場により円換算した額によって記帳する。

売上　¥2,800,000＝20,000ドル×@¥140

g．（借）売掛金　10,000　（貸）為替差損益　10,000

外貨建ての売掛金については，決算時の為替相場により円換算した額とする。なお，換算替えによって生じた差額は，為替差損益勘定に記帳する。

為替差損益（益）　¥10,000＝5,000ドル×@¥142－帳簿価額¥700,000

1級会計模擬試験問題　第５回

1

@２点×７＝14点

(1)

ア	イ	ウ	エ
3	6	8	12

(2)

ア	イ	ウ
1	5	9

解説

(1)

a．単一性の原則

財務諸表は，利用目的に応じてその形式は異なることはあっても，それらは信頼できる 3．会計記録 にもとづいて作成され，実質的な内容は同じでなければならない。これは 6．単一性 の原則によるものである。

b．連結財務諸表作成基準

企業集団を構成する複数の企業の財政状態と経営成績を，総合的に報告する目的で企業集団に属する複数の企業を一つの会計主体とみなし，8．連結財務諸表 を作成することが求められている。これは，企業集団の中で，他の企業の意思決定機関を支配している親会社が作成する。

c．自己株式

自己株式を取得するために要した費用は取得原価に含めない。よって，この費用は損益計算書に営業外費用として処理する。また，期末に自己株式を保有している場合は，貸借対照表の 12．株主資本 の末尾に控除する形式で表示することになる。

(2)

ア．売上原価	1．cost of goods sold
イ．営業外収益	5．non-operating revenues
ウ．売上総利益	9．gross profit on sales

※英語表記一覧表（⇒p.3）を参照。

2

(1)　@２点×２＝４点
(2)●印　@２点×４＝８点
(3)①・③@１点×６＝６点
②・④@２点×２＝４点

(1)

①	貸借対照表に記載する売掛金	¥ 5,500,000	②	損益計算書に記載する為替差(益)	¥ 220,000

※(　)内に「益」または「損」を記入すること。

(2)

連結損益計算書

P社　令和○3年4月1日から令和○4年3月31日まで　(単位：千円)

売上原価	226,080	売上高	293,760
給料	55,600	受取利息	(960)
支払利息	560		
のれん償却	(128)		
当期純利益	(12,352)		
	(294,720)		(294,720)
非支配株主に帰属する当期純利益	(● 960)	当期純利益	(12,352)
親会社株主に帰属する当期純利益	(11,392)		
	(12,352)		(12,352)

連結株主資本等変動計算書

P社　令和○3年4月1日から令和○4年3月31日まで　(単位：千円)

	資本金	利益剰余金	非支配株主持分
当期首残高	108,800	27,040	(● 5,760)
当期変動額　剰余金の配当		△4,000	
親会社株主に帰属する当期純利益		(11,392)	
株主資本以外の項目の当期変動額(純額)			(640)
当期末残高	108,800	(34,432)	(6,400)

連結貸借対照表

P社　令和○4年3月31日　(単位：千円)

諸資産	185,600	諸負債	38,400
のれん	(2,432)	資本金	(● 108,800)
		利益剰余金	(● 34,432)
		非支配株主持分	(6,400)
	(188,032)		(188,032)

(3)

①

ア	❶ 23.5 %	イ	❷ *80,000* 千円

ウ	❸ 75.5 %	エ	❹ 3.5 %	オ	❺ 0.4 回

② ❻ 3　　③ ❼ 総資本回転率　　④ ❽ 2

解説

(1) **外貨建取引の問題**

外国企業との取引において外国通貨（外貨）でおこなわれる取引を外貨建取引といい，外貨建取引を記帳するときは，為替レート（為替相場）を用いて日本円に換算する必要がある。なお，決算日において保有する外貨建金銭債権債務は，決算時の為替相場による円換算額をもって記帳しなければならないため，取引発生時の円換算額と決算時の円換算額との差額は，為替差損益勘定で処理する。

① 貸借対照表に記載する売掛金　*¥5,500,000*
　=外貨額*50,000*ドル×決算時の為替相場*¥110*
貸借対照表に記載する買掛金　*¥4,400,000*
　=外貨額*40,000*ドル×決算時の為替相場*¥110*

② 損益計算書に記載する為替差（益）　*¥220,000*
売掛金(帳簿価額)*¥5,600,000*−売掛金(貸借対照表)*¥5,500,000*=*¥100,000*(損)
買掛金(帳簿価額)*¥4,720,000*−買掛金(貸借対照表)*¥4,400,000*=*¥320,000*(益)
計*¥220,000*(益)

(2) **連結財務諸表作成の問題**　(以下の説明は単位千円)

連結財務諸表は，親会社と子会社のそれぞれの個別財務諸表を合算し，次の連結修正の手続きを加えて作成する。なお，本問における支配獲得日は令和○3年3月31日である。

(I) 支配獲得日の投資と資本の相殺消去

(借)	資本金	*19,840*	(貸) 子会社株式	*25,600*
	利益剰余金	*8,960*	非支配株主持分	*5,760*
	のれん	*2,560*		

支配獲得日の子会社純資産額　*28,800*=資本金*19,840*+利益剰余金*8,960*
（個別株主資本等変動計算書のS社当期首残高を用いる）
のれん　*2,560*=子会社株式*25,600*−支配獲得日の子会社純資産額*28,800*×親会社持分割合80%
非支配株主持分　*5,760*=支配獲得日の子会社純資産額*28,800*×非支配株主持分割合20%

(II) 当期分の連結修正

① のれんの償却

(借)	のれん償却	*128*	(貸) のれん	*128*

のれん償却　*128*=のれん*2,560*÷償却年数20年

② 子会社当期純損益の非支配株主持分への振り替え

(借)	非支配株主に帰属する当期純利益	*960*	(貸) 非支配株主持分	*960*

非支配株主に帰属する当期純利益　*960*
　=子会社当期純利益*4,800*×非支配株主持分割合20%

③ 子会社配当金の修正

(借)	受取配当金	*1,280*	(貸) 剰余金の配当(利益剰余金)	*1,600*
	非支配株主持分	*320*		

受取配当金　*1,280*=剰余金の配当*1,600*×親会社持分割合80%
非支配株主持分　*320*=剰余金の配当*1,600*×非支配株主持分割合20%

(III) 連結損益計算書の作成
① 売上高　*293,760*=P社売上高*204,160*+S社売上高*89,600*
② 受取利息　*960*=P社受取利息*960*+S社受取利息*0*
③ 受取配当金　*0*(記載なし)=P社受取配当金*1,280*−(II)③受取配当金*1,280*
④ 売上原価　*226,080*=P社売上原価*161,280*+S社売上原価*64,800*
⑤ 給料　*55,600*=P社給料*35,648*+S社給料*19,952*
⑥ 支払利息　*560*=P社支払利息*512*+S社支払利息*48*
⑦ のれん償却　*128*=(II)①のれん償却*128*
⑧ 当期純利益　*12,352*=貸借差額*12,352*
⑨ 非支配株主に帰属する当期純利益　*960*=(II)②非支配株主に帰属する当期純利益*960*
⑩ 親会社株主に帰属する当期純利益　*11,392*=貸借差額*11,392*

(IV) 連結株主資本等変動計算書の作成
① 資本金当期首残高　*108,800*
　=P社資本金当期首残高*108,800*+S社資本金当期首残高*19,840*−(I)資本金*19,840*
② 利益剰余金当期首残高　*27,040*
　=P社利益剰余金当期首残高*27,040*+S社利益剰余金当期首残高*8,960*
　−(I)利益剰余金*8,960*
③ 非支配株主持分当期首残高　*5,760*=(I)非支配株主持分*5,760*
④ 剰余金の配当　*4,000*
　=P社剰余金の配当*4,000*+S社剰余金の配当*1,600*−(II)③剰余金の配当*1,600*
⑤ 親会社株主に帰属する当期純利益　*11,392*=連結損益計算書より*11,392*

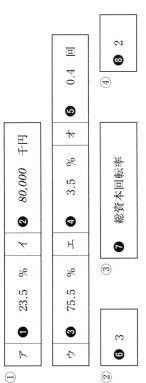

⑥ 非支配株主持分当期変動額　640
　=(Ⅱ)②非支配株主持分960 − (Ⅱ)③非支配株主持分320
⑦ 資本金当期末残高　108,800 = 当期首残高108,800 + 当期変動額0
⑧ 利益剰余金当期末残高　34,432 = 当期首残高27,040 + 当期変動額(△4,000 + 11,392)
⑨ 非支配株主持分当期末残高　6,400 = 当期首残高5,760 + 当期変動額640

(Ⅴ) 連結貸借対照表の作成
① 諸資産　185,600 = P社諸資産140,800 + S社諸資産44,800
② のれん　2,432 = (Ⅰ)のれん2,560 − (Ⅱ)①のれん128
③ 諸負債　38,400 = P社諸負債25,600 + S社諸負債12,800
④ 資本金　108,800 = 連結株主資本等変動計算書の当期末残高より108,800
⑤ 利益剰余金　34,432
　= 連結株主資本等変動計算書の当期末残高より34,432(または貸借差額)
⑥ 非支配株主持分　6,400 = 連結株主資本等変動計算書の当期末残高より6,400

〈参考〉

連結損益計算書

P社　令和○3年4月1日から令和○4年3月31日まで　(単位：千円)

売上原価	226,080	売上高	293,760
給料	55,600	受取利息	(960)
支払利息	560		
のれん償却	(128)		
当期純利益	(差額 12,352)		
	(294,720)		(294,720)
非支配株主に帰属する当期純利益	(960)	当期純利益	(12,352)
親会社株主に帰属する当期純利益	(差額 11,392)		
	(12,352)		(12,352)

連結株主資本等変動計算書

P社　令和○3年4月1日から令和○4年3月31日まで　(単位：千円)

	資本金	利益剰余金	非支配株主持分
当期首残高	108,800	27,040	(5,760)
当期変動額　剰余金の配当		△4,000	
親会社株主に帰属する当期純利益		(11,392)	
株主資本以外の項目の当期変動額(純額)			(640)
当期末残高	108,800	(34,432)	(6,400)

連結貸借対照表

P社　令和○4年3月31日　(単位：千円)

諸資産	185,600	諸負債	38,400
のれん	(2,432)	資本金	(108,800)
		利益剰余金	(34,432)
		非支配株主持分	(6,400)
	(188,032)		(188,032)

(3) **財務諸表分析の問題**　(以下の説明は単位千円)

❶ 第16期の売上高総利益率（ア）

売上高総利益率は売上高を基準として売上原価率と相対的な関係にある。

100% − 売上原価率76.5% = 売上高総利益率23.5%

売上高	
売上総利益	売上原価
	76.5%

❷ 第16期の自己資本（イ）の金額

〈解法1〉

第17期の株主資本等変動計算書期首残高の資本金$68{,}000$ + 資本剰余金合計$6{,}000$ + 利益剰余金合計$6{,}000$ = 自己資本$80{,}000$（自己資本は株主資本と評価・換算差額等の合計）

〈解法2〉

自己資本利益率から逆算するために，第16期の当期純利益を求める。

まず，売上高総利益率から売上高を求め，売上高純利益率から当期純利益を求める。

(i) 売上高総利益率23.5% = $\dfrac{\text{売上総利益}32{,}900}{\text{売上高}x}$ × 100(%)

よって，売上高は$32{,}900 \div 0.235 = 140{,}000$

(ii) 売上高純利益率2.0% = $\dfrac{\text{当期純利益}x}{\text{売上高}140{,}000}$ × 100(%)

よって，当期純利益は$140{,}000 \times 0.02 = 2{,}800$

(iii) 自己資本利益率3.5% = $\dfrac{\text{当期純利益}2{,}800}{\text{自己資本}x}$ × 100(%)

よって，自己資本は$2{,}800 \div 0.035 = 80{,}000$

❸ 第17期の売上原価率（ウ）

第17期の損益計算書の売上高と売上原価から求める。

売上原価率 = $\dfrac{\text{第17期売上原価}84{,}560}{\text{第17期売上高}112{,}000}$ × 100 = 75.5%

❹ 第17期の自己資本利益率（エ）

自己資本利益率 = $\dfrac{\text{第17期当期純利益}2{,}800}{\text{第17期自己資本}80{,}000}$ × 100 = 3.5%

❺ 第17期の総資本回転率（オ）

まず，総資本利益率から第17期の総資本額を求める。

総資本利益率1.0% = $\dfrac{\text{第17期当期純利益}2{,}800}{\text{第17期総資本}x}$ × 100(%)

よって，総資本は$2{,}800 \div 0.01 = 280{,}000$

総資本回転率 = $\dfrac{\text{第17期売上高}112{,}000}{\text{第17期総資本}280{,}000}$ = 0.4回

❻ 営業外収益に属する項目

企業の主たる営業活動以外の活動から生じる収益で，有価証券利息が該当する。

❼ 総資本利益率を分解してより詳しく収益性の分析をおこなうことができる。

$\dfrac{\text{売上高}}{\text{総資本}}$の部分は総資本回転率を指す。

❽ 第16期の総資本は❷(i)で求めた売上高$140{,}000$と総資本回転率から求める。

総資本回転率0.5回 = $\dfrac{\text{第16期売上高}140{,}000}{\text{第16期総資本}x}$

よって，総資本は$140{,}000 \div 0.5\text{回} = 280{,}000$

これは第17期と同額であり，総資本は一定であることがわかる。

また売上高は第16期$140{,}000$から第17期$112{,}000$と減少しているので2番の説明文が正しい。

●ポイント

①ア．**売上高総利益率**

売上高に対する売上総利益の割合を示すものである。この比率が高いほど利幅が大きく，収益性が高いことを示す。

売上高総利益率 = $\dfrac{\textbf{売上総利益}}{\textbf{売上高}}$ × 100(%)

イ．**売上高純利益率**

売上高に対する当期純利益の割合を示すものである。この比率が高いほど，収益性が高いことを示す。

売上高純利益率 = $\dfrac{\textbf{当期純利益}}{\textbf{売上高}}$ × 100(%)

ウ．**売上原価率**

売上高に対する売上原価の割合を示すものである。この比率が低いほど利幅が大きく，収益性が高いことを示す。

売上原価率 = $\dfrac{\textbf{売上原価}}{\textbf{売上高}}$ × 100(%)

※売上高総利益率＋売上原価率＝100%の関係にある。

エ．**自己資本利益率**

株主資本利益率（ROE）ともいわれ，株主の資本がどの程度効率的に運用されたかを示す。この比率が高いほど収益性が高いことを示す。

自己資本利益率 = $\dfrac{\textbf{税引後当期純利益}}{\textbf{自己資本}}$ × 100(%)

オ．**総資本回転率**

総資本に対する売上高の割合を示すもので，投下された資本の収益力をはかるものである。この比率が高いほど収益性が高いことになる。

総資本回転率 = $\dfrac{\textbf{売上高}}{\textbf{総資本}}$(回)

② **営業外収益**

企業の主たる営業活動以外の活動から発生する収益であり，次のようなものがある。

受取利息・有価証券利息・受取配当金・有価証券売却益・有価証券評価益・仕入割引・雑益など

3 (1) ●印@4点×9＝36点

損益計算書

青森物産株式会社　令和○5年4月1日から令和○6年3月31日まで　(単位：円)

Ⅰ 売上高		95,109,000
Ⅱ 売上原価		
1. 期首商品棚卸高	(6,300,000)	
2. 当期商品仕入高	(75,020,000)	
合計	(81,320,000)	
3. 期末商品棚卸高	(7,000,000)	
	(74,320,000)	
4.(棚卸減耗損)	(280,000)	
5.(商品評価損)	(150,000)	(74,750,000)
売上総利益		(20,359,000)
Ⅲ 販売費及び一般管理費		
1. 給料	4,802,000	
2. 発送費	1,310,000	
3. 広告料	3,860,000	
4. 貸倒損失	(8,000)	
5.(貸倒引当金繰入)	(80,000)●	
6.(減価償却費)	(640,000)●	
7. ソフトウェア償却	(120,000)	
8.(退職給付費用)	(960,000)	
9. 支払家賃	2,563,000	
10. 保険料	(300,000)	
11. 租税公課	374,000	
12.(雑費)	(292,400)	(15,309,400)
営業利益		(5,049,600)
Ⅳ 営業外収益		
1. 受取利息	(20,000)	
2. 有価証券利息	(420,000)	
3.(仕入割引)	(5,000)●	(445,000)
Ⅴ 営業外費用		
1. 支払利息	130,000	
2.(有価証券評価損)	(202,000)●	(332,000)
経常利益		(5,162,600)
Ⅵ 特別利益		
1. 固定資産売却益	(270,000)	(270,000)
Ⅶ 特別損失		
1. 固定資産除却損	190,000	190,000
税引前当期純利益		(5,242,600)
法人税・住民税及び事業税	(1,581,780)	
法人税等調整額	(△9,000)●	(1,572,780)
当期純利益		(3,669,820)

(2)

貸借対照表

青森物産株式会社　令和○6年3月31日　(単位：円)

資産の部

Ⅰ 流動資産			
1. 現金預金		(8,536,600)	
2. 電子記録債権	(4,800,000)		
貸倒引当金	(48,000)	(4,752,000)	
3. 売掛金	(3,200,000)		
貸倒引当金	(32,000)	(3,168,000)	
4.(有価証券)		(5,160,000)	
5.(商品)		(6,570,000)●	
6. 前払費用		(100,000)	
7. 未収収益		(4,000)	
流動資産合計			(28,290,600)
Ⅱ 固定資産			
(1) 有形固定資産			
1. 備品	4,000,000		
減価償却累計額	(1,440,000)	(2,560,000)	
2. 土地		25,000,000	
有形固定資産合計		(27,560,000)	
(2) 無形固定資産			
1. ソフトウェア		(480,000)●	
無形固定資産合計		(480,000)	
(3) 投資その他の資産			
1. 投資有価証券		(7,820,000)●	
2. 長期貸付金		2,500,000	
3. 繰延税金資産		(9,000)	
投資その他の資産合計		(10,329,000)	
固定資産合計			(38,369,000)
資産合計			(66,659,600)
負債及び純資産合計			66,659,600

(3)

貸借対照表に記載する流動負債合計	¥ 12,679,780 ●

解説

〔付記事項〕

①	（借）貸倒引当金	42,000	（貸）電子記録債権	50,000
	貸倒損失	8,000		

前期発生の電子記録債権について貸し倒れたときは，電子記録債権（資産）および貸倒引当金（評価）を減額する。なお，貸倒額に対して貸倒引当金残高が不足している場合は，不足額について貸倒損失（費用）として処理する。

②	（借）買掛金	50,000	（貸）現金	45,000
			仕入割引	5,000

買掛金の支払いにあたり仕入先より割引を受けたときは，割引額を仕入割引（収益）として処理する。

〔決算整理事項〕

a.	（借）仕入	6,300,000	（貸）繰越商品	6,300,000
	繰越商品	7,000,000	仕入	7,000,000
	棚卸減耗損	280,000	繰越商品	280,000
	商品評価損	150,000	繰越商品	150,000
	仕入	280,000	棚卸減耗損	280,000
	仕入	150,000	商品評価損	150,000

㋐ 期末商品棚卸高　¥7,000,000
　A品　@¥1,400（原価）×3,000個＝¥4,200,000
　B品　@¥2,800（原価）×1,000個＝¥2,800,000
　　　　　　　　　　　　　　計¥7,000,000

㋑ 棚卸減耗損　¥280,000
　B品　@¥2,800（原価）×（帳簿1,000個－実地900個）＝¥280,000

㋒ 商品評価損　¥150,000
　A品　（原価@¥1,400－正味@¥1,350）×実地3,000個＝¥150,000
　B品は原価より正味売却価額が高いので，評価替えはしない。

㋓ 貸借対照表の商品　¥6,570,000
　＝上記㋐¥7,000,000－上記㋑¥280,000－上記㋒¥150,000

A品

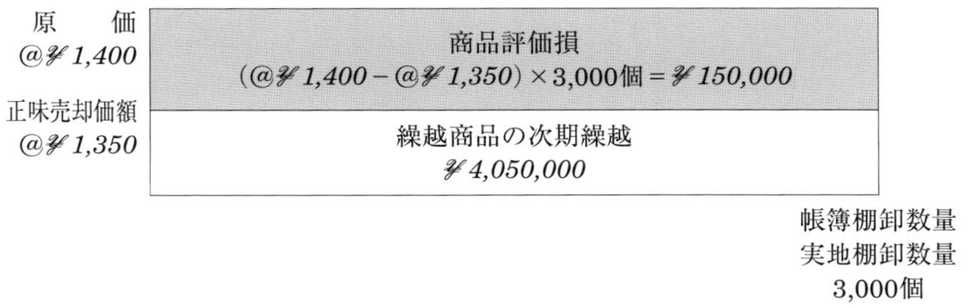

B品

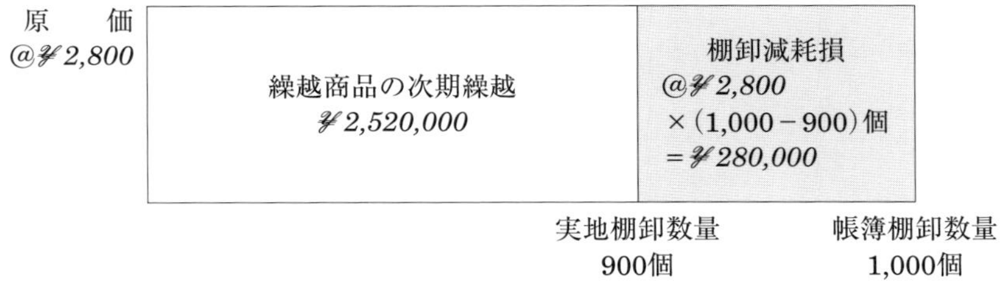

b.	（借）貸倒引当金繰入	80,000	（貸）貸倒引当金	80,000
	繰延税金資産	9,000	法人税等調整額	9,000

㋔ 電子記録債権の貸倒引当金計上額　¥48,000
　＝（電子記録債権勘定残高¥4,850,000－付記事項①¥50,000）×1%

㋕ 売掛金の貸倒引当金計上額　¥32,000＝売掛金勘定残高¥3,200,000×1%

㋖ 貸倒引当金繰入　¥80,000
　＝（上記㋔¥48,000＋上記㋕¥32,000）
　　－（貸倒引当金勘定残高¥42,000－付記事項①¥42,000）

㋗ 繰延税金資産　¥9,000＝貸倒引当金の繰入限度超過額¥30,000×法定実効税率30%

c.	（借）有価証券評価損	202,000	（貸）売買目的有価証券	202,000
	（借）満期保有目的債券	60,000	（貸）有価証券利息	60,000

㋘ 売買目的有価証券の評価高（時価）　¥5,160,000
　北東物産株　@¥15,800（時価）×200株＝¥3,160,000
　西南商事株　@¥ 4,000（時価）×500株＝¥2,000,000
　　　　　　　　　　　　　　計¥5,160,000

㋙ 有価証券評価損　¥202,000＝¥5,362,000（帳簿価額）－¥5,160,000（時価）

㋚ 満期保有目的債券の評価高（償却原価）　¥7,820,000

㋛ 有価証券利息　¥60,000＝¥7,820,000（償却原価）－¥7,760,000（帳簿価額）

d．（借）減価償却費	640,000	（貸）備品減価償却累計額	640,000

㋜ 備品の減価償却高　￥640,000
　＝（￥4,000,000（取得原価）－￥800,000（減価償却累計額））×償却率20％

e．（借）ソフトウェア償却	120,000	（貸）ソフトウェア	120,000

㋝ ソフトウェア償却　￥120,000＝ソフトウェア￥600,000÷利用可能期間5年

f．（借）前払保険料	100,000	（貸）保険料	100,000

㋞ 前払保険料　￥100,000
　＝6か月分の保険料￥200,000×3か月（令和〇6年4月～令和〇6年6月）／6か月（令和〇6年1月～令和〇6年6月）

㋟ 損益計算書の保険料　￥300,000＝￥400,000（勘定残高）－上記㋞￥100,000

g．（借）未収利息	4,000	（貸）受取利息	4,000

㋠ 未収利息　￥4,000＝利息未収高￥4,000

h．（借）退職給付費用	960,000	（貸）退職給付引当金	960,000

㋡ 退職給付費用　￥960,000＝退職給付引当金繰入額￥960,000

i．（借）法人税等	1,581,780	（貸）仮払法人税等	730,000
		未払法人税等	851,780

㋢ 法人税等　￥1,581,780＝法人税・住民税及び事業税額￥1,581,780
㋣ 未払法人税等　￥851,780＝上記㋢￥1,581,780－仮払法人税等勘定残高￥730,000

〔解答欄の完成等〕
(1)　損益計算書
上記決算整理事項の解説を参照。

(2)　貸借対照表（一部）
現金預金　￥8,536,600
　＝現金勘定残高￥1,350,300＋当座預金勘定残高￥7,231,300－付記事項②￥45,000
有価証券　￥5,160,000＝売買目的有価証券の評価高（時価）￥5,160,000
前払費用　￥100,000＝前払保険料￥100,000
未収収益　￥4,000＝未収利息￥4,000
備品減価償却累計額　￥1,440,000
　＝勘定残高￥800,000＋備品の減価償却高￥640,000
ソフトウェア　￥480,000＝勘定残高￥600,000－ソフトウェア償却高￥120,000
投資有価証券　￥7,820,000＝満期保有目的債券の評価高（償却原価）￥7,820,000

(3)　貸借対照表に記載する流動負債合計
以下の4科目の合計額￥12,679,780である。
電子記録債務　￥5,000,000
買掛金　￥4,218,000＝元帳勘定残高￥4,268,000－付記事項②￥50,000
短期借入金　￥2,610,000
未払法人税等　￥851,780

〈参考〉

貸借対照表

青森物産株式会社　　令和○6年3月31日　　（単位：円）

資産の部			
Ⅰ 流動資産			
1．現金預金		8,536,600	
2．電子記録債権	4,800,000		
貸倒引当金	48,000	4,752,000	
3．売掛金	3,200,000		
貸倒引当金	32,000	3,168,000	
4．有価証券		5,160,000	
5．商品		6,570,000	
6．前払費用		100,000	
7．未収収益		4,000	
流動資産合計			28,290,600
Ⅱ 固定資産			
(1) 有形固定資産			
1．備品	4,000,000		
減価償却累計額	1,440,000	2,560,000	
2．土地		25,000,000	
有形固定資産合計		27,560,000	
(2) 無形固定資産			
1．ソフトウェア		480,000	
無形固定資産合計		480,000	
(3) 投資その他の資産			
1．投資有価証券		7,820,000	
2．長期貸付金		2,500,000	
3．繰延税金資産		9,000	
投資その他の資産合計		10,329,000	
固定資産合計			38,369,000
資産合計			66,659,600
負債の部			
Ⅰ 流動負債			
1．電子記録債務		5,000,000	
2．買掛金		4,218,000	
3．短期借入金		2,610,000	
4．未払法人税等		851,780	
流動負債合計			12,679,780
Ⅱ 固定負債			
1．長期借入金		7,100,000	
2．退職給付引当金		4,700,000	
固定負債合計			11,800,000
負債合計			24,479,780
純資産の部			
Ⅰ 株主資本			
(1) 資本金			30,000,000
(2) 資本剰余金			
1．資本準備金		4,000,000	
資本剰余金合計			4,000,000
(3) 利益剰余金			
1．利益準備金		3,000,000	
2．その他利益剰余金			
① 新築積立金		1,000,000	
② 繰越利益剰余金		4,179,820	
利益剰余金合計			8,179,820
株主資本合計			42,179,820
純資産合計			42,179,820
負債及び純資産合計			66,659,600

4

@4点×7＝28点

	借方		貸方	
a	新株予約権	120,000	新株予約権戻入益	120,000
b	建物 新築積立金	44,000,000 44,000,000	建設仮勘定 当座預金 繰越利益剰余金	32,500,000 11,500,000 44,000,000
c	売掛金 繰越商品 のれん	5,600,000 7,200,000 400,000	支払手形 買掛金 当座預金	2,600,000 2,200,000 8,400,000
d	仕入 保証債務費用	1,400,000 10,000	受取手形 支払手形 保証債務	1,000,000 400,000 10,000
e	当座預金 株式交付費	28,000,000 225,000	資本金 資本準備金 当座預金	14,000,000 14,000,000 225,000
f	現金	1,600,000	前受金	1,600,000
g	減価償却費 繰延税金資産	80,000 4,800	備品減価償却累計額 法人税等調整額	80,000 4,800

解説

a.（借）新株予約権　120,000　（貸）新株予約権戻入益　120,000

新株予約権が行使されないまま期限が到来したときは，未行使の新株予約権の帳簿価額を新株予約権戻入益勘定（収益）に振り替える。

新株予約権戻入益　￥120,000＝￥40,000×3個

b.（借）建物　44,000,000　（貸）建設仮勘定　32,500,000
　　　　　　　　　　　　　　　　当座預金　11,500,000
　　　新築積立金　44,000,000　　　繰越利益剰余金　44,000,000

有形固定資産の完成前に支払った工事代金は建設仮勘定で処理する。そして，固定資産が完成し，引き渡しを受けたときに固定資産の勘定に振り替える。

建築を依頼している建物について，完成し，引き渡しを受けたため，建物勘定（資産）の借方に記帳するとともに，建設仮勘定（資産）の貸方に記帳する。また，取締役会の決議により新築積立金を取り崩したときは，新築積立金勘定（純資産）の借方に記帳するとともに，繰越利益剰余金勘定（純資産）の貸方に記帳する。

建物　￥44,000,000＝建築代金￥44,000,000

建設仮勘定　￥32,500,000＝建物￥44,000,000－当座預金￥11,500,000

c.（借）売掛金　5,600,000　（貸）支払手形　2,600,000
　　　繰越商品　7,200,000　　　買掛金　2,200,000
　　　のれん　400,000　　　当座預金　8,400,000

企業取得のさいに支払う取得原価の計算方法に収益還元価値法がある。これは対象企業の平均利益額を同種企業の平均利益率で割り，その企業の評価額とするもので，この額から対象企業の時価による純資産額を差し引いて，のれんの取得原価を求める。

のれんは［収益還元価値による取得対価］－［時価による純資産額］で計算する。

収益還元価値による取得対価

　平均利益額￥504,000÷同種企業の平均利益率6%＝￥8,400,000

時価による純資産額

　資産総額￥12,800,000－負債総額￥4,800,000＝￥8,000,000

のれん

　収益還元価値による取得対価￥8,400,000－時価による純資産額￥8,000,000
　＝￥400,000

なお，被取得企業から引き継いだ「商品」は，問題に示された勘定科目のなかから「繰越商品」により仕訳する。

d.（借）仕入　1,400,000　（貸）受取手形　1,000,000
　　　　　　　　　　　　　　　支払手形　400,000
　　　保証債務費用　10,000　　　保証債務　10,000

所有する手形を裏書譲渡した場合，その手形が不渡りになったときには，手形の支払人にかわって手形代金を支払わなければならない遡求義務が生じる。この二次的な責任を保証債務といい，時価で評価し，その評価額を保証債務費用勘定（費用）と保証債務勘定（負債）を用いて仕訳をする。

保証債務費用　￥10,000＝裏書譲渡した手形金額￥1,000,000×1%

e.	（借）当座預金	*28,000,000*	（貸）資本金	*14,000,000*
			資本準備金	*14,000,000*
	株式交付費	*225,000*	当座預金	*225,000*

株式を発行したときは，払込金額の全額を資本金とすることが原則であるが，払込額の2分の1以内の金額は資本金に計上しないことができる。この金額は資本準備金勘定（純資産）で処理する。また，事業規模拡大のため，会社設立後あらたな株式の発行に要した諸費用は株式交付費勘定（費用）で処理する。

当座預金　¥*28,000,000*＝@¥*700*×40,000株
資本準備金　¥*14,000,000*＝当座預金¥*28,000,000*÷2
資本金　¥*14,000,000*＝当座預金¥*28,000,000*－資本準備金¥*14,000,000*

f.	（借）現金	*1,600,000*	（貸）前受金	*1,600,000*

役務提供完了前に対価を受け取ったときは前受金勘定（負債）で処理しておき，役務提供が完了したときに売上収益を計上する。

g.	（借）減価償却費	*80,000*	（貸）備品減価償却累計額	*80,000*
	繰延税金資産	*4,800*	法人税等調整額	*4,800*

決算にあたり減価償却をおこない，間接法により記帳したときは，減価償却費勘定（費用）の借方に記帳するとともに，備品減価償却累計額勘定の貸方に記帳する。また，減価償却にともない税効果会計を適用するときは，繰延税金資産勘定（資産）の借方に記帳するとともに，法人税等調整額勘定の貸方に記帳する。

会計上の減価償却費　¥*80,000*＝(取得原価¥*640,000*－残存価額¥*0*)÷耐用年数8年
税法上の償却限度額　¥*64,000*＝(取得原価¥*640,000*－残存価額¥*0*)÷耐用年数10年
繰延税金資産　¥*4,800*
　＝(会計上の減価償却費¥*80,000*－税法上の償却限度額¥*64,000*)×法定実効税率30％

1級会計模擬試験問題　第 6 回

1

@2点×7＝14点

(1)

ア	イ	ウ	エ
1	4	10	11

(2)

ア	イ	ウ
3	4	7

解説

(1)

a．財務諸表分析

財務諸表分析は，株主や債権者の立場からおこなう［1．外部分析］と，経営者の立場からおこなうものとに分類することができる。また，財務諸表分析の方法には，財務諸表の金額によって財務比率を求めて分析する方法と，財務諸表の金額を用いて分析する方法があり，後者を［4．実数法(実数分析)］という。

b．財務諸表のディスクロージャー

企業が社会的責任を果たす目的で，自社に関する情報を開示することを［10．ディスクロージャー］という。会社法では，債権者や株主の保護および利害調整を目的として計算書類等の作成と報告を義務づけており，金融商品取引法では，投資家保護を目的として有価証券報告書の開示を義務づけている。

c．明瞭性の原則

財務諸表は，利害関係者が企業の財政状態および経営成績を正しく判断できるように，必要な会計事実を明瞭に表示しなければならない。これを［11．明瞭性］の原則という。これによると，貸付金¥800,000と借入金¥500,000を相殺して貸付金¥300,000として表示することは認められない。

(2)

ア．当座資産	3．quick assets
イ．有形固定資産	4．tangible fixed assets
ウ．棚卸資産	7．inventories

※英語表記一覧表（⇒p.3）を参照。

2

(1)	@2点×1＝2点
(2)●印	@2点×4＝8点
(3)ア～カ	@1点×6＝6点
キ～ケ	@2点×3＝6点

(1)

繰延税金資産　¥　97,500

(2)

連結損益計算書

P社　令和○2年4月1日から令和○3年3月31日まで　(単位：千円)

売上原価	14,220	売上高	21,780
給料	5,140		
(のれん償却)	(● 32) ❶		
当期純利益	(2,388)		
	21,780		21,780
非支配株主に帰属する当期純利益	(252)	当期純利益	(2,388)
親会社株主に帰属する当期純利益	(2,136)		
	(2,388)		(2,388)

連結株主資本等変動計算書

P社　令和○2年4月1日から令和○3年3月31日まで　(単位：千円)

	資本金	利益剰余金	非支配株主持分
当期首残高	12,000	1,740	1,620
当期変動額　剰余金の配当		△1,540	
親会社株主に帰属する当期純利益		(2,136)	
株主資本以外の項目の当期変動額(純額)			(●❸ 72)
当期末残高	12,000	(● 2,336) ❷	(1,692)

連結貸借対照表

P社　令和○3年3月31日　(単位：千円)

諸資産	31,300	諸負債	15,560
(のれん)	(288)	資本金	(12,000)
		利益剰余金	(2,336)
		非支配株主持分	(● 1,692) ❹
	(31,588)		(31,588)

(3)

ア	❺ 117.0 %	イ	❻ 210.0 %	ウ	❼ 60.0 %	エ	❽ 5.0 %

オ	❾ 4.5 %	カ	❿ 12.0 %

（注意）整数も正答とする。

キ	⓫ 1,820,000 千円	ク	⓬ 662,000 千円
ケ	⓭ 1,004,000 千円		

解説

(1) **税効果会計の問題**

税効果会計では，資産と負債について，会計上の簿価と税法上の金額が異なるかを調べ，その差異が将来の期間において解消される差異である一時差異を対象に会計処理をおこなう。なお，一時差異の種類には「貸倒引当金の繰入限度超過額」，「減価償却の償却限度超過額」，「その他有価証券の時価評価差額」などがある。

i （借）繰延税金資産 *60,000* （貸）法人税等調整額 *60,000*

繰延税金資産 ￥*60,000*
=（会計上の貸倒引当金￥*1,000,000*－税法上の繰入限度額￥*800,000*）
×法定実効税率30%

ii （借）繰延税金資産 *37,500* （貸）法人税等調整額 *37,500*

会計上の減価償却費 ￥*500,000*＝（取得原価￥*3,000,000*－残存価額￥*0*）÷耐用年数6年
税法上の償却限度額 ￥*375,000*＝（取得原価￥*3,000,000*－残存価額￥*0*）÷耐用年数8年
繰延税金資産 ￥*37,500*
=（会計上の減価償却費￥*500,000*－税法上の償却限度額￥*375,000*）
×法定実効税率30%
繰延税金資産の金額 ￥*97,500*＝上記 i ￥*60,000*＋上記 ii ￥*37,500*

(2) **連結財務諸表作成の問題** （単位：千円）

❶❷❸❹ 連結財務諸表は，親会社と子会社のそれぞれの個別財務諸表の数値を合算し，連結修正の手続きを加えて作成する。

> 連結損益計算書に計上するのれん償却額は，支配獲得日の投資と資本の相殺消去仕訳で計上されるのれんを償却期間（20年以内）で割って求める。
> また，連結損益計算書に計上する親会社株主に帰属する当期純利益は，親会社と子会社の「当期純利益」を合算したあと，連結修正仕訳で生じる損益項目の調整を加えて，連結企業集団全体の当期純利益を算定し，その額から「非支配株主に帰属する当期純利益」を控除して求める。
> 連結貸借対照表に計上する非支配株主持分は，支配獲得日の投資と資本の相殺消去仕訳で非支配株主持分に振り替えられる金額に対し，非支配株主持分の増減額を処理して求める。

(1) 支配獲得日の投資と資本の相殺消去仕訳
のれん＝子会社株式（70%分）の取得原価
－子会社純資産額に対する親会社持分（70%分）
のれんの金額
子会社株式取得原価*4,100*－支配獲得日の子会社純資産（資本金*4,000*
＋利益剰余金*1,400*）×70%＝*320*
非支配株主持分＝子会社純資産額×非支配株主持分割合（30%）
非支配株主持分の金額
支配獲得日の子会社純資産*5,400*×30%＝*1,620*
支配獲得日の投資と資本の相殺消去仕訳は次のとおり。

（借）	資本金	*4,000*	（貸）子会社株式	*4,100*
	利益剰余金	*1,400*	非支配株主持分	*1,620*
	のれん	*320*		

(Ⅱ) 当期（令和○2年4月1日～令和○3年3月31日）分の連結修正

① のれんの償却

のれんの償却額　*320*を10年間で定額法により償却する。

320÷10年＝*32*

〈連結修正仕訳〉

(借) のれん償却	*32*	(貸) のれん	*32*

❶ よって，連結損益計算書に計上するのれん償却の金額は*32*

〈参考〉 連結貸借対照表に計上するのれんの金額は，

(Ⅰ)(借)のれん*320*－(Ⅱ)①(貸)のれん*32*＝*288*

② 子会社の当期純利益による子会社純資産増加のうち，非支配株主に配分する金額

子会社の当期純利益*840*×30%＝*252*(非支配株主持分の増加)

〈連結修正仕訳〉

(借) 非支配株主に帰属する当期純利益	*252*	(貸) 非支配株主持分	*252*

③ 子会社の剰余金処分のうち，配当金の支払いによる子会社純資産減少に対して非支配株主に負担させる金額

子会社の支払った配当金（株主資本等変動計算書に記載されているＳ社の「剰余金の配当」）のうち，親会社が受け取った分（*600*×70%＝*420*で受取配当金に計上されている）は，親会社と子会社間の企業集団内部の取引として相殺消去する。

また，非支配株主が受け取った分（*600*×30%＝*180*）は非支配株主持分と相殺消去する。

〈連結修正仕訳〉

(借) 受取配当金	*420*	(貸) 剰余金の配当（配当金）	*600*
非支配株主持分	*180*		

以上の連結修正内容から，

❶ 連結損益計算書に計上するのれん償却は前述のとおり。

❷ 連結株主資本等変動計算書に計上する利益剰余金当期末残高は，次のように求める。

親会社株主に帰属する当期純利益

Ｐ社当期純利益*2,000*＋Ｓ社当期純利益*840*－(Ⅱ)①(借)のれん償却*32*(費用発生)－(Ⅱ)③(借)受取配当金*420*(収益消去)＝*2,388*(連結企業集団全体の当期純利益)

連結企業集団全体の当期純利益*2,388*－(Ⅱ)②(借)非支配株主に帰属する当期純利益*252*＝*2,136*

連結株主資本等変動計算書に計上する利益剰余金当期末残高

利益剰余金当期首残高*1,740*－剰余金の配当*1,540*＋親会社株主に帰属する当期純利益*2,136*＝*2,336*

❸ 連結株主資本等変動計算書に計上する非支配株主持分の当期変動額

(Ⅱ)②(貸)非支配株主持分*252*－(Ⅱ)③(借)非支配株主持分*180*＝*72*

❹ 連結貸借対照表に計上する非支配株主持分

(Ⅰ)(貸)非支配株主持分*1,620*＋(Ⅱ)②(貸)非支配株主持分*252*－(Ⅱ)③(借)非支配株主持分*180*＝*1,692*

※連結株主資本等変動計算書の非支配株主持分の当期末残高と同額である。

(3) **財務諸表作成の問題** (以下の説明は単位千円)

比較損益計算書 (単位：千円)

項目	第7期	第8期
売上高	9,000,000	10,080,000
売上原価	(6,780,000)	7,616,000
売上総利益	(2,220,000)	2,464,000
販売費及び一般管理費	1,820,000	1,784,000
営業利益	(400,000)	680,000
営業外収益	148,000	156,000
営業外費用	104,000	74,000
経常利益	444,000	762,000
特別損失	144,000	62,000
税引前当期純利益	(300,000)	700,000
法人税・住民税及び事業税	84,000	(196,000)
当期純利益	(216,000)	504,000

比較貸借対照表 (単位：千円)

	資産	第7期	第8期	負債・純資産	第7期	第8期	
流動資産	現金預金	434,000	418,000	支払手形	298,000	274,000	流動負債
流動資産	受取手形	204,000	166,000	買掛金	430,000	358,000	流動負債
流動資産	売掛金	174,000	212,000	未払法人税等	32,000	168,000	流動負債
流動資産	有価証券	100,000	140,000	長期借入金	600,000	600,000	
流動資産	商品	618,000	662,000	退職給付引当金	560,000	490,000	
流動資産	前払費用	66,000	90,000	資本金	2,000,000	2,000,000	自己資本
	建物	960,000	928,000	資本準備金	200,000	200,000	自己資本
	土地	1,000,000	1,000,000	利益準備金	92,000	(100,000)	自己資本
	長期貸付金	554,000	(730,000)	繰越利益剰余金	588,000	1,004,000	自己資本
	投資有価証券	690,000	694,000	自己株式	—	△154,000	自己資本
		4,800,000	(5,040,000)		4,800,000	(5,040,000)	

まず，資料ⅱ(2)利益準備金の計上額を確認しておく。

6月27日　剰余金の配当が1株につき¥40なので，発行済株式総数2,000千株×@¥40＝80,000が配当金額。利益準備金の計上は，80,000(配当金)×$\frac{1}{10}$＝8,000，あるいは2,000,000(資本金)×$\frac{1}{4}$－(第7期の資本準備金と利益準備金の合計 200,000＋92,000)＝208,000のいずれか少ない方の金額であるので，本問では8,000となる。

❺ 第8期の当座比率（ア）

当座比率＝$\frac{\text{当座資産}}{\text{流動負債}}$×100(%)

＝$\frac{\text{936,000(第8期現金預金から有価証券までの合計)}}{\text{800,000(第8期支払手形から未払法人税等までの合計)}}$×100＝117.0%

※当座比率は流動負債に対する当座資産の割合を示すもので，この比率が高いほど即時の支払能力が高く，より安全である。

❻ 第7期の流動比率（イ）

流動比率＝$\frac{\text{流動資産}}{\text{流動負債}}$×100(%)

＝$\frac{\text{1,596,000(第7期現金預金から前払費用までの合計)}}{\text{760,000(第7期支払手形から未払法人税等までの合計)}}$×100＝210.0%

※流動比率は流動負債に対する流動資産の割合を示すもので，この比率が高いほど短期の支払能力が高く，より安全である。

❼ 第7期の自己資本比率（ウ）

自己資本比率＝$\frac{\text{自己資本}}{\text{総資本(他人資本＋自己資本)}}$×100(%)

＝$\frac{\text{2,880,000(第7期資本金から繰越利益剰余金までの合計)}}{\text{4,800,000(第7期負債・純資産合計)}}$×100＝60.0%

※自己資本比率は総資本のうちの自己資本の割合を示すもので，この比率が高いほど，返済義務のある負債が少なく，より安全である。

❽ 第8期の売上高純利益率（エ）

売上高純利益率＝$\frac{\text{当期純利益}}{\text{売上高}}$×100(%)

＝$\frac{\text{504,000(第8期当期純利益)}}{\text{10,080,000(第8期売上高)}}$×100＝5.0%

※売上高純利益率は売上高に対する当期純利益の割合を示すもので，この比率が高いほど，収益性が高いことを示す。

❾ 第7期の総資本利益率（オ）

総資本利益率＝$\frac{\text{当期純利益}}{\text{総資本(他人資本＋自己資本)}}$×100(%)

比較損益計算書の第7期経常利益 444,000から特別損失 144,000を差し引いて税引前当期純利益 300,000を計算し，そこから法人税・住民税及び事業税 84,000を差し引いて当期純利益 216,000を算出する。

以上から，$\frac{\text{216,000(第7期当期純利益)}}{\text{4,800,000(第7期負債・純資産合計)}}$×100＝4.5%

※総資本利益率は投下した総資本がどの程度効率的に運用されたかを示すもので，この比率が高いほど収益性が高いことを示す。

⑩ 第8期の売上高成長率（増収率）（カ）

$$売上高成長率=\frac{当期売上高-前期売上高}{前期売上高}\times 100（\%）$$

$$=\frac{10{,}080{,}000（第8期売上高）-9{,}000{,}000（第7期売上高）}{9{,}000{,}000（第7期売上高）}\times 100=12.0\%$$

※売上高の伸び率を示すもので，高いほど事業が拡大し成長していることを示す。

⑪ 第7期の販売費及び一般管理費（キ）

第7期の売上原価を商品回転率から求め売上総利益を計算し，営業利益との差額で（キ）を求める。

$$商品回転率=\frac{売上原価}{平均商品有高}（回）$$

平均商品有高＝（期首商品棚卸高＋期末商品棚卸高）÷2

$$第7期商品回転率=\frac{第7期売上原価\ x}{第7期平均商品有高（\underbrace{第7期期首商品582{,}000}_{資料iii(8)}+\underbrace{第7期期末商品618{,}000}_{貸借対照表第7期商品}）\div 2}$$

＝11.3回から，第7期売上原価は平均商品有高 600,000×11.3＝6,780,000

第7期売上高 9,000,000－第7期売上原価 6,780,000＝第7期売上総利益 2,220,000

第7期の営業利益は第7期経常利益 444,000＋営業外費用 104,000－営業外収益 148,000＝400,000と逆算で遡って求める。

以上から，第7期売上総利益 2,220,000－販売費及び一般管理費 [キ]＝第7期営業利益 400,000となり，[キ]は1,820,000。

⑫ 第8期の商品（ク）

第8期の売上原価と商品回転率から求める。

$$第8期商品回転率=\frac{第8期売上原価7{,}616{,}000}{第8期平均商品有高（\underbrace{第8期期首商品618{,}000}_{第7期期末商品の額}+第8期期末商品（ク））\div 2}$$

＝11.9回から，第8期売上原価 7,616,000÷11.9＝640,000が第8期平均商品有高

この2倍の1,280,000が期首と期末の商品合計額となるので，

1,280,000－期首商品 618,000＝662,000が第8期の商品（ク）となる。

⑬ 第8期の繰越利益剰余金（ケ）

解法1　繰越利益剰余金勘定の残高推移で考える方法

繰越利益剰余金（第8期）

6/27 配当等による減少	88,000	4/1 前期繰越	588,000
		3/31 当期純利益による増加	504,000

資料ii(1)(2) 剰余金の配当 80,000 と利益準備金 8,000 の決議額 → 6/27 配当等による減少
4/1 前期繰越 ← 貸借対照表第7期の金額
3/31 当期純利益による増加 ← 資料ii(4)または第8期損益計算書の当期純利益

よって，588,000－88,000＋504,000＝1,004,000が（ケ）の金額

解法2　総資本利益率から総資本を求め，差し引きで求める方法

第8期の総資本利益率 10.0％と第8期当期純利益 504,000から

504,000÷10.0％＝5,040,000が第8期の総資本（負債・純資産合計）

第8期の利益準備金は，第7期利益準備金 92,000＋6/27 利益準備金積立 8,000＝100,000

以上より，第8期貸借対照表貸方計上額の差額で（ケ）1,004,000を求める。

●ポイント

ア．**当座比率**

流動負債に対する当座資産の割合を示すもので，即時の支払能力を分析するための比率である。

$$\textbf{当座比率}=\frac{当座資産}{流動負債}\times 100（\%）$$

イ．**流動比率**

流動負債に対する流動資産の割合を示すもので，短期の支払能力を分析するための比率である。

$$\textbf{流動比率}=\frac{流動資産}{流動負債}\times 100（\%）$$

ウ．**自己資本比率**

総資本のうちの自己資本の割合を示すもので，この比率が高いほど負債が少なく，財政状態が安定している。この比率は50%以上が望ましいとされている。

$$\textbf{自己資本比率}=\frac{自己資本}{総資本（他人資本＋自己資本）}\times 100（\%）$$

エ．**売上高純利益率**

売上高に対する当期純利益の割合を示すものである。この比率が高いほど，収益性が高いことを示す。

$$\textbf{売上高純利益率}=\frac{当期純利益}{売上高}\times 100（\%）$$

オ．**総資本利益率**

投下した総資本（他人資本と自己資本の合計）が，どの程度効率的に運用されたかを示す。この比率が高いほど収益性が高いことを示す。

$$\textbf{総資本利益率}=\frac{当期純利益}{総資本（他人資本＋自己資本）}\times 100（\%）$$

カ．**売上高成長率(増収率)**

売上高の伸び率を表すもので，高いほど事業が拡大していることを示す。

$$\textbf{売上高成長率}=\frac{当期売上高-前期売上高}{前期売上高}\times 100（\%）$$

キ．ク．**商品回転率**

平均商品有高に対する売上原価の割合を示すものである。この回転率が高いほど商品の在庫期間が短く，販売効率がよいことを示す。

$$\textbf{商品回転率}=\frac{売上原価}{平均商品有高}（回）$$

平均商品有高＝(期首商品棚卸高＋期末商品棚卸高)÷2

3

(1)

●印@4点×9＝36点

貸借対照表

新潟商事株式会社　令和○5年3月31日　（単位：円）

資産の部			
Ⅰ 流動資産			
1．現金預金		(5,176,000)	
2．電子記録債権	3,600,000		
貸倒引当金	(36,000)	(3,564,000)	
3．売掛金	(8,400,000)		
貸倒引当金	(84,000)	(8,316,000)	
4．(有価証券)		(6,000,000) ●	
5．(商品)		(2,325,000) ●	
6．前払費用		(1,920,000)	
流動資産合計			(27,301,000)
Ⅱ 固定資産			
(1) 有形固定資産			
1．建物	79,600,000		
減価償却累計額	(14,328,000)	(65,272,000)	
2．土地		13,840,000	
3．リース資産	4,500,000		
減価償却累計額	(2,700,000)	(1,800,000)	
有形固定資産合計		(80,912,000)	
(2) 投資その他の資産			
1．関係会社株式		(6,800,000) ●	
投資その他の資産合計		(6,800,000)	
固定資産合計			(87,712,000)
資産合計			(115,013,000)
負債の部			
Ⅰ 流動負債			
1．電子記録債務		3,744,000	
2．買掛金		(6,636,000)	
3．リース債務		(900,000) ●	
4．前受収益		(240,000)	
5．(未払法人税等)		(1,700,000)	
流動負債合計			(13,220,000)
Ⅱ 固定負債			
1．リース債務		(900,000)	
2．(退職給付引当金)		(9,650,000) ●	
固定負債合計			(10,550,000)
負債合計			(23,770,000)
純資産の部			
Ⅰ 株主資本			
(1) 資本金			80,000,000
(2) 資本剰余金			
1．資本準備金		3,600,000	
資本剰余金合計			3,600,000
(3) 利益剰余金			
1．利益準備金		1,540,000	
2．その他利益剰余金			
① 別途積立金		760,000	
② 繰越利益剰余金		(5,343,000)	
利益剰余金合計			(7,643,000)
株主資本合計			(91,243,000)
純資産合計			(91,243,000)
負債及び純資産合計			(115,013,000)

(2)

損益計算書

新潟商事株式会社　令和○4年4月1日から令和○5年3月31日まで　（単位：円）

Ⅰ 売上高		78,824,000
Ⅱ 売上原価		
1．期首商品棚卸高	(2,970,000)	
2．当期商品仕入高	(43,556,000) ●	
合計	(46,526,000)	
3．期末商品棚卸高	(2,470,000)	
	(44,056,000)	
4．(棚卸減耗損)	(95,000)	
5．(商品評価損)	(50,000)	(44,201,000)
売上総利益		(34,623,000)
Ⅲ 販売費及び一般管理費		
1．給料	12,200,000	
2．発送費	1,660,000	
3．広告料	1,080,000	
4．(貸倒引当金繰入)	(84,000) ●	
5．(減価償却費)	(2,492,000) ●	
6．(退職給付費用)	(370,000)	
7．通信費	1,238,000	
8．消耗品費	68,000	
9．保険料	(1,296,000)	
10．租税公課	620,000	
11．(雑費)	(298,000)	(21,406,000)
営業利益		(13,217,000)

(3)

損益計算書に記載する当期純利益	¥ 4,747,000 ●

解説

〔付記事項〕

①（借）当座預金	180,000	（貸）買掛金	180,000

(ア) 銀行側の修正であるため，仕訳不要である。
(イ) 振り出した小切手について，仕入先に渡していなかったときは，未渡小切手として，当座預金（資産）を増額するとともに，買掛金（負債）を増額修正する。

② リース債務のうち決算日の翌日から1年以内に支払期限が到来する￥900,000は「流動負債」の区分に，また1年を超えて支払期限が到来する￥900,000は「固定負債」の区分にそれぞれ記載する。

1年あたりのリース債務 ￥900,000
=リース債務残高￥1,800,000
÷リース期間残り2年（令和○5年4月1日～令和○7年3月31日）

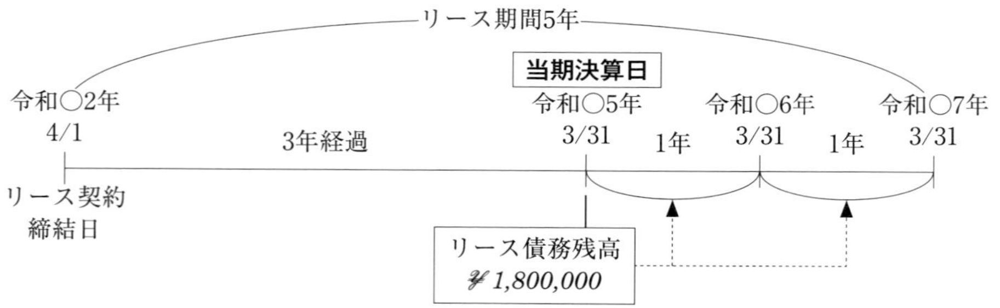

〔決算整理事項〕

a.（借）仕入	2,970,000	（貸）繰越商品	2,970,000
繰越商品	2,470,000	仕入	2,470,000
棚卸減耗損	95,000	繰越商品	95,000
商品評価損	50,000	繰越商品	50,000
仕入	95,000	棚卸減耗損	95,000
仕入	50,000	商品評価損	50,000

㋐ 期末商品棚卸高 ￥2,470,000=@￥950（原価）×帳簿2,600個
㋑ 棚卸減耗損 ￥95,000=@￥950（原価）×（帳簿2,600個－実地2,500個）
㋒ 商品評価損 ￥50,000=（原価@￥950－正味@￥930）×実地2,500個
㋓ 貸借対照表の商品 ￥2,325,000
=上記㋐￥2,470,000－上記㋑￥95,000－上記㋒￥50,000

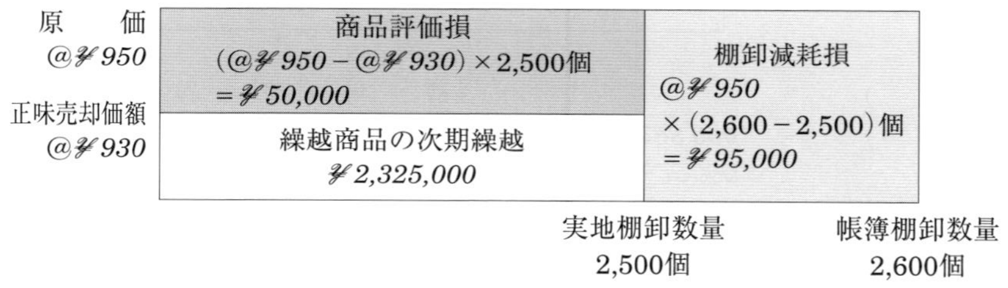

b.（借）為替差損益	120,000	（貸）売掛金	120,000

㋔ 為替差損益（損）（－）￥120,000
=（決算日の為替レート128円－取引日の為替レート132円）×売掛金30,000ドル
※売掛金（資産）が決算日において減少しているため，為替差損益は「損」（費用）とする。

c.（借）貸倒引当金繰入	84,000	（貸）貸倒引当金	84,000

㋕ 電子記録債権の貸倒引当金計上額 ￥36,000
=電子記録債権勘定残高￥3,600,000×1%
㋖ 売掛金の貸倒引当金計上額 ￥84,000
=（売掛金勘定残高￥8,520,000－決算整理事項b.￥120,000）×1%
㋗ 貸倒引当金繰入 ￥84,000
=（上記㋕￥36,000+上記㋖￥84,000）－貸倒引当金勘定残高￥36,000

d.（借）売買目的有価証券　220,000　（貸）有価証券評価益　220,000
　（借）子会社株式評価損　8,000,000　（貸）子会社株式　8,000,000

㋘ 売買目的有価証券評価高　¥6,000,000＝X商事株@¥30,000（時価）×200株
㋙ 有価証券評価益　¥220,000＝¥6,000,000（時価）－¥5,780,000（帳簿価額）
㋚ 子会社株式の評価高（実質価額）　¥6,800,000
　＝Y物産株@¥8,500（実質価額）×800株
㋛ 子会社株式評価損　¥8,000,000＝¥14,800,000（帳簿価額）－¥6,800,000（実質価額）

e.（借）減価償却費　2,492,000　（貸）建物減価償却累計額　1,592,000
　　　　　　　　　　　　　　　　　　リース資産減価償却累計額　900,000

㋜ 建物の減価償却高　¥1,592,000
　＝（¥79,600,000（取得原価）－¥0（残存価額））÷耐用年数50年
㋝ リース資産の減価償却高　¥900,000
　＝（¥4,500,000（取得原価）－¥0（残存価額））÷耐用年数5年
㋞ 減価償却費　¥2,492,000＝上記㋜¥1,592,000＋上記㋝¥900,000

f.（借）前払保険料　1,920,000　（貸）保険料　1,920,000

㋟ 前払保険料　¥1,920,000
$$=1年分の保険料¥2,880,000\times\frac{8か月（令和○5年4月～令和○5年11月）}{12か月（令和○4年12月～令和○5年11月）}$$
㋠ 損益計算書の保険料　¥1,296,000＝¥3,216,000（勘定残高）－上記㋟¥1,920,000

g.（借）受取家賃　240,000　（貸）前受家賃　240,000

㋡ 前受家賃　¥240,000＝家賃前受高¥240,000

h.（借）退職給付費用　370,000　（貸）退職給付引当金　370,000

㋢ 退職給付費用　¥370,000＝退職給付引当金繰入額¥370,000

i.（借）法人税等　2,940,000　（貸）仮払法人税等　1,240,000
　　　　　　　　　　　　　　　　　　未払法人税等　1,700,000

㋣ 法人税等　¥2,940,000＝法人税・住民税及び事業税額¥2,940,000
㋤ 未払法人税等　¥1,700,000
　＝上記㋣¥2,940,000－仮払法人税等勘定残高¥1,240,000

〔解答欄の完成等〕
(1) 貸借対照表
現金預金　¥5,176,000
　＝現金勘定残高¥1,656,000＋当座預金勘定残高¥3,340,000＋付記事項①¥180,000
有価証券　¥6,000,000＝売買目的有価証券の評価高（時価）¥6,000,000
前払費用　¥1,920,000＝前払保険料¥1,920,000
建物減価償却累計額　¥14,328,000
　＝勘定残高¥12,736,000＋建物の減価償却高¥1,592,000
リース資産減価償却累計額　¥2,700,000
　＝勘定残高¥1,800,000＋リース資産の減価償却高¥900,000
関係会社株式　¥6,800,000＝子会社株式の評価高（実質価額）¥6,800,000
リース債務　＝付記事項②より
前受収益　¥240,000＝前受家賃¥240,000
退職給付引当金　¥9,650,000＝勘定残高¥9,280,000＋退職給付費用¥370,000
繰越利益剰余金　¥5,343,000（貸借対照表の数値から求める方法）
(a) 資産合計¥115,013,000を負債及び純資産合計とし，その額から負債合計¥23,770,000を差し引いて純資産合計¥91,243,000を求め，株主資本合計¥91,243,000とする。
(b) 株主資本合計¥91,243,000から資本金¥80,000,000と資本剰余金合計¥3,600,000を差し引いて利益剰余金合計¥7,643,000とする。
(c) 利益剰余金合計¥7,643,000から利益準備金¥1,540,000と別途積立金¥760,000を差し引いて繰越利益剰余金¥5,343,000を求める。

(2) 損益計算書（一部）
上記決算整理事項の解説を参照。

(3) 損益計算書に記載する当期純利益
(a) 繰越利益剰余金勘定残高の増減額から推定する方法
　貸借対照表の繰越利益剰余金¥5,343,000
　－繰越利益剰余金の元帳勘定残高¥596,000
(b) 損益計算書を完成させる方法
　次ページの損益計算書を参照。

〈参考〉

損益計算書

新潟商事株式会社	令和○4年4月1日から令和○5年3月31日まで	(単位：円)
Ⅰ 売上高		78,824,000
Ⅱ 売上原価		
1．期首商品棚卸高	2,970,000	
2．当期商品仕入高	43,556,000	
合計	46,526,000	
3．期末商品棚卸高	2,470,000	
	44,056,000	
4．棚卸減耗損	95,000	
5．商品評価損	50,000	44,201,000
売上総利益		34,623,000
Ⅲ 販売費及び一般管理費		
1．給料	12,200,000	
2．発送費	1,660,000	
3．広告料	1,080,000	
4．貸倒引当金繰入	84,000	
5．減価償却費	2,492,000	
6．退職給付費用	370,000	
7．通信費	1,238,000	
8．消耗品費	68,000	
9．保険料	1,296,000	
10．租税公課	620,000	
11．雑費	298,000	21,406,000
営業利益		13,217,000
Ⅳ 営業外収益		
1．受取配当金	180,000	
2．受取家賃	2,880,000	
3．有価証券評価益	220,000	3,280,000
Ⅴ 営業外費用		
1．支払利息	30,000	
2．為替差損	120,000	150,000
経常利益		16,347,000
Ⅵ 特別利益		
1．固定資産売却益	380,000	380,000
Ⅶ 特別損失		
1．固定資産除却損	1,040,000	
2．関係会社株式評価損	8,000,000	9,040,000
税引前当期純利益		7,687,000
法人税・住民税及び事業税		2,940,000
当期純利益		4,747,000

4

@4点×7＝28点

	借方		貸方	
a	現金	2,504,500	売買目的有価証券	2,482,500
			有価証券利息	17,000
			有価証券売却益	5,000
b	リース資産	135,000	リース債務	135,000
c	建物減価償却累計額	60,000,000	建物	100,000,000
	未決算	40,000,000		
d	不渡手形	2,406,000	当座預金	2,406,000
	保証債務	24,000	保証債務取崩益	24,000
e	資本金	7,700,000	その他資本剰余金	7,700,000
	その他資本剰余金	7,700,000	未払配当金	7,000,000
			資本準備金	700,000
f	前受金	1,600,000	役務収益	1,600,000
g	減価償却費	600,000	備品減価償却累計額	600,000
	繰延税金資産	72,000	法人税等調整額	72,000

解説

a．(借) 現金 2,504,500　(貸) 売買目的有価証券 2,482,500
有価証券利息 17,000
有価証券売却益 5,000

売買目的で保有する有価証券を売却したときは，売却した有価証券の帳簿価額をもって売買目的有価証券勘定（資産）の貸方に記帳する。なお，帳簿価額について，有価証券の買い入れのさいに支払った買入手数料などの付随費用は取得原価に含める。また，売買のさいに受け取った端数利息は有価証券利息勘定（収益）で処理する。

売買目的有価証券の帳簿価額　￥2,482,500

$$=(￥10{,}000{,}000\times\frac{買入￥98.60}{額面￥100}+買入手数料￥70{,}000)\times\frac{￥2{,}500{,}000}{￥10{,}000{,}000}$$

売買目的有価証券の売却価額　¥2,487,500＝¥2,500,000×$\frac{売却¥99.50}{額面¥100}$

有価証券売却益　¥5,000＝売却価額¥2,487,500－帳簿価額¥2,482,500
有価証券利息　¥17,000＝端数利息¥17,000
現金　¥2,504,500＝売却価額¥2,487,500＋端数利息¥17,000

b．（借）リース資産	135,000	（貸）リース債務	135,000

ファイナンス・リース取引（利子抜き法）の場合，リース取引を開始したときは，見積現金購入価額をもってリース資産勘定（資産）の借方に記帳するとともに，リース債務勘定（負債）の貸方に記帳する。

c．（借）建物減価償却累計額	60,000,000	（貸）建　　物	100,000,000
未決算	40,000,000		

火災により建物などの資産が損害を受けた場合，保険会社と火災保険契約を結んでいれば，保険会社に保険金を請求できる。このとき，保険金の額が確定するまでは，一時的にその資産の帳簿価額（＝取得原価－減価償却累計額）を未決算勘定に振り替えておく。

d．（借）不渡手形	2,406,000	（貸）当座預金	2,406,000
保証債務	24,000	保証債務取崩益	24,000

所有する手形を裏書譲渡した場合，その手形が不渡りになったときには，手形の支払人にかわって手形代金を支払わなければならない遡求義務が生じる。この二次的な責任を保証債務という。実際に手形が不渡りになったときには，保証債務勘定（負債）を消滅させるとともに保証債務取崩益勘定（収益）を計上する。
不渡手形　¥2,406,000＝手形金額¥2,400,000＋期日以後の利息¥6,000
保証債務取崩益　¥24,000＝手形額面金額¥2,400,000×1％

e．（借）資本金	7,700,000	（貸）その他資本剰余金	7,700,000
その他資本剰余金	7,700,000	未払配当金	7,000,000
		資本準備金	700,000

資本金を減少してその他資本剰余金を増加させることで，配当の原資とすることができる。
株主総会の決議により剰余金の配当等をおこなったときは，配当額をもって未払配当金勘定（負債）の貸方に記帳するとともに，配当財源となったその他資本剰余金勘定（純資産）の借方に記帳する。また，会社法では，剰余金を配当する場合，その10分の1の額を資本金の4分の1に達するまで準備金として計上するよう定めており，その他資本剰余金が配当原資であれば資本準備金を計上する。
未払配当金　¥7,000,000＝その他資本剰余金より¥7,000,000
資本準備金　¥700,000＝その他資本剰余金の配当額¥7,000,000÷10
その他資本剰余金　¥7,700,000
　＝資本準備金¥700,000＋その他資本剰余金の配当額¥7,000,000

f．（借）前受金	1,600,000	（貸）役務収益	1,600,000

商品売買業以外のサービス業を営む企業は，サービス（役務）の提供による対価のうち，すでに役務提供が完了した部分に対応する金額を役務収益勘定（収益）の貸方に記帳する。なお，対価については，以前に役務提供完了前に受け取っているため，前受金勘定（負債）の借方に記帳する。

g．（借）減価償却費	600,000	（貸）備品減価償却累計額	600,000
繰延税金資産	72,000	法人税等調整額	72,000

決算にあたり減価償却をおこない，間接法により記帳したときは，減価償却費勘定（費用）の借方に記帳するとともに，備品減価償却累計額勘定の貸方に記帳する。また，減価償却にともない税効果会計を適用するときは，繰延税金資産勘定（資産）の借方に記帳するとともに，法人税等調整額勘定の貸方に記帳する。
会計上の減価償却費　¥600,000＝（取得原価¥1,800,000－残存価額¥0）÷耐用年数3年
税法上の償却限度額　¥360,000＝（取得原価¥1,800,000－残存価額¥0）÷耐用年数5年
繰延税金資産　¥72,000
　＝（会計上の減価償却費¥600,000－税法上の償却限度額¥360,000）
　　×法定実効税率30％

1級会計模擬試験問題　第 7 回

1

@2点×7＝14点

(1)

ア	イ	ウ	エ
2	5	8	10

(2)

ア	イ	ウ
2	6	9

解説

(1)

a．収益的支出

固定資産の通常の維持・管理および原状を回復させるための支出では，その支出が生じた会計期間の費用として修繕費勘定に計上する。これを［2．収益的支出］という。たとえば，修繕費として計上すべき支出額を，建物として計上するなど，その区分を誤ると一会計期間における正しい損益計算をおこなうことができなくなるため，非常に重要である。

b．正規の簿記の原則

企業会計は，すべての取引につき［5．正規の簿記］の原則にしたがって，正確な会計帳簿を作成しなければならない。この原則は，網羅的，秩序的かつ明瞭に取引を記録することを求めており，この原則にそった記帳には［8．複式簿記］がもっとも適している。

c．重要性の原則

会計処理のさい，勘定科目の性質や金額の大小などから判断し，影響が小さいものについては，簡便な方法を採用することができる。これは，［10．重要性］の原則の適用によるものである。たとえば，少額の消耗品について，買入時または払出時に費用として処理する方法を採用することができる。

(2)

ア．の　れ　ん	2．goodwill
イ．資本剰余金	6．capital surplus
ウ．資　本　金	9．stated capital

※英語表記一覧表（⇒p.3）を参照。

2

(1) @1点×2＝ 2点
(2) @2点×4＝ 8点
(3) @3点×4＝12点

(1)

①	期末商品棚卸高(原価) ￥ 836,000	②	売上高 ￥ 17,300,000

(2)

ア	❶ 228 千円	イ	❷ 22,000 千円
ウ	❸ 7,748 千円	エ	❹ 1,580 千円

(3)

①

a	❺ 6,080 千円	b	❻ 3,140 千円

② (注意) ウについては，小数第1位まで示すこと。

ウ	❼ 1.6 回	エ	2	オ	❽ 20 日	カ	1

(注意) ウとエ，オとカは，それぞれ2つとも合っている場合に正答とする。

解説

(1) **売価還元法の問題**

売価による期末商品棚卸高に原価率をかけて，原価による期末商品棚卸高を計算する方法である。多くの種類の商品を扱っている小売業などで用いられている。

原価率　76%

$= \dfrac{\text{期首商品棚卸高(原価)￥1,184,000＋当期純仕入高(原価)￥12,800,000}}{\text{期首商品棚卸高(売価)￥1,560,000＋当期純仕入高(売価)￥16,840,000}} \times 100(\%)$

① 期末商品棚卸高（原価）　￥836,000

＝期末商品棚卸高(売価)￥1,100,000×原価率76%

② 売上高　￥17,300,000

＝期首商品棚卸高(売価)￥1,560,000＋当期純仕入高(売価)￥16,840,000

－期末商品棚卸高(売価)￥1,100,000

(2) **連結財務諸表に関する計算問題**　（単位：千円）

❶❷❸❹　連結財務諸表は，親会社と子会社のそれぞれの個別財務諸表の数値をまず合算し，その合算額に対して連結修正の手続きを加えて作成する。

> 連結貸借対照表に計上するのれんは，支配獲得日の投資と資本の相殺消去仕訳で計上されるのれんに対し，当期に償却される額を差し引いて求める。
> 連結貸借対照表に計上する非支配株主持分は，支配獲得日の投資と資本の相殺消去仕訳で非支配株主持分に振り替えられる金額に対し，当期に生じる非支配株主持分の増減額を処理して求める。

(I) 支配獲得日の投資と資本の相殺消去仕訳におけるのれんと非支配株主持分の算定

のれん＝子会社株式(80%分)の取得原価

－子会社純資産額に対する親会社持分(80%分)

のれんの金額

子会社株式取得原価6,400－支配獲得日の子会社純資産(資本金4,000＋利益剰余金3,700)×80%＝240

非支配株主持分＝子会社純資産額×非支配株主持分割合(20%)

非支配株主持分の金額

支配獲得日の子会社純資産7,700×20%＝1,540

支配獲得日の投資と資本の相殺消去仕訳は次のとおり。

(借)	資本金	4,000	(貸)	子会社株式	6,400
	利益剰余金	3,700		非支配株主持分	1,540
	のれん	240			

(II) 連結修正

① のれんの償却

のれんの償却額　240を20年間で定額法により償却する。

240÷20年＝12

〈連結修正仕訳〉

(借)	のれん償却	12	(貸)	のれん	12

❶ よって，連結貸借対照表に計上されるのれんの金額（ア）は

240－12＝228

② 子会社の当期純利益による子会社純資産増加のうち，非支配株主に配分する金額

子会社の当期純利益300×20%＝60（非支配株主持分の増加）

〈連結修正仕訳〉

(借)	非支配株主に帰属する当期純利益	60	(貸)	非支配株主持分	60

③ 子会社の剰余金処分のうち，配当金の支払いによる子会社純資産減少に対して非支配株主に負担させる金額

子会社が支払った配当金のうち，親会社が受け取った分（100×80%＝80で受取配当金に計上されている）は，親会社と子会社間の企業集団内部の取引として相殺消去する。

また，非支配株主が受け取った分（100×20%＝20）は非支配株主持分と相殺消去する。

〈連結修正仕訳〉

(借)	受取配当金	80	(貸)	剰余金の配当(配当金)	100
	非支配株主持分	20			

以上の連結修正内容から，

❶ ア．連結貸借対照表に計上するのれんは前述のとおり

❷ イ．連結貸借対照表に計上する資本金は

P社資本金22,000＋S社資本金4,000－(I)(借)資本金4,000＝22,000

❸ ウ．連結貸借対照表に計上する利益剰余金は

解法1　貸借対照表の利益剰余金（当期末残高）の合算額に連結修正を加える方法

P社利益剰余金7,600＋S社利益剰余金3,900－(I)(借)利益剰余金3,700

＝7,800

この金額に当期の連結修正で利益剰余金の増減につながる損益項目と剰余金の配当の修正（利益剰余金の修正となる）を加減する。

7,800－(II)①(借)のれん償却12－(II)②(借)非支配株主に帰属する当期純利益60

－(II)③(借)受取配当金80＋(II)③(貸)剰余金の配当100＝7,748

解法2　利益剰余金の当期首残高から株主資本等変動計算書の作成過程を経て連結貸借対照表の利益剰余金当期末残高を考える方法

ⓐ 連結株主資本等変動計算書の「利益剰余金当期首残高」は
P社利益剰余金当期首残高*7,400*＋S社利益剰余金当期首残高*3,700*
−(Ⅰ)(借)利益剰余金*3,700*＝*7,400*

ⓑ 利益剰余金減少項目の「配当金」は
P社配当金*700*＋S社配当金*100*−(Ⅱ)③(貸)配当金*100*＝*700*(親会社の配当処分額だけが計上される)

ⓒ「親会社株主に帰属する当期純利益」は
P社当期純利益*900*＋S社当期純利益*300*−((Ⅱ)①(借)のれん償却*12*
＋(Ⅱ)②(借)非支配株主に帰属する当期純利益*60*＋(Ⅱ)③(借)受取配当金*80*)
＝*1,048*

以上より，連結貸借対照表の利益剰余金は
ⓐ利益剰余金当期首残高*7,400*(貸方)−ⓑ配当金*700*(借方)
＋ⓒ親会社株主に帰属する当期純利益*1,048*(貸方)
＝*7,748*

連 結 精 算 表

令和○3年3月31日　(単位：千円)

科目	個別財務諸表 P社	個別財務諸表 S社	個別財務諸表 合計	修正消去 借方	修正消去 貸方	連結財務諸表
株主資本等変動計算書						(連結株主資本等変動計算書〔一部〕)
(利益剰余金)						
利益剰余金当期首残高	[7,400]	[3,700]	[11,100]	(Ⅰ)3,700		[7,400]ⓐ
配当金	700	100	800		(Ⅱ)③100	700ⓑ
親会社株主に帰属する当期純利益	[900]	[300]	[1,200]	(152)		[1,048]ⓒ
利益剰余金当期末残高	[7,600]	[3,900]	[11,500]	3,852	100	[7,748]

解法1　→　連結貸借対照表の利益剰余金
解法2

注：[　]はその金額が貸方にあることを示す。

152の内訳：
(Ⅱ)①(借)のれん償却　12
(Ⅱ)②(借)非支配株主に帰属する当期純利益　60
(Ⅱ)③(借)受取配当金　80

❹ エ．連結貸借対照表に計上する非支配株主持分は
(Ⅰ)(貸)非支配株主持分*1,540*＋(Ⅱ)②(貸)非支配株主持分*60*
−(Ⅱ)③(借)非支配株主持分*20*＝*1,580*

連 結 貸 借 対 照 表

P社　令和○3年3月31日　(単位：千円)

借方	金額	貸方	金額
現金預金	20,400	買掛金	11,400
売掛金	(13,000)	長期借入金	1,600
商品	9,200	資本金	(22,000)
土地	1,500	利益剰余金	(7,748)
(のれん)	(228)	非支配株主持分	(1,580)
	(44,328)		(44,328)

〈参考〉

連 結 損 益 計 算 書

P社　令和○2年4月1日から令和○3年3月31日まで　(単位：千円)

借方	金額	貸方	金額
売上原価	13,720	売上高	19,780
給料	4,840		
のれん償却	12		
支払利息	100		
当期純利益	1,108		
	19,780		19,780
非支配株主に帰属する当期純利益	60	当期純利益	1,108
親会社株主に帰属する当期純利益	1,048		
	1,108		1,108

連結株主資本等変動計算書

P社　令和○2年4月1日から令和○3年3月31日まで　(単位：千円)

	資本金	利益剰余金	非支配株主持分
当期首残高	22,000	7,400	1,540
当期変動額　剰余金の配当		△700	
親会社株主に帰属する当期純利益		1,048	
株主資本以外の項目の当期変動額(純額)			40
当期末残高	22,000	7,748	1,580

連 結 貸 借 対 照 表

P社　令和○3年3月31日　(単位：千円)

借方	金額	貸方	金額
現金預金	20,400	買掛金	11,400
売掛金	13,000	長期借入金	1,600
商品	9,200	資本金	22,000
土地	1,500	利益剰余金	7,748
のれん	228	非支配株主持分	1,580
	44,328		44,328

(3) **財務諸表分析の問題**（以下の説明は単位千円）

iii 第８期の貸借対照表

貸 借 対 照 表

宮城商事株式会社 令和○9年3月31日 （単位：千円）

	資産	金額	負債及び純資産	金額		
流動資産	現金預金	2,920	支払手形	900	流動負債	負債
流動資産	受取手形	3,160	買掛金	1,860	流動負債	負債
流動資産	売掛金	2,600	短期借入金	2,500	流動負債	負債
流動資産	有価証券	3,440	未払法人税等	740	流動負債	負債
流動資産	商品	(1,640)	長期借入金	4,560		負債
流動資産	前払費用	880	退職給付引当金	240		負債
固定資産	建物	9,200	資本金	(12,160)	自己資本	
固定資産	備品	(イ 3,140)	資本準備金	(960)	自己資本	⇐ 株主資本等変動計算書の当期末残高
固定資産	投資有価証券	3,020	利益準備金	(700)	自己資本	
			別途積立金	(1,180)	自己資本	
			(繰越利益剰余金)	(4,200)	自己資本	
		(30,000)		(30,000)		

❺ 株主資本等変動計算書の（ア）の金額

利益剰余金当期末残高は利益剰余金の当期変動額を求め，その合計により算出する。

まず，資料 i の純資産の部に関する事項の仕訳を考える。（入金は当座預金とした。）

5/16	（借）当座預金	320	（貸）資本金	160	
			資本準備金	160	
6/28	（借）繰越利益剰余金	2,380	（貸）利益準備金	200	←配当金の$\frac{1}{10}$を計上しても準備金の合計が資本金の$\frac{1}{4}$を超えないので。
			未払配当金	2,000	
			別途積立金	180	

これらの変動額を株主資本等変動計算書に記載すると次のようになる。

株主資本等変動計算書

宮城商事株式会社 令和○8年4月1日から令和○9年3月31日まで （単位：千円）

	資本金	資本剰余金		利益剰余金				純資産合計
		資本準備金	資本剰余金合計	利益準備金	その他利益剰余金		利益剰余金合計	
					別途積立金	繰越利益剰余金		
当期首残高	12,000	800	800	500	1,000	(3,700)	5,200	18,000
当期変動額							差額	
新株の発行	(160)	(160)	(160)					(320)
剰余金の配当				(200)		(△2,200)	(△2,000)	(△2,000)
別途積立金の積立					(180)	△180	──	──
当期純利益						2,880	(2,880)	(2,880)
当期変動額合計	(160)	(160)	(160)	(200)	(180)	(500)	(880)	(1,200)
当期末残高	(12,160)	(960)	(960)	(700)	(1,180)	(4,200)	(ア)	(19,200)

合計

よって，（ア）は6,080

❻ 貸借対照表の（イ）の金額

貸借対照表の備品の金額は，上記株主資本等変動計算書の純資産合計の当期末残高19,200（今回は株主資本だけの合計額で自己資本額を示している）と資料ｖ第８期の固定比率80%から求める。

まず，固定比率から固定資産総額を求める。

$$固定比率 = \frac{固定資産x}{自己資本19,200} \times 100 = 80\%$$

よって，固定資産xは$19,200 \times 0.80 = 15,360$

この15,360から建物9,200と投資有価証券3,020を差し引いて，3,140が備品（イ）の金額となる。

（補足）

第８期末の純資産合計を資料ｖ負債比率56.25%から求めて，上記の解法につなげることもできる。

$$負債比率 = \frac{負債10,800（支払手形から退職給付引当金までの合計）}{自己資本x} \times 100 = 56.25\%$$

よって，自己資本xは$10,800 \div 0.5625 = 19,200$

❼ 第8期の総資本回転率（ウ）

$$総資本回転率 = \frac{売上高}{総資本}（回）$$

（第8期の総資本は負債10,800と純資産19,200の合計30,000）

$$= \frac{48,000}{30,000} = 1.6回$$

※総資本回転率は総資本に対する売上高の割合を示すもので，投下した総資本の収益力をはかることができ，この比率が高いほど収益性が高いことを示す。

❽ 第8期の商品平均在庫日数（オ）

商品の平均在庫日数＝365日÷商品回転率

まず，第8期の商品回転率を求める。

商品回転率＝$\dfrac{売上原価}{平均商品有高}$(回)◀……平均商品有高は(期首商品＋期末商品)÷2

第8期の期首商品棚卸高は，第7期の期末商品棚卸高の*1,240*

第8期の期末商品棚卸高は，資料ⅴ第8期の流動比率から求める。

流動比率＝$\dfrac{流動資産x(現金預金から前払費用までの合計)}{流動負債6{,}000(支払手形から未払法人税等までの合計)}\times 100 = 244\%$

よって，流動資産xは*6,000*×2.44＝*14,640*

この*14,640*から，現金預金*2,920*と受取手形*3,160*と売掛金*2,600*と有価証券*3,440*と前払費用*880*を差し引いた*1,640*が商品（期末商品）の金額。

商品回転率＝$\dfrac{26{,}280}{(1{,}240+1{,}640)\div 2}$＝18.25回

商品の平均在庫日数＝365日÷18.25回＝20日

平均在庫日数は第7期の25日よりも短くなっており，販売効率がよくなっている。

3 (1)　　●印@4点×9＝36点

損　益　計　算　書

長崎商事株式会社　令和○3年4月1日から令和○4年3月31日まで　（単位：円）

Ⅰ　売上高		73,236,500
Ⅱ　売上原価		
1．期首商品棚卸高	3,530,000	
2．当期商品仕入高	50,472,000	
合計	54,002,000	
3．期末商品棚卸高	(2,300,000)	
	(51,702,000)	
4．(棚卸減耗損)	(110,000)	
5．(商品評価損)	(60,000)	(51,872,000)●
売上総利益		(21,364,500)
Ⅲ　販売費及び一般管理費		
1．給料	6,956,000	
2．発送費	2,560,000	
3．広告料	3,120,000	
4．(貸倒引当金繰入)	(52,000)●	
5．(減価償却費)	(1,000,000)●	
6．(ソフトウェア償却)	(160,000)	
7．(退職給付費用)	(520,000)	
8．支払家賃	3,000,000	
9．保険料	(100,000)	
10．租税公課	350,000	
11．(雑費)	(189,500)	(18,007,500)
営業利益		(3,357,000)
Ⅳ　営業外収益		
1．受取配当金	(170,000)●	
2．(有価証券評価益)	(105,000)	(275,000)
Ⅴ　営業外費用		
1．(支払利息)	(45,000)●	
2．手形売却損	(30,000)	(75,000)
経常利益		(3,557,000)
Ⅵ　特別利益		
1．固定資産売却益	(140,000)	(140,000)
Ⅶ　特別損失		
1．固定資産除却損	(200,000)	(200,000)
税引前当期純利益		(3,497,000)
法人税・住民税及び事業税	(1,161,600)	
法人税等調整額	(△112,500)	(1,049,100)●
当期純利益		(2,447,900)

(2)

株主資本等変動計算書

長崎商事株式会社　令和○3年4月1日から令和○4年3月31日まで　（単位：円）

	株主資本							
	資本金	資本剰余金		利益剰余金				株主資本合計
		資本準備金	資本剰余金合計	利益準備金	その他利益剰余金		利益剰余金合計	
					別途積立金	繰越利益剰余金		
当期首残高	12,000,000	1,200,000	1,200,000	600,000	60,000	2,068,000	2,728,000	15,928,000
当期変動額								
剰余金の配当				(150,000)	●	(△1,650,000)	△1,500,000	△1,500,000
別途積立金の積立					20,000	△20,000	—	—
当期純利益						(2,447,900)	(2,447,900)	(2,447,900)
株主資本以外(純額)								
当期変動額合計	—	—	—	(150,000)	20,000	(777,900)	(947,900)	(947,900)
当期末残高	12,000,000	1,200,000	1,200,000	(750,000)	80,000	(2,845,900)	(3,675,900)	(16,875,900)

下段へ続く

上段より続く

	評価・換算差額等		純資産合計
	その他有価証券評価差額金	評価・換算差額等合計	
当期首残高	—	—	15,928,000
当期変動額			
剰余金の配当			△1,500,000
別途積立金の積立			—
当期純利益			(2,447,900)
株主資本以外(純額)	(● △56,000)	(△56,000)	(△56,000)
当期変動額合計	(△56,000)	(△56,000)	(891,900)
当期末残高	(△56,000)	(△56,000)	(16,819,900)

(3)

貸借対照表の負債の部に記載する合計額	¥ 9,165,100 ●

解説

〔純資産の部に関する事項〕

（借）繰越利益剰余金	1,670,000	（貸）未払配当金	1,500,000
		利益準備金	150,000
		別途積立金	20,000

① 利益準備金（会社法による額）　¥150,000

(a) 配当金額の10分の1

配当金額¥1,500,000 ÷ 10 = ¥150,000

(b) 積立限度額（資本金の4分の1から資本準備金と利益準備金を控除した金額）

資本金¥12,000,000 ÷ 4 − 資本準備金¥1,200,000 − 利益準備金¥600,000(注1)

= ¥1,200,000

（注1）利益準備金の元帳勘定残高¥750,000は，令和○3年6月26日の繰越利益剰余金を配当および処分したあとの金額である。ここでは，解答欄の株主資本等変動計算書の利益準備金当期首残高より¥600,000となる。

(c) (a)と(b)のいずれか低い金額

上記(a)¥150,000 < 上記(b)¥1,200,000　よって，¥150,000

② 繰越利益剰余金　¥1,670,000

= 未払配当金¥1,500,000 + 利益準備金¥150,000 + 別途積立金¥20,000

※なお，元帳勘定残高の資本金から別途積立金までの金額が，株主資本等変動計算書の当期末残高と一致していることから，この仕訳はすでに元帳勘定残高に反映されていることがわかる。よって，この仕訳による元帳勘定残高への修正は不要である。

〔付記事項〕

①（借）現金	40,000	（貸）受取配当金	40,000

配当金領収証を受け取ったときは，現金（資産）および受取配当金（収益）を増額する。

〔決算整理事項〕

a.	（借）仕入	3,530,000	（貸）繰越商品	3,530,000
	繰越商品	2,300,000	仕入	2,300,000
	棚卸減耗損	110,000	繰越商品	110,000
	商品評価損	60,000	繰越商品	60,000
	仕入	110,000	棚卸減耗損	110,000
	仕入	60,000	商品評価損	60,000

㋐ 期末商品棚卸高　¥2,300,000
A品　@¥1,100（原価）×1,000個＝¥1,100,000
B品　@¥　600（原価）×2,000個＝¥1,200,000
計¥2,300,000

㋑ 棚卸減耗損　¥110,000
A品　@¥1,100（原価）×（帳簿1,000個－実地900個）＝¥110,000

㋒ 商品評価損　¥60,000
A品は原価より正味売却価額が高いので，評価替えはしない。
B品　（原価@¥600－正味@¥570）×実地2,000個＝¥60,000

㋓ 貸借対照表の商品　¥2,130,000
＝上記㋐¥2,300,000－上記㋑¥110,000－上記㋒¥60,000

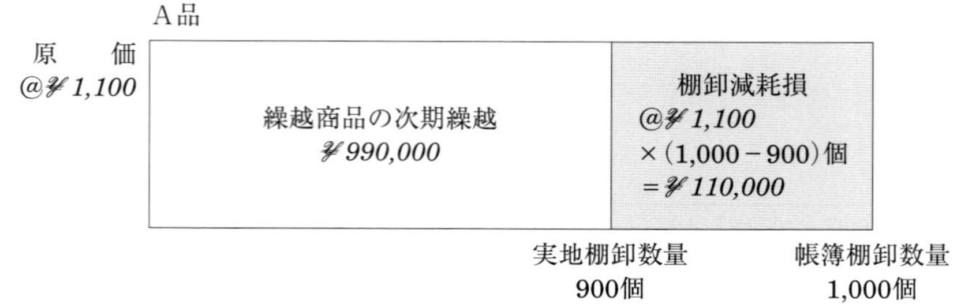

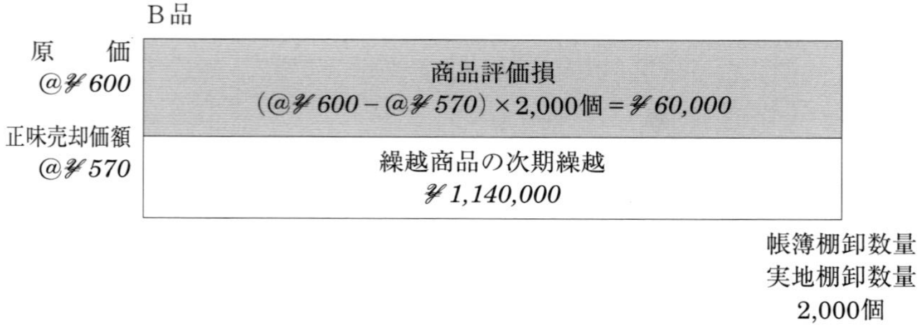

b.	（借）貸倒引当金繰入	52,000	（貸）貸倒引当金	52,000

㋔ 受取手形の貸倒引当金計上額　¥50,000＝受取手形勘定残高¥2,500,000×2%
㋕ 売掛金の貸倒引当金計上額　¥44,000＝売掛金勘定残高¥2,200,000×2%
㋖ 貸倒引当金繰入　¥52,000
＝（上記㋔¥50,000＋上記㋕¥44,000）－貸倒引当金勘定残高¥42,000

c.	（借）売買目的有価証券	105,000	（貸）有価証券評価益	105,000
	（借）繰延税金資産	24,000	（貸）その他有価証券	80,000
	その他有価証券評価差額金	56,000		

㋗ 売買目的有価証券の評価高（時価）　¥2,805,000
甲商事株　@¥24,000（時価）×70株＝¥1,680,000
乙商事株　@¥22,500（時価）×50株＝¥1,125,000
計¥2,805,000

㋘ 有価証券評価益　¥105,000＝¥2,805,000（時価）－¥2,700,000（帳簿価額）
㋙ その他有価証券評価高（時価）　¥1,520,000＝丙物産株@¥38,000（時価）×40株
㋚ その他有価証券　（－）¥80,000＝¥1,520,000（時価）－¥1,600,000（帳簿価額）
㋛ 繰延税金資産　¥24,000＝上記㋚¥80,000×法定実効税率30%
㋜ その他有価証券評価差額金　¥56,000＝上記㋚¥80,000－上記㋛¥24,000

d.	（借）減価償却費	1,000,000	（貸）備品減価償却累計額	1,000,000
	繰延税金資産	112,500	法人税等調整額	112,500

㋝ 備品の減価償却高　¥1,000,000
＝（¥5,000,000（取得原価）－¥0（残存価額））÷耐用年数5年
㋞ 税法上の減価償却限度額　¥625,000
＝（¥5,000,000（取得原価）－¥0（残存価額））÷法人税法上の耐用年数8年
㋟ 繰延税金資産　¥112,500
＝（上記㋝¥1,000,000－上記㋞¥625,000）×法定実効税率30%

e.	（借）ソフトウェア償却	160,000	（貸）ソフトウェア	160,000

㋠ ソフトウェア償却　¥160,000＝ソフトウェア¥800,000÷利用可能期間5年

f．（借）前払保険料　120,000　（貸）保　険　料　300,000
　　　　長期前払保険料　180,000

㋡ 保険料の前払高　￥300,000

$$=3年分の保険料￥360,000\times\frac{\text{30か月（令和○4年4月～令和○6年9月）}}{\text{36か月（令和○3年10月～令和○6年9月）}}$$

㋢ 前払保険料　￥120,000

$$=3年分の保険料￥360,000\times\frac{\text{12か月（令和○4年4月～令和○5年3月）}}{\text{36か月（令和○3年10月～令和○6年9月）}}$$

㋣ 長期前払保険料　￥180,000

$$=3年分の保険料￥360,000\times\frac{\text{18か月（令和○5年4月～令和○6年9月）}}{\text{36か月（令和○3年10月～令和○6年9月）}}$$

㋤ 損益計算書の保険料　￥100,000＝￥400,000（勘定残高）－上記㋡保険料￥300,000

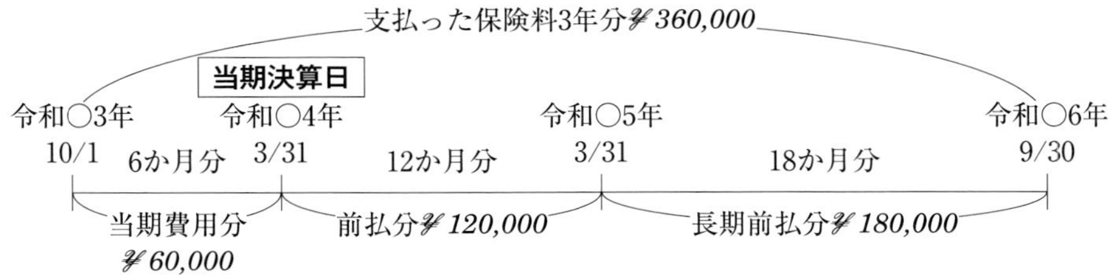

g．（借）支　払　利　息　10,000　（貸）未　払　利　息　10,000

㋥ 未払利息　￥10,000
　＝長期借入金￥3,000,000×利率年4％

$$\times\frac{\text{1か月（令和○4年3月1日～令和○4年3月31日）}}{\text{12か月}}$$

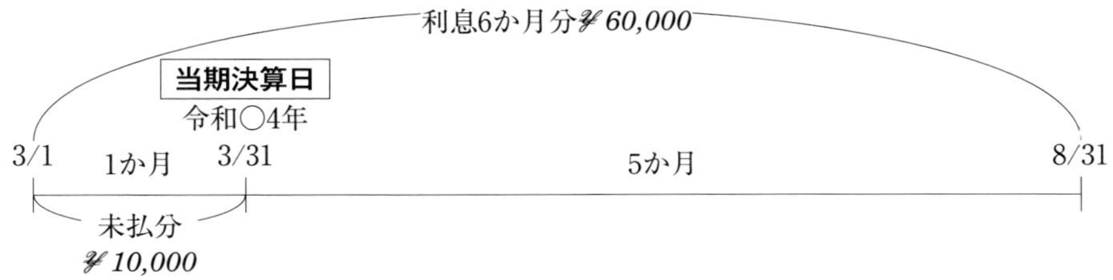

h．（借）退職給付費用　520,000　（貸）退職給付引当金　520,000

㋦ 退職給付費用　￥520,000＝退職給付引当金繰入額￥520,000

i．（借）法　人　税　等　1,161,600　（貸）仮払法人税等　780,000
　　　　　　　　　　　　　　　　　　　　　未払法人税等　381,600

㋧ 法人税等　￥1,161,600＝法人税・住民税及び事業税額￥1,161,600
㋨ 未払法人税等　￥381,600＝上記㋧￥1,161,600－仮払法人税等勘定残高￥780,000

〔解答欄の完成等〕
(1) 損益計算書
上記決算整理事項の解説を参照。

(2) 株主資本等変動計算書
利益準備金の当期変動額　￥150,000＝純資産の部に関する事項より
利益準備金の当期末残高　￥750,000
　＝当期首残高￥600,000＋当期変動額合計￥150,000
繰越利益剰余金の当期変動額（剰余金の配当）　△￥1,650,000
　＝配当金￥1,500,000＋利益準備金積立額￥150,000
繰越利益剰余金の当期変動額（当期純利益）　￥2,447,900
　＝損益計算書の当期純利益￥2,447,900
繰越利益剰余金の当期末残高　￥2,845,900
　＝当期首残高￥2,068,000＋当期変動額合計￥777,900
利益剰余金合計の各残高は，利益準備金と別途積立金と繰越利益剰余金の合計額である。
株主資本合計の各残高は，資本金と資本剰余金合計と利益剰余金合計の合計額である。
その他有価証券評価差額金の当期末残高　△￥56,000
　＝決算整理事項c．より△￥56,000
純資産合計の各残高は，株主資本合計と評価・換算差額等合計の合計額である。

(3) 貸借対照表の負債の部に記載する合計額
〈貸借対照表に記載する資産の部の合計額と純資産の部の合計額との差額で求める方法〉
　資産の部（問題文より）￥25,985,000
　－純資産の部（株主資本等変動計算書より）￥16,819,900＝￥9,165,100
〈負債の部に属する以下の6科目の合計額から求める方法〉

支払手形	￥1,720,000
買掛金	￥1,993,500
未払費用	￥10,000
未払法人税等	￥381,600
長期借入金	￥3,000,000
退職給付引当金	￥2,060,000
	￥9,165,100

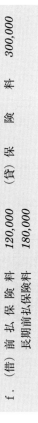

〈参考〉

貸借対照表

長崎商事株式会社　令和○4年3月31日　(単位：円)

資産の部			
Ⅰ 流動資産			
1. 現金預金		4,735,000	
2. 受取手形	2,500,000		
貸倒引当金	50,000	2,450,000	
3. 売掛金	2,200,000		
貸倒引当金	44,000	2,156,000	
4. 有価証券		2,805,000	
5. 商品		2,130,000	
6. 前払費用		120,000	
流動資産合計			14,396,000
Ⅱ 固定資産			
(1) 有形固定資産			
1. 備品	5,000,000		
減価償却累計額	2,000,000	3,000,000	
2. 土地		6,000,000	
有形固定資産合計		9,000,000	
(2) 無形固定資産			
1. ソフトウェア		640,000	
無形固定資産合計		640,000	
(3) 投資その他の資産			
1. 投資有価証券		1,520,000	
2. 長期前払費用		180,000	
3. 繰延税金資産		249,000	
投資その他の資産合計		1,949,000	
固定資産合計			11,589,000
資産合計			25,985,000
負債の部			
Ⅰ 流動負債			
1. 支払手形		1,720,000	
2. 買掛金		1,993,500	
3. 未払費用		10,000	
4. 未払法人税等		381,600	
流動負債合計			4,105,100
Ⅱ 固定負債			
1. 長期借入金		3,000,000	
2. 退職給付引当金		2,060,000	
固定負債合計			5,060,000
負債合計			9,165,100
純資産の部			
Ⅰ 株主資本			
(1) 資本金			12,000,000
(2) 資本剰余金			
1. 資本準備金		1,200,000	
資本剰余金合計			1,200,000
(3) 利益剰余金			
1. 利益準備金		750,000	
2. その他利益剰余金			
① 別途積立金		80,000	
② 繰越利益剰余金		2,845,900	
利益剰余金合計			3,675,900
株主資本合計			16,875,900
Ⅱ 評価・換算差額等			
1. その他有価証券評価差額金		△56,000	
評価・換算差額等合計			△56,000
純資産合計			16,819,900
負債及び純資産合計			25,985,000

4

@4点×7＝28点

	借方		貸方	
a	備品減価償却累計額	1,960,000	備品	2,500,000
	固定資産除却損	540,000		
b	建物	3,250,000	当座預金	3,850,000
	修繕費	600,000		
c	リース債務	9,000	現金	10,000
	支払利息	1,000		
d	ソフトウェア償却	800,000	ソフトウェア	800,000
e	満期保有目的債券	3,904,000	当座預金	3,914,000
	有価証券利息	10,000		
f	未収入金	43,500,000	未決算	40,000,000
			保険差益	3,500,000
g	仕入	678,000	前払金	138,000
			買掛金	540,000

解説

a.（借）備品減価償却累計額　1,960,000　（貸）備　品　2,500,000
　　　　固定資産除却損　540,000

帳簿価額（取得原価－減価償却累計額）と評価額との差額は固定資産除却損勘定（費用）で処理する。

備品の減価償却累計額（定率法）　¥1,960,000

第18期の減価償却費　¥2,500,000×0.4＝¥1,000,000

第19期の減価償却費　（¥2,500,000－¥1,000,000）×0.4＝¥600,000

第20期の減価償却費　（¥2,500,000－¥1,000,000－¥600,000）×0.4＝¥360,000

固定資産除却損

取得原価¥2,500,000－減価償却累計額¥1,960,000＝¥540,000

b.	(借) 建物	3,250,000	(貸) 当座預金	3,850,000
	修繕費	600,000		

資本的支出は，固定資産の価値を増加させる支出または耐用年数を延長させる支出をいい，収益的支出は，固定資産の維持管理や原状を回復させるための支出をいう。

資本的支出の場合は建物勘定（資産）で処理し，収益的支出の場合は修繕費勘定（費用）で処理する。

c.	(借) リース債務	9,000	(貸) 現金	10,000
	支払利息	1,000		

ファイナンス・リース取引（利子抜き法）の場合，リース料を支払ったときは，リース料総額に含まれる利息相当額を，リース期間にわたり定額法等により配分し，支払利息勘定（費用）の借方に記帳する。また，リース料支払額から支払利息を差し引いた額をもってリース債務勘定（負債）の借方に記帳する。

利息相当額　¥4,000＝リース料年額¥10,000×4年－見積現金購入価額¥36,000
支払利息　¥1,000＝利息相当額¥4,000÷4年
リース債務　¥9,000＝リース料支払額¥10,000－支払利息¥1,000

d.	(借) ソフトウェア償却	800,000	(貸) ソフトウェア	800,000

決算にあたり自社利用目的のソフトウェアを償却するときは，ソフトウェア勘定（資産）の貸方に記帳するとともに，ソフトウェア償却勘定（費用）の借方に記帳する。なお，無形固定資産の償却は，残存価額を零（0）として計算し，直接法により記帳することに留意する。

ソフトウェア償却　¥800,000＝取得原価¥4,000,000÷償却期間5年

e.	(借) 満期保有目的債券	3,904,000	(貸) 当座預金	3,914,000
	有価証券利息	10,000		

満期まで保有する目的で社債を購入したときは，取得原価をもって満期保有目的債券勘定（資産）の借方に記入する。また，端数利息の支払額は，有価証券利息勘定（収益）の借方に記入するとともに，代金については満期保有目的債券の取得原価と端数利息をともに小切手を振り出して支払っているため，当座預金勘定（資産）の貸方に記入する。

満期保有目的債券　¥3,904,000

$$=\text{額面総額¥}4,000,000\times\frac{\text{買入¥}97.40}{\text{額面¥}100}+\text{買入手数料¥}8,000$$

有価証券利息　¥10,000＝端数利息¥10,000
当座預金　¥3,914,000＝取得原価¥3,904,000＋端数利息¥10,000

f.	(借) 未収入金	43,500,000	(貸) 未決算	40,000,000
			保険差益	3,500,000

火災により焼失した建物について，その帳簿価額を未決算勘定に振り替えていた場合は，保険会社から保険金支払いの通知があったときに，未決算勘定の貸方に記入する。それとともに，確定した保険金の額が，災害を受けた資産の帳簿価額を超えるときは，その超過額を保険差益勘定（収益）に記入する。反対に保険金の額が帳簿価額よりも少ないときは，その差額を災害損失勘定（または火災損失勘定）に記入する。

未決算　¥40,000,000＝焼失した建物の帳簿価額
＝取得原価¥100,000,000－減価償却累計額¥60,000,000
保険差益　¥3,500,000＝未収入金¥43,500,000－未決算¥40,000,000

g.	(借) 仕入	678,000	(貸) 前払金	138,000
			買掛金	540,000

商品を仕入れ，代金の一部を以前に支払っており，残額を後日払いとしたときは，仕入勘定（費用）の借方に記帳するとともに，前払金勘定（資産）および買掛金勘定（負債）の貸方に記帳する。なお，本問は外貨建取引であるため，前払金および買掛金について，それぞれ取引発生時の為替相場により円換算した額によって記帳する。

前払金　¥138,000＝1,000ドル×@¥138
買掛金　¥540,000＝4,000ドル×@¥135
仕入　¥678,000＝前払金¥138,000＋買掛金¥540,000

1級会計模擬試験問題　第 8 回

1

@2点×7＝14点

(1)

ア	イ	ウ	エ
3	4	9	11

(2)

ア	イ	ウ
1	5	8

解説

(1)

a．単一性の原則

株主総会への提出，信用目的，租税目的など利用目的によって，形式が異なる財務諸表を作成する必要がある場合，それらの内容は信頼しうる会計記録にもとづいて作成されたものであり，実質的に同じでなければならない。これを［3．単一性］の原則という。

b．費用収益対応の原則

費用および収益は，その発生源泉にしたがって明瞭に分類し，各収益項目とそれに関連する費用項目とを損益計算書に対応表示しなければならないのは［4．費用収益対応］の原則によるものである。たとえば，売上高と売上原価を対応させて表示するのは，この原則によるものである。

c．継続性の原則

企業会計において，いったん採用した会計処理の原則および手続きは，毎期継続して適用し，正当な理由がないかぎり変更してはならない。これを［9．継続性］の原則という。なお，正当な理由によって会計処理の原則および手続きを変更したときは，財務諸表にこのことを［11．注記］しなければならない。

(2)

ア．販売費及び一般管理費	1．selling and administrative expenses
イ．営業利益	5．operating profit
ウ．当期純利益	8．net income

※英語表記一覧表（⇒p.3）を参照。

2

(1) @4点×1＝4点
(2) @2点×4＝8点
(3)①@1点×6＝6点
②@2点×2＝4点

(1)

当座預金出納帳の次月繰越高　¥ 1,230,000

(2)

a	❶	54 千円	b	❷	18 千円
c	❸	176 千円	d	❹	1,106 千円

(3)（注意）①の比率については，小数第1位まで示すこと。

①

ア	❺	2,700,000 千円	イ	❻	6.6 回	ウ	❼	4.8 回
エ	❽	230.5 %	オ	❾	118.7 %	カ	❿	67.8 %

②

a	⓫	60 %	b	⓬	64 %

解説

(1) **当座預金出納帳の問題**

資料をもとに必要な仕訳を示すと次のとおりである。

i	(借) 当座預金	*500,000*	(貸) 買掛金	*500,000*
ii	(借) 当座預金	*270,000*	(貸) 買掛金	*270,000*
iii	(借) 通信費	*40,000*	(貸) 当座預金	*40,000*

当座預金出納帳の次月繰越高　*¥1,230,000*

＝残高*¥500,000*＋上記 i *¥500,000*＋上記 ii *¥270,000*－上記 iii *¥40,000*

(2) **連結財務諸表に関する計算問題**　(単位：千円)

❶❷❸❹　連結財務諸表は，親会社と子会社のそれぞれの個別財務諸表の数値を合算し，連結修正の手続きを加えて作成する。

> 連結貸借対照表に計上するのれんは，支配獲得日の投資と資本の相殺消去仕訳で計上されるのれんに対し，当期に償却される額を差し引いて求める。
> 連結損益計算書に計上する受取配当金は，親会社と子会社の受取配当金を合算したあと，連結修正仕訳で生じる受取配当金の調整を加えて算定する。
> 非支配株主に帰属する当期純利益は，子会社の当期純利益に非支配株主持株比率をかけて求める。
> 親会社株主に帰属する当期純利益は，親会社と子会社の「当期純利益」を合算したあと，連結修正仕訳で生じる損益項目の調整を加えて，企業集団全体の当期純利益を算定し，その額から「非支配株主に帰属する当期純利益」を控除して算出する。

(Ⅰ) 支配獲得日の投資と資本の相殺消去仕訳におけるのれんの算定

のれん＝子会社株式(60％分)の取得原価

－子会社純資産額に対する親会社持分(60％分)

のれんの金額

子会社株式取得原価*900*－支配獲得日の子会社純資産(資本金*700*＋資本剰余金*300*＋利益剰余金*400*)×60％＝*60*

〈参考〉

非支配株主持分＝子会社純資産額×非支配株主持分割合(40％)

非支配株主持分の金額

支配獲得日の子会社純資産*1,400*×40％＝*560*

支配獲得日の投資と資本の相殺消去仕訳は次のとおり。

(借) 資本金	*700*	(貸) 子会社株式	*900*
資本剰余金	*300*	非支配株主持分	*560*
利益剰余金	*400*		
のれん	*60*		

(Ⅱ) 連結修正

① のれんの償却

のれんの償却額　*60*を10年間で定額法により償却する。

60÷10年＝*6*

〈連結修正仕訳〉

(借) のれん償却	*6*	(貸) のれん	*6*

❶ よって，連結貸借対照表に計上されるのれんの金額（a）は

60－*6*＝*54*

② 子会社純利益による子会社純資産増加のうち，非支配株主への配分処理（参考）

子会社の当期純利益*440*×40％＝*176*（非支配株主持分の増加）

〈連結修正仕訳〉

(借) 非支配株主に帰属する当期純利益	*176*	(貸) 非支配株主持分	*176*

③ 子会社の剰余金処分のうち，配当金の支払いによる子会社純資産減少に対する非支配株主への負担処理

子会社の支払った配当金のうち，親会社が受け取った分（*320*×60％＝*192*で受取配当金に計上されている）は，親会社と子会社間の企業集団内部の取引として相殺消去する。

また，非支配株主が受け取った分（*320*×40％＝*128*）は非支配株主持分と相殺消去する。

〈連結修正仕訳〉

(借) 受取配当金	*192*	(貸) 剰余金の配当(配当金)	*320*
非支配株主持分	*128*		

❷ よって，連結損益計算書に計上する受取配当金（b）は，

親会社の受取配当金*210*と子会社の受取配当金*0*の合計額*210*－修正額*192*＝*18*

❸ 連結損益計算書に計上する非支配株主に帰属する当期純利益（c）は，

(Ⅱ)②(借)非支配株主に帰属する当期純利益より*176*

❹ 連結損益計算書に計上する親会社株主に帰属する当期純利益（d）は，

Ｐ社当期純利益*1,040*＋Ｓ社当期純利益*440*－(Ⅱ)①(借)のれん償却*6*(費用発生)－(Ⅱ)③(借)受取配当金*192*(収益消去)＝*1,282*(企業集団全体の当期純利益)

この*1,282*から(Ⅱ)②(借)非支配株主に帰属する当期純利益*176*を控除した*1,106*が解答。

〈参考〉

連結損益計算書

P社　令和○8年4月1日から令和○9年3月31日まで　(単位：千円)

売上原価	3,620	売上高	5,950
給料	1,060	受取配当金 ❷	18
のれん償却	6		
当期純利益	1,282		
	5,968		5,968
非支配株主に帰属する当期純利益 ❸	176	当期純利益	1,282
親会社株主に帰属する当期純利益 ❹	1,106		
	1,282		1,282

連結株主資本等変動計算書

P社　令和○8年4月1日から令和○9年3月31日まで　(単位：千円)

	資本金	資本剰余金	利益剰余金	非支配株主持分
当期首残高	2,000	600	1,000	560
当期変動額　剰余金の配当			△840	
親会社株主に帰属する当期純利益			1,106	
株主資本以外の項目の当期変動額(純額)				48
当期末残高	2,000	600	1,266	608

連結貸借対照表

P社　令和○9年3月31日　(単位：千円)

諸資産	6,340	諸負債	1,920
のれん ❶	54	資本金	2,000
		資本剰余金	600
		利益剰余金	1,266
		非支配株主持分	608
	6,394		6,394

(3)　**財務諸表分析の問題**　(以下の説明は単位千円)

iv　第3期と第4期の財務比率および金額

	第3期	第4期
売上原価率	65.0%	63.8%
売上原価	1,365,000 千円	1,722,600 千円
商品回転率	5.0回	(6.6)回
受取勘定(売上債権)回転率	(4.8)回	5.4回
固定比率	(67.8)%	76.5%

比較貸借対照表

(単位：千円)

	勘定科目	第3期	第4期	勘定科目	第3期	第4期	
流動資産(当座資産)	現金預金	127,600	172,200	支払手形	196,000	225,000	負債(他人資本)・流動負債
流動資産(当座資産)	受取手形	206,000	258,800	買掛金	160,000	186,000	負債(他人資本)・流動負債
流動資産(当座資産)	売掛金	254,000	281,200	短期借入金	―	(140,000)	負債(他人資本)・流動負債
流動資産	商品	306,000	216,000	未払法人税等	44,000	49,000	負債(他人資本)・流動負債
流動資産	前払費用	28,400	28,800	長期借入金	140,000	(―)	負債(他人資本)
固定資産	建物	210,000	304,200	退職給付引当金	60,000	75,000	負債(他人資本)
固定資産	備品	154,000	237,000	資本金	600,000	700,000	自己資本
固定資産	土地	240,000	298,000	資本剰余金	204,000	264,000	自己資本
固定資産	投資有価証券	74,000	78,800	利益剰余金	196,000	236,000	自己資本
		1,600,000	1,875,000		1,600,000	1,875,000	

❺ 第4期の売上高（ア）

資料ivの第4期の売上原価と売上原価率から計算する。

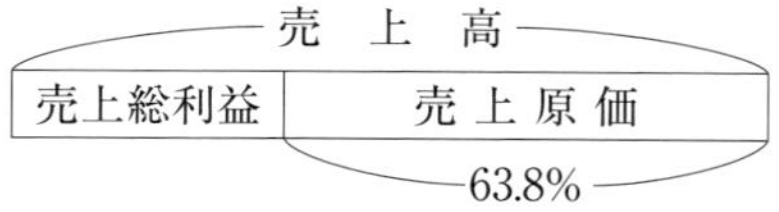

$$売上原価率=\frac{売上原価1,722,600}{売上高x}=0.638$$

よって，売上原価1,722,600÷売上原価率0.638
＝売上高2,700,000

❻ 第4期の商品回転率（イ）

$$商品回転率=\frac{売上原価}{平均商品有高}(回)$$ ◀……平均商品有高は(期首商品＋期末商品)÷2

第4期の期首商品棚卸高は第3期の期末商品棚卸高の306,000

$$よって，商品回転率=\frac{1,722,600}{(306,000+216,000)÷2}=6.6回$$

❼ 第3期の受取勘定（売上債権）回転率（ウ）

$$受取勘定回転率=\frac{売上高}{売上債権(受取手形+売掛金)平均有高}$$ ◀……(期首残高＋期末残高)÷2

$$=\frac{2,100,000}{\{期首売上債権415,000+期末売上債権(受取手形206,000+売掛金254,000)\}÷2}$$

＝4.8回

❽ 第3期の流動比率（エ）

$$流動比率=\frac{流動資産}{流動負債}\times 100(\%)$$

$$=\frac{第3期流動資産922{,}000(現金預金から前払費用までの合計)}{第3期流動負債400{,}000(支払手形から未払法人税等までの合計)}\times 100$$

$=230.5\%$

❾ 第4期の当座比率（オ）

$$当座比率=\frac{当座資産}{流動負債}\times 100(\%)$$

←資料ⅰから，第3期の長期借入金140,000が，1年基準により，第4期末にすべて短期借入金に振り替えられ，第4期末の長期借入金は該当なしとなる。

$$=\frac{第4期当座資産712{,}200(現金預金から売掛金までの合計)}{第4期流動負債600{,}000(支払手形から未払法人税等までの合計)}\times 100$$

$=118.7\%$

❿ 第3期の固定比率（カ）

$$固定比率=\frac{固定資産}{自己資本}\times 100(\%)$$

$$=\frac{第3期固定資産678{,}000(建物から投資有価証券までの合計)}{第3期自己資本1{,}000{,}000(資本金から利益剰余金までの合計)}\times 100$$

$=67.8\%$

⓫ 第3期の負債比率（a）

$$負債比率=\frac{負債}{自己資本}\times 100(\%)$$

$$=\frac{第3期負債600{,}000(支払手形から退職給付引当金までの合計)}{第3期自己資本1{,}000{,}000}\times 100$$

$=60\%$

⓬ 第4期の自己資本比率（b）

$$自己資本比率=\frac{自己資本}{総資本(他人資本+自己資本)}\times 100(\%)$$

←総資本は，貸借対照表貸方の総合計であり，総資産と同額

$$=\frac{第4期の自己資本1{,}200{,}000(資本金から利益剰余金までの合計)}{第4期の総資本1{,}875{,}000}\times 100$$

$=64\%$

●ポイント

①ア．**売上原価率**

売上高に対する売上原価の割合を示すものである。この比率が低いほど利幅が大きく，収益性が高いことを示す。

$$\textbf{売上原価率}=\frac{売上原価}{売上高}\times 100(\%)$$

イ．**商品回転率，平均在庫日数**

平均商品有高に対する売上原価の割合を示すものである。この比率が高いほど商品の在庫期間が短く，販売効率がよいことを示す。そして，1年の日数（365日）を商品回転率で割ると，商品の平均在庫日数を求めることができる。

$$\textbf{商品回転率}=\frac{売上原価}{平均商品有高}(回)$$

平均商品有高＝(期首商品棚卸高＋期末商品棚卸高)÷2

平均在庫日数＝365日÷商品回転率(回)

ウ．**受取勘定（売上債権）回転率，平均回収日数**

売上債権の回収の早さを示すもので，この比率が高いほど債権の回収が早く，状況がよいことを示す。そして，1年の日数（365日）を受取勘定（売上債権）回転率で割ると債権の平均回収日数を求めることができる。

$$\textbf{受取勘定（売上債権）回転率}=\frac{売上高}{売上債権(受取手形+売掛金)平均有高}(回)$$

平均回収日数＝365日÷受取勘定(売上債権)回転率(日)

エ．**流動比率**

流動負債に対する流動資産の割合を示すもので，短期の支払能力を分析するための比率である。

$$\textbf{流動比率}=\frac{流動資産}{流動負債}\times 100(\%)$$

オ．**当座比率**

流動負債に対する当座資産の割合を示すもので，即時の支払能力を分析するための比率である。

$$\textbf{当座比率}=\frac{当座資産}{流動負債}\times 100(\%)$$

カ．**固定比率**

固定資産が返済の必要のない自己資本でどれだけまかなわれているかを示すもので，安全性，特に長期支払能力の分析比率である。この比率は100%以下が望ましいとされている。

$$\textbf{固定比率}=\frac{固定資産}{自己資本}\times 100(\%)$$

②a．**負債比率**

自己資本に対する負債の割合を示すもので，この比率が低いほど企業の安全性が高いことを示す。

$$\textbf{負債比率}=\frac{負債}{自己資本}\times 100(\%)$$

b．**自己資本比率**

総資本のうちの自己資本の割合を示すもので，この比率が高いほど負債が少なく，財政状態が安定している。この比率は50%以上が望ましいとされている。

$$\textbf{自己資本比率}=\frac{自己資本}{総資本(他人資本+自己資本)}\times 100(\%)$$

3 (1) ●印@4点×9＝36点

貸借対照表

島根商事株式会社　令和○5年3月31日　(単位：円)

資産の部

I 流動資産			
1. 現金預金		(4,744,100)	
2. 電子記録債権	2,400,000		
貸倒引当金	(48,000)	(2,352,000)	
3. 売掛金	(3,000,000)		
貸倒引当金	(60,000)	(2,940,000)	
4. (有価証券)		(1,280,000) ●	
5. (商品)		(2,836,000) ●	
6. (前払費用)		(140,000)	
流動資産合計			(14,292,100)
II 固定資産			
(1) 有形固定資産			
1. 建物	7,600,000		
減価償却累計額	(1,824,000)	(5,776,000)	
2. 備品	3,500,000		
減価償却累計額	(1,708,000)	(1,792,000)	
3. 土地		4,000,000	
4. 建設仮勘定		2,000,000	
有形固定資産合計		(13,568,000)	
(2) 投資その他の資産			
1. 投資有価証券		(3,704,000)	
2. 長期前払費用		(210,000) ●	
投資その他の資産合計		(3,914,000)	
固定資産合計			(17,482,000)
資産合計			(31,774,100)

負債の部

I 流動負債			
1. 電子記録債務		1,400,000	
2. 買掛金		(2,126,100) ●	
3. 短期借入金		(1,000,000)	
4. (未払費用)		(12,000) ●	
5. (未払法人税等)		(980,000)	
流動負債合計			(5,518,100)
II 固定負債			
1. 長期借入金		4,000,000	
2. (退職給付引当金)		(4,648,000)	
3. 繰延税金負債		(54,000)	
固定負債合計			(8,702,000)
負債合計			(14,220,100)

純資産の部

I 株主資本			
(1) 資本金			10,000,000
(2) 資本剰余金			
1. 資本準備金		1,000,000	
2. その他資本剰余金		200,000	
資本剰余金合計			1,200,000
(3) 利益剰余金			
1. 利益準備金		300,000	
2. その他利益剰余金			
① 別途積立金		840,000	
② 繰越利益剰余金		(4,888,000)	
利益剰余金合計			(6,028,000)
株主資本合計			(17,228,000)
II 評価・換算差額等			
1. その他有価証券評価差額金		(126,000) ●	
評価・換算差額等合計			(126,000)
III 新株予約権			200,000
純資産合計			(17,554,000)
負債及び純資産合計			(31,774,100)

(2)

損益計算書

島根商事株式会社　令和○4年4月1日から令和○5年3月31日まで　(単位：円)

I 売上高		(83,037,500)
II 売上原価		
1. 期首商品棚卸高	2,380,000	
2. 当期商品仕入高	60,327,500	
合計	62,707,500	
3. 期末商品棚卸高	(2,920,000)	
	(59,787,500)	
4. (棚卸減耗損)	(48,000) ●	
5. (商品評価損)	(36,000)	(59,871,500)
売上総利益		(23,166,000)
III 販売費及び一般管理費		
1. 給料	9,075,000	
2. 発送費	1,892,000	
3. 広告料	1,786,000	
4. (貸倒引当金繰入)	(92,000)	
5. (減価償却費)	(600,000) ●	
6. (退職給付費用)	(1,780,000)	
7. 支払家賃	1,520,000	
8. 消耗品費	227,000	
9. 保険料	(210,000)	
10. 租税公課	273,600	
11. (雑費)	(161,400)	(17,617,000)
営業利益		(5,549,000)

(3)

損益計算書に記載する当期純利益　¥ 4,312,000 ●

解説

〔付記事項〕

①	（借）売　　上	700,000	（貸）売　掛　金	700,000	

検収基準を採用しているが，得意先でまだ検収されていないため，該当する掛売上を修正する。したがって，売上（収益）と売掛金（資産）をそれぞれ売価¥700,000分減少させる。また，当該修正にともない，原価¥500,000分については，期末商品として取り扱うことにも留意する。

② 借入金のうち，決算日の翌日から1年以内に返済期限が到来する¥1,000,000は，短期借入金として「流動負債」の区分に，また1年を超えて返済期限が到来する¥4,000,000は，長期借入金として「固定負債」の区分にそれぞれ記載する。

〔決算整理事項〕

a．（借）	仕　　入	2,380,000	（貸）繰越商品	2,380,000
	繰越商品	2,920,000	仕　　入	2,920,000
	棚卸減耗損	48,000	繰越商品	48,000
	商品評価損	36,000	繰越商品	36,000
	仕　　入	48,000	棚卸減耗損	48,000
	仕　　入	36,000	商品評価損	36,000

㋐ 期末商品棚卸高　¥2,920,000

A品 { @¥800（原価）×1,600個　＝¥1,280,000
　　　付記事項①（未検収分の原価）　¥500,000

B品　@¥950（原価）×1,200個　＝¥1,140,000

計¥2,920,000

㋑ 棚卸減耗損　¥48,000

A品　@¥800（原価）×（帳簿1,600個－実地1,540個）＝¥48,000

㋒ 商品評価損　¥36,000

A品は原価より正味売却価額が高いので，評価替えはしない。

B品　（原価@¥950－正味@¥920）×実地1,200個＝¥36,000

㋓ 貸借対照表の商品　¥2,836,000

＝上記㋐¥2,920,000－上記㋑¥48,000－上記㋒¥36,000

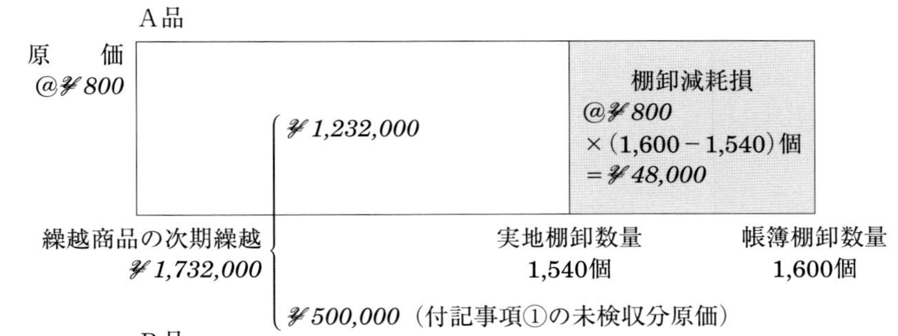

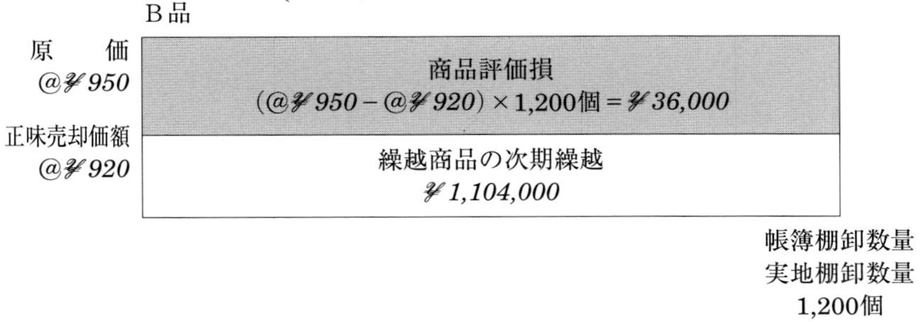

b．（借）為替差損益	42,000	（貸）買　掛　金	42,000

㋔ 為替差損益（損）　¥42,000

＝（決算日の為替レート134円－取引日の為替レート131円）×買掛金14,000ドル

※買掛金（負債）が決算日において増加しているため，為替差損益は「損」（費用）とする。

c．（借）貸倒引当金繰入	92,000	（貸）貸倒引当金	92,000

㋕ 電子記録債権の貸倒引当金計上額　¥48,000

＝電子記録債権勘定残高¥2,400,000×2％

㋖ 売掛金の貸倒引当金計上額　¥60,000

＝売掛金（勘定残高¥3,700,000－付記事項①¥700,000）×2％

㋗ 貸倒引当金繰入　¥92,000

＝（上記㋕¥48,000＋上記㋖¥60,000）－貸倒引当金勘定残高¥16,000

d.（借）	売買目的有価証券	60,000	（貸）有価証券評価益	60,000
（借）	満期保有目的債券	12,000	（貸）有価証券利息	12,000
（借）	その他有価証券	180,000	（貸）繰延税金負債	54,000
			その他有価証券評価差額金	126,000

㋘ 売買目的有価証券評価高　*¥1,280,000*＝甲産業株@*¥6,400*（時価）×200株
㋙ 有価証券評価益　*¥60,000*＝*¥1,280,000*（時価）－*¥1,220,000*（帳簿価額）
㋚ 満期保有目的債券の評価高（償却原価）　*¥1,964,000*
㋛ 有価証券利息　*¥12,000*＝*¥1,964,000*（償却原価）－*¥1,952,000*（帳簿価額）
㋜ その他有価証券評価高（時価）　*¥1,740,000*＝乙物産株@*¥29,000*（時価）×60株
㋝ その他有価証券　*¥180,000*＝*¥1,740,000*（時価）－*¥1,560,000*（帳簿価額）
㋞ 繰延税金負債　*¥54,000*＝上記㋝*¥180,000*×法定実効税率30％
㋟ その他有価証券評価差額金　*¥126,000*＝上記㋝*¥180,000*－上記㋞*¥54,000*

e.（借）	減価償却費	600,000	（貸）建物減価償却累計額	152,000
			備品減価償却累計額	448,000

㋠ 建物の減価償却高　*¥152,000*
＝（*¥7,600,000*（取得原価）－*¥0*（残存価額））÷耐用年数50年
㋡ 備品の減価償却高　*¥448,000*
＝（*¥3,500,000*（取得原価）－*¥1,260,000*（減価償却累計額））×償却率20％
㋢ 減価償却費　*¥600,000*＝上記㋠*¥152,000*＋上記㋡*¥448,000*

f.（借）	前払保険料	140,000	（貸）保険料	350,000
	長期前払保険料	210,000		

㋣ 保険料の前払高　*¥350,000*
$$=3年分の保険料¥420,000\times\frac{30か月（令和○5年4月〜令和○7年9月）}{36か月（令和○4年10月〜令和○7年9月）}$$
㋤ 前払保険料　*¥140,000*
$$=3年分の保険料¥420,000\times\frac{12か月（令和○5年4月〜令和○6年3月）}{36か月（令和○4年10月〜令和○7年9月）}$$
㋥ 長期前払保険料　*¥210,000*
$$=3年分の保険料¥420,000\times\frac{18か月（令和○6年4月〜令和○7年9月）}{36か月（令和○4年10月〜令和○7年9月）}$$
㋦ 損益計算書の保険料　*¥210,000*＝*¥560,000*（勘定残高）－上記㋣*¥350,000*

g.（借）	支払利息	12,000	（貸）未払利息	12,000

㋧ 未払利息　*¥12,000*＝利息未払高*¥12,000*

h.（借）	退職給付費用	1,780,000	（貸）退職給付引当金	1,780,000

㋨ 退職給付費用　*¥1,780,000*＝退職給付引当金繰入額*¥1,780,000*

i.（借）	法人税等	1,845,000	（貸）仮払法人税等	865,000
			未払法人税等	980,000

㋩ 法人税等　*¥1,845,000*＝法人税・住民税及び事業税額*¥1,845,000*
㋪ 未払法人税等　*¥980,000*＝上記㋩*¥1,845,000*－仮払法人税等勘定残高*¥865,000*

〔解答欄の完成等〕

(1) 貸借対照表

現金預金　¥4,744,100＝現金勘定残高¥1,729,500＋当座預金勘定残高¥3,014,600

有価証券　¥1,280,000＝売買目的有価証券の評価高(時価)¥1,280,000

前払費用　¥140,000＝前払保険料¥140,000

建物減価償却累計額　¥1,824,000

　＝勘定残高¥1,672,000＋建物の減価償却高¥152,000

備品減価償却累計額　¥1,708,000

　＝勘定残高¥1,260,000＋備品の減価償却高¥448,000

投資有価証券　¥3,704,000

　＝満期保有目的債券の評価高(償却原価)¥1,964,000

　　＋その他有価証券の評価高(時価)¥1,740,000

長期前払費用　¥210,000＝長期前払保険料¥210,000

短期借入金　¥1,000,000＝付記事項②より

未払費用　¥12,000＝未払利息¥12,000

長期借入金　¥4,000,000＝付記事項②より

退職給付引当金　¥4,648,000＝勘定残高¥2,868,000＋退職給付費用¥1,780,000

繰越利益剰余金　¥4,888,000（貸借対照表の数値から求める計算方法）

(a) 資産合計¥31,774,100を負債及び純資産合計とし，その額から負債合計¥14,220,100を差し引いて純資産合計¥17,554,000を求め，さらにその額から新株予約権¥200,000と評価・換算差額等合計¥126,000を差し引いて株主資本合計¥17,228,000とする。

(b) 株主資本合計¥17,228,000から資本金¥10,000,000と資本剰余金合計¥1,200,000を差し引いて利益剰余金合計¥6,028,000とする。

(c) 利益剰余金合計¥6,028,000から利益準備金¥300,000と別途積立金¥840,000を差し引いて繰越利益剰余金¥4,888,000を求める。

(2) 損益計算書（一部）

上記決算整理事項の解説を参照。

(3) 損益計算書に記載する当期純利益

(a) 繰越利益剰余金勘定残高の増減額から推定する方法

　貸借対照表の繰越利益剰余金¥4,888,000

　－元帳勘定残高の繰越利益剰余金¥576,000

(b) 損益計算書を完成させる方法

　次ページの損益計算書を参照。

〈参考〉

損益計算書

島根商事株式会社　令和○4年4月1日から令和○5年3月31日まで　（単位：円）

Ⅰ 売上高		83,037,500
Ⅱ 売上原価		
1. 期首商品棚卸高	2,380,000	
2. 当期商品仕入高	60,327,500	
合計	62,707,500	
3. 期末商品棚卸高	2,920,000	
	59,787,500	
4. 棚卸減耗損	48,000	
5. 商品評価損	36,000	59,871,500
売上総利益		23,166,000
Ⅲ 販売費及び一般管理費		
1. 給料	9,075,000	
2. 発送費	1,892,000	
3. 広告料	1,786,000	
4. 貸倒引当金繰入	92,000	
5. 減価償却費	600,000	
6. 退職給付費用	1,780,000	
7. 支払家賃	1,520,000	
8. 消耗品費	227,000	
9. 保険料	210,000	
10. 租税公課	273,600	
11. 雑費	161,400	17,617,000
営業利益		5,549,000
Ⅳ 営業外収益		
1. 受取地代	560,000	
2. 受取配当金	120,000	
3. 有価証券利息	52,000	
4. 有価証券売却益	190,000	
5. 有価証券評価益	60,000	982,000
Ⅴ 営業外費用		
1. 支払利息	152,000	
2. 為替差損	42,000	194,000
経常利益		6,337,000
Ⅵ 特別利益		
1. 固定資産売却益	150,000	150,000
Ⅶ 特別損失		
1. 固定資産除却損	330,000	330,000
税引前当期純利益		6,157,000
法人税・住民税及び事業税		1,845,000
当期純利益		4,312,000

4

@4点×7＝28点

	借方		貸方	
a	電子記録債権	560,000	売掛金	560,000
b	備品 備品減価償却累計額 固定資産売却損	4,400,000 1,952,000 448,000	備品 未払金	4,000,000 2,800,000
c	子会社株式評価損	12,750,000	子会社株式	12,750,000
d	退職給付引当金	18,000,000	定期預金	18,000,000
e	当座預金	4,800,000	自己株式 その他資本剰余金	4,500,000 300,000
f	当座預金	800,000	新株予約権	800,000
g	買掛金	952,000	当座預金 為替差損益	931,000 21,000

解説

a．（借）電子記録債権　560,000　（貸）売掛金　560,000

売掛金について取引銀行を通じて電子記録債権の発生記録の通知を受けたときは，電子記録債権勘定（資産）の借方に記帳するとともに，売掛金勘定（資産）の貸方に記帳する。

b．（借）備品　4,400,000　（貸）備品　4,000,000
　　　備品減価償却累計額　1,952,000　　未払金　2,800,000
　　　固定資産売却損　448,000

売却価額（下取価額）と帳簿価額（取得原価－減価償却累計額）との差額は，固定資産売却損（益）勘定で処理する。

旧備品の減価償却累計額（定率法）　￥1,952,000
　第10期の減価償却費　￥4,000,000×0.2＝￥800,000
　第11期の減価償却費　（￥4,000,000－￥800,000）×0.2＝￥640,000
　第12期の減価償却費　（￥4,000,000－￥800,000－￥640,000）×0.2＝￥512,000

旧備品の帳簿価額
　￥4,000,000（旧備品の取得原価）－￥1,952,000（旧備品の減価償却累計額）
　＝￥2,048,000

固定資産売却損
　￥1,600,000（旧備品の下取価額）－￥2,048,000（旧備品の帳簿価額）＝－￥448,000
→帳簿価額より低い価額で下取りしてもらっているので，固定資産売却損となる。

c．（借）子会社株式評価損　12,750,000　（貸）子会社株式　12,750,000

子会社株式の期末評価は原則として取得原価による。ただし，市場価格がない場合で財政状態の悪化により実質価額が著しく低下したときは，実質価額によって評価する。そのさいに発生した評価損は子会社株式評価損勘定（費用）で処理する。

子会社株式の1株あたりの実質価額
$$\frac{￥36,250,000（資産総額）－￥21,250,000（負債総額）}{800株（発行済株式数）}＝￥18,750$$

子会社株式評価損　￥12,750,000
　＝（帳簿価額@￥40,000－実質価額@￥18,750）×保有600株

d．（借）退職給付引当金　18,000,000　（貸）定期預金　18,000,000

従業員の退職時に支払う退職一時金などに備えて，その債務額を見積もり退職給付引当金勘定（負債）を計上することがある。この場合，従業員の退職にともない，退職一時金を支払ったときは，退職給付引当金勘定の減少として処理する。

e.	（借）当座預金	4,800,000	（貸）自己株式	4,500,000
			その他資本剰余金	300,000

自己株式を処分したときは，処分した自己株式の帳簿価額をもって自己株式勘定の貸方に記帳するとともに，処分対価をもって当座預金勘定（資産）の借方に記帳する。なお，処分対価と自己株式の帳簿価額との差額をもってその他資本剰余金勘定（純資産）として処理する。

自己株式　￥4,500,000＝帳簿価額@￥750×6,000株

当座預金　￥4,800,000＝処分対価@￥800×6,000株

その他資本剰余金　￥300,000＝処分対価￥4,800,000－帳簿価額￥4,500,000

f.	（借）当座預金	800,000	（貸）新株予約権	800,000

新株予約権を発行したときは，払込金額をもって新株予約権勘定（純資産）の貸方に記帳する。

新株予約権　￥800,000＝20個×@￥40,000

g.	（借）買掛金	952,000	（貸）当座預金	931,000
			為替差損益	21,000

掛代金の決済を小切手を振り出して支払ったときは，買掛金勘定（負債）の借方に記帳するとともに，当座預金勘定（資産）の貸方に記帳する。なお，買掛金勘定は，取引発生時の為替相場で円換算した額になり，当座預金勘定は，決済時の為替相場で円換算した額になる。決済にともなって生じた差額は，為替差損益勘定に記帳する。

買掛金　￥952,000＝7,000ドル×輸入時の為替相場@￥136

当座預金　￥931,000＝7,000ドル×決済時の為替相場@￥133

為替差損益（益）　￥21,000＝7,000ドル×（@￥136－@￥133）

1級会計模擬試験問題　第９回

1

@２点×７＝14点

(1)

ア	イ	ウ	エ
1	4	7	12

(2)

ア	イ	ウ
3	6	9

解説

(1)

a．財務諸表のディスクロージャー

企業が自社の会計情報を開示することを［1．ディスクロージャー］といい，わが国では会社法や金融商品取引法によって規制されている。会社法は，株主に対する計算書類の提供や，貸借対照表・損益計算書の要旨を官報や新聞等で公告することを規定している。また，金融商品取引法は，［4．有価証券報告書］の開示を義務づけている。

b．明瞭性の原則

財務諸表を作成する場合，固定資産の減価償却の方法などの重要な会計方針を注記するなどして，利害関係者に対し，企業の状況に関する判断を誤らせないようにしなければならない。これは［7．明瞭性］の原則によるものである。

c．収益的支出

固定資産の通常の維持・管理および原状を回復させるための支出を［12．収益的支出］という。この支出を費用として計上せずに，資産として処理した場合には，純利益は過大に計上される。

(2)

ア．発　生　主　義	3．accrual basis
イ．自己資本利益率	6．return on equity
ウ．総資産利益率	9．return on assets

※英語表記一覧表（⇒p.3）を参照。

2

(1)　@１点×４＝　４点
(2)●印@２点×４＝　８点
(3)①　@２点×４＝　８点
　②　@１点×２＝　２点

(1)

ア	4	イ	2	ウ	136,800,000	エ	36,080,000

(2)

連結貸借対照表

P社　令和○8年3月31日　（単位：千円）

借方	金額	貸方	金額
現金預金	26,450	買掛金	9,900
売掛金	（●❶16,500）	資本金	（●❷27,000）
商品	5,500	利益剰余金	（9,195）
のれん	（●❸ 285）	非支配株主持分	（2,640）
	（48,735）		（48,735）

連結損益計算書

P社　令和○7年4月1日から令和○8年3月31日まで　（単位：千円）

借方	金額	貸方	金額
売上原価	52,500	売上高	75,000
給料	19,710		
のれん償却	（15）		
当期純利益	（2,775）		
	（75,000）		75,000
非支配株主に帰属する当期純利益	（180）	当期純利益	（2,775）
親会社株主に帰属する当期純利益	（●❹ 2,595）		
	（2,775）		（2,775）

(3)（注意）エとオについては，小数第１位まで示すこと。

①

ア	❺ 120 %	イ	1	ウ	❻ 18 %	エ	❻ 8.8 %

オ	❼ 13.2 回	カ	1

（注意）アとイ，オとカは，それぞれ２つとも合っている場合に正答とする。

②

a	¥ ❽ 640,000	b	¥ ❾ 2,860,000

解説

(1) **工事契約の問題**

長期請負工事などの工事契約については，工事収益総額，工事原価総額，決算日における工事の進捗度の三つの要件を合理的に見積もることができる場合は，工事進行基準によって工事収益を計上し，合理的に見積もることができない場合には，原価回収基準により収益を計上する。なお，工事収益に対する対価を受け取る権利をあらわす勘定として，契約資産勘定（資産）を用いる。

① 工事進行基準による当期の工事収益　¥136,800,000

$$= \text{工事収益総額¥}456,000,000 \times \frac{\text{当期までに発生した実際工事原価¥}103,680,000}{\text{完成までの工事原価総額¥}345,600,000}$$

〈原価計上の仕訳〉

(借) 工事原価	103,680,000	(貸) 工事費用の諸勘定※	103,680,000

※材料費，労務費，経費など

〈収益計上の仕訳〉

(借) 契約資産	136,800,000	(貸) 工事収益	136,800,000

② 原価回収基準による当期の工事収益　¥36,080,000

＝当期の実際発生工事原価¥36,080,000

〈原価計上の仕訳〉

(借) 工事原価	36,080,000	(貸) 工事費用の諸勘定※	36,080,000

※材料費，労務費，経費など

〈収益計上の仕訳〉

(借) 契約資産	36,080,000	(貸) 工事収益	36,080,000

(2) **連結財務諸表に関する計算問題**　(単位：千円)

❶❷❸❹ 連結財務諸表は，親会社と子会社のそれぞれの個別財務諸表の数値を合算し，連結修正の手続きを加えて作成する。

> 連結貸借対照表に計上するのれんは，支配獲得日の投資と資本の相殺消去仕訳で計上されるのれんに対し，当期に償却される額を差し引いて求める。
> 連結損益計算書に計上する親会社株主に帰属する当期純利益は，親会社と子会社の「当期純利益」を合算したあと，連結修正仕訳で生じる損益項目の調整を加えて，企業集団全体の当期純利益を算定し，その額から「非支配株主に帰属する当期純利益」を控除して算出する。

(I) 支配獲得日の投資と資本の相殺消去仕訳

のれん＝子会社株式(70%分)の取得原価

－子会社純資産額に対する親会社持分(70%分)

のれんの金額

子会社株式取得原価6,250－支配獲得日の子会社純資産(資本金6,000＋利益剰余金2,500)×70%＝300

非支配株主持分＝子会社純資産額×非支配株主持分割合(30%)

非支配株主持分の金額

支配獲得日の子会社純資産8,500×30%＝2,550

支配獲得日の投資と資本の相殺消去仕訳は次のとおり。

(借) 資本金	6,000	(貸) 子会社株式	6,250
利益剰余金	2,500	非支配株主持分	2,550
のれん	300		

(II) 当期分の連結修正

① のれんの償却（のれんは20年以内での償却を求められている。）

のれんの償却額　300を20年間で定額法により償却する。

300÷20年＝15

〈連結修正仕訳〉

(借) のれん償却	15	(貸) のれん	15

❸ よって，連結貸借対照表に計上するのれんの金額は

300－15＝285

② 子会社純利益による子会社純資産増加のうち，非支配株主に配分する金額

S社の損益計算書より子会社の当期純利益は600

子会社の当期純利益600×30%＝180（非支配株主持分の増加）

〈連結修正仕訳〉

(借) 非支配株主に帰属する当期純利益	180	(貸) 非支配株主持分	180

③　子会社の剰余金処分のうち，配当金の支払いによる子会社純資産減少に対して非支配株主に負担させる金額

株主資本等変動計算書にＳ社の当期純利益600をあてはめ，差額で剰余金の配当を求める。

（Ｓ社）利益剰余金当期首残高2,500－剰余金の配当x＋当期純利益600

＝利益剰余金当期末残高2,800

よって，剰余金の配当xは300

子会社の支払った配当金のうち，親会社が受け取った分（300×70％＝210で受取配当金に計上されている）は，親会社と子会社間の企業集団内部の取引として相殺消去する。

また，非支配株主が受け取った分（300×30％＝90）は非支配株主持分と相殺消去する。

〈連結修正仕訳〉

（借）	受取配当金	210	（貸）剰余金の配当（配当金）	300
	非支配株主持分	90		

以上の連結修正内容から，

❶ 連結貸借対照表に計上する売掛金は，連結修正がないので

Ｐ社売掛金12,000＋Ｓ社売掛金4,500＝16,500

❷ 連結貸借対照表に計上する資本金は

Ｐ社資本金27,000＋Ｓ社資本金6,000－(Ⅰ)(借)資本金6,000＝27,000

❸ 連結貸借対照表に計上するのれんは前述のとおり。

❹ 連結損益計算書に計上する親会社株主に帰属する当期純利益は，

Ｐ社当期純利益2,400＋Ｓ社当期純利益600－(Ⅱ)①(借)のれん償却15(費用発生)

－(Ⅱ)③(借)受取配当金210(収益消去)＝2,775(企業集団全体の当期純利益)

この2,775から，(Ⅱ)②(借)非支配株主に帰属する当期純利益180を控除した2,595が解答。

〈参考〉

連結株主資本等変動計算書

Ｐ社　　令和○7年4月1日から令和○8年3月31日まで　　（単位：千円）

	資本金	利益剰余金	非支配株主持分
当期首残高	27,000	10,800	2,550
当期変動額　剰余金の配当		△4,200	
親会社株主に帰属する当期純利益		2,595	
株主資本以外の項目の当期変動額（純額）			90
当期末残高	27,000	9,195	2,640

(3)　**財務諸表分析の問題**

貸借対照表

A株式会社　　令和○8年3月31日　　（単位：円）

資産	金額	負債・純資産	金額
現金預金	1,754,000	支払手形	740,000
受取手形	700,000	買掛金	(❽ 640,000)
売掛金	1,440,000	短期借入金	1,320,000
有価証券	2,106,000	未払法人税等	300,000
商品	1,170,000	長期借入金	2,366,000
前払費用	(30,000)	退職給付引当金	634,000
建物	2,200,000	資本金	7,600,000
備品	2,520,000	繰越利益剰余金	4,400,000
土地	(5,630,000)		
特許権	450,000		
	(18,000,000)		(18,000,000)

（当座資産：現金預金～有価証券／流動負債：支払手形～未払法人税等／負債：支払手形～退職給付引当金／純資産（自己資本）：資本金・繰越利益剰余金／総資本）

貸借対照表

B株式会社　　令和○8年3月31日　　（単位：円）

資産	金額	負債・純資産	金額
現金預金	(2,422,000)	支払手形	2,320,000
受取手形	3,000,000	買掛金	770,000
売掛金	1,508,000	短期借入金	1,750,000
商品	(❾2,860,000)	未払法人税等	660,000
前払費用	(110,000)	長期借入金	2,900,000
備品	2,000,000	退職給付引当金	2,400,000
土地	1,900,000	資本金	7,600,000
建設仮勘定	6,000,000	繰越利益剰余金	1,400,000
	19,800,000		19,800,000

（売上債権：受取手形・売掛金／負債：支払手形～退職給付引当金／純資産（自己資本）：資本金・繰越利益剰余金／総資本）

❺ B株式会社の負債比率（ア）

$$負債比率＝\frac{負債}{自己資本}×100(\%)$$

$$＝\frac{￥10,800,000(支払手形から退職給付引当金までの合計)}{￥9,000,000(資本金と繰越利益剰余金の合計)}×100＝120\%$$

※負債比率は自己資本に対する負債の割合を示しており，低いほど安全性が高い。

❻ 自己資本利益率（ウ）（エ）

$$自己資本利益率＝\frac{当期純利益}{自己資本}×100(\%)$$

〈A株式会社について〉

A株式会社の当期純利益は，総資本利益率から求める。

まず，負債比率が50％であることから，自己資本額￥12,000,000（資本金と繰越利益剰余金の合計）×50％＝￥6,000,000が負債総額。

よって，￥6,000,000＋￥12,000,000＝￥18,000,000が総資本額となる。

総資本利益率＝$\frac{\text{当期純利益￥}x}{\text{総資本￥18,000,000}}$×100＝12％より

当期純利益＝￥18,000,000×0.12＝￥2,160,000

＝$\frac{\text{￥2,160,000}}{\text{￥12,000,000}}$×100＝18％

〈B株式会社について〉

B株式会社の当期純利益も，総資本利益率から求める。

総資本利益率＝$\frac{\text{当期純利益￥}x}{\text{総資本￥19,800,000}}$×100＝4％より

当期純利益＝￥19,800,000×0.04＝￥792,000

＝$\frac{\text{￥792,000}}{\text{￥9,000,000}}$×100＝8.8％

❼ B株式会社の受取勘定（売上債権）回転率（オ）

受取勘定（売上債権）回転率＝$\frac{\text{売上高}}{\text{売上債権（受取手形＋売掛金）平均有高}}$（回）

B株式会社の売上高は，売上原価￥34,650,000÷売上原価率0.7＝￥49,500,000

期末の売上債権は，受取手形￥3,000,000＋売掛金￥1,508,000＝￥4,508,000

よって，回転率＝$\frac{\text{￥49,500,000}}{\text{（期首売上債権￥2,992,000＋期末売上債権￥4,508,000）÷2}}$＝13.2回

※受取勘定（売上債権）回転率は売上債権の回収の早さを示すもので，回転率が高いほど債権の回収が早く，状況がよいことになる。

❽ A株式会社の買掛金（キ）

〈解法1　総資本回転率から〉

総資本回転率＝$\frac{\text{売上高￥54,000,000}}{\text{総資本￥}x}$＝3.0回

よって，総資本￥xは￥54,000,000÷3.0回＝￥18,000,000（負債・純資産合計を示す）

負債・純資産合計￥18,000,000から差し引きで買掛金は￥640,000

〈解法2　当座比率から〉

当座比率＝$\frac{\text{当座資産（現金預金￥1,754,000＋受取手形￥700,000＋売掛金￥1,440,000＋有価証券￥2,106,000）}}{\text{流動負債（支払手形￥740,000＋買掛金￥}x\text{＋短期借入金￥1,320,000＋未払法人税等￥300,000）}}$×100＝200％

よって，流動負債合計は当座資産合計￥6,000,000の2分の1の￥3,000,000となり，差し引きで買掛金は￥640,000

〈解法3　負債比率から〉

負債比率＝$\frac{\text{負債￥}x}{\text{自己資本（資本金￥7,600,000＋繰越利益剰余金￥4,400,000）}}$×100＝50％

よって，負債合計は自己資本合計￥12,000,000の50％分の￥6,000,000となり，差し引きで買掛金は￥640,000

❾ B株式会社の商品（ク）

商品の平均在庫日数29.2日から，商品回転率は365日÷29.2日＝12.5回となる。

商品回転率＝$\frac{\text{売上原価￥34,650,000}}{\text{平均商品有高￥}x}$＝12.5回

よって，平均商品有高￥xは￥34,650,000÷12.5回＝￥2,772,000

この￥2,772,000を2倍した￥5,544,000が期首と期末の商品棚卸高の合計額となり，この額から期首商品棚卸高￥2,684,000を差し引いて期末商品棚卸高は￥2,860,000

●ポイント

①ア．**負債比率**

自己資本に対する負債の割合を示すもので，この比率が低いほど企業の安全性が高いことを示す。

負債比率＝$\frac{\text{負債}}{\text{自己資本}}$×100（％）

ウ．エ．**自己資本利益率**

株主資本利益率（ROE）ともいわれ，株主の資本がどの程度効率的に運用されたかを示す。この比率が高いほど収益性が高いことを示す。

自己資本利益率＝$\frac{\text{当期純利益}}{\text{自己資本}}$×100（％）

総資本利益率

投下した総資本（自己資本と他人資本の合計）が，どの程度効率的に運用されたかを示す。この比率が高いほど収益性が高いことを示す。

総資本利益率＝$\frac{\text{当期純利益}}{\text{総資本（他人資本＋自己資本）}}$×100（％）

オ．**受取勘定（売上債権）回転率，平均回収日数**

売上債権の回収の早さを示すもので，この回転率が高いほど債権の回収が早く，状況がよいことを示す。そして，１年の日数（365日）を受取勘定（売上債権）回転率で割ると債権の平均回収日数を求めることができる。

受取勘定（売上債権）回転率＝$\frac{\text{売上高}}{\text{売上債権（受取手形＋売掛金）平均有高}}$（回）

平均回収日数＝365日÷受取勘定（売上債権）回転率（日）

売上原価率

売上高に対する売上原価の割合を示すものである。この比率が低いほど利幅が大きく，収益性が高いことを示す。

売上原価率＝$\frac{\text{売上原価}}{\text{売上高}}$×100（％）

②a．**総資本回転率**

総資本に対する売上高の割合を示すもので，投下された資本の収益力をはかるものである。この比率が高いほど収益性が高いことになる。

総資本回転率＝$\frac{売上高}{総資本}$(回)

当座比率

流動負債に対する当座資産の割合を示すもので，即時の支払能力を分析するための比率である。

当座比率＝$\frac{当座資産}{流動負債}$×100(%)

b．**商品回転率，平均在庫日数**

平均商品有高に対する売上原価の割合を示すものである。この回転率が高いほど商品の在庫期間が短く，販売効率がよいことを示す。そして，1年の日数（365日）を商品回転率で割ると，商品の平均在庫日数を求めることができる。

商品回転率＝$\frac{売上原価}{平均商品有高}$(回)

平均商品有高＝(期首商品棚卸高＋期末商品棚卸高)÷2

平均在庫日数＝365日÷商品回転率(日)

〈参考〉

流動比率

流動負債に対する流動資産の割合を示すもので，短期の支払能力を分析するための比率である。

流動比率＝$\frac{流動資産}{流動負債}$×100(%)

固定比率

固定資産が返済の必要のない自己資本でどれだけまかなわれているかを示すもので，安全性，特に長期支払能力の分析比率である。この比率は100%以下が望ましいとされている。

固定比率＝$\frac{固定資産}{自己資本}$×100(%)

3 (1)

●印@4点×9＝36点

損益計算書

山形商事株式会社　令和○2年4月1日から令和○3年3月31日まで　(単位：円)

Ⅰ 売上高		95,352,000
Ⅱ 売上原価		
1．期首商品棚卸高	(6,078,000)	
2．当期商品仕入高	(66,746,400)	
合計	(72,824,400)	
3．期末商品棚卸高	(5,940,000)	
	(66,884,400)	
4．(棚卸減耗損)	(240,000)	
5．(商品評価損)	(152,000)	(67,276,400)
売上総利益		(28,075,600)
Ⅲ 販売費及び一般管理費		
1．給料	9,879,600	
2．発送費	2,100,000	
3．広告料	2,374,000	
4．(貸倒引当金繰入)	(35,600)●	
5．(減価償却費)	(662,000)●	
6．ソフトウェア償却	(100,000)	
7．(退職給付費用)	(998,000)	
8．水道光熱費	708,000	
9．消耗品費	160,200	
10．保険料	(440,600)	
11．租税公課	112,800	
12．(雑費)	(228,000)	(17,798,800)
営業利益		(10,276,800)
Ⅳ 営業外収益		
1．受取配当金	127,200	
2．為替差益	(60,000)●	
3．(有価証券評価益)	(140,000)●	(327,200)
Ⅴ 営業外費用		
1．支払利息	(153,600)	
2．(電子記録債権売却損)	(21,800)●	(175,400)
経常利益		(10,428,600)
Ⅵ 特別損失		
1．固定資産売却損	216,000	216,000
税引前当期純利益		(10,212,600)
法人税・住民税及び事業税		(3,184,000)
当期純利益		(7,028,600)

(2)

貸借対照表

山形商事株式会社　　令和○3年3月31日　　（単位：円）

資産の部

資産合計		40,369,880

負債の部

Ⅰ 流動負債		
1．電子記録債務	685,000	
2．買掛金	2,690,480	
3．未払費用	（24,000）	
4．（未払法人税等）	（1,444,000）●	
流動負債合計		（4,843,480）
Ⅱ 固定負債		
1．長期借入金	6,000,000	
2．（退職給付引当金）	（5,111,000）●	
固定負債合計		（11,111,000）
負債合計		（15,954,480）

純資産の部

Ⅰ 株主資本		
(1) 資本金		13,200,000
(2) 資本剰余金		
1．資本準備金	1,680,000	
資本剰余金合計		1,680,000
(3) 利益剰余金		
1．利益準備金	1,440,000	
2．その他利益剰余金		
① 別途積立金	612,000	
② 繰越利益剰余金	（7,363,400）	
利益剰余金合計		（9,415,400）
株主資本合計		（24,295,400）
Ⅱ 評価・換算差額等		
1．その他有価証券評価差額金	（120,000）●	
評価・換算差額等合計		（120,000）
純資産合計		（24,415,400）
負債及び純資産合計		（40,369,880）

(3)

貸借対照表に記載する商品の金額	¥ 5,548,000 ●

解説

〔付記事項〕

①（借）当座預金	698,200	（貸）電子記録債権	720,000
電子記録債権売却損	21,800		

電子記録債権を割り引いたときは，電子記録債権（資産）を減少させるとともに，手取金をもって当座預金（資産）を増加させる。なお，割引料は電子記録債権売却損（費用）として処理する。

②（借）売買目的有価証券	14,000	（貸）支払手数料	14,000

株式を購入したさいの手数料は本来，有価証券の取得原価に含めるが，誤って支払手数料として処理していたため修正する。支払手数料（費用）を減少するとともに，売買目的有価証券（資産）を増加させる。

〔決算整理事項〕

a．（借）仕入	6,078,000	（貸）繰越商品	6,078,000
繰越商品	5,940,000	仕入	5,940,000
棚卸減耗損	240,000	繰越商品	240,000
商品評価損	152,000	繰越商品	152,000
仕入	240,000	棚卸減耗損	240,000
仕入	152,000	商品評価損	152,000

㋐ 期末商品棚卸高　¥5,940,000＝@¥3,000（原価）×帳簿1,980個
㋑ 棚卸減耗損　¥240,000＝@¥3,000（原価）×（帳簿1,980個－実地1,900個）
㋒ 商品評価損　¥152,000＝（原価@¥3,000－正味@¥2,920）×実地1,900個
㋓ 貸借対照表の商品　¥5,548,000
　＝上記㋐¥5,940,000－上記㋑¥240,000－上記㋒¥152,000

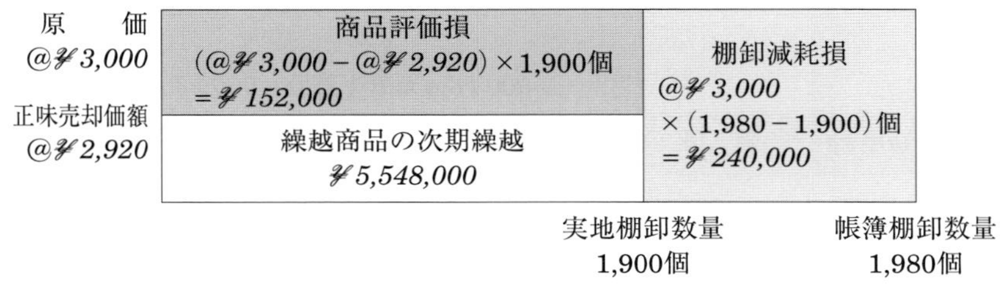

b．（借）売　掛　金　60,000　（貸）為替差損益　60,000

㋔　為替差損益（益）　¥60,000
　＝(決算日の為替レート124円－取引日の為替レート120円)×売掛金15,000ドル
　※売掛金（資産）が決算日において増加しているため，為替差損益は「益」（収益）とする。

c．（借）貸倒引当金繰入　35,600　（貸）貸倒引当金　35,600

㋕　電子記録債権の貸倒引当金計上額　¥17,000
　＝電子記録債権(勘定残高¥2,420,000－付記事項①¥720,000)×1％
㋖　売掛金の貸倒引当金計上額　¥33,000
　＝売掛金(勘定残高¥3,240,000＋決算整理事項b. ¥60,000)×1％
㋗　貸倒引当金繰入　¥35,600
　＝(上記㋕¥17,000＋上記㋖¥33,000)－貸倒引当金勘定残高¥14,400

d．（借）売買目的有価証券　140,000　（貸）有価証券評価益　140,000
　（借）その他有価証券　120,000　（貸）その他有価証券評価差額金　120,000

㋘　売買目的有価証券評価高　¥2,940,000＝北東商事株@¥4,200(時価)×700株
㋙　有価証券評価益　¥140,000＝¥2,940,000(時価)－¥2,800,000(帳簿価額)※
　※¥2,800,000(帳簿価額)＝勘定残高¥2,786,000＋付記事項②¥14,000
㋚　その他有価証券評価高　¥2,550,000＝南西物産株@¥5,100(時価)×500株
㋛　その他有価証券評価差額金　¥120,000＝¥2,550,000(時価)－¥2,430,000(帳簿価額)

e．（借）減価償却費　662,000　（貸）建物減価償却累計額　162,000
　　備品減価償却累計額　500,000

㋜　建物の減価償却高　¥162,000
　＝(¥8,100,000(取得原価)－¥0(残存価額))÷耐用年数50年
㋝　備品の減価償却高　¥500,000
　＝(¥3,000,000(取得原価)－¥0(残存価額))÷耐用年数6年
㋞　減価償却費　¥662,000＝上記㋜¥162,000＋上記㋝¥500,000

f．（借）ソフトウェア償却　100,000　（貸）ソフトウェア　100,000

㋟　ソフトウェア償却　¥100,000＝ソフトウェア¥500,000÷利用可能期間5年

g．（借）前払保険料　175,000　（貸）保　険　料　175,000

㋠　前払保険料　¥175,000
　$= 1年分の保険料¥420,000 \times \dfrac{5か月(令和○3年4月〜令和○3年8月)}{12か月(令和○2年9月〜令和○3年8月)}$
㋡　損益計算書の保険料　¥440,600＝¥615,600(勘定残高)－上記㋠¥175,000

h．（借）支払利息　24,000　（貸）未払利息　24,000

㋢　未払利息　¥24,000＝利息未払高¥24,000

i．（借）退職給付費用　998,000　（貸）退職給付引当金　998,000

㋣　退職給付費用　¥998,000＝退職給付引当金繰入額¥998,000

j．（借）法人税等　3,184,000　（貸）仮払法人税等　1,740,000
　　未払法人税等　1,444,000

㋤　法人税等　¥3,184,000＝法人税・住民税及び事業税額¥3,184,000
㋥　未払法人税等　¥1,444,000＝上記㋤¥3,184,000－仮払法人税等勘定残高¥1,740,000

〔解答欄の完成等〕
(1)　損益計算書
上記決算整理事項の解説を参照。

(2)　貸借対照表（一部）
未払費用　¥24,000＝未払利息¥24,000
退職給付引当金　¥5,111,000＝勘定残高¥4,113,000＋退職給付費用¥998,000
繰越利益剰余金　¥7,363,400（貸借対照表の数値から求める計算方法）
(a)　資産合計¥40,369,880を負債及び純資産合計とし，その額から負債合計¥15,954,480を差し引いて純資産合計¥24,415,400を求め，さらにその額から評価・換算差額等合計¥120,000を差し引いて株主資本合計¥24,295,400とする。
(b)　株主資本合計¥24,295,400から資本金¥13,200,000と資本剰余金合計¥1,680,000を差し引いて利益剰余金合計¥9,415,400とする。
(c)　利益剰余金合計¥9,415,400から利益準備金¥1,440,000と別途積立金¥612,000を差し引いて繰越利益剰余金¥7,363,400を求める。

(3)　貸借対照表に記載する商品の金額
上記決算整理事項a．を参照。

〈参考〉

貸借対照表

山形商事株式会社　　令和○3年3月31日　　（単位：円）

資産の部			
Ⅰ 流動資産			
1．現金預金		4,972,880	
2．電子記録債権	1,700,000		
貸倒引当金	17,000	1,683,000	
3．売掛金	3,300,000		
貸倒引当金	33,000	3,267,000	
4．有価証券		2,940,000	
5．商品		5,548,000	
6．前払費用		175,000	
流動資産合計			18,585,880
Ⅱ 固定資産			
(1) 有形固定資産			
1．建物	8,100,000		
減価償却累計額	1,296,000	6,804,000	
2．備品	3,000,000		
減価償却累計額	2,000,000	1,000,000	
3．土地		11,030,000	
有形固定資産合計		18,834,000	
(2) 無形固定資産			
1．ソフトウェア		400,000	
無形固定資産合計		400,000	
(3) 投資その他の資産			
1．投資有価証券		2,550,000	
投資その他の資産合計		2,550,000	
固定資産合計			21,784,000
資産合計			40,369,880
負債の部			
Ⅰ 流動負債			
1．電子記録債務		685,000	
2．買掛金		2,690,480	
3．未払費用		24,000	
4．未払法人税等		1,444,000	
流動負債合計			4,843,480
Ⅱ 固定負債			
1．長期借入金		6,000,000	
2．退職給付引当金		5,111,000	
固定負債合計			11,111,000
負債合計			15,954,480
純資産の部			
Ⅰ 株主資本			
(1) 資本金			13,200,000
(2) 資本剰余金			
1．資本準備金		1,680,000	
資本剰余金合計			1,680,000
(3) 利益剰余金			
1．利益準備金		1,440,000	
2．その他利益剰余金			
① 別途積立金		612,000	
② 繰越利益剰余金		7,363,400	
利益剰余金合計			9,415,400
株主資本合計			24,295,400
Ⅱ 評価・換算差額等			
1．その他有価証券評価差額金		120,000	
評価・換算差額等合計			120,000
純資産合計			24,415,400
負債及び純資産合計			40,369,880

4

@4点×7＝28点

	借方		貸方	
a	売買目的有価証券 有価証券利息	*2,452,000* *6,000*	当座預金	*2,458,000*
b	リース資産	*900,000*	リース債務	*900,000*
c	現金	*2,400,000*	契約負債	*2,400,000*
d	退職給付引当金	*20,000,000*	定期預金	*20,000,000*
e	その他資本剰余金 繰越利益剰余金	*3,300,000* *4,950,000*	未払配当金 資本準備金 利益準備金	*7,500,000* *300,000* *450,000*
f	当座預金 新株予約権	*3,000,000* *400,000*	資本金 資本準備金	*1,700,000* *1,700,000*
g	鉱業権償却	*7,200,000*	鉱業権	*7,200,000*

解説

a．（借）売買目的有価証券　*2,452,000*　（貸）当座預金　*2,458,000*
　　　　有価証券利息　*6,000*

有価証券の買い入れのさいに支払った買入手数料などの付随費用は取得原価に含める。また，売買のさいの端数利息は有価証券利息勘定（収益）で処理する。

売買目的有価証券　¥2,452,000＝¥2,500,000×$\frac{¥97.60}{¥100}$＋買入手数料¥12,000

有価証券利息　¥6,000＝端数利息¥6,000

b．（借）リース資産　*900,000*　（貸）リース債務　*900,000*

ファイナンス・リース取引（利子抜き法）の場合，リース取引を開始したときは，見積現金購入価額をもってリース資産勘定（資産）の借方に記帳するとともに，リース債務勘定（負債）の貸方に記帳する。

c．（借）現金　*2,400,000*　（貸）契約負債　*2,400,000*

役務提供完了前に対価を受け取ったときは前受金勘定（負債）または契約負債勘定（負債）で処理しておき，役務提供が完了したときに売上収益を計上する。なお，本問では勘定科目の指示により契約負債勘定を用いる。

d．（借）退職給付引当金　*20,000,000*　（貸）定期預金　*20,000,000*

従業員の退職時に支払う退職一時金などに備えて，その債務額を見積もり退職給付引当金勘定（負債）を計上することがある。この場合，従業員の退職にともない，退職一時金を支払ったときは，退職給付引当金勘定の減少として処理する。

e．（借）その他資本剰余金　*3,300,000*　（貸）未払配当金　*7,500,000*
　　　　繰越利益剰余金　*4,950,000*　　　　資本準備金　*300,000*
　　　　　　　　　　　　　　　　　　　　　利益準備金　*450,000*

株主総会の決議により剰余金の配当等をおこなったときは，配当額をもって未払配当金勘定（負債）の貸方に記帳するとともに，配当財源となったその他資本剰余金勘定（純資産）および繰越利益剰余金勘定（純資産）の借方に記帳する。また，会社法では，剰余金を配当する場合，その10分の1の額を資本金の4分の1に達するまで準備金として計上するよう定めており，繰越利益剰余金が配当原資であれば利益準備金を，その他資本剰余金が配当原資であれば資本準備金を計上する。

未払配当金　¥7,500,000
　＝その他資本剰余金より¥3,000,000＋繰越利益剰余金より¥4,500,000
資本準備金　¥300,000＝その他資本剰余金の配当額¥3,000,000÷10
その他資本剰余金　¥3,300,000
　＝資本準備金¥300,000＋その他資本剰余金の配当額¥3,000,000
利益準備金　¥450,000＝繰越利益剰余金の配当額¥4,500,000÷10
繰越利益剰余金　¥4,950,000
　＝利益準備金¥450,000＋繰越利益剰余金の配当額¥4,500,000

f.	(借) 当座預金	3,000,000	(貸) 資本金	1,700,000
	新株予約権	400,000	資本準備金	1,700,000

新株予約権の権利行使があったときは，権利行使分に対応する帳簿価額をもって新株予約権勘定（純資産）の借方に記帳する。また，権利行使にともない株式を発行したことから，新株予約権の権利行使分に対応する帳簿価額と権利行使による払込金額の総額をもって株主資本が増加するため，資本金勘定（純資産）の貸方に記帳する。なお，株主資本の増加額のうち資本金に計上しなかった金額は資本準備金勘定（純資産）の貸方に記帳する。本問では，会社法に規定する最高限度額を資本金に計上しないことと指示があるため，株主資本の増加額の2分の1を資本準備金として計上することとする。

新株予約権　¥400,000＝権利行使10個×帳簿価額@¥40,000

払込金額　¥3,000,000＝権利行使10個×5株×権利行使価額@¥60,000

株主資本の増加額　¥3,400,000＝新株予約権¥400,000＋払込金額¥3,000,000

資本準備金　¥1,700,000＝株主資本の増加額¥3,400,000÷2

資本金　¥1,700,000＝株主資本の増加額¥3,400,000－資本準備金¥1,700,000

g.	(借) 鉱業権償却	7,200,000	(貸) 鉱業権	7,200,000

鉱業権や航空機など，その総生産高や総利用時間があらかじめ予測できる資産に適用され，次の計算式で減価償却費を計算する。

$$\text{毎期の減価償却費} = (\text{取得原価} - \text{残存価額}) \times \frac{\text{毎期生産高(利用時間)}}{\text{予定総生産高(予定総利用時間)}}$$

生産高比例法による鉱業権償却額

$$(\text{取得原価}¥300{,}000{,}000 - \text{残存価額}¥0) \times \frac{12{,}000\text{トン(当期採掘量)}}{500{,}000\text{トン(推定埋蔵量)}} = ¥7{,}200{,}000$$

1級会計模擬試験問題　第10回

1

@2点×7＝14点

(1)

ア	イ	ウ	エ
2	5	6	11

(2)

ア	イ	ウ
2	4	7

解説

(1)

a．正規の簿記の原則

企業会計は，すべての取引につき，2．正規の簿記 の原則にしたがって，正確な会計帳簿を作成しなければならない。しかし，勘定科目の性質や金額の大きさなどから判断して，本来の厳密な会計処理をしないで他の簡便な方法をとることも認められている。これは，5．重要性 の原則によるものである。

b．減価の種類

有形固定資産の減価のうち，企業経営上，当然発生する減価を 6．経常的 減価という。これには，使用または時の経過などにともない生じる物質的減価と，陳腐化や不適応化によって生じる機能的減価がある。

c．明瞭性の原則

企業会計は，財務諸表によって利害関係者に対して必要な会計事実をよりわかりやすく表示し，企業の状況に関する判断を誤らせないようにしなければならない。これを 11．明瞭性 の原則という。この適用例として，損益計算書，貸借対照表の区分表示や総額主義の適用などがある。

(2)

ア．連結財務諸表	2．consolidated financial statements
イ．非支配株主持分	4．non-controlling interests
ウ．子会社	7．subsidiary company

※英語表記一覧表（⇒p.3）を参照。

2

(1)　@2点×2＝ 4点
(2)●印@2点×4＝ 8点
(3)　@2点×5＝10点

(1)

①	損益計算書に記載する ソフトウェア償却 ¥ 160,000	②	貸借対照表に記載する ソフトウェア ¥ 640,000

(2)

連結損益計算書

P社　令和○2年4月1日から令和○3年3月31日まで　（単位：千円）

売上原価	(●❶47,800)	売上高	73,000
給料	6,400		
(のれん償却)	(●❷ 200)		
当期純利益	(18,600)		
	(73,000)		(73,000)
非支配株主に帰属する当期純利益	(1,500)	当期純利益	(18,600)
親会社株主に帰属する当期純利益	(17,100)		
	(18,600)		(18,600)

連結株主資本等変動計算書

P社　令和○2年4月1日から令和○3年3月31日まで　（単位：千円）

	資本金	利益剰余金	非支配株主持分
当期首残高	32,000	10,900	4,500
当期変動額　剰余金の配当		△3,600	
親会社株主に帰属する当期純利益		(17,100)	
株主資本以外の項目の当期変動額(純額)			(900)
当期末残高	32,000	(●❸24,400)	(5,400)

連結貸借対照表

P社　令和○3年3月31日　（単位：千円）

諸資産	69,400	諸負債	8,400
(のれん)	(800)	資本金	(32,000)
		利益剰余金	(24,400)
		(非支配株主持分)	(●❹ 5,400)
	(70,200)		(70,200)

(3)

ア	❺ 179 %	イ	❻ 70 %	ウ	❼ 50 %	エ	1
オ	❽ 10.0 %	カ	1	キ	❾ 2.8 %	ク	❿ 2.0 回
ケ	⓫ 12 %	コ	2				

（注意）アとイ，ウとエ，オとカ，キとク，ケとコは，それぞれ2つとも合っている場合に正答とする。
オは10(%)，クは2(回)も正答とする。

解説

(1) **無形固定資産（ソフトウェア）の期末評価の問題**

無形固定資産とは，具体的形態をもたない固定資産で，法律上の権利・のれん・ソフトウェアがある。期末評価額は，取得原価または未償却残高から毎期の償却額を差し引いた金額である。なお，償却について，記帳方法は直接法であり，計算方法は残存価額を零（*0*）として，定額法や生産高比例法などの合理的な方法により計算する。

① 定額法によるソフトウェアの当期償却額　*¥160,000*
　＝取得原価*¥800,000*÷使用可能期間5年

② 貸借対照表に記載するソフトウェアの金額　*¥640,000*
　＝取得原価*¥800,000*－当期償却額*¥160,000*

(2) **連結財務諸表作成の問題**　（単位：千円）

❶❷❸❹ 連結財務諸表は，親会社と子会社のそれぞれの個別財務諸表の数値を合算し，連結修正の手続きを加えて作成する。

> 連結損益計算書に計上するのれん償却額は，支配獲得日の投資と資本の相殺消去仕訳で計上されるのれんを償却期間（20年以内）で割って求める。
> また，連結損益計算書に計上する親会社株主に帰属する当期純利益は，親会社と子会社の「当期純利益」を合算したあと，連結修正仕訳で生じる損益項目の調整を加えて，連結企業集団全体の当期純利益を算定し，その額から「非支配株主に帰属する当期純利益」を控除して求める。
> 連結貸借対照表に計上する非支配株主持分は，支配獲得日の投資と資本の相殺消去仕訳で非支配株主持分に振り替えられる金額に対し，当期に生じる非支配株主持分の増減額を処理して求める。

(I) 支配獲得日の投資と資本の相殺消去仕訳

のれん＝子会社株式(70%分)の取得原価
　　－子会社純資産額に対する親会社持分(70%分)

のれんの金額
　子会社株式取得原価*11,500*－支配獲得日の子会社純資産(資本金*8,000*
　＋利益剰余金*7,000*)×70%＝*1,000*

非支配株主持分＝子会社純資産額×非支配株主持分割合(30%)

非支配株主持分の金額
　支配獲得日の子会社純資産*15,000*×30%＝*4,500*

支配獲得日の投資と資本の相殺消去仕訳は次のとおり。

(借) 資本金	*8,000*		(貸) 子会社株式	*11,500*
利益剰余金	*7,000*		非支配株主持分	*4,500*
のれん	*1,000*			

(II) 当期分の連結修正

① のれんの償却
のれんの償却額　*1,000*を5年間で定額法により償却する。
1,000÷5年＝*200*
〈連結修正仕訳〉

(借) のれん償却	*200*	(貸) のれん	*200*

❷ よって，連結損益計算書に計上するのれん償却の金額は*200*

〈参考〉 連結貸借対照表に計上するのれんの金額は，
　(I)(借)のれん*1,000*－(II)①(貸)のれん*200*＝*800*

② 子会社の当期純利益による子会社純資産増加のうち，非支配株主に配分する金額
子会社の当期純利益*5,000*×30%＝*1,500*(非支配株主持分の増加)
〈連結修正仕訳〉

(借) 非支配株主に帰属する当期純利益	*1,500*	(貸) 非支配株主持分	*1,500*

③ 子会社の剰余金処分のうち，配当金の支払いによる子会社純資産減少に対して非支配株主に負担させる金額

子会社の支払った配当金（株主資本等変動計算書に記載されているS社の「剰余金の配当」）のうち，親会社が受け取った分（*2,000*×70%＝*1,400*で受取配当金に計上されている）は，企業集団内部の取引として相殺消去する。

また，非支配株主が受け取った分（*2,000*×30%＝*600*）は非支配株主持分と相殺消去する。

〈連結修正仕訳〉

(借) 受取配当金	*1,400*	(貸) 剰余金の配当(配当金)	*2,000*
非支配株主持分	*600*		

以上の連結修正内容から，

❶ 連結損益計算書に計上する売上原価は，連結修正がないので
　P社売上原価*36,000*＋S社売上原価*11,800=47,800*

❷ 連結損益計算書に計上するのれん償却は前述のとおり。

❸ 連結株主資本等変動計算書に計上する利益剰余金当期末残高は，次のように求める。
親会社株主に帰属する当期純利益
P社当期純利益*15,200*＋S社当期純利益*5,000*－(Ⅱ)①(借)のれん償却*200*(費用発生)
－(Ⅱ)③(借)受取配当金*1,400*(収益消去)＝*18,600*(連結企業集団全体の当期純利益)
連結企業集団全体の当期純利益*18,600*－(Ⅱ)②(借)非支配株主に帰属する当期純利益*1,500*＝*17,100*
※上記の計算のほか，連結損益計算書の差額から求めることもできる。(下記参照)
連結株主資本等変動計算書に計上する利益剰余金当期末残高
利益剰余金当期首残高*10,900*－剰余金の配当*3,600*＋親会社株主に帰属する当期純利益*17,100*＝*24,400*

❹ 連結貸借対照表に計上する非支配株主持分
(Ⅰ)(貸)非支配株主持分*4,500*＋(Ⅱ)②(貸)非支配株主持分*1,500*－(Ⅱ)③(借)非支配株主持分*600*＝*5,400*
※連結株主資本等変動計算書の非支配株主持分の当期末残高と同額である。(下記参照)

〈参考〉

連結損益計算書

P社　令和○2年4月1日から令和○3年3月31日まで　(単位：千円)

売上原価	(47,800)	売上高	73,000
給料	6,400		
(のれん償却)	(200)		
当期純利益	(差額 18,600)		
	(73,000)		(73,000)
非支配株主に帰属する当期純利益	(1,500)	当期純利益	(18,600)
親会社株主に帰属する当期純利益	(差額 17,100)		
	(18,600)		(18,600)

連結株主資本等変動計算書

P社　令和○2年4月1日から令和○3年3月31日まで　(単位：千円)

	資本金	利益剰余金	非支配株主持分
当期首残高	32,000	10,900	4,500
当期変動額　剰余金の配当		△3,600	
親会社株主に帰属する当期純利益		(17,100)	
株主資本以外の項目の当期変動額(純額)			(900)
当期末残高	32,000	(24,400)	(5,400)

連結貸借対照表

P社　令和○3年3月31日　(単位：千円)

諸資産	69,400	諸負債	8,400
(のれん)	(800)	資本金	(32,000)
		利益剰余金	(24,400)
		(非支配株主持分)	(5,400)
	(70,200)		(70,200)

(3) **財務諸表分析の問題**　(以下の説明は単位千円)

貸借対照表

X社　令和○9年3月31日　(単位：千円)

資産	金額	負債・純資産	金額
現金預金	8,800	支払手形	13,200
受取手形	13,000	買掛金	15,600
売掛金	18,200	短期借入金	10,200
有価証券	7,200	未払法人税等	800
商品	23,600	前受金	200
短期貸付金	800	長期借入金	3,800
備品	2,600	退職給付引当金	1,000
建物	3,400	資本金	18,000
土地	3,600	資本剰余金	10,800
投資有価証券	8,400	利益剰余金	16,000
	89,600		89,600

(流動資産：現金預金～短期貸付金　流動負債：支払手形～前受金　自己資本：資本金～利益剰余金)

損益計算書

X社　令和○8年4月1日から令和○9年3月31日まで　(単位：千円)

費用	金額	収益	金額
期首商品棚卸高	24,400	売上高	224,000
当期商品仕入高	167,200	期末商品棚卸高	23,600
売上総利益	56,000		
	247,600		247,600
販売費	35,720	売上総利益	56,000
一般管理費	4,600	営業外収益	4,260
営業外費用	5,420	特別利益	780
特別損失	2,500		
法人税等	3,840		
当期純利益	8,960		
	61,040		61,040

貸借対照表

Y社　令和○9年3月31日　(単位：千円)

資産	金額	負債・純資産	金額
現金預金	2,000	支払手形	(2,800)
受取手形	3,720	買掛金	6,400
売掛金	3,680	短期借入金	4,100
有価証券	400	未払法人税等	600
商品	(7,000)	前受金	100
備品	600	長期借入金	2,200
建物	1,400	退職給付引当金	600
土地	1,200	資本金	3,600
特許権	1,000	資本剰余金	1,200
投資有価証券	3,000	利益剰余金	2,400
	(24,000)		(24,000)

(現金預金〜有価証券：当座資産、現金預金〜商品：流動資産、支払手形〜前受金：流動負債、長期借入金・退職給付引当金：固定負債、資本金〜利益剰余金：自己資本)

損益計算書

Y社　令和○8年4月1日から令和○9年3月31日まで　(単位：千円)

費用	金額	収益	金額
期首商品棚卸高	9,800	売上高	48,000
当期商品仕入高	(30,800)	期末商品棚卸高	(7,000)
売上総利益	(14,400)		
	(55,000)		(55,000)
販売費	12,000	売上総利益	(14,400)
一般管理費	1,440	営業外収益	1,880
営業外費用	1,140	特別利益	840
特別損失	620		
法人税等	576		
当期純利益	(1,344)		
	(17,120)		(17,120)

❺ X社の流動比率（ア）

流動比率 $=\dfrac{流動資産}{流動負債}\times 100(\%)$

$=\dfrac{71,600(現金預金から短期貸付金までの合計)}{40,000(支払手形から前受金までの合計)}\times 100 = 179\%$

※流動比率は流動負債に対する流動資産の割合を示すもので，この比率が高いほど短期の支払能力が高く，より安全である。

❻ Y社の当座比率（イ）

当座比率 $=\dfrac{当座資産}{流動負債}\times 100(\%)$

☆流動負債額を計算する方法

方法１　商品回転率からY社期末商品額を求め，流動比率120%から逆算する。

資料ｉ Y社売上原価 *33,600* ÷ 4回転 = *8,400*(平均商品有高)

8,400 × 2 − Y社期首商品 *9,800* = *7,000*(期末商品……貸借対照表の商品)

よって，現金預金から商品までの流動資産合計は *16,800*

16,800 ÷ 流動比率120% = *14,000*(流動負債合計)

方法２　後述の自己資本比率30%から逆算する。

自己資本比率 $=\dfrac{自己資本}{総資本(他人資本+自己資本)}\times 100(\%)$

よって，*7,200*(資本金から利益剰余金までの合計) ÷ 30% = *24,000*(総資本額……貸借対照表貸方の総合計)

自己資本比率が30%なので，総資本に対する負債の割合は70%

24,000 × 70% = *16,800*(負債総額)

16,800 − 固定負債 *2,800*(長期借入金と退職給付引当金の合計) = *14,000*(流動負債合計)

以上から，$\dfrac{9,800(現金預金から有価証券までの合計)}{14,000(流動負債合計)}\times 100 = 70\%$

※当座比率は流動負債に対する当座資産の割合を示すもので，この比率が高いほど即時の支払能力が高く，より安全である。

❼ X社の自己資本比率（ウ）

自己資本比率 $=\dfrac{自己資本}{総資本(他人資本+自己資本)}\times 100(\%)$

$=\dfrac{44,800(資本金から利益剰余金までの合計)}{89,600(負債・純資産合計)}\times 100 = 50\%$

※自己資本比率は総資本のうちの自己資本の割合を示すもので，この比率が高いほど，返済義務のある負債が少なく，より安全である。

❽ X社の総資本利益率（オ）

総資本利益率 $=\dfrac{当期純利益}{総資本(他人資本+自己資本)}\times 100(\%)$

$=\dfrac{8,960(当期純利益)}{89,600(負債・純資産合計)}\times 100 = 10.0\%$

※総資本利益率は投下した総資本がどの程度効率的に運用されたかを示すもので，この比率が高いほど収益性が高いことを示す。

❾ Y社の売上高純利益率（キ）

$$売上高純利益率 = \frac{当期純利益}{売上高} \times 100(\%)$$

☆Y社の当期純利益

資料 i よりY社の当期の売上原価は *33,600*

Y社の損益計算書に計上されている売上高 *48,000*から売上原価 *33,600*を差し引いて売上総利益 *14,400*を求め，これを損益計算書の２区分目の売上総利益とし，２区分目の収益合計は *17,120*となる。この額から２区分目費用の販売費から法人税等までの合計 *15,776*を差し引いて当期純利益 *1,344*を求める。

以上から，$\frac{1,344(当期純利益)}{48,000(売上高)} \times 100 = 2.8\%$

※売上高純利益率は売上高に対する当期純利益の割合を示すもので，この比率が高いほど利幅が大きく，収益性が高いことを示す。

❿ Y社の総資本回転率（ク）

$$総資本回転率 = \frac{売上高}{総資本(他人資本+自己資本)}(回)$$

$$= \frac{48,000(売上高)}{24,000(負債・純資産合計)} = 2.0回$$

※総資本回転率は総資本に対する売上高の割合を示すもので，投下した総資本の収益力をはかることができ，この比率が高いほど収益性が高いことを示す。

⓫ X社の売上高成長率（増収率）（ケ）

$$売上高成長率 = \frac{当期売上高 - 前期売上高}{前期売上高} \times 100(\%)$$

$$= \frac{224,000 - 200,000}{200,000} \times 100 = 12\%$$

※売上高の伸び率を示すもので，この比率が高いほど事業が拡大し成長していることを示す。

3 (1)　●印@４点×９＝36点

貸　借　対　照　表

福岡商事株式会社　令和○4年3月31日　(単位：円)

資　産　の　部			
Ⅰ 流　動　資　産			
1. 現　金　預　金		(4,014,940)	
2. 電 子 記 録 債 権	1,320,000		
貸 倒 引 当 金	(13,200)	(1,306,800)	
3. 売　掛　金	(3,180,000)		
貸 倒 引 当 金	(31,800)	(3,148,200)●	
4.(有 価 証 券)		(2,460,000)	
5.(商　品)		(2,784,500)	
6. 前 払 費 用		(81,000)	
7. 未 収 収 益		(35,000)	
流 動 資 産 合 計			(13,830,440)
Ⅱ 固　定　資　産			
(1) 有 形 固 定 資 産			
1. 備　品	3,456,000		
減 価 償 却 累 計 額	(1,512,000)	(1,944,000)	
2. 土　地		7,800,000	
3. リ ー ス 資 産	6,000,000		
減 価 償 却 累 計 額	(2,000,000)	(4,000,000)●	
有形固定資産合計		(13,744,000)	
(2) 無 形 固 定 資 産			
1.(ソ フ ト ウ ェ ア)		(240,000)	
無形固定資産合計		(240,000)	
(3) 投資その他の資産			
1. 関 係 会 社 株 式		(3,200,000)	
2. 長 期 貸 付 金		3,500,000	
3.(長 期 前 払 費 用)		(135,000)●	
4. 繰 延 税 金 資 産		(7,500)●	
投資その他の資産合計		(6,842,500)	
固 定 資 産 合 計			(20,826,500)
資 産 合 計			(34,656,940)
負　債　の　部			
Ⅰ 流　動　負　債			
1. 電 子 記 録 債 務		1,652,400	
2. 買　掛　金		3,384,130	
3. リ ー ス 債 務		(1,000,000)	
4.(未 払 法 人 税 等)		(982,000)	
流 動 負 債 合 計			(7,018,530)
Ⅱ 固　定　負　債			
1. リ ー ス 債 務		(3,000,000)	
2.(退 職 給 付 引 当 金)		(2,192,800)	
固 定 負 債 合 計			(5,192,800)
負 債 合 計			(12,211,330)

純資産の部

Ⅰ 株主資本			
(1) 資本金			18,300,000
(2) 資本剰余金			
1. 資本準備金		1,300,000	
資本剰余金合計			1,300,000
(3) 利益剰余金			
1. 利益準備金		410,000	
2. その他利益剰余金			
① 別途積立金		432,000	
② 繰越利益剰余金		(2,003,610) ●	
利益剰余金合計			(2,845,610)
株主資本合計			(22,445,610)
純資産合計			(22,445,610)
負債及び純資産合計			(34,656,940)

(2)

損益計算書

福岡商事株式会社　令和○3年4月1日から令和○4年3月31日まで　(単位：円)

Ⅰ 売上高		82,942,400
Ⅱ 売上原価		
1. 期首商品棚卸高	(3,586,800)	
2. 当期商品仕入高	(60,425,200)	
合計	(64,012,000)	
3. 期末商品棚卸高	(3,085,000)	
	(60,927,000)	
4.(棚卸減耗損)	(268,500) ●	
5.(商品評価損)	(32,000)	(61,227,500)
売上総利益		(21,714,900)
Ⅲ 販売費及び一般管理費		
1. 給料	10,080,000	
2. 広告料	1,179,600	
3.(貸倒引当金繰入)	(27,000)	
4.(減価償却費)	(1,648,000) ●	
5.(ソフトウェア償却)	(80,000) ●	
6.(退職給付費用)	(670,000)	
7. 消耗品費	170,020	
8. 保険料	(356,400)	
9. 租税公課	222,000	
10.(雑費)	(35,170)	(14,468,190)
営業利益		(7,246,710)

(3)

損益計算書に記載する税引前当期純利益	¥ 3,397,510 ●

解説

〔付記事項〕

① (借)当座預金　360,000　(貸)売掛金　360,000

売掛金が当座預金口座に振り込まれたときは，売掛金（資産）を減少するとともに，当座預金（資産）を増加させる。この修正をもって当座借越残高はなくなるため，その他の修正は不要である。もし，当座借越残高がある場合は，当該残高をもって当座預金（資産）を増加させるとともに，短期借入金（負債）を増加させる修正が必要となる。

② リース債務のうち決算日の翌日から1年以内に支払期限が到来する¥1,000,000は「流動負債」の区分に，また1年を超えて支払期限が到来する¥3,000,000は「固定負債」の区分にそれぞれ記載する。

1年あたりのリース債務　¥1,000,000

＝リース債務残高¥4,000,000

÷リース期間残り4年（令和○4年4月1日～令和○8年3月31日）

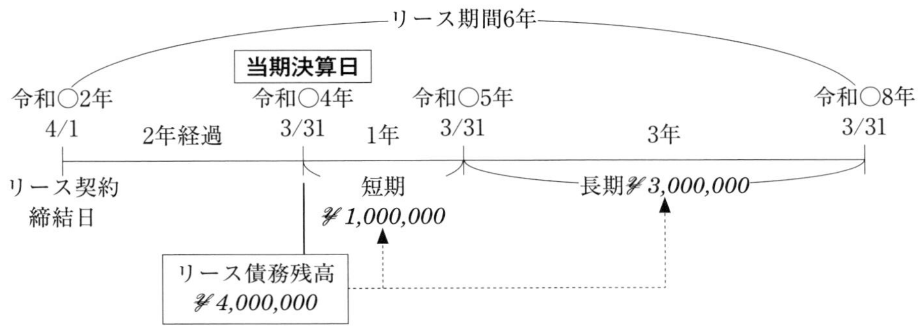

〔決算整理事項〕

a.	(借) 仕　　　入	3,586,800	(貸) 繰 越 商 品	3,586,800
	繰 越 商 品	3,085,000	仕　　　入	3,085,000
	棚 卸 減 耗 損	268,500	繰 越 商 品	268,500
	商 品 評 価 損	32,000	繰 越 商 品	32,000
	仕　　　入	268,500	棚 卸 減 耗 損	268,500
	仕　　　入	32,000	商 品 評 価 損	32,000

㋐ 期末商品棚卸高　¥3,085,000
　A品　@¥1,730(原価)×900個＝¥1,557,000
　B品　@¥1,910(原価)×800個＝¥1,528,000
　計¥3,085,000

㋑ 棚卸減耗損　¥268,500
　A品　@¥1,730(原価)×(帳簿900個－実地800個)＝¥173,000
　B品　@¥1,910(原価)×(帳簿800個－実地750個)＝¥ 95,500
　計¥268,500

㋒ 商品評価損　¥32,000
　A品　(原価@¥1,730－正味@¥1,690)×実地800個＝¥32,000
　B品は原価より正味売却価額が高いので，評価替えはしない。

㋓ 貸借対照表の商品　¥2,784,500
　＝上記㋐¥3,085,000－上記㋑¥268,500－上記㋒¥32,000

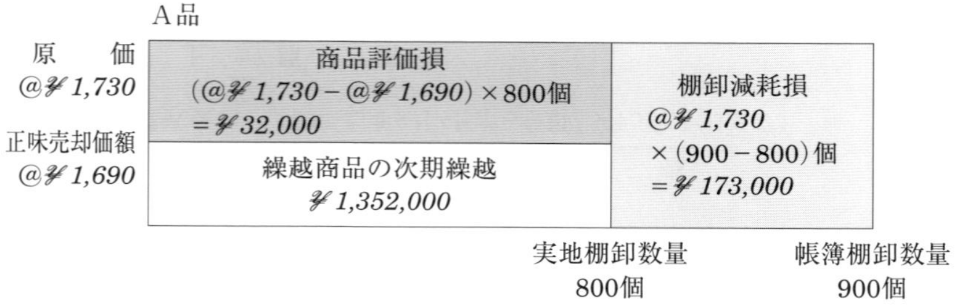

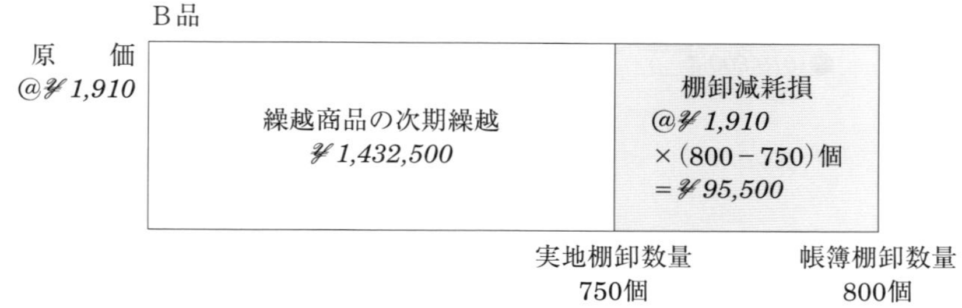

b.	(借) 売　掛　金	50,000	(貸) 買　掛　金	105,000
	為 替 差 損 益	55,000		

㋔ 売掛金　¥50,000
　＝(決算日の為替レート125円－取引日の為替レート120円)×売掛金10,000ドル

㋕ 買掛金　¥105,000
　＝(決算日の為替レート125円－取引日の為替レート118円)×買掛金15,000ドル

㋖ 為替差損益（損）　(－)¥55,000
　＝売掛金の増加額¥50,000－買掛金の増加額¥105,000
　※売掛金（資産）の増加額が買掛金（負債）の増加額を下回っているため，為替差損益は「損」（費用）とする。

c.	(借) 貸倒引当金繰入	27,000	(貸) 貸 倒 引 当 金	27,000
	繰 延 税 金 資 産	7,500	法人税等調整額	7,500

㋗ 電子記録債権の貸倒引当金計上額　¥13,200＝電子記録債権勘定残高¥1,320,000×1％

㋘ 売掛金の貸倒引当金計上額　¥31,800
　＝売掛金(勘定残高¥3,490,000－付記事項①¥360,000＋決算整理事項b.¥50,000)×1％

㋙ 貸倒引当金繰入　¥27,000
　＝(上記㋗¥13,200＋上記㋘¥31,800)－貸倒引当金勘定残高¥18,000

㋚ 繰延税金資産　¥7,500＝貸倒引当金の繰入限度超過額¥25,000×法定実効税率30％

d.	(借) 有価証券評価損	240,000	(貸) 売買目的有価証券	240,000
	(借) 子会社株式評価損	3,800,000	(貸) 子 会 社 株 式	3,800,000

㋛ 売買目的有価証券評価高（時価）　¥2,460,000＝ＥＦ製菓株@¥4,100(時価)×600株

㋜ 有価証券評価損　¥240,000＝¥2,700,000(帳簿価額)－¥2,460,000(時価)

㋝ 子会社株式の評価高（実質価額）　¥3,200,000
　＝ＸＹ物産株@¥3,200(実質価額)×1,000株

㋞ 子会社株式評価損　¥3,800,000＝¥7,000,000(帳簿価額)－¥3,200,000(実質価額)

e.	(借) 減 価 償 却 費	1,648,000	(貸) 備品減価償却累計額	648,000
			リース資産減価償却累計額	1,000,000

㋟ 備品の減価償却高　¥648,000
　＝(¥3,456,000(取得原価)－¥864,000(減価償却累計額))×償却率25％

㋠ リース資産の減価償却高　¥1,000,000
　＝(¥6,000,000(取得原価)－¥0(残存価額))÷耐用年数6年

㋡ 減価償却費　¥1,648,000＝上記㋟¥648,000＋上記㋠¥1,000,000

f.	(借) ソフトウェア償却	80,000	(貸) ソフトウェア	80,000

㋢ ソフトウェア償却　¥80,000＝ソフトウェア¥320,000÷(利用可能期間5年－経過1年)

g.	(借) 前払保険料	81,000	(貸) 保険料	216,000
	長期前払保険料	135,000		

㋣ 保険料の前払高　¥216,000

$$=3年分の保険料¥243,000\times\frac{32か月(令和○4年4月～令和○6年11月)}{36か月(令和○3年12月～令和○6年11月)}$$

㋤ 前払保険料　¥81,000

$$=3年分の保険料¥243,000\times\frac{12か月(令和○4年4月～令和○5年3月)}{36か月(令和○3年12月～令和○6年11月)}$$

㋥ 長期前払保険料　¥135,000

$$=3年分の保険料¥243,000\times\frac{20か月(令和○5年4月～令和○6年11月)}{36か月(令和○3年12月～令和○6年11月)}$$

㋦ 損益計算書の保険料　¥356,400＝¥572,400(勘定残高)－上記㋣保険料¥216,000

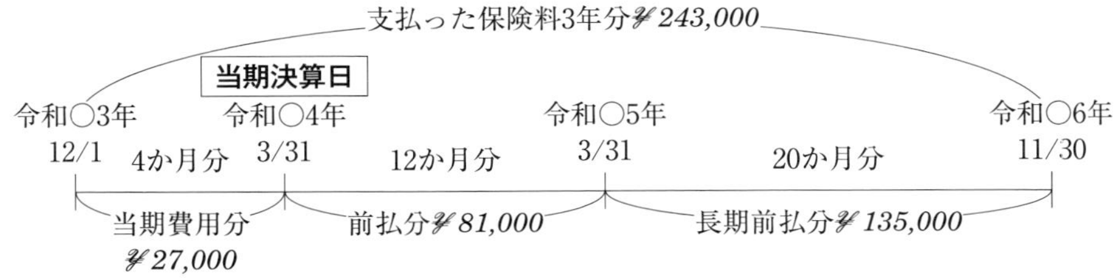

h.	(借) 未収利息	35,000	(貸) 受取利息	35,000

㋧ 未収利息　¥35,000＝利息未収高¥35,000

i.	(借) 退職給付費用	670,000	(貸) 退職給付引当金	670,000

㋨ 退職給付費用　¥670,000＝退職給付引当金繰入額¥670,000

j.	(借) 法人税等	1,872,000	(貸) 仮払法人税等	890,000
			未払法人税等	982,000

㋩ 法人税等　¥1,872,000＝法人税・住民税及び事業税額¥1,872,000
㋪ 未払法人税等　¥982,000＝上記㋩¥1,872,000－仮払法人税等勘定残高¥890,000

〔解答欄の完成等〕

(1) 貸借対照表

現金預金　¥4,014,940
　＝現金勘定残高¥794,540＋当座預金勘定残高¥2,860,400＋付記事項①¥360,000
有価証券　¥2,460,000＝売買目的有価証券の評価高(時価)¥2,460,000
前払費用　¥81,000＝前払保険料¥81,000
未収収益　¥35,000＝未収利息¥35,000
備品減価償却累計額　¥1,512,000
　＝勘定残高¥864,000＋備品の減価償却高¥648,000
リース資産減価償却累計額　¥2,000,000
　＝勘定残高¥1,000,000＋リース資産の減価償却高¥1,000,000
ソフトウェア　¥240,000＝勘定残高¥320,000－ソフトウェア償却高¥80,000
関係会社株式　¥3,200,000＝子会社株式の評価高(実質価額)¥3,200,000
長期前払費用　¥135,000＝長期前払保険料¥135,000
リース債務＝付記事項②より
退職給付引当金　¥2,192,800＝勘定残高¥1,522,800＋退職給付費用¥670,000
繰越利益剰余金　¥2,003,610（貸借対照表の数値から求める方法）

(a) 資産合計¥34,656,940を負債及び純資産合計とし，その額から負債合計¥12,211,330を差し引いて純資産合計¥22,445,610を求め，株主資本合計¥22,445,610とする。

(b) 株主資本合計¥22,445,610から資本金¥18,300,000と資本剰余金合計¥1,300,000を差し引いて利益剰余金合計¥2,845,610とする。

(c) 利益剰余金合計¥2,845,610から利益準備金¥410,000と別途積立金¥432,000を差し引いて繰越利益剰余金¥2,003,610を求める。

(2) 損益計算書（一部）

上記決算整理事項の解説を参照。

(3) 損益計算書に記載する税引前当期純利益

(a) 繰越利益剰余金勘定残高の増減額から推定する方法
　貸借対照表の繰越利益剰余金¥2,003,610－元帳勘定残高の繰越利益剰余金¥470,600
　＋法人税等¥1,872,000－法人税等調整額¥7,500

(b) 損益計算書を完成させる方法
　次ページの損益計算書を参照。

〈参考〉

損益計算書

福岡商事株式会社　令和○3年4月1日から令和○4年3月31日まで　（単位：円）

Ⅰ 売上高		82,942,400
Ⅱ 売上原価		
1．期首商品棚卸高	3,586,800	
2．当期商品仕入高	60,425,200	
合計	64,012,000	
3．期末商品棚卸高	3,085,000	
	60,927,000	
4．棚卸減耗損	268,500	
5．商品評価損	32,000	61,227,500
売上総利益		21,714,900
Ⅲ 販売費及び一般管理費		
1．給料	10,080,000	
2．広告料	1,179,600	
3．貸倒引当金繰入	27,000	
4．減価償却費	1,648,000	
5．ソフトウェア償却	80,000	
6．退職給付費用	670,000	
7．消耗品費	170,020	
8．保険料	356,400	
9．租税公課	222,000	
10．雑費	35,170	14,468,190
営業利益		7,246,710
Ⅳ 営業外収益		
1．受取配当金	156,000	
2．受取利息	105,000	261,000
Ⅴ 営業外費用		
1．支払利息	50,000	
2．電子記録債権売却損	44,000	
3．有価証券評価損	240,000	
4．為替差損	55,000	389,000
経常利益		7,118,710
Ⅵ 特別利益		
1．固定資産売却益	240,000	240,000
Ⅶ 特別損失		
1．固定資産除却損	161,200	
2．関係会社株式評価損	3,800,000	3,961,200
税引前当期純利益		3,397,510
法人税・住民税及び事業税	1,872,000	
法人税等調整額	△7,500	1,864,500
当期純利益		1,533,010

4

@4点×7＝28点

	借方		貸方	
a	当座預金	2,185,000	売買目的有価証券	2,000,000
			有価証券売却益	185,000
b	支払リース料	20,000	当座預金	20,000
c	前受金	411,000	売上	1,106,000
	売掛金	695,000		
d	当座預金	1,182,000	受取手形	1,200,000
	手形売却損	18,000		
	保証債務費用	12,000	保証債務	12,000
e	資本金	4,000,000	その他資本剰余金	4,000,000
	その他資本剰余金	4,000,000	繰越利益剰余金	4,000,000
f	買掛金	500,000	当座預金	495,000
			仕入割引	5,000
g	当座預金	680,000	売掛金	700,000
	為替差損益	20,000		

解説

a．（借）当座預金　2,185,000　（貸）売買目的有価証券　2,000,000
有価証券売却益　185,000

株式を売却したときは，株式の売却価額と帳簿価額との差額を有価証券売却益勘定（収益）の貸方または有価証券売却損勘定（費用）の借方に記帳する。また，代金は当座預金口座に振り込まれたため当座預金勘定（資産）の借方に記帳する。なお，本問では移動平均法により次のとおり帳簿価額を計算する。

平均単価の計算
当期首保有分　¥1,528,000（400株）
2回目の取得　¥2,472,000＝@¥4,120×600株
平均単価　@¥4,000＝（¥1,528,000＋¥2,472,000）÷（400株＋600株）

当座預金（売却価額）　¥2,185,000＝売却@¥4,370×500株
売買目的有価証券（帳簿価額）　¥2,000,000＝平均@¥4,000×500株
有価証券売却益　¥185,000＝売却価額¥2,185,000－帳簿価額¥2,000,000

b.	（借）支払リース料	20,000	（貸）当座預金	20,000

オペレーティング・リース取引の場合，リース料を支払ったときは，支払額をもって支払リース料勘定（費用）の借方に記帳する。

c.	（借）前受金	411,000	（貸）売上	1,106,000
	売掛金	695,000		

商品を売り上げ，代金の一部を以前に受け取っており，残額を後日受け取りとしたときは，売上勘定（収益）の貸方に記帳するとともに，前受金勘定（負債）および売掛金勘定（資産）の借方に記帳する。なお，本問は外貨建取引であるため，前受金および売掛金について，それぞれ取引発生時の為替相場により円換算した額によって記帳する。
前受金　¥411,000＝3,000ドル×@¥137
売掛金　¥695,000＝5,000ドル×@¥139
売上　¥1,106,000＝前受金¥411,000＋売掛金¥695,000

d.	（借）当座預金	1,182,000	（貸）受取手形	1,200,000
	手形売却損	18,000		
	保証債務費用	12,000	保証債務	12,000

保有する手形を割引した場合，その手形が不渡りになったときには，手形の支払人にかわって手形代金を支払わなければならない遡求義務が生じる。この二次的な責任を保証債務といい，時価で評価し，その評価額を保証債務費用勘定（費用）と保証債務（負債）を用いて仕訳する。
手形売却損　¥18,000＝手形額面金額¥1,200,000－割引後の手取額¥1,182,000
保証債務費用　¥12,000＝手形額面金額¥1,200,000×1％

e.	（借）資本金	4,000,000	（貸）その他資本剰余金	4,000,000
	その他資本剰余金	4,000,000	繰越利益剰余金	4,000,000

資本金を減少してその他資本剰余金を増加したときは，資本金勘定（純資産）の借方に記帳するとともに，その他資本剰余金勘定（純資産）の貸方に記帳する。また，繰越利益剰余金の借方残高（損失の累計額）について，その他資本剰余金を取り崩しててん補したときは，その他資本剰余金勘定（純資産）の借方に記帳するとともに，繰越利益剰余金勘定（純資産）の貸方に記帳する。

f.	（借）買掛金	500,000	（貸）当座預金	495,000
			仕入割引	5,000

仕入先に期日前に買掛金を支払ったとき，仕入先が認めた買掛金の割引額は仕入割引勘定（収益）で処理する。
仕入割引　¥5,000＝買掛金¥500,000－割引後の支払額¥495,000

g.	（借）当座預金	680,000	（貸）売掛金	700,000
	為替差損益	20,000		

掛代金の決済について当座預金に振り込まれたときは，売掛金勘定（資産）の貸方に記帳するとともに，当座預金勘定（資産）の借方に記帳する。なお，売掛金勘定は，取引発生時の為替相場で円換算した額になり，当座預金勘定は，決済時の為替相場で円換算した額になる。決済にともなって生じた差額は，為替差損益勘定に記帳する。
売掛金　¥700,000＝5,000ドル×輸出時の為替相場@¥140
当座預金　¥680,000＝5,000ドル×決済時の為替相場@¥136
為替差損益（損）　¥20,000＝5,000ドル×（@¥140－@¥136）

1級会計模擬試験問題　第11回

1

@2点×7＝14点

(1)

ア	イ	ウ	エ
3	4	9	12

(2)

ア	イ	ウ
1	4	9

解説

(1)

a．貸倒懸念債権

経営破綻の状態には至っていないが，債務の弁済に重大な問題が生じているか，または生じる可能性が高い債務者に対する債権を［3．貸倒懸念債権］という。これに対する貸倒見積高の算定方法には財務内容評価法とキャッシュ・フロー見積法がある。

b．継続性の原則

一つの会計事実について，二つ以上の会計処理の原則および手続きの選択適用が認められている場合，いったん採用した会計処理の原則または手続きは，正当な理由がないかぎり，変更してはならない。これを［4．継続性の原則］という。これにより，財務諸表の期間比較が可能になり，［9．利益操作］を防止することができる。

c．財務会計の機能

株主・債権者など企業の経営に直接かかわらない外部の者に対しておこなう外部報告会計を財務会計という。この会計には，配当金などによる企業の財産の分配について，それが適正である根拠を財務諸表によって示し，利害関係者を納得させる［12．利害調整］機能がある。また，投資家に対して意思決定に必要な財務諸表を開示する情報提供機能もあり，これは企業の資金調達を円滑にする重要な機能とされている。

(2)

ア．国際財務報告基準	1．IFRS
イ．国際会計基準審議会	4．IASB
ウ．親会社	9．parent company

※英語表記一覧表（⇒p.3）を参照。

2

(1)　@1点×2＝2点
(2)●印@2点×4＝8点
(3)　@3点×4＝12点

(1)

①	貸借対照表に記載する前受金	¥ 3,052,000	②	損益計算書に記載する為替差(損)	¥ 60,000

※(　)内に「益」または「損」を記入すること。

(2)

連結損益計算書

P社　令和○6年4月1日から令和○7年3月31日まで　(単位：千円)

借方	金額	貸方	金額
売上原価	(4,800)	売上高	(7,700)
給料	(1,400)	受取配当金	(130)
(のれん償却)	(●❶ 2)		
当期純利益	(1,628)		
	(7,830)		(7,830)
非支配株主に帰属する当期純利益	(120)	当期純利益	(1,628)
親会社株主に帰属する当期純利益	(1,508)		
	(1,628)		(1,628)

連結株主資本等変動計算書

P社　令和○6年4月1日から令和○7年3月31日まで　(単位：千円)

	資本金	資本剰余金	利益剰余金	非支配株主持分
当期首残高	3,000	900	1,550	(420)
当期変動額　剰余金の配当			(△1,100)	
親会社株主に帰属する当期純利益			(1,508)	
株主資本以外の項目の当期変動額(純額)				(40)
当期末残高	3,000	900	(●❷ 1,958)	(460)

連結貸借対照表

P社　令和○7年3月31日　(単位：千円)

借方	金額	貸方	金額
諸資産	(●❸ 9,160)	諸負債	(2,880)
(のれん)	(38)	資本金	(3,000)
		資本剰余金	(900)
		利益剰余金	(1,958)
		(非支配株主持分)	(●❹ 460)
	(9,198)		(9,198)

(3)

a	¥ ❺ 742,000	b	❻ 4.9 %	c	❼ 58 %	d	❽ 7.6 %

e	¥ ❾ 107,100	f	❿ 0.96 回	g	2

（注意） aとb，cとd，fとgは，それぞれ２つとも合っている場合に正答とする。

解説

(1) **外貨建取引の問題**

外国企業との取引において外国通貨（外貨）でおこなわれる取引を外貨建取引といい，外貨建取引を記帳するときは，為替レート（為替相場）を用いて日本円に換算する必要がある。なお，決算日において保有する外貨建金銭債権債務は，決算時の為替相場による円換算額をもって記帳しなければならないため，取引発生時の円換算額と決算時の円換算額との差額は，為替差損益勘定で処理する。

貸借対照表に記載する売掛金　¥3,150,000

＝外貨額30,000ドル×決算時の為替相場¥105

① 貸借対照表に記載する前受金　¥3,052,000＝帳簿価額¥3,052,000

※外貨建金銭債権債務に該当しないため，決算時の為替相場により円換算しないこと。

② 損益計算書に記載する為替差（損）　¥60,000

売掛金(貸借対照表)¥3,150,000－売掛金(帳簿価額)¥3,210,000＝¥60,000(損)

前受金(貸借対照表)¥3,052,000－前受金(帳簿価額)¥3,052,000＝¥　　0

計¥60,000(損)

(2) **連結財務諸表作成の問題**　（単位：千円）

❶❷❸❹　連結財務諸表は，親会社と子会社のそれぞれの個別財務諸表の数値を合算し，連結修正の手続きを加えて作成する。

> 連結損益計算書に計上するのれん償却額は，支配獲得日の投資と資本の相殺消去仕訳で計上されるのれんを償却期間（20年以内）で割って求める。
>
> 親会社株主に帰属する当期純利益は，親会社と子会社の「当期純利益」を合算したあと，連結修正仕訳で生じる損益項目の調整を加えて，企業集団全体の当期純利益を算定し，その額から「非支配株主に帰属する当期純利益」を控除して求める。
>
> 連結株主資本等変動計算書に計上する利益剰余金当期末残高は，利益剰余金当期首残高から親会社の支払った配当金（剰余金の配当）を差し引き，親会社株主に帰属する当期純利益を加算して求める。
>
> 連結貸借対照表に計上する非支配株主持分は，支配獲得日の投資と資本の相殺消去仕訳で非支配株主持分に振り替えられる金額に対し，非支配株主持分の当期の増減額を処理して求める。

(I) 支配獲得日の投資と資本の相殺消去仕訳

のれん＝子会社株式(80%分)の取得原価

－子会社純資産額に対する親会社持分(80%分)

のれんの金額

子会社株式取得原価1,720－支配獲得日の子会社純資産(資本金1,200＋資本剰余金350＋利益剰余金550)×80%＝40

非支配株主持分＝子会社純資産額×非支配株主持分割合(20%)

非支配株主持分の金額

支配獲得日の子会社純資産2,100×20%＝420

支配獲得日の投資と資本の相殺消去仕訳は次のとおり。

(借)	資本金	1,200	(貸) 子会社株式	1,720
	資本剰余金	350	非支配株主持分	420
	利益剰余金	550		
	のれん	40		

(II) 当期分の連結修正

① のれんの償却

のれんの償却額　40を20年間で定額法により償却する。

40÷20年＝2

〈連結修正仕訳〉

(借)	のれん償却	2	(貸) のれん	2

❶ よって，連結損益計算書に計上するのれん償却の金額は2

〈参考〉 連結貸借対照表に計上するのれんの金額は，

(I)(借)のれん40－(II)①(貸)のれん2＝38

② 子会社純利益による子会社純資産増加のうち，非支配株主に配分する金額

子会社の当期純利益600×20%＝120(非支配株主持分の増加)

〈連結修正仕訳〉

(借)	非支配株主に帰属する当期純利益	120	(貸) 非支配株主持分	120

③ 子会社の剰余金処分のうち，配当金の支払いによる子会社純資産減少に対して非支配株主に負担させる金額

子会社の支払った配当金（資料ｖ）のうち，親会社が受け取った分（400×80%＝320）は，親会社と子会社間の企業集団内部の取引として相殺消去する。

また，非支配株主が受け取った分（400×20%＝80）は非支配株主持分と相殺消去する。

〈連結修正仕訳〉

(借) 受取配当金	320	(貸) 剰余金の配当（配当金）	400
非支配株主持分	80		

以上の連結修正内容から，

❶ 連結損益計算書に計上するのれん償却は前述のとおり。

❷ 連結株主資本等変動計算書に計上する利益剰余金当期末残高は，次のように求める。

親会社株主に帰属する当期純利益

P社当期純利益*1,350*＋S社当期純利益*600*－(Ⅱ)①(借)のれん償却*2*(費用発生)

－(Ⅱ)③(借)受取配当金*320*(収益消去)

＝*1,628*(連結企業集団全体の当期純利益)

連結企業集団全体の当期純利益*1,628*－(Ⅱ)②(借)非支配株主に帰属する当期純利益*120*＝*1,508*

連結株主資本等変動計算書に計上する利益剰余金当期末残高

利益剰余金当期首残高*1,550*－剰余金の配当*1,100*＋親会社株主に帰属する当期純利益*1,508*＝*1,958*

❸ 連結貸借対照表に計上する諸資産

P社諸資産*6,080*＋S社諸資産*3,080*＝*9,160*

❹ 連結貸借対照表に計上する非支配株主持分

(Ⅰ)(貸)非支配株主持分*420*＋(Ⅱ)②(貸)非支配株主持分*120*－(Ⅱ)③(借)非支配株主持分*80*＝*460*

※連結株主資本等変動計算書の非支配株主持分の当期末残高と同額である。

〈参考〉

連結精算表

令和○7年3月31日　(単位：千円)

科目	個別財務諸表 P社	個別財務諸表 S社	個別財務諸表 合計	修正消去 借方	修正消去 貸方	連結財務諸表
(損益計算書)						
売上高	(5,000)	(2,700)	(7,700)			(7,700)
受取配当金	(450)		(450)	320		(130)
売上原価	3,200	1,600	4,800			4,800
給料	900	500	1,400			1,400
のれん償却				2		2 ❶
当期純利益	(1,350)	(600)	(1,950)	322		(1,628)
非支配株主に帰属する当期純利益				120		120
親会社株主に帰属する当期純利益	(1,350)	(600)	(1,950)	442		(1,508)
(株主資本等変動計算書)						
資本金当期首残高	(3,000)	(1,200)	(4,200)	1,200		(3,000)
資本金当期末残高	(3,000)	(1,200)	(4,200)	1,200		(3,000)
資本剰余金当期首残高	(900)	(350)	(1,250)	350		(900)
資本剰余金当期末残高	(900)	(350)	(1,250)	350		(900)
利益剰余金当期首残高	(1,550)	(550)	(2,100)	550		(1,550)
剰余金の配当	1,100	400	1,500		400	1,100
親会社株主に帰属する当期純利益	(1,350)	(600)	(1,950)	442		(1,508)
利益剰余金当期末残高	(1,800)	(750)	(2,550)	992	400	(1,958) ❷
非支配株主持分当期首残高					420	(420)
非支配株主持分当期変動額				80	120	(40)
非支配株主持分当期末残高				80	540	(460)
(貸借対照表)						
諸資産	6,080	3,080	9,160			9,160 ❸
子会社株式	1,720		1,720		1,720	
のれん				40	2	38
資産合計	7,800	3,080	10,880	40	1,722	9,198
諸負債	(2,100)	(780)	(2,880)			(2,880)
資本金	(3,000)	(1,200)	(4,200)	1,200		(3,000)
資本剰余金	(900)	(350)	(1,250)	350		(900)
利益剰余金	(1,800)	(750)	(2,550)	992	400	(1,958)
非支配株主持分				80	540	(460) ❹
負債・純資産合計	(7,800)	(3,080)	(10,880)	2,622	940	(9,198)

注：(　　) はその金額が貸方にあることを示す。

(3) **財務諸表分析の問題**

比較損益計算書 (単位：円)

項目	第23期	第24期
売上高	14,840,000	15,300,000
売上原価	(6,232,800)	6,426,000
(売上総利益)	(8,607,200)	(8,874,000)
販売費及び一般管理費	7,431,000	(7,634,700)
(営業利益)	1,176,200	1,239,300
営業外収益	75,000	76,200
営業外費用	153,040	152,700
(経常利益)	(1,098,160)	(1,162,800)
特別利益	15,000	15,300
特別損失	53,160	(❾ 107,100)
(税引前当期純利益)	(1,060,000)	(1,071,000)
(法人税・住民税及び事業税)	318,000	(321,300)
(当期純利益)	(❺ 742,000)	749,700

税引前当期純利益－法人税・住民税及び事業税＝当期純利益であるから，

税引前当期純利益＝法人税・住民税及び事業税＋当期純利益…①

資料ⅲより，法人税等の税率は30%であるから，当期純利益は税引前当期純利益の70%分となる。

よって，第24期の税引前当期純利益¥749,700÷0.7＝¥1,071,000　となる。

❻ 売上高純利益率＝$\frac{¥749,700(当期純利益)}{¥15,300,000(売上高)}\times 100 = 4.9\%$

❼ 売上高総利益率

第23期 $\frac{¥8,607,200(売上総利益)}{¥14,840,000(売上高)}\times 100 = 58\%$

第24期 $\frac{¥8,874,000(売上総利益)}{¥15,300,000(売上高)}\times 100 = 58\%$

❽ 売上高経常利益率＝$\frac{¥1,162,800(経常利益)}{¥15,300,000(売上高)}\times 100 = 7.6\%$

❿ 自己資本回転率＝$\frac{¥15,300,000(売上高)}{¥11,250,000+¥2,640,500+¥2,040,000(自己資本)} = 0.96回$

●ポイント

b．c．d．**売上高純利益率・売上高総利益率・売上高経常利益率**

売上高に対する当期純利益・売上総利益・経常利益の割合を示すものである。この比率が大きいほど，収益性が高いことを示す。

売上高純利益率＝$\frac{当期純利益}{売上高}$×100(%)

売上高総利益率＝$\frac{売上総利益}{売上高}$×100(%)

売上高経常利益率＝$\frac{経常利益}{売上高}$×100(%)

f．g．**自己資本回転率**

自己資本に対する売上高の割合を示すもので，投下された資本の収益力をはかるものである。この比率が高いほど収益性が高いことになる。

自己資本回転率＝$\frac{売上高}{自己資本}$(回)

- **販売費及び一般管理費**

商品などの販売に関する費用，および一般管理業務に関して発生する費用であり，次のようなものがある。

給料・広告料・発送費・貸倒引当金繰入・支払手数料・のれん償却・保険料・減価償却費・消耗品費・租税公課・支払家賃・退職給付費用・雑費など

- **営業外収益**

企業の営業活動以外の財務活動から発生する収益であり，次のようなものがある。

受取利息・有価証券利息・受取配当金・有価証券売却益・有価証券評価益・仕入割引・雑益など

- **営業外費用**

企業の営業活動以外の財務活動から発生する費用であり，次のようなものがある。

支払利息・手形売却損・有価証券売却損・有価証券評価損・雑損など

- **特別損失**

当期の経常的な経営活動とは無関係に発生する臨時的・偶発的な費用であり，次のようなものがある。

固定資産売却損・固定資産除却損・子会社株式評価損・投資有価証券売却損・災害損失など

3 (1) ●印@4点×9＝36点

損益計算書

福島商事株式会社　令和○4年4月1日から令和○5年3月31日まで　(単位：円)

Ⅰ 売上高		69,072,240
Ⅱ 売上原価		
1. 期首商品棚卸高	(5,705,600)	
2. 当期商品仕入高	(46,778,400)	
合計	(52,484,000)	
3. 期末商品棚卸高	(5,016,000) ●	
	(47,468,000)	
4.(棚卸減耗損)	(120,000)	
5.(商品評価損)	(64,000)	(47,652,000)
売上総利益		(21,420,240)
Ⅲ 販売費及び一般管理費		
1. 給料	9,895,000	
2. 発送費	903,160	
3. 広告料	1,154,390	
4. 貸倒損失	(340,000) ●	
5.(貸倒引当金繰入)	(110,000)	
6.(減価償却費)	(623,500)	
7.(ソフトウェア償却)	(150,000)	
8.(退職給付費用)	(524,800)	
9. 保険料	(329,900)	
10. 租税公課	406,400	
11.(雑費)	(261,240)	(14,698,390)
営業利益		(6,721,850)
Ⅳ 営業外収益		
1. 受取配当金	93,200	
2. 有価証券利息	(42,000) ●	
3.(有価証券評価益)	(56,000) ●	(191,200)
Ⅴ 営業外費用		
1. 支払利息	(144,000)	
2.(為替差損)	(29,000) ●	(173,000)
経常利益		(6,740,050)
Ⅵ 特別利益		
1. 固定資産売却益	(734,000)	(734,000)
Ⅶ 特別損失		
1. 固定資産除却損	(380,050)	(380,050)
税引前当期純利益		(7,094,000)
法人税・住民税及び事業税	(2,144,700)	
法人税等調整額	(△16,500) ●	(2,128,200)
当期純利益		(4,965,800)

(2)

株主資本等変動計算書

福島商事株式会社　令和○4年4月1日から令和○5年3月31日まで　(単位：円)

	株主資本							
	資本金	資本剰余金		利益剰余金				株主資本合計
		資本準備金	資本剰余金合計	利益準備金	その他利益剰余金		利益剰余金合計	
					新築積立金	繰越利益剰余金		
当期首残高	(9,000,000)	550,000	550,000	500,000	(90,000)	1,756,000	2,346,000	11,896,000
当期変動額								
剰余金の配当				(120,000)		(△1,320,000)	△1,200,000	△1,200,000
新築積立金の積立					30,000	△30,000	—	—
当期純利益						(4,965,800)	(4,965,800)	(4,965,800)
株主資本以外(純額)								
当期変動額合計	—	—	—	(120,000)	30,000	● (3,615,800)	(3,765,800)	(3,765,800)
当期末残高	9,000,000	550,000	(550,000)	(620,000)	120,000	(5,371,800)	(6,111,800)	(15,661,800)

下段へ続く

上段より続く

	評価・換算差額等		新株予約権	純資産合計
	その他有価証券評価差額金	評価・換算差額等合計		
当期首残高	—	—	1,200,000	13,096,000
当期変動額				
剰余金の配当				△1,200,000
新築積立金の積立				—
当期純利益				(4,965,800)
株主資本以外(純額)	● (147,000)	(147,000)		(147,000)
当期変動額合計	(147,000)	(147,000)	—	(3,912,800)
当期末残高	(147,000)	(147,000)	1,200,000	(17,008,800)

(3)

貸借対照表に記載する流動負債合計　¥ 6,764,030 ●

解説

〔純資産の部に関する事項〕

(借) 繰越利益剰余金	1,350,000	(貸) 未払配当金	1,200,000
		利益準備金	120,000
		新築積立金	30,000

① 利益準備金（会社法による額） ¥120,000

(a) 配当金額の10分の1

配当金額¥1,200,000 ÷ 10 = ¥120,000

(b) 積立限度額（資本金の4分の1から資本準備金と利益準備金を控除した金額）

資本金¥9,000,000 ÷ 4 − 資本準備金¥550,000 − 利益準備金¥500,000（注1）

= ¥1,200,000

（注1） 利益準備金の元帳勘定残高¥620,000は，令和○4年6月25日の繰越利益剰余金を配当および処分したあとの金額である。ここでは，解答欄の株主資本等変動計算書の利益準備金当期首残高より¥500,000となる。

(c) (a)と(b)のいずれか低い金額

上記(a)¥120,000＜上記(b)¥1,200,000　よって，¥120,000

② 繰越利益剰余金 ¥1,350,000

= 未払配当金¥1,200,000 + 利益準備金¥120,000 + 新築積立金¥30,000

※なお，元帳勘定残高の資本金から新築積立金までの金額が，株主資本等変動計算書の当期末残高と一致していることから，この仕訳はすでに元帳勘定残高に反映されていることがわかる。よって，この仕訳による元帳勘定残高への修正は不要である。

〔付記事項〕

① (借) 貸倒引当金	96,000	(貸) 売掛金	436,000
貸倒損失	340,000		

前期発生の売掛金について貸し倒れたときは，売掛金（資産）および貸倒引当金（評価）を減額する。なお，貸倒額に対して貸倒引当金残高が不足している場合は，不足額について貸倒損失（費用）として処理する。

〔決算整理事項〕

a. (借) 仕入	5,705,600	(貸) 繰越商品	5,705,600
繰越商品	5,016,000	仕入	5,016,000
棚卸減耗損	120,000	繰越商品	120,000
商品評価損	64,000	繰越商品	64,000
仕入	120,000	棚卸減耗損	120,000
仕入	64,000	商品評価損	64,000

㋐ 期末商品棚卸高 ¥5,016,000

A品　@¥3,120（原価）× 800個 = ¥2,496,000

B品　@¥1,200（原価）× 2,100個 = ¥2,520,000

計¥5,016,000

㋑ 棚卸減耗損 ¥120,000

B品　@¥1,200（原価）×（帳簿2,100個 − 実地2,000個）= ¥120,000

㋒ 商品評価損 ¥64,000

A品　（原価@¥3,120 − 正味@¥3,040）× 実地800個 = ¥64,000

B品は原価より正味売却価額が高いので，評価替えはしない。

㋓ 貸借対照表の商品 ¥4,832,000

= 上記㋐¥5,016,000 − 上記㋑¥120,000 − 上記㋒¥64,000

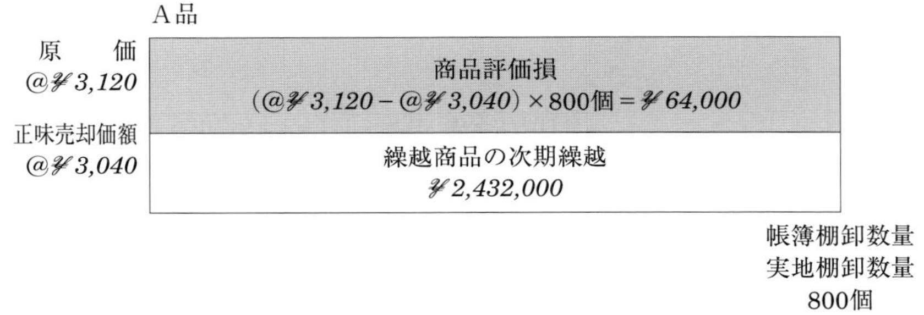

b. (借) 売掛金	16,000	(貸) 買掛金	45,000
為替差損益	29,000		

㋔ 売掛金 ¥16,000

=（決算日の為替レート130円 − 取引日の為替レート128円）× 売掛金8,000ドル

㋕ 買掛金 ¥45,000

=（決算日の為替レート130円 − 取引日の為替レート125円）× 買掛金9,000ドル

㋖ 為替差損益（損）（−）¥29,000

= 売掛金の増加額¥16,000 − 買掛金の増加額¥45,000

※売掛金（資産）の増加額が買掛金（負債）の増加額を下回っているため，為替差損益は「損」（費用）とする。

c．（借）貸倒引当金繰入	110,000	（貸）貸倒引当金	110,000
繰延税金資産	16,500	法人税等調整額	16,500

㋗ 受取手形の貸倒引当金計上額　￥50,400＝受取手形勘定残高￥2,520,000×2％
㋘ 売掛金の貸倒引当金計上額　￥59,600
　＝売掛金（勘定残高￥3,400,000－付記事項①￥436,000＋決算整理事項 b．￥16,000）
　×2％
㋙ 貸倒引当金繰入　￥110,000
　＝（上記㋗￥50,400＋上記㋘￥59,600）
　－貸倒引当金（勘定残高￥96,000－付記事項①￥96,000）
㋚ 繰延税金資産　￥16,500＝貸倒引当金の繰入限度超過額￥55,000×法定実効税率30％

d．（借）売買目的有価証券	56,000	（貸）有価証券評価益	56,000
（借）満期保有目的債券	6,000	（貸）有価証券利息	6,000
（借）その他有価証券	210,000	（貸）繰延税金負債	63,000
		その他有価証券評価差額金	147,000

㋛ 売買目的有価証券評価高（時価）　￥2,961,000＝甲商事株@￥84,600（時価）×35株
㋜ 有価証券評価益　￥56,000＝￥2,961,000（時価）－￥2,905,000（帳簿価額）
㋝ 満期保有目的債券の評価高（償却原価）　￥1,788,000
㋞ 有価証券利息　￥6,000＝￥1,788,000（償却原価）－￥1,782,000（帳簿価額）
㋟ その他有価証券評価高（時価）　￥1,380,000＝乙物産株@￥23,000（時価）×60株
㋠ その他有価証券　￥210,000＝￥1,380,000（時価）－￥1,170,000（帳簿価額）
㋡ 繰延税金負債　￥63,000＝上記㋠￥210,000×法定実効税率30％
㋢ その他有価証券評価差額金　￥147,000＝上記㋠￥210,000－上記㋡￥63,000

e．（借）減価償却費	623,500	（貸）建物減価償却累計額	136,000
		備品減価償却累計額	487,500

㋣ 建物の減価償却高　￥136,000
　＝（￥6,800,000（取得原価）－￥0（残存価額））÷耐用年数50年
㋤ 備品の減価償却高　￥487,500
　＝（￥2,600,000（取得原価）－￥650,000（減価償却累計額））×償却率25％
㋥ 減価償却費　￥623,500＝上記㋣￥136,000＋上記㋤￥487,500

f．（借）ソフトウェア償却	150,000	（貸）ソフトウェア	150,000

㋦ ソフトウェア償却　￥150,000
　＝ソフトウェア￥600,000÷（利用可能期間5年－経過1年）

g．（借）前払保険料	114,000	（貸）保険料	256,500
長期前払保険料	142,500		

㋧ 保険料の前払高　￥256,500
　＝3年分の保険料￥342,000×$\frac{27か月（令和○5年4月～令和○7年6月）}{36か月（令和○4年7月～令和○7年6月）}$
㋨ 前払保険料　￥114,000
　＝3年分の保険料￥342,000×$\frac{12か月（令和○5年4月～令和○6年3月）}{36か月（令和○4年7月～令和○7年6月）}$
㋩ 長期前払保険料　￥142,500
　＝3年分の保険料￥342,000×$\frac{15か月（令和○6年4月～令和○7年6月）}{36か月（令和○4年7月～令和○7年6月）}$
㋪ 損益計算書の保険料　￥329,900＝￥586,400（勘定残高）－上記㋧保険料￥256,500

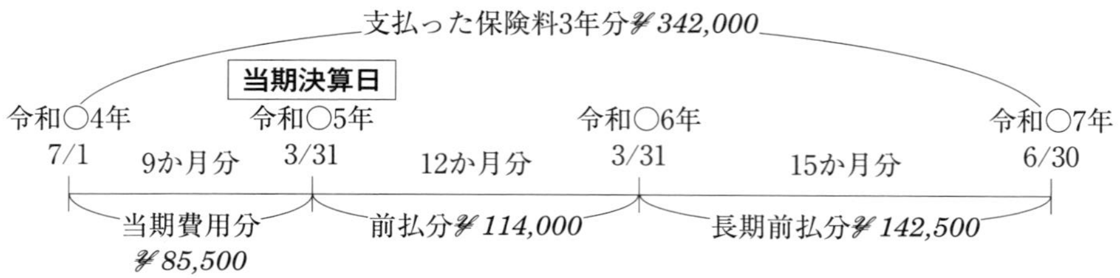

h．（借）支払利息	36,000	（貸）未払利息	36,000

㋫ 未払利息　￥36,000
　＝長期借入金￥4,800,000×利率年3％
　×$\frac{3か月（令和○5年1月1日～令和○5年3月31日）}{12か月}$

i．（借）退職給付費用	524,800	（貸）退職給付引当金	524,800

㋬ 退職給付費用　￥524,800＝退職給付引当金繰入額￥524,800

j．（借）法人税等	2,144,700	（貸）仮払法人税等	785,800
		未払法人税等	1,358,900

㋭ 法人税等　￥2,144,700＝法人税・住民税及び事業税額￥2,144,700
㋮ 未払法人税等　￥1,358,900＝上記㋭￥2,144,700－仮払法人税等勘定残高￥785,800

〔解答欄の完成等〕

(1)　損益計算書

上記決算整理事項の解説を参照。

(2)　株主資本等変動計算書

利益準備金の当期変動額　*¥120,000*＝純資産の部に関する事項より

利益準備金の当期末残高　*¥620,000*

　＝当期首残高*¥500,000*＋当期変動額合計*¥120,000*

新築積立金の当期首残高　*¥90,000*＝当期末残高*¥120,000*－当期変動金額合計*¥30,000*

繰越利益剰余金の当期変動額（剰余金の配当）　△*¥1,320,000*

　＝配当金*¥1,200,000*＋利益準備金積立額*¥120,000*

繰越利益剰余金の当期変動額（当期純利益）　*¥4,965,800*

　＝損益計算書の当期純利益*¥4,965,800*

繰越利益剰余金の当期末残高　*¥5,371,800*

　＝当期首残高*¥1,756,000*＋当期変動額合計*¥3,615,800*

利益剰余金合計の各残高は，利益準備金と新築積立金と繰越利益剰余金の合計額である。

株主資本合計の各残高は，資本金と資本剰余金合計と利益剰余金合計の合計額である。

その他有価証券評価差額金の当期末残高*¥147,000*（＝決算整理事項d．より）

純資産合計の各残高は，株主資本合計と評価・換算差額等合計の合計額である。

(3)　貸借対照表に記載する流動負債合計

以下の4科目の合計額*¥6,764,030*である。

支払手形　*¥2,360,400*

買掛金　*¥3,008,730*（＝勘定残高*¥2,963,730*＋決算整理事項b．*¥45,000*）

未払費用　*¥36,000*

未払法人税等　*¥1,358,900*

〈参考〉

貸借対照表

福島商事株式会社　令和○5年3月31日　（単位：円）

資産の部			
Ⅰ 流動資産			
1．現金預金		5,051,380	
2．受取手形	2,520,000		
貸倒引当金	50,400	2,469,600	
3．売掛金	2,980,000		
貸倒引当金	59,600	2,920,400	
4．有価証券		2,961,000	
5．商品		4,832,000	
6．前払費用		114,000	
流動資産合計			18,348,380
Ⅱ 固定資産			
(1) 有形固定資産			
1．建物	6,800,000		
減価償却累計額	3,536,000	3,264,000	
2．備品	2,600,000		
減価償却累計額	1,137,500	1,462,500	
3．土地		3,150,000	
有形固定資産合計		7,876,500	
(2) 無形固定資産			
1．ソフトウェア		450,000	
無形固定資産合計		450,000	
(3) 投資その他の資産			
1．投資有価証券		3,168,000	
2．長期前払費用		142,500	
投資その他の資産合計		3,310,500	
固定資産合計			11,637,000
資産合計			29,985,380
負債の部			
Ⅰ 流動負債			
1．支払手形		2,360,400	
2．買掛金		3,008,730	
3．未払費用		36,000	
4．未払法人税等		1,358,900	
流動負債合計			6,764,030
Ⅱ 固定負債			
1．長期借入金		4,800,000	
2．退職給付引当金		1,366,050	
3．繰延税金負債		46,500	
固定負債合計			6,212,550
負債合計			12,976,580

純資産の部

Ⅰ 株主資本		
(1) 資本金		9,000,000
(2) 資本剰余金		
1. 資本準備金	550,000	
資本剰余金合計		550,000
(3) 利益剰余金		
1. 利益準備金	620,000	
2. その他利益剰余金		
① 新築積立金	120,000	
② 繰越利益剰余金	5,371,800	
利益剰余金合計		6,111,800
株主資本合計		15,661,800
Ⅱ 評価・換算差額等		
1. その他有価証券評価差額金	147,000	
評価・換算差額等合計		147,000
Ⅲ 新株予約権		1,200,000
純資産合計		17,008,800
負債及び純資産合計		29,985,380

4

@4点×7＝28点

	借方		貸方	
a	構築物	1,250,000	建設仮勘定 当座預金	750,000 500,000
b	ソフトウェア	2,500,000	ソフトウェア仮勘定 当座預金	1,500,000 1,000,000
c	満期保有目的債券 有価証券利息	4,438,000 17,000	当座預金	4,455,000
d	契約負債	2,400,000	役務収益	2,400,000
e	その他資本剰余金	6,000,000	自己株式	6,000,000
f	役務原価	683,500	現金	683,500
g	繰延税金資産	6,000	法人税等調整額	6,000

解説

a.（借）構築物 1,250,000 （貸）建設仮勘定 750,000
当座預金 500,000

有形固定資産の完成前に支払った工事代金は建設仮勘定で処理する。そして，固定資産が完成し，引き渡しを受けたときに固定資産の勘定に振り替える。

建設を依頼している広告塔について，完成し，引き渡しを受けたため，構築物勘定（資産）の借方に記帳するとともに，建設仮勘定（資産）の貸方に記帳する。

建設仮勘定　¥750,000＝支払済代金¥750,000

構築物　¥1,250,000＝建設代金¥1,250,000

b．（借）ソフトウェア　*2,500,000*　（貸）ソフトウェア仮勘定　*1,500,000*
当座預金　*1,000,000*

ソフトウェアの完成前に支払った制作代金はソフトウェア仮勘定で処理する。そして，ソフトウェアが完成し，引き渡しを受けたときにソフトウェア勘定に振り替える。

制作を依頼しているソフトウェアについて，完成し，引き渡しを受けたため，ソフトウェア勘定（資産）の借方に記帳するとともに，ソフトウェア仮勘定（資産）の貸方に記帳する。

ソフトウェア仮勘定　¥*1,500,000*＝支払済制作代金¥*1,500,000*

ソフトウェア　¥*2,500,000*＝契約総額¥*2,500,000*

c．（借）満期保有目的債券　*4,438,000*　（貸）当座預金　*4,455,000*
有価証券利息　*17,000*

満期まで保有する目的で社債を購入したときは，取得原価をもって満期保有目的債券勘定（資産）の借方に記入する。また，端数利息の支払額は，有価証券利息勘定（収益）の借方に記入するとともに，代金については満期保有目的債券の取得原価と端数利息をともに小切手を振り出して支払っているため，当座預金勘定（資産）の貸方に記入する。

満期保有目的債券の取得原価　¥*4,438,000*

$$= 額面総額¥4{,}500{,}000 \times \frac{買入¥98.40}{額面¥100} + 買入手数料¥10{,}000$$

有価証券利息　¥*17,000*＝端数利息¥*17,000*

当座預金　¥*4,455,000*＝取得原価¥*4,438,000*＋端数利息¥*17,000*

d．（借）契約負債　*2,400,000*　（貸）役務収益　*2,400,000*

商品売買業以外のサービス業を営む企業は，サービス（役務）の提供による対価のうち，すでに役務提供が完了した部分に対応する金額を役務収益勘定（収益）の貸方に記入する。また，対価については，以前に役務提供完了前に受け取っているため，前受金勘定（負債）または契約負債勘定（負債）の借方に記入する。なお，本問では勘定科目の指示により契約負債勘定を用いる。

e．（借）その他資本剰余金　*6,000,000*　（貸）自己株式　*6,000,000*

自己株式を消却したときは，自己株式の帳簿価額をその他資本剰余金勘定（純資産）から減額する。なお，その他資本剰余金が不足する場合は，会計期末に不足額をその他利益剰余金（繰越利益剰余金）から減額する。

自己株式　¥*6,000,000*＝帳簿価額@¥*30,000*×200株

f．（借）役務原価　*683,500*　（貸）現金　*683,500*

商品売買業以外のサービスを営む企業は，サービス（役務）の提供にかかる費用は役務原価勘定（費用）の借方に記帳する。

g．（借）繰延税金資産　*6,000*　（貸）法人税等調整額　*6,000*

貸倒引当金の繰入限度超過額について税効果会計を適用するときは，繰延税金資産勘定（資産）の借方に記帳するとともに，法人税等調整額勘定の貸方に記帳する。

繰延税金資産　¥*6,000*＝繰入限度超過額¥*20,000*×法定実効税率30％

1級会計模擬試験問題　第12回

1

@2点×7＝14点

(1)

ア	イ	ウ	エ
2	5	8	11

(2)

ア	イ	ウ
1	6	7

解説

(1)

a．単一性の原則

株主総会提出のため，租税目的のためなど，利用目的の違いから形式の異なる財務諸表を作成する必要がある場合，それらの内容は信頼しうる［2．会計記録］にもとづいて作成されたものであり，実質的に同じでなければならない。これを［5．単一性］の原則という。

b．金融商品取引法

国民経済の健全な発展と投資者の保護を目的として，財務諸表の作成や監査についての規定を設け，証券取引所に株式が上場されている会社などが適用対象となる法律を［8．金融商品取引法］という。この規定では有価証券報告書や有価証券届出書の提出を求められているが，それらに含まれる貸借対照表や損益計算書などは［11．財務諸表等規則］に定められた項目の分類・配列・区分表示にしたがって作成する。

(2)

ア．企業会計基準委員会	1．ASBJ
イ．財務諸表	6．financial statements
ウ．継続企業	7．going concern

※英語表記一覧表（⇒p.3）を参照。

2

(1)　@2点×1＝2点
(2)●印@2点×4＝8点
(3)①　@2点×3＝6点
　②　@3点×2＝6点

(1)

法人税等調整額	¥　37,500

(2)

連結損益計算書

P社　令和○4年4月1日から令和○5年3月31日まで　（単位：千円）

売上原価	1,160,000	売上高	1,560,000
給料	360,000		
のれん償却	(● 1,200) ❶		
当期純利益	(● 38,800) ❷		
	(1,560,000)		(1,560,000)
非支配株主に帰属する当期純利益	(4,000)	当期純利益	(38,800)
親会社株主に帰属する当期純利益	(34,800)		
	(38,800)		(38,800)

連結株主資本等変動計算書

P社　令和○4年4月1日から令和○5年3月31日まで　（単位：千円）

	資本金	利益剰余金	非支配株主持分
当期首残高	200,000	88,000	(37,000)
当期変動額　剰余金の配当		△16,000	
親会社株主に帰属する当期純利益		(34,800)	
株主資本以外の項目の当期変動額(純額)			(2,000)
当期末残高	200,000	(● 106,800) ❸	(39,000)

連結貸借対照表

P社　令和○5年3月31日　（単位：千円）

諸資産	905,000	諸負債	570,000
のれん	(10,800)	資本金	(200,000)
		利益剰余金	(106,800)
		(非支配株主持分)	(● 39,000) ❹
	(915,800)		(915,800)

(3)

①

ア	❺ 200 %	イ	1	ウ	❻ 14 %	エ	2

オ	❼ 20 回	カ	2

(注意) アとイ，ウとエ，オとカは，それぞれ２つとも合っている場合に正答とする。

②

a	￥ ❽ 1,545,000	b	￥ ❾ 6,930,000

解説

(1) **税効果会計の問題**

税効果会計では，資産と負債について，会計上の簿価と税法上の金額が異なるかを調べ，その差異が将来の期間において解消される差異である一時差異を対象に会計処理をおこなう。なお，一時差異の種類は「貸倒引当金の繰入限度超過額」,「減価償却の償却限度超過額」,「その他有価証券の時価評価差額」などがある。

i (借)	繰延税金資産	15,000	(貸) その他有価証券	50,000
	その他有価証券評価差額金	35,000		

その他有価証券　￥50,000＝取得原価￥1,200,000－時価￥1,150,000
繰延税金資産　￥15,000＝その他有価証券￥50,000×法定実効税率30％
その他有価証券評価差額金　￥35,000
　＝その他有価証券￥50,000－繰延税金資産￥15,000

ii (借)	繰延税金資産	37,500	(貸) 法人税等調整額	37,500

繰延税金資産　￥37,500
　＝減価償却の償却限度超過額￥125,000×法定実効税率30％
法人税等調整額の金額　￥37,500＝上記 ii ￥37,500

(2) **連結財務諸表の作成に関する問題**　(単位：千円)

❶❷❸❹　連結財務諸表は，親会社と子会社のそれぞれの個別財務諸表の数値を合算し，連結修正の手続きを加えて作成する。

> 連結損益計算書に計上するのれん償却額は，支配獲得日の投資と資本の相殺消去仕訳で計上されるのれんを償却期間（20年以内）で割って求める。
> また，連結損益計算書に計上する親会社株主に帰属する当期純利益は，親会社と子会社の「当期純利益」を合算したあと，連結修正仕訳で生じる損益項目の調整を加えて，連結企業集団全体の当期純利益を算定し，その額から「非支配株主に帰属する当期純利益」を控除して求める。
> 連結貸借対照表に計上する非支配株主持分は，支配獲得日の投資と資本の相殺消去仕訳で非支配株主持分に振り替えられる金額に対し，当期に生じる非支配株主持分の増減額を処理して求める。

(I) 支配獲得日の投資と資本の相殺消去仕訳
のれん＝子会社株式(80％分)の取得原価
　－子会社純資産額に対する親会社持分(80％分)
のれんの金額
子会社株式取得原価160,000－支配獲得日の子会社純資産(資本金100,000＋利益剰余金85,000)×80％＝12,000
非支配株主持分＝子会社純資産額×非支配株主持分割合(20％)
非支配株主持分の金額
支配獲得日の子会社純資産185,000×20％＝37,000
支配獲得日の投資と資本の相殺消去仕訳は次のとおり。

(借)	資本金	100,000	(貸) 子会社株式	160,000
	利益剰余金	85,000	非支配株主持分	37,000
	のれん	12,000		

(II) 当期分の連結修正
① のれんの償却
のれんの償却額　12,000を10年間で定額法により償却する。
12,000÷10年＝1,200
〈連結修正仕訳〉

(借)	のれん償却	1,200	(貸) のれん	1,200

❶ よって，連結損益計算書に計上するのれん償却の金額は1,200

〈参考〉 連結貸借対照表に計上するのれんの金額は，
(I)(借)のれん12,000－(II)①(貸)のれん1,200＝10,800

② 子会社の当期純利益による子会社純資産増加のうち，非支配株主に配分する金額
子会社の当期純利益20,000×20％＝4,000(非支配株主持分の増加)
〈連結修正仕訳〉

(借)	非支配株主に帰属する当期純利益	4,000	(貸) 非支配株主持分	4,000

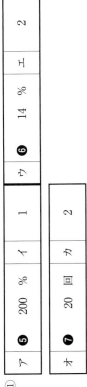

③ 子会社の剰余金処分のうち，配当金の支払いによる子会社純資産減少に対して非支配株主に負担させる金額

子会社の支払った配当金（株主資本等変動計算書に記載されているＳ社の「剰余金の配当」）のうち，親会社が受け取った分（10,000×80%＝8,000で受取配当金に計上されている）は，親会社と子会社間の企業集団内部の取引として相殺消去する。

また，非支配株主が受け取った分（10,000×20%＝2,000）は非支配株主持分と相殺消去する。

〈連結修正仕訳〉

（借）受取配当金	8,000	（貸）	剰余金の配当（配当金）	10,000
非支配株主持分	2,000			

以上の連結修正内容から，

❶ 連結損益計算書に計上するのれん償却は前述のとおり。

❷ 連結損益計算書に計上する当期純利益は貸借差額より，38,800となる。

❸ 連結株主資本等変動計算書に計上する利益剰余金当期末残高は，次のように求める。
親会社株主に帰属する当期純利益
Ｐ社当期純利益28,000＋Ｓ社当期純利益20,000－(Ⅱ)①(借)のれん償却1,200(費用発生)
－(Ⅱ)③(借)受取配当金8,000(収益消去)＝38,800(連結企業集団全体の当期純利益)
連結企業集団全体の当期純利益38,800－(Ⅱ)②(借)非支配株主に帰属する当期純利益4,000＝34,800
※上記の計算のほか，連結損益計算書の差額から求めることもできる。(右段の図参照)
連結株主資本等変動計算書に計上する利益剰余金当期末残高
利益剰余金当期首残高88,000－剰余金の配当16,000
＋親会社株主に帰属する当期純利益34,800＝106,800

❹ 連結貸借対照表に計上する非支配株主持分
(Ⅰ)(貸)非支配株主持分37,000＋(Ⅱ)②(貸)非支配株主持分4,000
－(Ⅱ)③(借)非支配株主持分2,000＝39,000
※連結株主資本等変動計算書の非支配株主持分の当期末残高と同額である。(右段の図参照)

〈参考〉

連結損益計算書

Ｐ社　令和○4年4月1日から令和○5年3月31日まで　(単位：千円)

売上原価	1,160,000	売上高	1,560,000
給料	360,000		
のれん償却	(1,200)		
当期純利益	(差額38,800)		
	(1,560,000)		(1,560,000)
非支配株主に帰属する当期純利益	(4,000)	当期純利益	(38,800)
親会社株主に帰属する当期純利益	(差額34,800)		
	(38,800)		(38,800)

連結株主資本等変動計算書

Ｐ社　令和○4年4月1日から令和○5年3月31日まで　(単位：千円)

	資本金	利益剰余金	非支配株主持分
当期首残高	200,000	88,000	(37,000)
当期変動額　剰余金の配当		△16,000	
親会社株主に帰属する当期純利益		(34,800)	
株主資本以外の項目の当期変動額(純額)			(2,000)
当期末残高	200,000	(106,800)	(39,000)

連結貸借対照表

Ｐ社　令和○5年3月31日　(単位：千円)

諸資産	905,000	諸負債	570,000
のれん	(10,800)	資本金	(200,000)
		利益剰余金	(106,800)
		(非支配株主持分)	(39,000)
	(915,800)		(915,800)

(3) 財務諸表分析の問題

A株式会社の資料

i　第７期の貸借対照表

貸借対照表

A株式会社　令和○9年3月31日　(単位：円)

	資産	金額	負債・純資産	金額	
流動資産	現金預金	1,182,000	支払手形	2,340,000	流動負債
	受取手形	1,560,000	買掛金	2,540,000	
	売掛金	1,218,000	未払法人税等	510,000	
	有価証券	3,600,000	前受金	10,000	
	商品	3,012,000	長期借入金	2,715,000	
	前払費用	228,000	退職給付引当金	885,000	
固定資産	備品	2,895,000	資本金	12,000,000	自己資本
	土地	5,460,000	資本準備金	1,125,000	
	投資有価証券	(❽1,545,000)	利益準備金	(585,000)	
	長期貸付金	3,300,000	繰越利益剰余金	1,290,000	
		(24,000,000)		(24,000,000)	

B株式会社の資料

i　第７期の貸借対照表

貸借対照表

B株式会社　令和○9年3月31日　(単位：円)

	資産	金額	負債・純資産	金額	
	現金預金	690,000	支払手形	2,841,000	
	受取手形	1,896,000	買掛金	2,670,000	
	売掛金	2,454,000	未払法人税等	780,000	
	有価証券	3,150,000	前受金	9,000	
	商品	(2,955,000)	長期借入金	(2,925,000)	
❾	前払費用	195,000	退職給付引当金	975,000	
有形固定資産	備品	2,550,000	資本金	9,600,000	自己資本
	土地	(4,380,000)	資本準備金	1,245,000	
	投資有価証券	1,155,000	利益準備金	(375,000)	
	長期貸付金	3,525,000	繰越利益剰余金	1,530,000	
		22,950,000		22,950,000	

❺ A株式会社の流動比率（ア）

$$流動比率=\frac{流動資産}{流動負債}\times 100(\%)$$

$$=\frac{￥10,800,000(現金預金から前払費用までの合計)}{￥5,400,000(支払手形から前受金までの合計)}\times 100=200\%$$

※流動比率は流動負債に対する流動資産の割合を示すもので，この比率が高いほど短期の支払能力が高く，より安全である。

❻ B株式会社の売上高成長率（増収率）（ウ）

$$売上高成長率=\frac{当期売上高-前期売上高}{前期売上高}\times 100(\%)$$

$$=\frac{￥85,500,000-￥75,000,000}{￥75,000,000}\times 100=14\%$$

※売上高成長率（増収率）は売上高の伸び率を表し，これが高いほど事業が拡大していることを示す。

❼ B株式会社の受取勘定回転率（オ）

$$受取勘定回転率=\frac{売上高}{売上債権(受取手形+売掛金)平均有高}(回)$$

$$=\frac{￥85,500,000}{\{期首売上債権￥4,200,000+期末売上債権(受取手形￥1,896,000+売掛金￥2,454,000)\}\div 2}$$

$=20回$

※受取勘定回転率は売上債権の回収速度を示すもので，この回転率が高いほど債権の回収が早く，状況がよいことになる。

❽ A株式会社の投資有価証券勘定（キ）

固定比率から固定資産総額を求め，その後差し引きで投資有価証券（キ）を求める。

$$固定比率=\frac{固定資産}{自己資本}\times 100(\%)$$

(i)　まず，自己資本額を計算する。

〈解法１　自己資本利益率から〉

$$自己資本利益率=\frac{当期純利益￥900,000}{自己資本x}\times 100=6\%$$

よって，自己資本xは￥900,000÷0.06で￥15,000,000となる。

〈解法２　負債比率から〉

$$負債比率=\frac{負債￥9,000,000(支払手形から退職給付引当金まで)}{自己資本x}\times 100=60\%$$

よって，自己資本xは￥9,000,000÷0.6で￥15,000,000となる。

(ii)　次に，固定比率から固定資産額を求める。

$$固定比率=\frac{固定資産x}{自己資本￥15,000,000}\times 100=88\%$$

よって，固定資産xは￥15,000,000×0.88で￥13,200,000となる。

この固定資産額 ￥13,200,000から，備品 ￥2,895,000と土地 ￥5,460,000と長期貸付金 ￥3,300,000を差し引いて ￥1,545,000が投資有価証券（キ）の金額となる。

❾ B株式会社の有形固定資産の合計額

商品回転率から期末商品を求め，あとは差し引きで有形固定資産合計額を求める。

まず，売上高 ￥85,500,000－売上総利益 ￥19,950,000＝売上原価 ￥65,550,000

$$商品回転率 = \frac{売上原価\ ￥65{,}550{,}000}{平均商品有高x} = 23回$$

よって，平均商品有高xは ￥65,550,000÷23回で ￥2,850,000

￥2,850,000×2－期首商品 ￥2,745,000＝￥2,955,000が期末商品額。

あとは，貸借対照表借方の資産合計額 ￥22,950,000から備品と土地以外の資産額を差し引いた ￥6,930,000が有形固定資産合計額。

3 (1)

●印@4点×9＝36点

貸借対照表

広島商事株式会社　令和○5年3月31日　(単位：円)

資産の部			
Ⅰ 流動資産			
1. 現金預金		(5,719,800)	
2. 電子記録債権	3,600,000		
貸倒引当金	(72,000)	(3,528,000)	
3. 売掛金	(3,800,000)		
貸倒引当金	(76,000)	(3,724,000)	
4. (有価証券)		(5,230,500)●	
5. (商品)		(4,841,600)	
6. (前払費用)		(138,000)	
流動資産合計			(23,181,900)
Ⅱ 固定資産			
(1) 有形固定資産			
1. 建物	(8,484,000)		
減価償却累計額	(282,800)	(8,201,200)●	
2. 備品	2,500,000		
減価償却累計額	(900,000)	(1,600,000)	
3. (リース資産)	(2,020,000)		
減価償却累計額	(808,000)	(1,212,000)	
有形固定資産合計		(11,013,200)	
(2) 無形固定資産			
1. (ソフトウェア)		(807,000)	
無形固定資産合計		(807,000)	
(3) 投資その他の資産			
1. 投資有価証券		(6,350,000)●	
2. (長期前払費用)		(69,000)	
投資その他の資産合計		(6,419,000)	
固定資産合計			(18,239,200)
資産合計			(41,421,100)
負債の部			
Ⅰ 流動負債			
1. 電子記録債務		3,320,000	
2. 買掛金		(2,298,400)	
3. (リース債務)		(404,000)●	
4. (未払費用)		(50,000)	
5. (未払法人税等)		(1,167,900)	
流動負債合計			(7,240,300)
Ⅱ 固定負債			
1. 長期借入金		3,000,000	
2. リース債務		(808,000)	
3. (退職給付引当金)		(1,524,400)	
4. (繰延税金負債)		(21,000)	
固定負債合計			(5,353,400)
負債合計			(12,593,700)

純資産の部			
Ⅰ 株主資本			
(1) 資本金			19,400,000
(2) 資本剰余金			
1. 資本準備金		2,000,000	
2. その他資本剰余金		480,000	
資本剰余金合計			2,480,000
(3) 利益剰余金			
1. 利益準備金		1,800,000	
2. その他利益剰余金			
① 別途積立金		438,000	
② 繰越利益剰余金		(*4,560,400*)	
利益剰余金合計			(*6,798,400*)
株主資本合計			(*28,678,400*)
Ⅱ 評価・換算差額等			
1. その他有価証券評価差額金		(*49,000*) ●	
評価・換算差額等合計			(*49,000*)
Ⅲ 新株予約権			100,000
純資産合計			(*28,827,400*)
負債及び純資産合計			(*41,421,100*)

(2)

損益計算書

広島商事株式会社　令和○4年4月1日から令和○5年3月31日まで　(単位：円)

Ⅰ 売上高			79,052,000
Ⅱ 売上原価			
1. 期首商品棚卸高	(*5,405,000*)		
2. 当期商品仕入高	(*62,071,200*)		
合計	(*67,476,200*)		
3. 期末商品棚卸高	(*4,970,000*)		
	(*62,506,200*)		
4.(棚卸減耗損)	(*50,000*)		
5.(商品評価損)	(*78,400*)		(*62,634,600*) ●
売上総利益			(*16,417,400*)
Ⅲ 販売費及び一般管理費			
1. 給料	4,983,200		
2. 発送費	880,760		
3. 広告料	809,640		
4.(貸倒引当金繰入)	(*121,800*) ●		
5.(減価償却費)	(*1,086,800*)		
6.(ソフトウェア償却)	(*269,000*) ●		
7.(退職給付費用)	(*670,000*)		
8. 支払地代	1,035,800		
9. 保険料	(*368,600*)		
10. 水道光熱費	174,610		
11. 租税公課	145,330		
12.(雑費)	(*50,660*)		(*10,596,200*)
営業利益			(*5,821,200*)

(3)

損益計算書に記載する経常利益	¥ *5,845,800* ●

解説

〔付記事項〕

① (借) 建　　物　*84,000*　(貸) 支払手数料　*84,000*

建物を取得したさいの買入手数料は本来，建物の取得原価に含めるが，誤って支払手数料として処理していたため修正する。支払手数料（費用）を減少するとともに，建物（資産）を増加させる。

② リース債務のうち，決算日の翌日から1年以内に返済期限が到来する¥*404,000*は「流動負債」の区分に，また1年を超えて返済期限が到来する¥*808,000*は「固定負債」の区分にそれぞれ記載する。

1年あたりのリース債務¥*404,000*
　＝リース債務残高¥*1,212,000*
　　÷リース期間残り3年(令和○5年4月1日～令和○8年3月31日)

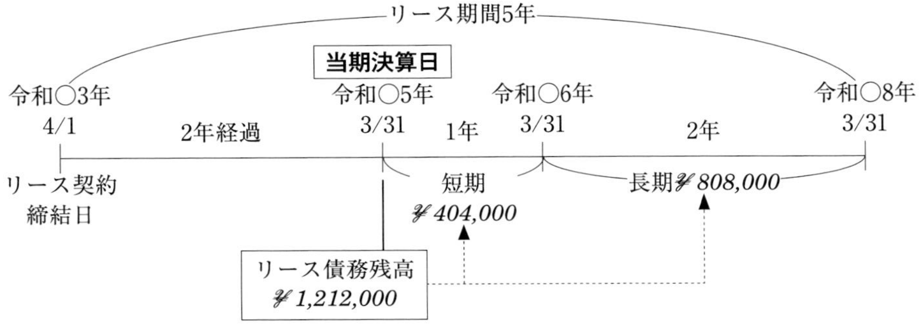

〔決算整理事項〕

a. (借)	仕入	*5,405,000*	(貸) 繰越商品	*5,405,000*
	繰越商品	*4,970,000*	仕入	*4,970,000*
	棚卸減耗損	*50,000*	繰越商品	*50,000*
	商品評価損	*78,400*	繰越商品	*78,400*
	仕入	*50,000*	棚卸減耗損	*50,000*
	仕入	*78,400*	商品評価損	*78,400*

㋐ 期末商品棚卸高　₰4,970,000
　A品　@₰1,250（原価）×2,000個＝₰2,500,000
　B品　@₰2,600（原価）×　950個＝₰2,470,000
　　　　　　　　　　　　　　　計₰4,970,000

㋑ 棚卸減耗損　₰50,000
　A品　@₰1,250（原価）×（帳簿2,000個－実地1,960個）＝₰50,000

㋒ 商品評価損　₰78,400
　A品　（原価@₰1,250－正味@₰1,210）×実地1,960個＝₰78,400
　B品は原価より正味売却価額が高いので，評価替えはしない。

㋓ 貸借対照表の商品　₰4,841,600
　＝上記㋐₰4,970,000－上記㋑₰50,000－上記㋒₰78,400

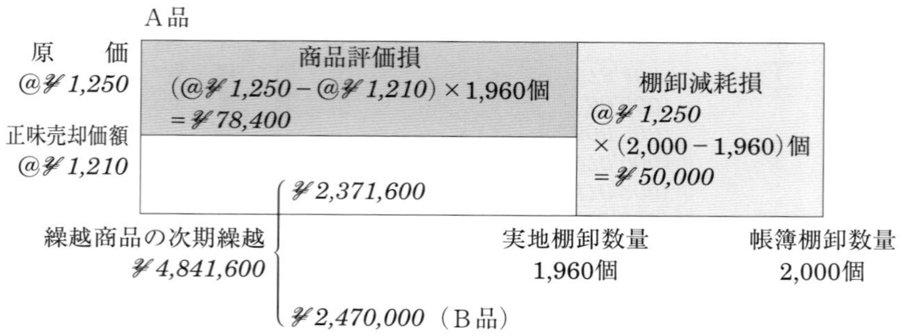

b.	（借）売掛金	80,000	（貸）買掛金	42,000
			為替差損益	38,000

㋔ 売掛金　₰80,000
　＝（決算日の為替レート134円－取引日の為替レート130円）×売掛金20,000ドル

㋕ 買掛金　₰42,000
　＝（決算日の為替レート134円－取引日の為替レート131円）×買掛金14,000ドル

㋖ 為替差損益（益）　₰38,000
　＝売掛金の増加額₰80,000－買掛金の増加額₰42,000
　※売掛金（資産）の増加額が買掛金（負債）の増加額を上回っているため，為替差損益は「益」（収益）とする。

c.	（借）貸倒引当金繰入	121,800	（貸）貸倒引当金	121,800

㋗ 電子記録債権の貸倒引当金計上額　₰72,000
　＝電子記録債権勘定残高₰3,600,000×2%

㋘ 売掛金の貸倒引当金計上額　₰76,000
　＝売掛金（勘定残高₰3,720,000＋決算整理事項b.₰80,000）×2%

㋙ 貸倒引当金繰入　₰121,800
　＝（上記㋗₰72,000＋上記㋘₰76,000）－貸倒引当金勘定残高₰26,200

d.	（借）有価証券評価損	123,000	（貸）売買目的有価証券	123,000
	（借）満期保有目的債券	40,000	（貸）有価証券利息	40,000
	（借）その他有価証券	70,000	（貸）繰延税金負債	21,000
			その他有価証券評価差額金	49,000

㋚ 売買目的有価証券評価高（時価）　₰5,230,500＝甲通信株@₰34,870（時価）×150株
㋛ 有価証券評価損　₰123,000＝₰5,353,500（帳簿価額）－₰5,230,500（時価）
㋜ 満期保有目的債券の評価高（償却原価）　₰2,920,000
㋝ 有価証券利息　₰40,000＝₰2,920,000（償却原価）－₰2,880,000（帳簿価額）
㋞ その他有価証券評価高（時価）　₰3,430,000＝乙産業株@₰49,000（時価）×70株
㋟ その他有価証券　₰70,000＝₰3,430,000（時価）－₰3,360,000（帳簿価額）
㋠ 繰延税金負債　₰21,000＝上記㋟₰70,000×法定実効税率30%
㋡ その他有価証券評価差額金　₰49,000＝上記㋟₰70,000－上記㋠₰21,000

e.	（借）減価償却費	1,086,800	（貸）建物減価償却累計額	282,800
			備品減価償却累計額	400,000
			リース資産減価償却累計額	404,000

㋢ 建物の減価償却高　₰282,800
　＝（₰8,400,000（勘定残高）＋付記事項①₰84,000－₰0（残存価額））÷耐用年数30年

㋣ 備品の減価償却高　₰400,000
　＝（₰2,500,000（取得原価）－₰500,000（減価償却累計額））×償却率20%

㋤ リース資産の減価償却高　₰404,000
　＝（₰2,020,000（取得原価）－₰0（残存価額））÷耐用年数5年

㋥ 減価償却費　₰1,086,800＝上記㋢₰282,800＋上記㋣₰400,000＋上記㋤₰404,000

f.	（借）ソフトウェア償却	269,000	（貸）ソフトウェア	269,000

㋦ ソフトウェア償却　₰269,000
　＝ソフトウェア₰1,076,000÷（利用可能期間5年－経過1年）

g．（借）前払保険料　138,000　（貸）保　険　料　207,000
長期前払保険料　69,000

㋧ 保険料の前払高　¥207,000
＝2年分の保険料¥276,000×$\frac{\text{18か月（令和○5年4月～令和○6年9月）}}{\text{24か月（令和○4年10月～令和○6年9月）}}$

㋨ 前払保険料　¥138,000
＝2年分の保険料¥276,000×$\frac{\text{12か月（令和○5年4月～令和○6年3月）}}{\text{24か月（令和○4年10月～令和○6年9月）}}$

㋩ 長期前払保険料　¥69,000
＝2年分の保険料¥276,000×$\frac{\text{6か月（令和○6年4月～令和○6年9月）}}{\text{24か月（令和○4年10月～令和○6年9月）}}$

㋪ 損益計算書の保険料　¥368,600＝¥575,600（勘定残高）－上記㋧保険料¥207,000

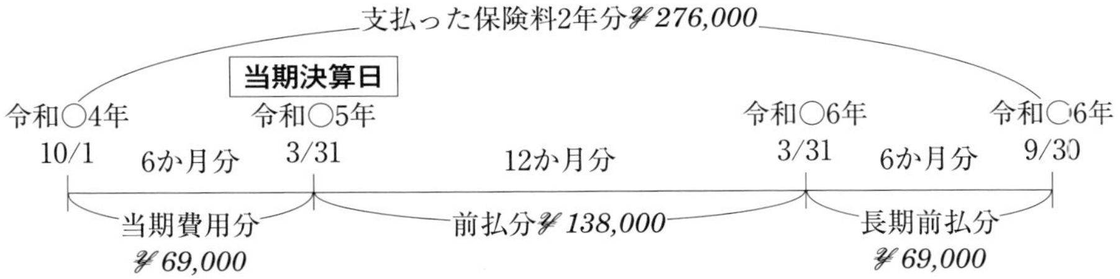

h．（借）支　払　利　息　50,000　（貸）未　払　利　息　50,000

㋫ 未払利息　¥50,000
＝長期借入金¥3,000,000×利率年4％
×$\frac{\text{5か月（令和○4年11月1日～令和○5年3月31日）}}{\text{12か月}}$

i．（借）退職給付費用　670,000　（貸）退職給付引当金　670,000

㋬ 退職給付費用　¥670,000＝退職給付引当金繰入額¥670,000

j．（借）法　人　税　等　1,872,000　（貸）仮払法人税等　704,100
未払法人税等　1,167,900

㋭ 法人税等　¥1,872,000＝法人税・住民税及び事業税額¥1,872,000
㋮ 未払法人税等　¥1,167,900＝上記㋭¥1,872,000－仮払法人税等勘定残高¥704,100

〔解答欄の完成等〕
(1) 貸借対照表
現金預金　¥5,719,800＝現金勘定残高¥2,704,570＋当座預金勘定残高¥3,015,230
有価証券　¥5,230,500＝売買目的有価証券の評価高（時価）¥5,230,500
前払費用　¥138,000＝前払保険料¥138,000
備品減価償却累計額　¥900,000＝勘定残高¥500,000＋備品の減価償却高¥400,000
リース資産減価償却累計額　¥808,000
＝勘定残高¥404,000＋リース資産の減価償却高¥404,000
投資有価証券　¥6,350,000
＝満期保有目的債券の評価高（償却原価）¥2,920,000
＋その他有価証券の評価高（時価）¥3,430,000
長期前払費用　¥69,000＝長期前払保険料¥69,000
リース債務＝付記事項②より
未払費用　¥50,000＝未払利息¥50,000
退職給付引当金　¥1,524,400＝勘定残高¥854,400＋退職給付費用¥670,000
繰延税金負債　¥21,000＝決算整理事項d．より
繰越利益剰余金　¥4,560,400（貸借対照表の数値から求める計算方法）
(a) 資産合計¥41,421,100を負債及び純資産合計とし，その額から負債合計¥12,593,700を差し引いて純資産合計¥28,827,400を求め，さらにその額から新株予約権¥100,000と評価・換算差額等合計¥49,000を差し引いて株主資本合計¥28,678,400とする。
(b) 株主資本合計¥28,678,400から資本金¥19,400,000と資本剰余金合計¥2,480,000を差し引いて利益剰余金合計¥6,798,400とする。
(c) 利益剰余金合計¥6,798,400から利益準備金¥1,800,000と別途積立金¥438,000を差し引いて繰越利益剰余金¥4,560,400を求める。

(2) 損益計算書（一部）
上記決算整理事項の解説を参照。

(3) 損益計算書に記載する経常利益（損益計算書を完成させる方法）
次ページの損益計算書を参照。

〈参考〉

損益計算書

広島商事株式会社　令和○4年4月1日から令和○5年3月31日まで　(単位：円)

Ⅰ 売上高		79,052,000
Ⅱ 売上原価		
1. 期首商品棚卸高	5,405,000	
2. 当期商品仕入高	62,071,200	
合計	67,476,200	
3. 期末商品棚卸高	4,970,000	
	62,506,200	
4. 棚卸減耗損	50,000	
5. 商品評価損	78,400	62,634,600
売上総利益		16,417,400
Ⅲ 販売費及び一般管理費		
1. 給料	4,983,200	
2. 発送費	880,760	
3. 広告料	809,640	
4. 貸倒引当金繰入	121,800	
5. 減価償却費	1,086,800	
6. ソフトウェア償却	269,000	
7. 退職給付費用	670,000	
8. 支払地代	1,035,800	
9. 保険料	368,600	
10. 水道光熱費	174,610	
11. 租税公課	145,330	
12. 雑費	50,660	10,596,200
営業利益		5,821,200
Ⅳ 営業外収益		
1. 受取配当金	129,600	
2. 有価証券利息	160,000	
3. 為替差益	38,000	327,600
Ⅴ 営業外費用		
1. 支払利息	155,000	
2. 電子記録債権売却損	25,000	
3. 有価証券評価損	123,000	303,000
経常利益		5,845,800
Ⅵ 特別利益		
1. 固定資産売却益	79,600	79,600
Ⅶ 特別損失		
1. 固定資産除却損	120,000	120,000
税引前当期純利益		5,805,400
法人税・住民税及び事業税		1,872,000
当期純利益		3,933,400

4

@4点×7＝28点

	借方		貸方	
a	当座預金	496,000	電子記録債権	500,000
	電子記録債権売却損	4,000		
b	機械装置	5,880,000	機械装置	5,500,000
	機械装置減価償却累計額	3,080,000	未払金	3,720,000
	固定資産売却損	260,000		
c	売掛金	6,600,000	買掛金	6,400,000
	建物	7,600,000	長期借入金	3,600,000
	備品	2,840,000	当座預金	8,400,000
	のれん	1,360,000		
d	当座預金	58,500,000	資本金	58,500,000
	創立費	5,300,000	当座預金	5,300,000
e	当座預金	4,000,000	自己株式	3,800,000
	新株予約権	250,000	その他資本剰余金	450,000
f	買掛金	600,000	当座預金	588,000
			仕入割引	12,000
g	繰延税金資産	120,000	その他有価証券	400,000
	その他有価証券評価差額金	280,000		

解説

a．(借) 当座預金　496,000　(貸) 電子記録債権　500,000
　　　電子記録債権売却損　4,000

電子記録債権を譲渡記録により譲渡したときは，電子記録債権勘定（資産）の貸方に記帳するとともに，譲渡代金を当座預金勘定（資産）の借方に記帳する。また，取引銀行から差し引かれた金額は，電子記録債権売却損勘定（費用）の借方に記帳する。

b.（借）	機械装置	5,880,000	（貸）機械装置	5,500,000
	機械装置減価償却累計額	3,080,000	未払金	3,720,000
	固定資産売却損	260,000		

売却価額（下取価額）と帳簿価額（取得原価－減価償却累計額）との差額は，固定資産売却損（益）勘定で処理する。

旧機械装置の減価償却累計額（生産高比例法）　¥3,080,000

＝(旧機械装置の取得原価¥5,500,000－残存価額¥0)

$\times\dfrac{\text{前期末までの実際総利用時間数28,000時間}}{\text{予定総利用時間数50,000時間}}$

旧機械装置の帳簿価額　¥2,420,000

＝取得原価¥5,500,000－減価償却累計額¥3,080,000

固定資産売却損　△¥260,000＝下取価額¥2,160,000－帳簿価額¥2,420,000

→帳簿価額より低い下取価額であるため，固定資産売却損となる。

未払金　¥3,720,000

＝新機械装置の取得原価¥5,880,000－旧機械装置の下取価額¥2,160,000

c.（借）	売掛金	6,600,000	（貸）買掛金	6,400,000
	建物	7,600,000	長期借入金	3,600,000
	備品	2,840,000	当座預金	8,400,000
	のれん	1,360,000		

企業取得のさいに支払う取得原価の計算方法に収益還元価値法がある。これは対象企業の平均利益額を同種企業の平均利益率で割り，その企業の評価額とするもので，この額から対象企業の時価による純資産額を差し引いて，のれんの取得原価を求める。

のれんは［収益還元価値による取得対価］－［時価による純資産額］で計算する。

収益還元価値による取得対価

平均利益額¥672,000÷同種企業の平均利益率8％＝¥8,400,000

時価による純資産額

資産総額¥17,040,000－負債総額¥10,000,000＝¥7,040,000

のれん

収益還元価値による取得対価¥8,400,000－時価による純資産額¥7,040,000

＝¥1,360,000

d.（借）	当座預金	58,500,000	（貸）資本金	58,500,000
	創立費	5,300,000	当座預金	5,300,000

株式を発行したときは，払込金額の全額を資本金とすることが原則である。また，設立準備に要した諸費用は創立費勘定（費用）で処理する。

資本金　¥58,500,000＝@¥65,000×900株

e.（借）	当座預金	4,000,000	（貸）自己株式	3,800,000
	新株予約権	250,000	その他資本剰余金	450,000

新株予約権の権利行使があったときは，権利行使分に対応する帳簿価額をもって新株予約権勘定（純資産）の借方に記帳する。また，権利行使にともない自己株式を交付したことから，交付した自己株式の帳簿価額をもって自己株式勘定の貸方に記帳する。なお，新株予約権の権利行使分に対応する帳簿価額と権利行使による払込金額の総額から，交付した自己株式の帳簿価額を差し引いた額をもってその他資本剰余金勘定（純資産）の貸方に記帳する。

新株予約権　¥250,000＝権利行使5個×帳簿価額@¥50,000

当座預金　¥4,000,000＝権利行使5個×権利行使価額@¥800,000

自己株式　¥3,800,000＝交付した自己株式の帳簿価額¥3,800,000

その他資本剰余金　¥450,000

＝新株予約権¥250,000＋当座預金¥4,000,000－自己株式¥3,800,000

f.（借）	買掛金	600,000	（貸）当座預金	588,000
			仕入割引	12,000

仕入先に期日前に買掛金を支払ったとき，仕入先が認めた買掛金の割引額は仕入割引勘定（収益）で処理する。

仕入割引　¥12,000＝買掛金¥600,000×2％

g.（借）	繰延税金資産	120,000	（貸）その他有価証券	400,000
	その他有価証券評価差額金	280,000		

その他有価証券の時価評価にともない税効果会計を適用する場合，時価が取得原価を下回っているときは，その他有価証券勘定（資産）の貸方に記帳するとともに，繰延税金資産勘定（資産）およびその他有価証券評価差額金勘定（純資産）の借方に記帳する。

その他有価証券　¥400,000＝保有40株×(取得原価@¥90,000－時価@¥80,000)

繰延税金資産　¥120,000＝その他有価証券¥400,000×法定実効税率30％

その他有価証券評価差額金　¥280,000

＝その他有価証券¥400,000－繰延税金資産¥120,000

重要仕訳問題

	借方		貸方		
1	当座預金	3,483,000	売買目的有価証券 有価証券利息 有価証券売却益	3,416,000 32,000 35,000	❶
2	機械装置	5,350,000	建設仮勘定 当座預金 現金	2,000,000 3,250,000 100,000	❷
3	車両運搬具 車両運搬具減価償却累計額 固定資産売却損	1,500,000 432,000 368,000	車両運搬具 未払金	1,200,000 1,100,000	❸
4	ソフトウェア償却	1,200,000	ソフトウェア	1,200,000	❹
5	建物 修繕費	3,860,000 5,840,000	当座預金	9,700,000	
6	満期保有目的債券	4,000	有価証券利息	4,000	❺
7	その他有価証券	1,200,000	その他有価証券評価差額金	1,200,000	❻
8	当座預金 新株予約権	14,000,000 1,000,000	資本金 資本準備金	7,500,000 7,500,000	❼

解説

❶ 売買目的で保有する有価証券を売却したときは，売却した有価証券の帳簿価額をもって売買目的有価証券勘定（資産）の貸方に記帳する。なお，帳簿価額について，有価証券の買い入れのさいに支払った買入手数料などの付随費用は取得原価に含める。また，売買のさいに受け取った端数利息は有価証券利息勘定（収益）で処理する。

売買目的有価証券の帳簿価額　¥3,416,000

$$= (¥7{,}000{,}000 \times \frac{買入¥97.40}{額面¥100} + 買入手数料¥14{,}000) \times \frac{¥3{,}500{,}000}{¥7{,}000{,}000}$$

売買目的有価証券の売却価額　$¥3{,}451{,}000 = ¥3{,}500{,}000 \times \frac{売却¥98.60}{額面¥100}$

有価証券売却益　¥35,000＝売却価額¥3,451,000－帳簿価額¥3,416,000

有価証券利息　¥32,000＝端数利息¥32,000

当座預金　¥3,483,000＝売却価額¥3,451,000＋端数利息¥32,000

❷ 前期までに支払ってある代金の仕訳は，次のようになっている。

（借）建設仮勘定　2,000,000　　（貸）当座預金など　2,000,000

❸ 旧車両の減価償却累計額

(¥1,200,000×0.2)＋(¥1,200,000－¥1,200,000×0.2)×0.2＝¥432,000

固定資産売却損

¥1,200,000（旧車両の取得原価）－¥432,000（旧車両の減価償却累計額）＝¥768,000（旧車両の帳簿価額）

¥400,000（旧車両の下取価額）－¥768,000（旧車両の帳簿価額）＝－¥368,000

→帳簿価額より低い価額で下取りしてもらっているので固定資産売却損となる。

❹ 決算にあたり自社利用目的のソフトウェアを償却するときは，ソフトウェア勘定（資産）の貸方に記帳するとともに，ソフトウェア償却勘定（費用）の借方に記帳する。なお，無形固定資産の償却は，残存価額を零（0）として計算し，直接法により記帳することに留意する。

ソフトウェア償却　¥1,200,000＝取得原価¥6,000,000÷償却期間5年

❺ 満期保有目的債券の取得価額　$¥1{,}000{,}000 \times \frac{¥98}{¥100} = ¥980{,}000$

満期日までの毎期加算額　(¥1,000,000－¥980,000)÷5年＝¥4,000

❻ 取得原価　@¥65,000×400株＝¥26,000,000

時　価　@¥68,000×400株＝¥27,200,000

評価差額　¥27,200,000－¥26,000,000＝¥1,200,000

❼ 新株予約権の権利行使があったときは，権利行使分に対応する帳簿価額をもって新株予約権勘定（純資産）の借方に記帳する。また，権利行使にともない株式を発行したことから，新株予約権の権利行使分に対応する帳簿価額と権利行使による払込金額の総額をもって株主資本が増加するため，資本金勘定（純資産）の貸方に記帳する。なお，株主資本の増加額のうち資本金に計上しなかった金額は資本準備金勘定（純資産）の貸方に記帳する。本問では，会社法に規定する最高限度額を資本金に計上しないことと指示があるため，株主資本の増加額の2分の1を資本準備金として計上することとする。

新株予約権　¥1,000,000＝権利行使20個×帳簿価額@¥50,000

払込金額　¥14,000,000＝権利行使20個×10株×権利行使価額@¥70,000

株主資本の増加額　¥15,000,000＝新株予約権¥1,000,000＋払込金額¥14,000,000

資本準備金　¥7,500,000＝株主資本の増加額¥15,000,000÷2

資本金　¥7,500,000＝株主資本の増加額¥15,000,000－資本準備金¥7,500,000

	借方		貸方		
9	リース債務	13,000	現金	14,000	❽
	支払利息	1,000			
10	資本金	22,700,000	その他資本剰余金	22,700,000	
	その他資本剰余金	22,700,000	繰越利益剰余金	22,700,000	
11	繰越利益剰余金	4,570,000	利益準備金	270,000	❾
			未払配当金	2,700,000	
			別途積立金	1,600,000	
12	役務原価	574,250	現金	574,250	❿
13	当座預金	2,560,000	自己株式	2,400,000	⓫
			その他資本剰余金	160,000	
14	子会社株式評価損	25,000,000	子会社株式	25,000,000	⓬
15	買掛金	816,000	当座預金	846,000	⓭
	為替差損益	30,000			
16	減価償却費	300,000	備品減価償却累計額	300,000	⓮
	繰延税金資産	30,000	法人税等調整額	30,000	

解説

❽ ファイナンス・リース取引（利子抜き法）の場合，リース料を支払ったときは，リース料総額に含まれる利息相当額を，リース期間にわたり定額法等により配分し，支払利息勘定（費用）の借方に記帳する。また，リース料支払額から支払利息を差し引いた額をもってリース債務勘定（負債）の借方に記帳する。

利息相当額　*¥5,000*＝リース料年額*¥14,000*×5年－見積現金購入価額*¥65,000*

支払利息　*¥1,000*＝利息相当額*¥5,000*÷5年

リース債務　*¥13,000*＝リース料支払額*¥14,000*－支払利息*¥1,000*

❾ 利益準備金の金額

$¥2,700,000(配当金) \times \frac{1}{10} = ¥270,000$　あるいは，

$¥20,000,000(資本金) \times \frac{1}{4} - ¥4,500,000$（資本準備金・利益準備金の合計額）

$= ¥500,000$

のいずれか少ない方の金額

❿ 商品売買業以外のサービスを営む企業は，サービス（役務）の提供にかかる費用は役務原価勘定（費用）の借方に記帳する。

⓫ 保有している自己株式を売却等により再交付した場合，その処分対価と帳簿価額との差額を，その他資本剰余金勘定（純資産）で処理する。

⓬ 子会社株式の期末評価は原則として取得原価による。ただし，市場価格がない場合で財政状態の悪化により実質価額が著しく低下したときは，実質価額によって評価する。そのさいに発生した評価損は子会社株式評価損勘定（費用）で処理する。

子会社株式の1株あたりの実質価額

$\frac{¥58,750,000(資産総額) - ¥39,250,000(負債総額)}{650株(発行済株式数)} = ¥30,000$

子会社株式評価損　*¥25,000,000*

＝(帳簿価額@*¥80,000*－実質価額@*¥30,000*)×保有500株

⓭ 買掛金　*¥816,000*＝*6,000*ドル×輸入時の為替相場@*¥136*

当座預金　*¥846,000*＝*6,000*ドル×決済時の為替相場@*¥141*

為替差損益（損）　*¥30,000*＝*6,000*ドル×(@*¥141*－@*¥136*)

⓮ 決算にあたり減価償却をおこない，間接法により記帳したときは，減価償却費勘定（費用）の借方に記帳するとともに，備品減価償却累計額勘定の貸方に記帳する。また，減価償却にともない税効果会計を適用するときは，繰延税金資産勘定（資産）の借方に記帳するとともに，法人税等調整額勘定の貸方に記帳する。

会計上の減価償却費　*¥300,000*＝(取得原価*¥1,200,000*－残存価額*¥0*)÷耐用年数4年

税法上の償却限度額　*¥200,000*＝(取得原価*¥1,200,000*－残存価額*¥0*)÷耐用年数6年

繰延税金資産　*¥30,000*

＝(会計上の減価償却費*¥300,000*－税法上の償却限度額*¥200,000*)×法定実効税率30%

23(9)②

目　次

出題形式別練習問題

模擬試験問題

※(　)内は解答用紙のページ番号です。

本書の特色

本書は，公益財団法人全国商業高等学校協会が実施する簿記実務検定試験を受験するみなさんが，検定試験の形式と傾向を的確にとらえ，受験に備えられるように編集いたしました。

1．模擬試験問題の前に，検定試験で出題される４問の出題形式ごとに，問題演習ができるよう，**出題形式別練習問題**を掲載いたしました。
2．**模擬試験問題12回分を掲載**いたしました。
3．収録しているすべての問題は，全商協会発表の「簿記実務検定試験出題範囲」に準拠して作成しました。
4．模擬試験の解答用紙は切り取り式とし，切り離して使えるようにしました。
5．解答は別冊とし，問題を解くうえで直接必要となる「解説」を入れました。
6．補充問題（２回分）について，弊社WEBサイト（https://www.jikkyo.co.jp/）の「令和６年版　全商簿記実務検定模擬試験問題集１級会計」のページよりダウンロードしてご利用いただけます。パスワードは「bokimogi01k」です。
7．出題形式別練習問題について，解説動画を用意しました。各問題ページのＱＲコードよりアクセスしてご利用ください。

※コンテンツ利用料は発生しませんが，通信料は自己負担となります。

出題形式別練習問題　適語選択・英語表記の問題

1　次の各文の [　　] にあてはまるもっとも適当な語を，下記の語群のなかから選び，その番号を記入しなさい。

a．企業会計の実務のなかに慣習として発達したもののなかから，一般に公正妥当と認められたところを要約したものが [ア] である。このなかの一般原則は七つの原則から構成されており，そのうち他の一般原則を総括する基本的な原則を [イ] の原則という。

b．企業会計は，すべての取引について [ウ] の原則にしたがって，正確な会計帳簿を作成しなければならない。しかし，勘定科目の性質や金額の大きさによっては，本来の厳密な処理方法によらず他の簡便な方法をとることも認められている。これは [エ] の原則によるものである。

c．企業会計では，[オ] を作成する場合，科目の分類や配列に一定の基準を設けたり，重要な会計方針を注記するなどして，利害関係者に企業の状況に関する判断を誤らせないようにしなければならない。これは [カ] の原則によるものである。

d．企業会計ではいったん採用した会計処理の原則および手続きは，正当な理由により変更をおこなう場合を除き，みだりにこれを変更してはならない。これを [キ] の原則という。この原則により財務諸表の [ク] が可能となり，また，利益操作の防止ができる。

e．有形固定資産の価値を増加させたり，耐用年数を延長させたりするための支出を [ケ] といい，その支出は有形固定資産の取得原価に加算する。しかし，このような支出を当期の費用として処理した場合，純利益は [コ] に計上されることになる。

f．費用および収益は，その発生源泉にしたがって明瞭に分類し，各収益項目とそれに関連する費用項目とを対応させて [サ] に表示しなければならない。これは [シ] の原則によるものである。

g．経営破綻の状態には至っていないが，債務の弁済に重大な問題が生じているか，または生じる可能性が高い債務者に対する債権を [ス] という。これに対する貸倒見積高の算定方法には [セ] とキャッシュ・フロー見積法がある。

1．真実性　2．正規の簿記　3．明瞭性　4．継続性
5．重要性　6．企業会計原則　7．会社法　8．期間比較
9．財務諸表　10．保守主義　11．費用収益対応　12．財務内容評価法
13．資本的支出　14．収益的支出　15．一般債権　16．貸倒懸念債権
17．損益計算書　18．貸倒実績率法　19．過小　20．過大

ア	イ	ウ	エ	オ	カ	キ	ク	ケ	コ	サ	シ	ス	セ

2　次の財務諸表に関する用語の英語表記を，下記の語群のなかから選び，その番号を記入しなさい。

ア．会計期間　イ．会計責任　ウ．流動資産　エ．株主資本
オ．売上原価　カ．のれん　キ．販売費及び一般管理費　ク．営業利益
ケ．自己資本利益率　コ．連結財務諸表

1．going concern　2．accounting period　3．inventories　4．depreciation
5．accountability　6．disclosure　7．goodwill　8．gross profit
9．current assets　10．current liabilities　11．selling and administrative expenses
12．fixed assets　13．net assets　14．shareholders' equity　15．operating profit
16．cost of goods sold　17．sales　18．consolidated financial statements
19．return on equity　20．return on assets

ア	イ	ウ	エ	オ	カ	キ	ク	ケ	コ

出題形式別練習問題　計算・連結財務諸表・分析の問題

1　次の各問いに答えなさい。

(1)　次の資料から，売価還元法によって，期末商品棚卸高（原価）を求めなさい。

資　　料

		原　価	売　価
i	期首商品棚卸高	¥　980,000	¥　1,400,000
ii	当期商品仕入高	8,640,000	11,600,000
iii	期末商品棚卸高		1,600,000

期末商品棚卸高(原価)	¥

(2)　売価還元法を採用している神戸商事株式会社の下記の資料によって，次の金額を求めなさい。

①　期末商品棚卸高（原価）　　②　売　上　高

資　　料

		原　価	売　価
i	期首商品棚卸高	¥　585,000	¥　780,000
ii	当期純仕入高	6,300,000	8,400,000
iii	期末商品棚卸高		500,000

①	期末商品棚卸高(原価)　¥	②	売　上　高　¥

(3)　大阪商事株式会社の決算日における当座預金出納帳の残高は ¥1,020,000 であり，銀行が発行した当座勘定残高証明書の金額は ¥2,440,000 であった。そこで，不一致の原因を調査したところ，次の資料を得た。よって，当座預金出納帳の次月繰越高を求めなさい。

資　　料

i　仕入先に対する買掛金の支払いのために小切手 ¥400,000 を作成して記帳していたが，まだ仕入先に渡していなかった。

ii　三重商店あてに買掛金の支払いとして振り出した小切手 ¥250,000 が，銀行でまだ支払われていなかった。なお，この小切手を振り出したさいに，会計係が誤って，¥1,040,000 と記帳していた。

iii　当月分の電話代 ¥20,000 が当座預金口座から引き落とされていたが，当社ではまだ記帳していなかった。

当座預金出納帳の次月繰越高	¥

(4)　和歌山商事株式会社の決算日における当座預金出納帳の残高は ¥3,160,000 であり，銀行が発行した当座勘定残高証明書の金額は ¥3,980,000 であった。そこで，不一致の原因を調査したところ，次の資料を得た。よって，当座預金出納帳の次月繰越高を求めなさい。

資　　料

i　決算日に現金 ¥300,000 を預け入れたが，営業時間外のため銀行では翌日付けの入金として扱われていた。

ii　かねて仕入先あてに振り出していた小切手 ¥640,000 が，銀行でまだ支払われていなかった。

iii　買掛金支払いのために小切手 ¥480,000 を作成して記帳していたが，まだ仕入先に渡していなかった。

当座預金出納帳の次月繰越高	¥

2 次の各問いに答えなさい。

(1) 当期に3年後完成予定で契約した次の工事について，①工事進行基準および②原価回収基準による当期の工事収益を求めなさい。

i 工事収益総額 ¥400,000,000
ii 工事原価総額 ¥320,000,000
iii 当期発生工事原価 ¥ 96,000,000

①	工事進行基準による当期の工事収益 ¥	②	原価回収基準による当期の工事収益 ¥

(2) 次の2つの工事について，当期の工事収益を求めなさい。

① 当期に請け負った次の工事について，工事進行基準により工事収益を計上する。
i 工事収益総額は¥469,600,000であり，工事原価総額を¥374,400,000と見積もることができた。
ii 当期の実際発生工事原価は¥93,600,000であった。

② 前期に請け負った次の工事について，原価回収基準により工事収益を計上する。
i 工事収益総額は¥82,400,000であり，工事原価総額は合理的に見積もることができなかった。
ii 実際発生工事原価は，前期が¥24,720,000 当期が¥37,080,000であった。

①	工事進行基準による当期の工事収益 ¥	②	原価回収基準による当期の工事収益 ¥

(3) 京都鉱業株式会社（決算年1回 3月31日）の次の資料から，貸借対照表に記載する鉱業権の金額を求めなさい。ただし，鉱業権は当期に取得したもののみである。

資　　料

令和○3年7月 1日 鉱業権を¥300,000,000で取得した。なお，この鉱区の推定埋蔵量は1,500,000トンである。

令和○4年3月31日 決算にあたり，当期に36,000トンの採掘量があったので，生産高比例法を用いて鉱業権を償却した。ただし，鉱業権の残存価額は零（0）である。

貸借対照表に記載する鉱業権の金額	¥

(4) 石川商事株式会社（決算年1回 3月31日）の次の資料から，①損益計算書に記載するソフトウェア償却および②貸借対照表に記載するソフトウェアの金額を求めなさい。ただし，ソフトウェアは当期に取得したもののみである。

資　　料

i 当期首において，自社利用目的のソフトウェアを¥1,000,000で取得した。
ii 決算にあたり，定額法により償却する。なお，使用可能期間（耐用年数）は，5年と見積もっている。

①	損益計算書に記載するソフトウェア償却 ¥	②	貸借対照表に記載するソフトウェア ¥

3 次の各問いに答えなさい。

(1) 次の資料によって，①貸借対照表に記載する売掛金，②損益計算書に記載する為替差益または為替差損の金額を求めなさい。なお，決算日における為替相場は1ドルあたり¥130である。

資　料

i　売掛金　外貨額30,000ドル　帳簿価額 ¥3,750,000

ii　買掛金　外貨額20,000ドル　帳簿価額 ¥2,560,000

①	貸借対照表に記載する売掛金 ¥	②	損益計算書に記載する為替差(　) ¥

※（　）内に「益」または「損」を記入すること。

(2) 次の資料によって，①貸借対照表に記載する前受金，②損益計算書に記載する為替差益または為替差損の金額を求めなさい。なお，決算日における為替相場は1ドルあたり¥140である。

資　料

i　売掛金　外貨額40,000ドル　帳簿価額 ¥5,680,000

ii　前受金　外貨額12,000ドル　帳簿価額 ¥1,740,000

①	貸借対照表に記載する前受金 ¥	②	損益計算書に記載する為替差(　) ¥

※（　）内に「益」または「損」を記入すること。

(3) 次の資料によって，税効果会計を適用した場合における繰延税金資産の金額を求めなさい。なお，法定実効税率は30％である。

資　料

i　売掛金に対して ¥800,000 の貸倒引当金を設定したが，税法上の繰入限度額は ¥600,000 である。

ii　当期首に ¥2,000,000 で取得して使用を開始していた備品について，定額法により減価償却をおこなった。会計上の耐用年数は5年，税法上の法定耐用年数は8年であり，残存価額はどちらも零（0）である。

繰延税金資産 ¥

(4) 次の資料によって，税効果会計を適用した場合における法人税等調整額の金額を求めなさい。なお，法定実効税率は30％である。

資　料

i　当期首に ¥1,000,000 で取得していたその他有価証券について，当期末における時価 ¥900,000 に評価替えをおこなった。

ii　売掛金に対して ¥700,000 の貸倒引当金を計上したが，そのうち ¥150,000 は税務上損金に算入することが認められなかった。

法人税等調整額 ¥

4 次の各問いに答えなさい。

(1) 次の資料により，令和○5年3月31日（連結決算日）における連結損益計算書を作成しなさい。

資　　料

i 令和○5年3月31日における個別財務諸表

損益計算書

P社　令和○4年4月1日から令和○5年3月31日まで（単位：千円）

売上原価	31,400	売上高	46,000
給料	13,080	受取配当金	280
当期純利益	1,800		
	46,280		46,280

損益計算書

S社　令和○4年4月1日から令和○5年3月31日まで（単位：千円）

売上原価	10,000	売上高	14,000
給料	3,400		
当期純利益	600		
	14,000		14,000

株主資本等変動計算書

令和○4年4月1日から令和○5年3月31日まで（単位：千円）

	資本金		利益剰余金	
	P社	S社	P社	S社
当期首残高	22,000	6,000	6,600	2,000
当期変動額　剰余金の配当			△2,400	△400
当期純利益			1,800	600
当期末残高	22,000	6,000	6,000	2,200

貸借対照表

P社　令和○5年3月31日（単位：千円）

現金預金	16,000	買掛金	8,000
売掛金	10,000	資本金	22,000
商品	3,600	利益剰余金	6,000
子会社株式	6,400		
	36,000		36,000

貸借対照表

S社　令和○5年3月31日（単位：千円）

現金預金	9,000	買掛金	4,800
売掛金	2,200	資本金	6,000
商品	1,800	利益剰余金	2,200
	13,000		13,000

ii P社は，令和○4年3月31日にS社の発行する株式の70％を6,400千円で取得し支配した。取得日のS社の資本は，資本金6,000千円，利益剰余金2,000千円であり，S社の資産および負債の時価は帳簿価額に等しかった。

iii のれんは償却期間を20年間とし，定額法により償却する。

iv P社とS社相互間の債権・債務の取引はなかった。

v P社とS社相互間で売買された資産はなかった。

連結損益計算書

P社　令和○4年4月1日から令和○5年3月31日まで（単位：千円）

売上原価	（　　）	売上高	（　　）
給料	（　　）		
のれん償却	（　　）		
当期純利益	（　　）		
	（　　）		（　　）
非支配株主に帰属する当期純利益	（　　）	当期純利益	（　　）
親会社株主に帰属する当期純利益	（　　）		
	（　　）		（　　）

(2) 次の資料により，令和○5年3月31日（連結決算日）における連結貸借対照表および連結株主資本等変動計算書を作成しなさい。

資　　　料

i 令和○5年3月31日における個別財務諸表

損　益　計　算　書

P社　令和○4年4月1日から令和○5年3月31日まで（単位：千円）

売上原価	26,800	売上高	35,000
給料	5,620	受取配当金	420
当期純利益	3,000		
	35,420		35,420

損　益　計　算　書

S社　令和○4年4月1日から令和○5年3月31日まで（単位：千円）

売上原価	9,700	売上高	13,000
給料	2,300		
当期純利益	1,000		
	13,000		13,000

株主資本等変動計算書

令和○4年4月1日から令和○5年3月31日まで（単位：千円）

	資本金		利益剰余金	
	P社	S社	P社	S社
当期首残高	10,000	6,000	2,400	2,000
当期変動額　剰余金の配当			△1,600	△　600
当期純利益			3,000	1,000
当期末残高	10,000	6,000	3,800	2,400

貸　借　対　照　表

P社　令和○5年3月31日　（単位：千円）

諸資産	15,800	諸負債	9,600
子会社株式	7,600	資本金	10,000
		利益剰余金	3,800
	23,400		23,400

貸　借　対　照　表

S社　令和○5年3月31日　（単位：千円）

諸資産	11,900	諸負債	3,500
		資本金	6,000
		利益剰余金	2,400
	11,900		11,900

ii P社は，令和○4年3月31日にS社の発行する株式の70％を7,600千円で取得し支配した。なお，取得日におけるS社の資産および負債の時価は帳簿価額に等しかった。

iii のれんは償却期間を10年間とし，定額法により償却する。

iv P社とS社相互間の債権・債務の取引や資産の売買はなかった。

連　結　貸　借　対　照　表

P社　令和○5年3月31日　（単位：千円）

諸資産	（　　）	諸負債	（　　）
のれん	（　　）	資本金	（　　）
		利益剰余金	（　　）
		非支配株主持分	（　　）
	（　　）		（　　）

連結株主資本等変動計算書

P社　令和○4年4月1日から令和○5年3月31日まで　（単位：千円）

	資本金	利益剰余金	非支配株主持分
当期首残高	10,000	2,400	（　　）
当期変動額　剰余金の配当		△1,600	
親会社株主に帰属する当期純利益		（　　）	
株主資本以外の項目の当期変動額（純額）			（　　）
当期末残高	10,000	（　　）	（　　）

5 北海道商事株式会社の貸借対照表によって，次の金額または比率を求めなさい。なお，端数が生じた場合は%の小数第2位を四捨五入して第1位まで示すこと。

① 当座資産　② 流動負債　③ 当座比率　④ 流動資産
⑤ 流動比率　⑥ 固定資産　⑦ 総資産（総資本）　⑧ 負債（他人資本）
⑨ 純資産（自己資本）　⑩ 負債比率　⑪ 自己資本比率　⑫ 固定比率

貸借対照表

(単位：円)

資産	金額	負債及び純資産	金額
現金預金	1,460,000	支払手形	450,000
受取手形	1,580,000	買掛金	930,000
売掛金	1,300,000	短期借入金	1,250,000
有価証券	1,720,000	未払法人税等	370,000
商品	820,000	長期借入金	1,280,000
前払費用	440,000	退職給付引当金	1,120,000
備品	1,570,000	資本金	6,080,000
土地	4,600,000	資本剰余金	480,000
投資有価証券	1,510,000	利益剰余金	3,040,000
	15,000,000		15,000,000

①	当座資産 ¥	②	流動負債 ¥
③	当座比率 %	④	流動資産 ¥
⑤	流動比率 %	⑥	固定資産 ¥
⑦	総資産(総資本) ¥	⑧	負債(他人資本) ¥
⑨	純資産(自己資本) ¥	⑩	負債比率 %
⑪	自己資本比率 %	⑫	固定比率 %

6 徳島商事株式会社における損益計算書と下記の資料によって，次の金額または比率を求めなさい。なお，端数が生じた場合は回数，日数または%の小数第2位を四捨五入して第1位まで示すこと。また，商品回転率については，期首と期末の平均値を用いて計算すること。

① 売上原価率	② 売上総利益	③ 売上高総利益率	④ 営業利益
⑤ 経常利益	⑥ 税引前当期純利益	⑦ 当期純利益	⑧ 売上高純利益率
⑨ 総資本利益率	⑩ 自己資本利益率	⑪ 総資本回転率	⑫ 自己資本回転率
⑬ 受取勘定回転率	⑭ 売上債権平均回収日数	⑮ 商品回転率	⑯ 固定資産回転率

損益計算書 (単位：円)

項目	金額
売上高	18,000,000
売上原価	14,400,000
売上総利益	(　　　)
販売費及び一般管理費	3,060,000
営業利益	(　　　)
営業外収益	300,000
営業外費用	120,000
経常利益	(　　　)
特別利益	280,000
特別損失	100,000
税引前当期純利益	(　　　)
法人税・住民税及び事業税	360,000
当期純利益	(　　　)

資料

受取手形	¥ 950,000	売掛金	¥ 850,000	固定資産	¥15,000,000
総資本	20,000,000	自己資本	10,000,000	売上	18,000,000
期首商品棚卸高	1,190,000	当期商品仕入高	14,420,000	期末商品棚卸高	1,210,000
給料	2,600,000	貸倒引当金繰入	20,000	減価償却費	300,000
退職給付費用	100,000	雑費	40,000	受取利息	100,000
有価証券利息	200,000	支払利息	85,000	有価証券評価損	35,000
固定資産売却益	280,000	固定資産除却損	100,000	法人税等	360,000

①	売上原価率　　　%	②	売上総利益 ¥
③	売上高総利益率　　　%	④	営業利益 ¥
⑤	経常利益 ¥	⑥	税引前当期純利益 ¥
⑦	当期純利益 ¥	⑧	売上高純利益率　　　%
⑨	総資本利益率　　　%	⑩	自己資本利益率　　　%
⑪	総資本回転率　　　回	⑫	自己資本回転率　　　回
⑬	受取勘定回転率　　　回	⑭	売上債権平均回収日数　　　日
⑮	商品回転率　　　回	⑯	固定資産回転率　　　回

7 山口商事株式会社の下記の資料によって，

(1) 第5期の次の金額を求めなさい。

　a．当座資産合計　　b．負債（他人資本）合計

(2) 次の各文の □ のなかに入る比率を求めなさい。また，{　} のなかから，いずれか適当な語を選び，その番号を記入しなさい。なお，端数が生じた場合は回数または%の小数第2位を四捨五入して第1位まで示すこと。

a．第5期の短期的な支払能力を判断するために，ア {1．流動比率　2．固定比率} を求めると [イ] %であり，一般的に望ましいとされている200%以上であるので問題ないと判断できる。

b．第5期の総資本回転率は [ウ] 回であり，第4期の1.5回に比べて回数がわずかに多くなり，総資本が売上高に対して有効に エ {3．利用されている　4．利用されていない} と判断できる。

c．企業の成長性を調べるために，売上高成長率（増収率）を計算すると，第5期は [オ] %であり，第4期の9.4%に比べて カ {5．高く　6．低く} なったと判断できる。

資　　料

i　第5期における純資産の部に関する事項

6月26日　株主総会において，次のとおり繰越利益剰余金を配当および処分することを決議した。

利益準備金　会社法による額　　配当金 400千円　　別途積立金 40千円

ii　株主資本等変動計算書

（第5期）株主資本等変動計算書

山口商事株式会社　　令和○5年4月1日から令和○6年3月31日まで　　（単位：千円）

	資本金	資本剰余金		利益剰余金				純資産合計
		資本準備金	資本剰余金合計	利益準備金	その他利益剰余金		利益剰余金合計	
					別途積立金	繰越利益剰余金		
当期首残高	32,000	1,040	1,040	(　　)	960	(　　)	10,280	43,320
当期変動額								
剰余金の配当				(　　)		(　　)	(　　)	(　　)
別途積立金の積立					(　　)	△40	——	——
当期純利益						2,360	2,360	2,360
当期変動額合計	——	——	——	(　　)	(　　)	(　　)	(　　)	(　　)
当期末残高	32,000	1,040	1,040	(　　)	(　　)	10,600	(　　)	45,280

iii　貸借対照表

比較貸借対照表　　（単位：千円）

資　産	第4期	第5期	負債・純資産	第4期	第5期
現金預金	5,278	5,520	支払手形	1,760	1,680
受取手形	2,500	2,680	買掛金	8,162	7,720
売掛金	12,930	12,360	未払法人税等	1,280	1,200
商品	1,296	(　　)	長期借入金	5,448	6,340
前払費用	400	328	退職給付引当金	1,750	1,700
備品	5,000	5,000	資本金	(　　)	(　　)
土地	(　　)	21,600	資本準備金	1,040	1,040
特許権	1,624	1,600	利益準備金	600	(　　)
関係会社株式	9,092	9,680	別途積立金	960	(　　)
長期貸付金	2,000	3,992	繰越利益剰余金	(　　)	10,600
	(　　)	(　　)		(　　)	(　　)

iv　売上高　　第4期 92,580千円　　第5期 102,272千円

v　売上高成長率（増収率）　第4期 9.4%

(1)

a	当座資産合計	千円	b	負債(他人資本)合計	千円

(2)

a		b		c	
ア	イ	ウ	エ	オ	カ
	%	回		%	

出題形式別練習問題　決算の問題

1 千葉商事株式会社の総勘定元帳勘定残高と付記事項および決算整理事項によって，報告式の損益計算書および報告式の貸借対照表を完成しなさい。

ただし，i　会社計算規則によること。

ii　会計期間は令和○4年4月1日から令和○5年3月31日までとする。

元帳勘定残高

現金	¥1,849,000	当座預金	¥2,282,000	電子記録債権	¥1,400,000
売掛金	2,600,000	貸倒引当金	12,000	売買目的有価証券	1,090,000
繰越商品	1,808,000	仮払法人税等	142,000	建物	4,750,000
建物減価償却累計額	1,624,500	備品	800,000	備品減価償却累計額	400,000
満期保有目的債券	990,000	電子記録債務	772,500	買掛金	1,368,000
長期借入金	1,200,000	退職給付引当金	3,060,000	資本金	6,000,000
資本準備金	825,000	利益準備金	450,000	別途積立金	280,000
繰越利益剰余金	372,500	売上	17,300,000	受取配当金	78,000
有価証券利息	30,000	固定資産売却益	132,000	仕入	9,313,500
給料	4,724,000	発送費	490,000	広告料	380,000
通信費	269,000	消耗品費	41,000	保険料	609,000
租税公課	108,000	雑費	86,000	支払利息	27,000
電子記録債権売却損	46,000	固定資産除却損	100,000		

付記事項

① 配当金領収証 ¥80,000を受け取っていたが，未処理であった。

決算整理事項

a．期末商品棚卸高　帳簿棚卸数量　1,920個　原　価　@¥800
　実地棚卸数量　1,900 〃　正味売却価額　〃 〃 770
　ただし，棚卸減耗損および商品評価損は売上原価の内訳項目とする。

b．外貨建取引の円換算　当社が保有している外貨建取引による買掛金は，取引日の為替レートで円換算しており，為替予約はおこなっていない。

	取引額	取引日の為替レート	決算日の為替レート
買掛金	10,000ドル	1ドル110円	1ドル112円

c．貸倒見積高　電子記録債権と売掛金の期末残高に対し，それぞれ1%と見積もり，貸倒引当金を設定する。ただし，法人税法上の繰入限度超過額 ¥10,000については損金として認められなかった。なお，法定実効税率30%として，税効果会計を適用する。

d．有価証券評価高　保有する株式および債券は次のとおりである。
　売買目的有価証券：東京商事株式会社　200株　時価　1株　¥4,100
　　　　　　　　　　埼玉物産株式会社　150株　時価　1株　¥2,000
　満期保有目的債券：償却原価法によって ¥992,000に評価する。
　　　　　　　　　　なお，満期日は令和○9年3月31日である。

e．減価償却高　建物：取得原価 ¥4,750,000　残存価額は取得原価の10%　耐用年数は50年とし，定額法により計算している。
　備品：取得原価 ¥800,000　残存価額は零（0）　耐用年数は8年とし，定額法により計算している。

f．保険料前払高　¥434,000

g．利息未払高　¥9,000

h．退職給付引当金繰入額　¥225,000

i．法人税・住民税及び事業税額　¥327,000

損　益　計　算　書

千葉商事株式会社　　令和○4年4月1日から令和○5年3月31日まで　　(単位：円)

Ⅰ 売上高		17,300,000
Ⅱ 売上原価		
1. 期首商品棚卸高	(　　)	
2. 当期商品仕入高	(　　)	
合計	(　　)	
3. 期末商品棚卸高	(　　)	
	(　　)	
4. (　　)	(　　)	
5. (　　)	(　　)	(　　)
売上総利益		(　　)
Ⅲ 販売費及び一般管理費		
1. 給料	4,724,000	
2. 発送費	490,000	
3. 広告料	380,000	
4. (　　)	(　　)	
5. (　　)	(　　)	
6. (　　)	(　　)	
7. 通信費	269,000	
8. 消耗品費	41,000	
9. 保険料	(　　)	
10. 租税公課	108,000	
11. (　　)	(　　)	6,711,500
営業利益		(　　)
Ⅳ 営業外収益		
1. 受取配当金	(　　)	
2. 有価証券利息	(　　)	
3. (　　)	(　　)	(　　)
Ⅴ 営業外費用		
1. (　　)	(　　)	
2. 電子記録債権売却損	46,000	
3. 為替差損	(　　)	(　　)
経常利益		(　　)
Ⅵ 特別利益		
1. 固定資産売却益	132,000	132,000
Ⅶ 特別損失		
1. 固定資産除却損	100,000	100,000
税引前当期純利益		(　　)
法人税・住民税及び事業税	(　　)	
法人税等調整額	(　　)	(　　)
当期純利益		(　　)

貸借対照表

千葉商事株式会社　　令和○5年3月31日　　（単位：円）

資産の部			
Ⅰ　流動資産			
1．現金預金		（　　　）	
2．電子記録債権	1,400,000		
貸倒引当金	（　　　）	（　　　）	
3．売掛金	2,600,000		
貸倒引当金	（　　　）	（　　　）	
4．（　　　）		（　　　）	
5．（　　　）		（　　　）	
6．前払費用		（　　　）	
流動資産合計			11,188,000
Ⅱ　固定資産			
⑴　有形固定資産			
1．建物	4,750,000		
減価償却累計額	（　　　）	（　　　）	
2．備品	800,000		
減価償却累計額	（　　　）	（　　　）	
有形固定資産合計		（　　　）	
⑵　投資その他の資産			
1．投資有価証券		（　　　）	
2．繰延税金資産		（　　　）	
投資その他の資産合計		（　　　）	
固定資産合計			4,335,000
資産合計			15,523,000
負債の部			
Ⅰ　流動負債			
1．電子記録債務		772,500	
2．買掛金		（　　　）	
3．未払費用		（　　　）	
4．（　　　）		（　　　）	
流動負債合計			2,354,500
Ⅱ　固定負債			
1．長期借入金		1,200,000	
2．（　　　）		（　　　）	
固定負債合計			（　　　）
負債合計			（　　　）
純資産の部			
Ⅰ　株主資本			
⑴　資本金			6,000,000
⑵　資本剰余金			
1．資本準備金		825,000	
資本剰余金合計			825,000
⑶　利益剰余金			
1．利益準備金		450,000	
2．その他利益剰余金			
①別途積立金		280,000	
②繰越利益剰余金		（　　　）	
利益剰余金合計			（　　　）
株主資本合計			（　　　）
純資産合計			（　　　）
負債及び純資産合計			15,523,000

2 高知商事株式会社の総勘定元帳勘定残高と付記事項および決算整理事項によって，報告式の損益計算書および報告式の貸借対照表を完成しなさい。

ただし，i 会社計算規則によること。

ii 会計期間は令和○2年4月1日から令和○3年3月31日までとする。

元帳勘定残高

現金	¥ 341,600	当座預金	¥ 1,560,900	受取手形	¥ 1,000,000
売掛金	2,000,000	貸倒引当金	32,000	売買目的有価証券	2,160,000
繰越商品	2,571,000	仮払法人税等	600,000	建物	3,000,000
建物減価償却累計額	1,800,000	土地	4,100,000	リース資産	750,000
リース資産減価償却累計額	150,000	ソフトウェア	600,000	その他有価証券	2,700,000
支払手形	643,000	買掛金	1,870,000	短期借入金	1,250,000
未払金	86,000	長期借入金	1,500,000	リース債務	450,000
退職給付引当金	1,361,000	資本金	6,500,000	資本準備金	1,000,000
利益準備金	430,000	繰越利益剰余金	290,500	新株予約権	500,000
売上	38,325,000	受取家賃	455,000	受取配当金	90,000
固定資産売却益	62,000	仕入	27,283,000	給料	4,788,000
発送費	768,000	広告料	920,000	保険料	531,000
租税公課	298,000	水道光熱費	484,000	雑費	54,000
支払利息	45,000	手形売却損	50,000	固定資産除却損	190,000

付記事項

① リース債務 ¥450,000はリース期間5年（令和○1年4月1日から令和○6年3月31日まで）のリース契約をしているコピー機に対するものであり，決算日の翌日から1年以内に支払期限が到来するものは流動負債として表示し，決算日の翌日から1年を超えて支払期限が到来するものは固定負債として表示する。

決算整理事項

a. 期末商品棚卸高

	帳簿棚卸数量	実地棚卸数量	原価	正味売却価額
A 品	1,300個	1,200個	@¥1,000	@¥1,150
B 品	1,600 〃	1,500 〃	〃 〃 820	〃 〃 780

ただし，棚卸減耗損および商品評価損は売上原価の内訳項目とする。

b. 貸倒見積高　受取手形と売掛金の期末残高に対し，それぞれ2％と見積もり，貸倒引当金を設定する。

c. 有価証券評価高　保有する株式は次のとおりである。なお，その他有価証券については，法定実効税率30％として税効果会計を適用する。

	銘柄	株数	1株の帳簿価額	1株の時価
売買目的有価証券	R商事株式会社	500株	¥3,080	¥2,700
	S物産株式会社	100株	¥6,200	¥7,500
その他有価証券	T産業株式会社	2,700株	¥1,000	¥1,100

d. 減価償却高　建物：取得原価 ¥3,000,000　残存価額は取得原価の10％　耐用年数は30年とし，定額法により計算している。

リース資産：取得原価（見積現金購入価額）¥750,000　残存価額は零（0）　耐用年数は5年とし，定額法により計算している。

e. ソフトウェア償却　ソフトウェア ¥600,000は当期首に事務効率化の目的で取得したものであり，利用可能期間を5年とし，定額法により償却する。

f. 保険料前払高　保険料のうち ¥432,000は，令和○2年12月1日から3年分の保険料として支払ったものであり，前払高を次期に繰り延べる。

g. 家賃前受高　¥35,000

h. 退職給付引当金繰入額　¥623,000

i. 法人税・住民税及び事業税額　¥1,271,000

損　益　計　算　書

高知商事株式会社　　令和○2年4月1日から令和○3年3月31日まで　　（単位：円）

Ⅰ 売上高		（　　　）
Ⅱ 売上原価		
1. 期首商品棚卸高	2,571,000	
2. 当期商品仕入高	27,283,000	
合計	29,854,000	
3. 期末商品棚卸高	（　　　）	
	（　　　）	
4.（　　　）	（　　　）	
5.（　　　）	（　　　）	（　　　）
売上総利益		（　　　）
Ⅲ 販売費及び一般管理費		
1. 給料	4,788,000	
2. 発送費	768,000	
3. 広告料	920,000	
4.（　　　）	（　　　）	
5.（　　　）	（　　　）	
6. 退職給付費用	（　　　）	
7. ソフトウェア償却	（　　　）	
8. 保険料	（　　　）	
9. 租税公課	298,000	
10. 水道光熱費	484,000	
11.（　　　）	（　　　）	8,470,000
営業利益		（　　　）
Ⅳ 営業外収益		
1. 受取家賃	（　　　）	
2. 受取配当金	90,000	（　　　）
Ⅴ 営業外費用		
1. 支払利息	45,000	
2. 手形売却損	50,000	
3.（　　　）	（　　　）	（　　　）
経常利益		（　　　）
Ⅵ 特別利益		
1. 固定資産売却益	62,000	62,000
Ⅶ 特別損失		
1. 固定資産除却損	（　　　）	（　　　）
税引前当期純利益		2,598,000
法人税・住民税及び事業税		（　　　）
当期純利益		（　　　）

貸　借　対　照　表

高知商事株式会社　　　　令和〇3年3月31日　　　　(単位：円)

資　産　の　部			
Ⅰ　流　動　資　産			
1．現　金　預　金		(　　)	
2．受　取　手　形	(　　)		
貸　倒　引　当　金	(　　)	(　　)	
3．売　掛　金	(　　)		
貸　倒　引　当　金	(　　)	(　　)	
4．(　　)		(　　)	
5．(　　)		(　　)	
6．(　　)		(　　)	
流　動　資　産　合　計			(　　)
Ⅱ　固　定　資　産			
(1) 有　形　固　定　資　産			
1．建　物	3,000,000		
減　価　償　却　累　計　額	(　　)	(　　)	
2．土　地		4,100,000	
3．リ　ー　ス　資　産	750,000		
減　価　償　却　累　計　額	(　　)	(　　)	
有　形　固　定　資　産　合　計		(　　)	
(2) 無　形　固　定　資　産			
1．ソ　フ　ト　ウ　ェ　ア		(　　)	
無　形　固　定　資　産　合　計		(　　)	
(3) 投　資　そ　の　他　の　資　産			
1．投　資　有　価　証　券		(　　)	
2．長　期　前　払　費　用		(　　)	
投資その他の資産合計		(　　)	
固　定　資　産　合　計			9,350,000
資　産　合　計			(　　)
負　債　の　部			
Ⅰ　流　動　負　債			
1．支　払　手　形		643,000	
2．買　掛　金		1,870,000	
3．短　期　借　入　金		1,250,000	
4．未　払　金		86,000	
5．リ　ー　ス　債　務		(　　)	
6．(　　)		(　　)	
7．(　　)		(　　)	
流　動　負　債　合　計			(　　)
Ⅱ　固　定　負　債			
1．長　期　借　入　金		(　　)	
2．リ　ー　ス　債　務		(　　)	
3．(　　)		(　　)	
4．繰　延　税　金　負　債		(　　)	
固　定　負　債　合　計			(　　)
負　債　合　計			8,570,000
純　資　産　の　部			
Ⅰ　株　主　資　本			
(1) 資　本　金			(　　)
(2) 資　本　剰　余　金			
1．資　本　準　備　金		(　　)	
資　本　剰　余　金　合　計			(　　)
(3) 利　益　剰　余　金			
1．利　益　準　備　金		(　　)	
2．そ　の　他　利　益　剰　余　金			
① 繰越利益剰余金		(　　)	
利　益　剰　余　金　合　計			(　　)
株　主　資　本　合　計			(　　)
Ⅱ　評価・換算差額等			
1．その他有価証券評価差額金		(　　)	
評価・換算差額等合計			(　　)
Ⅲ　新　株　予　約　権			(　　)
純　資　産　合　計			(　　)
負債及び純資産合計			(　　)

3 鹿児島商事株式会社の純資産の部に関する事項と総勘定元帳勘定残高および決算整理事項によって，

(1) 報告式の損益計算書を完成しなさい。
(2) 株主資本等変動計算書を完成しなさい。
(3) 貸借対照表に記載する流動負債合計の金額を求めなさい。

ただし，i 会社計算規則によること。
　　　　ii 会計期間は令和○6年4月1日から令和○7年3月31日までとする。

純資産の部に関する事項

令和○6年6月26日 定時株主総会において，次のとおり繰越利益剰余金を配当および処分することを決議した。

配当金 ¥1,800,000　利益準備金 会社法による額
別途積立金 ¥15,000

元帳勘定残高

現金	¥306,200	当座預金	¥2,063,400	受取手形	¥1,850,000
売掛金	2,150,000	貸倒引当金	7,500	売買目的有価証券	825,000
繰越商品	468,500	仮払法人税等	380,000	建物	4,250,000
建物減価償却累計額	510,000	備品	1,250,000	備品減価償却累計額	450,000
土地	4,542,000	その他有価証券	750,000	電子記録債務	1,435,000
買掛金	1,905,000	短期借入金	650,000	未払金	349,000
長期借入金	1,600,000	退職給付引当金	833,500	資本金	5,000,000
資本準備金	750,000	利益準備金	430,000	別途積立金	336,000
繰越利益剰余金	236,500	売上	32,053,550	受取地代	240,000
受取配当金	22,500	固定資産売却益	53,000	仕入	21,382,500
給料	4,020,000	発送費	437,000	広告料	781,500
通信費	630,800	保険料	437,000	租税公課	136,500
雑費	99,150	支払利息	32,000	固定資産除却損	70,000

決算整理事項

a. 期末商品棚卸高

	帳簿棚卸数量	実地棚卸数量	原価	正味売却価額
A品	600個	600個	@¥500	@¥480
B品	500〃	450〃	〃〃300	〃〃400

ただし，棚卸減耗損および商品評価損は売上原価の内訳項目とする。

b. 外貨建取引の円換算　当社が保有している外貨建取引による売掛金および買掛金は，取引日の為替レートで円換算しており，為替予約はおこなっていない。

	取引額	取引日の為替レート	決算日の為替レート
売掛金	15,000ドル	1ドル108円	1ドル120円
買掛金	10,000ドル	1ドル110円	1ドル120円

c. 貸倒見積高　受取手形と売掛金の期末残高に対し，それぞれ1%と見積もり，貸倒引当金を設定する。ただし，法人税法上の繰入限度超過額¥26,800については損金として認められなかった。なお，法定実効税率30%として，税効果会計を適用する。

d. 有価証券評価高　保有する株式は次のとおりである。なお，その他有価証券については，法定実効税率30%として税効果会計を適用する。

	銘柄	株数	1株の帳簿価額	1株の時価
売買目的有価証券	九州産業株式会社	150株	¥5,500	¥6,000
その他有価証券	福岡製菓株式会社	250株	¥3,000	¥3,200

e. 減価償却高　建物：取得原価¥4,250,000 残存価額は零(0) 耐用年数は50年とし，定額法により計算している。
備品：取得原価¥1,250,000 毎期の償却率を20%として，定率法により計算している。

f. 保険料前払高　保険料のうち¥210,000は，令和○6年7月1日から1年分の保険料として支払ったものであり，前払高を次期に繰り延べる。

g. 利息未払高 ¥4,000

h. 退職給付引当金繰入額 ¥396,500

i. 法人税・住民税及び事業税額 ¥1,155,480

(1)

損益計算書

鹿児島商事株式会社　　令和○6年4月1日から令和○7年3月31日まで　　(単位：円)

Ⅰ 売上高		32,053,550
Ⅱ 売上原価		
1. 期首商品棚卸高	468,500	
2. 当期商品仕入高	(　)	
合計	(　)	
3. 期末商品棚卸高	(　)	
	(　)	
4. (　)	(　)	
5. (　)	(　)	(　)
売上総利益		10,625,550
Ⅲ 販売費及び一般管理費		
1. 給料	4,020,000	
2. 発送費	437,000	
3. 広告料	781,500	
4. (　)	(　)	
5. (　)	(　)	
6. (　)	(　)	
7. 通信費	630,800	
8. 保険料	(　)	
9. 租税公課	136,500	
10. (　)	(　)	7,165,250
営業利益		(　)
Ⅳ 営業外収益		
1. 受取地代	240,000	
2. 受取配当金	22,500	
3. 為替差益	(　)	
4. (　)	(　)	(　)
Ⅴ 営業外費用		
1. 支払利息	(　)	(　)
経常利益		(　)
Ⅵ 特別利益		
1. 固定資産売却益	(　)	(　)
Ⅶ 特別損失		
1. 固定資産除却損	(　)	(　)
税引前当期純利益		(　)
法人税・住民税及び事業税	(　)	
法人税等調整額	(　)	(　)
当期純利益		(　)

(2)

株主資本等変動計算書

鹿児島商事株式会社　　令和○6年4月1日から令和○7年3月31日まで　　(単位：円)

	株主資本							
	資本金	資本剰余金		利益剰余金				株主資本合計
		資本準備金	資本剰余金合計	利益準備金	その他利益剰余金		利益剰余金合計	
					別途積立金	繰越利益剰余金		
当期首残高	5,000,000	750,000	750,000	250,000	321,000	2,231,500	2,802,500	8,552,500
当期変動額								
剰余金の配当				(　　)		(　　)	△1,800,000	△1,800,000
別途積立金の積立					15,000	△15,000	——	——
当期純利益						(　　)	(　　)	2,677,360
株主資本以外(純額)								
当期変動額合計	——	——	——	(　　)	(　　)	(　　)	(　　)	(　　)
当期末残高	5,000,000	750,000	750,000	430,000	336,000	(　　)	(　　)	(　　)

下段へ続く

上段より続く

	評価・換算差額等		純資産合計
	その他有価証券評価差額金	評価・換算差額等合計	
当期首残高	——	——	8,552,500
当期変動額			
剰余金の配当			△1,800,000
別途積立金の積立			——
当期純利益			2,677,360
株主資本以外(純額)	(　　)	(　　)	(　　)
当期変動額合計	(　　)	(　　)	(　　)
当期末残高	(　　)	(　　)	(　　)

(3)

貸借対照表に記載する流動負債合計　¥

出題形式別練習問題　仕訳の問題

1 下記の取引の仕訳を示しなさい。ただし，勘定科目は，次のなかからもっとも適当なものを使用すること。

現金	当座預金	受取手形	売掛金
売買目的有価証券	不渡手形	繰越商品	建設仮勘定
建物	備品	備品減価償却累計額	リース資産
ソフトウェア	のれん	子会社株式	買掛金
未払金	保証債務	リース債務	新築積立金
繰越利益剰余金	保証債務取崩益	有価証券利息	有価証券売却益
固定資産売却益	仕入	ソフトウェア償却	保証債務費用
支払利息	有価証券売却損	子会社株式評価損	固定資産売却損

a．売買目的で額面 ¥4,500,000 の社債を ¥100 につき ¥98.40 で買い入れ，代金は買入手数料 ¥7,000 および端数利息 ¥18,000 とともに小切手を振り出して支払った。

b．売買目的で保有している岩手物産株式会社の社債　額面 ¥10,000,000 のうち ¥6,000,000 を額面 ¥100 につき ¥97.50 で売却し，代金は端数利息 ¥138,000 とともに小切手で受け取り，ただちに当座預金とした。ただし，この額面 ¥10,000,000 の社債は，当期に額面 ¥100 につき ¥97.40 で買い入れたものであり，同時に買入手数料 ¥20,000 を支払っている。

c．かねて建築を依頼していた店舗用建物が完成し，引き渡しを受けたので，建築代金 ¥6,000,000 のうち，すでに支払ってある ¥3,300,000 を差し引き，残額は小切手を振り出して支払った。なお，取締役会の決議により，新築積立金 ¥6,000,000 を取り崩した。

d．当期首において，リース会社と備品のリース契約（ファイナンス・リース取引，リース期間：5年，見積現金購入価額：¥135,000，リース料：年額 ¥30,000　毎年3月末日払い，利子込み法）を締結し，備品を調達した。

e．当期首において，リース会社と備品のリース契約（ファイナンス・リース取引，リース期間：4年，見積現金購入価額：¥144,000，リース料：年額 ¥40,000　毎年3月末日払い，利子抜き法）を締結していたが，3月末日にリース料を現金で支払った。なお，リース料に含まれている支払利息の配分は定額法によって処理している。

f．岐阜商事株式会社（決算年1回）は，第7期初頭に備品を ¥2,500,000 で買い入れ，この代金はこれまで使用してきた備品を ¥800,000 で引き取らせ，新しい備品の代金との差額は月末に支払うことにした。ただし，この古い備品は第3期初頭に ¥1,920,000 で買い入れたもので，耐用年数8年，残存価額は零（0）とし，定額法によって毎期の減価償却費を計算し，間接法で記帳してきた。

g．決算にあたり，期首に自社利用目的で取得したソフトウェアを定額法により償却した。なお，ソフトウェアの取得原価は ¥4,000,000，償却期間は5年である。

h．栃木物産株式会社は，次の財政状態にある日光商会を取得し，取得対価は小切手を振り出して支払った。ただし，同商会の平均利益額は ¥848,000　同種企業の平均利益率を8％として収益還元価値を求め，その金額を取得対価とした。なお，日光商会の貸借対照表に示されている資産および負債の時価は帳簿価額に等しいものとする。

日光商会　　貸借対照表　　（単位：円）

売掛金	11,200,000	買掛金	13,600,000
商品	12,400,000	資本金	10,000,000
	23,600,000		23,600,000

i．富山商事株式会社は，実質的に支配している南北産業株式会社の財政状態が著しく悪化したので，保有する同社の株式130株（1株の帳簿価額 ¥93,000）を実質価額によって評価替えした。なお，南北産業株式会社の資産総額は ¥27,240,000　負債総額は ¥19,640,000 で，発行済株式数は200株（市場価格のない株式）である。

j．商品 ¥500,000 を仕入れ，代金は商品代金として受け取っていた約束手形 ¥500,000 を裏書譲渡した。なお，保証債務の時価は手形額面金額の2％とする。

k．かねて，買掛金の支払いとして滋賀商店に裏書譲渡していた西東商店振り出しの約束手形 ¥600,000 が期日に不渡りとなり，償還請求を受けた。よって，手形金額と期日以後の利息およびその他の費用 ¥7,000 をともに小切手を振り出して支払い，同時に西東商店に支払請求をおこなった。なお，この手形を裏書きしたさいに手形額面金額の2％の保証債務を計上している。

	借　　　　　　方	貸　　　　　　方
a		
b		
c		
d		
e		
f		
g		
h		
i		
j		
k		

2 下記の取引の仕訳を示しなさい。ただし，勘定科目は，次のなかからもっとも適当なものを使用すること。

現　　金	当座預金	定期預金	電子記録債権
クレジット売掛金	仕　掛　品	満期保有目的債券	その他有価証券
繰延税金資産	電子記録債務	買　掛　金	未払配当金
退職給付引当金	繰延税金負債	資　本　金	資本準備金
その他資本剰余金	利益準備金	別途積立金	繰越利益剰余金
自己株式	その他有価証券評価差額金	新株予約権	役務収益
為替差損益	仕　　入	役務原価	給　　料
旅　　費	株式交付費	電子記録債権売却損	法人税等調整額

a．従業員が退職し，退職一時金 ¥9,500,000 を定期預金から支払った。ただし，退職給付引当金勘定の残高が ¥20,000,000 ある。

b．香川商事株式会社は，事業拡張のため，株式200株を1株につき ¥75,000 で発行し，全額の引き受け・払い込みを受け，払込金は当座預金とした。ただし，払込金額のうち，資本金に計上しない金額は，会社法に規定する最高限度額とした。なお，株式の発行に要した諸費用 ¥860,000 は小切手を振り出して支払った。

c．熊本商事株式会社は，株主総会において，繰越利益剰余金を次のとおり配当および処分することを決議した。なお，当社の純資産は，資本金 ¥32,000,000　資本準備金 ¥7,300,000　利益準備金 ¥680,000　繰越利益剰余金 ¥1,100,000（貸方残高）である。

配当金　¥600,000　　利益準備金　会社法による額　　別途積立金　¥100,000

d．奈良商事株式会社は，自己株式（1株の帳簿価額 ¥60,000）のうち，70株を1株につき ¥70,000 で処分し，受け取った代金は当座預金とした。なお，帳簿価額と処分対価の差額は，その他資本剰余金勘定を用いて処理する。

e．新株予約権10個を1個につき ¥100,000 で発行し，受け取った払込金額 ¥1,000,000 は当座預金とした。

f．秋田設計事務所は，横手商店から依頼のあった店舗用建物の設計をおこない，給料 ¥170,000，旅費 ¥130,000 はこの設計のための支出であることがわかったので，仕掛品勘定へ振り替える。

g．岡山設計事務所は，顧客から依頼のあった設計に要した諸費用 ¥300,000 を仕掛品勘定で処理していたが，本日，その設計図を顧客に渡し，その対価として現金 ¥600,000 を受け取った。

h．米国より商品4,000ドルを掛けで仕入れた。なお，同日の為替相場は1ドルあたり ¥130 であった。

i．決算にあたり，外貨建ての買掛金期末残高について決算日の為替相場により円換算する。買掛金期末残高のうち ¥520,000 は，外貨建てによる輸入取引額4,000ドルを取引日の為替相場で円換算したものである。なお，決算日の為替相場は1ドルあたり ¥133 で，為替予約はおこなっていない。

j．決算において，売掛金 ¥800,000 について，¥16,000 の貸倒引当金を設定したが，法人税法上の繰入限度額は ¥8,000 であるため，その超過額 ¥8,000 については，損金として認められなかった。そのため，税効果会計を適用する。なお，法定実効税率は30％とする。

k．決算にあたり，その他有価証券として保有する沖縄産業株式会社の株式20株（1株の帳簿価額 ¥50,000）を1株につき時価 ¥60,000 に評価替えする。なお，税効果会計を適用し，法定実効税率は30％とする。

	借方	貸方
a		
b		
c		
d		
e		
f		
g		
h		
i		
j		
k		

MEMO

第１回　簿記実務検定１級模擬試験問題　会　計

解答上の注意

1　解答にあたえられた時間は90分です。試験開始後の途中退室はできません。

2　問題は全部で４問あります。

3　解答はすべて別紙解答用紙に記入しなさい。　解答用紙　p.97～100

●学習振り返りシート（模擬問題を解いた後に記入して，チェックボックス（□）に印をつけましょう。）

第１問　適語選択・英語表記の問題

小分類	出題内容・つまずいたポイント	点　数	チェック
(1)		点	□
(2)		点	□

第２問　計算・連結財務諸表・分析の問題

小分類	出題内容・つまずいたポイント	点　数	チェック
(1)		点	□
(2)		点	□
(3)		点	□

第３問　決算の問題

小分類	出題内容・つまずいたポイント	点　数	チェック
損益計算書		点	□
貸借対照表		点	□

第４問　仕訳の問題

小分類	出題内容・つまずいたポイント	点　数	チェック
a.		点	□
b.		点	□
c.		点	□
d.		点	□
e.		点	□
f.		点	□
g.		点	□

合　計　点　数
（　　　　／100　）

1 次の各問いに答えなさい。

(1) 次の各文の [　　] にあてはまるもっとも適当な語を，下記の語群のなかから選び，その番号を記入しなさい。

a．企業会計の実務のなかに慣習として発達したもののなかから，一般に公正妥当と認められたところを要約したものが [ア] である。このなかの一般原則は七つの原則から構成されており，そのうち他の一般原則を総括する基本的な原則を [イ] の原則という。

b．有形固定資産の価値を増加させたり，耐用年数を延長させたりするための支出を [ウ] といい，その支出は有形固定資産の取得原価に加算する。しかし，このような支出を当期の費用として処理した場合，純利益は過少に計上されることになる。

c．有形固定資産の減価のうち，企業経営上，当然発生する減価を経常的減価という。これには，使用または時の経過などにともない生じる物質的減価と，陳腐化や不適応化によって生じる [エ] 減価がある。

1．企業会計原則	2．会社法	3．株式会社	4．真実性
5．正規の簿記	6．明瞭性	7．継続性	8．資本的支出
9．収益的支出	10．機能的	11．偶発的	12．経常的

(2) 次の用語の英語表記を，下記の語群のなかから選び，その番号を記入しなさい。

ア．会計期間　　イ．財務会計　　ウ．管理会計

1．going concern	2．accounting period	3．accounting
4．financial accounting	5．financial statements	6．first-in first-out method
7．cash basis	8．depreciation	9．management accounting

2 次の各問いに答えなさい。

(1) 次の資料から，売価還元法によって，期末商品棚卸高（原価）を求めなさい。

資　料

		原　価	売　価
i	期首商品棚卸高	¥ 880,000	¥ 1,200,000
ii	当期商品仕入高	8,000,000	10,800,000
iii	期末商品棚卸高	[　　]	1,500,000

(2) 次の資料により，令和○7年3月31日（連結決算日）における連結損益計算書の（ ア ）から（ エ ）にあてはまる金額を答えなさい。

連　結　損　益　計　算　書

P社　　　令和○6年4月1日から令和○7年3月31日まで（単位：千円）

売上原価	70,180	売上高	（ ア ）
給料	20,720		
のれん償却	（ イ ）		
当期純利益	（ ）		
	（ ）		（ ）
非支配株主に帰属する当期純利益	（ エ ）	当期純利益	（ ウ ）
親会社株主に帰属する当期純利益	（ ）		
	（ ）		（ ）

資　　料

i　令和○7年3月31日における個別財務諸表

損　益　計　算　書

P社　令和○6年4月1日から令和○7年3月31日まで（単位：千円）

売上原価	55,000	売上高	72,250
給料	13,900	受取配当金	280
当期純利益	3,630		
	72,530		72,530

損　益　計　算　書

S社　令和○6年4月1日から令和○7年3月31日まで（単位：千円）

売上原価	15,180	売上高	24,000
給料	6,820		
当期純利益	2,000		
	24,000		24,000

株主資本等変動計算書

令和○6年4月1日から令和○7年3月31日まで（単位：千円）

		資本金		利益剰余金	
		P社	S社	P社	S社
当期首残高		32,000	10,000	12,770	3,800
当期変動額	剰余金の配当			△2,400	△ 400
	当期純利益			3,630	2,000
当期末残高		32,000	10,000	14,000	5,400

貸　借　対　照　表

P社　令和○7年3月31日（単位：千円）

現金預金	36,900	買掛金	26,000
売掛金	20,000	資本金	32,000
商品	4,900	利益剰余金	14,000
子会社株式	10,200		
	72,000		72,000

貸　借　対　照　表

S社　令和○7年3月31日（単位：千円）

現金預金	14,600	買掛金	8,700
売掛金	7,500	資本金	10,000
商品	2,000	利益剰余金	5,400
	24,100		24,100

ii　P社は，令和○6年3月31日にS社の発行する株式の70％を10,200千円で取得し支配した。取得日のS社の資本は，資本金10,000千円，利益剰余金3,800千円であり，S社の資産および負債の時価は帳簿価額に等しかった。

iii　のれんは償却期間を20年間とし，定額法により償却する。

iv　P社とS社相互間の債権・債務の取引はなかった。

v　P社とS社相互間で売買された資産はなかった。

(3) 茨城株式会社と栃木株式会社の下記の資料によって，

① 茨城株式会社の次の比率を求めなさい。

　a．当座比率　　　　b．固定比率

　c．商品回転率（商品有高の平均値と売上原価を用いること）

② 栃木株式会社の次の比率を求めなさい。

　a．流動比率　　　　b．総資本営業利益率（期首と期末の平均値を用いること）

　c．受取勘定回転率（期首と期末の平均値を用いること）

③ 次の文の［　　　］のなかに入る適当な比率を記入しなさい。また，{　　} のなかから，いずれか適当な語を選び，その番号を記入しなさい。

　投下された資本が効率的に運用されているかを比較するため，期首と期末の平均値を用いて各比率を計算する。まず，自己資本利益率を計算すると，茨城株式会社が［　ア　］%に対して，栃木株式会社は8.5%であり，茨城株式会社の方が高かった。

　しかし，総資本利益率を計算すると，茨城株式会社が4.2%に対して栃木株式会社は［　イ　］%であり，茨城株式会社の方が低かった。これは，茨城株式会社の総資本に占める　ウ{1．自己資本　2．他人資本}の割合が高いことが原因である。

茨城株式会社の資料

i　期首売上債権　¥1,286,400　　iii　期首自己資本　¥2,800,000

ii　期首商品棚卸高　¥931,520　　iv　期首総資本　¥7,880,000

貸借対照表

茨城株式会社　　令和○4年3月31日　　（単位：円）

資産	金額	負債・純資産	金額
現金預金	786,800	支払手形	1,044,800
受取手形	517,440	買掛金	1,291,200
売掛金	596,160	未払法人税等	64,000
有価証券	509,200	長期借入金	2,160,000
商品	923,200	退職給付引当金	360,000
建物	1,440,000	資本金	2,240,000
備品	480,000	資本準備金	344,000
土地	1,120,000	利益準備金	152,000
投資有価証券	1,027,200	繰越利益剰余金	480,000
関係会社株式	504,000	自己株式	△56,000
長期前払費用	216,000	その他有価証券評価差額金	40,000
	8,120,000		8,120,000

損益計算書

茨城株式会社　令和○3年4月1日から令和○4年3月31日まで　（単位：円）

項目	金額
売上高	16,800,000
売上原価	11,592,000
売上総利益	5,208,000
販売費及び一般管理費	4,200,000
[　　　]利益	1,008,000
営業外収益	38,400
営業外費用	343,200
[　　　]利益	703,200
特別利益	50,400
特別損失	273,600
税引前当期純利益	480,000
法人税・住民税及び事業税	144,000
当期純利益	336,000

栃木株式会社の資料

i　期首売上債権　¥378,400　　iii　期首自己資本　¥1,149,600

ii　期首商品棚卸高　¥245,600　　iv　期首総資本　¥1,840,000

貸借対照表

栃木株式会社　　令和○4年3月31日　　（単位：円）

資産	金額	負債・純資産	金額
現金預金	259,600	支払手形	200,000
受取手形	158,640	買掛金	292,000
売掛金	182,960	未払法人税等	20,000
有価証券	205,200	長期借入金	328,000
商品	215,200	退職給付引当金	69,600
前払費用	35,680	資本金	800,000
建物	360,000	資本準備金	136,000
備品	248,000	利益準備金	36,000
土地	152,000	繰越利益剰余金	267,200
投資有価証券	192,000	その他有価証券評価差額金	11,200
関係会社株式	150,720		
	2,160,000		2,160,000

損益計算書

栃木株式会社　令和○3年4月1日から令和○4年3月31日まで　（単位：円）

項目	金額
売上高	4,608,000
売上原価	3,110,400
売上総利益	1,497,600
販売費及び一般管理費	1,193,600
[　　　]利益	304,000
営業外収益	51,840
営業外費用	73,840
[　　　]利益	282,000
特別利益	26,320
特別損失	162,480
税引前当期純利益	145,840
法人税・住民税及び事業税	43,840
当期純利益	102,000

3 宮崎産業株式会社の総勘定元帳勘定残高と付記事項および決算整理事項によって，

(1) 報告式の損益計算書を完成しなさい。

(2) 報告式の貸借対照表（資産の部）を完成しなさい。

ただし，i 会社計算規則によること。

ii 会計期間は令和○6年4月1日から令和○7年3月31日までとする。

元帳勘定残高

現金	¥ 295,000	当座預金	¥ 1,900,000	電子記録債権	¥ 1,700,000
売掛金	1,300,000	貸倒引当金	4,000	売買目的有価証券	1,350,000
繰越商品	1,165,000	仮払法人税等	335,000	建物	1,800,000
建物減価償却累計額	360,000	土地	4,000,000	長期貸付金	1,500,000
電子記録債務	685,000	買掛金	530,000	長期借入金	1,100,000
退職給付引当金	518,000	資本金	6,500,000	資本準備金	650,000
利益準備金	360,000	別途積立金	273,000	繰越利益剰余金	191,000
売上	37,243,000	受取配当金	80,000	固定資産売却益	100,000
仕入	24,615,000	給料	4,098,000	発送費	1,250,000
広告料	1,060,000	支払家賃	1,728,000	保険料	182,000
租税公課	98,000	雑費	85,000	支払利息	13,000
固定資産除却損	120,000				

付記事項

① 配当金領収証 ¥50,000 を受け取っていたが，未処理であった。

決算整理事項

a．期末商品棚卸高　帳簿棚卸数量 600個　原価 @¥2,000
　　実地棚卸数量 580〃　正味売却価額 〃〃1,900
　　ただし，棚卸減耗損および商品評価損は売上原価の内訳項目とする。

b．貸倒見積高　電子記録債権と売掛金の期末残高に対し，それぞれ1%と見積もり，貸倒引当金を設定する。

c．有価証券評価高　保有する株式は次のとおりである。

	銘柄	株数	1株の帳簿価額	1株の時価
売買目的有価証券	南東商事株式会社	20株	¥30,000	¥31,000
	北西商事株式会社	30株	¥25,000	¥27,000

d．建物減価償却高　定額法により，残存価額は零（0）耐用年数は50年とする。

e．保険料前払高　¥ 46,000

f．利息未払高　¥ 5,000

g．退職給付引当金繰入額　¥ 235,000

h．法人税・住民税及び事業税額　¥1,065,000

4 下記の取引の仕訳を示しなさい。ただし，勘定科目は，次のなかからもっとも適当なものを使用すること。

現金	当座預金	受取手形	売掛金
売買目的有価証券	前払金	未収入金	土地
その他有価証券	支払手形	未払金	保証債務
資本金	資本準備金	その他資本剰余金	繰越利益剰余金
自己株式	売上	有価証券利息	有価証券売却益
保証債務取崩益	仕入	保証債務費用	手形売却損
創立費	株式交付費	支払手数料	有価証券売却損

a．売買目的で北海道物産株式会社の額面 ¥10,000,000 の社債を ¥100 につき ¥98.50 で買い入れ，代金は買入手数料 ¥48,000 および端数利息 ¥47,000 とともに小切手を振り出して支払った。

b．売買目的で保有している青森商事株式会社の社債　額面 ¥4,000,000 のうち ¥2,000,000 を額面 ¥100 につき ¥98.50 で売却し，代金は端数利息 ¥18,000 とともに小切手で受け取り，ただちに当座預金とした。ただし，この額面 ¥4,000,000 の社債は，当期に額面 ¥100 につき ¥97.60 で買い入れたものであり，同時に買入手数料 ¥8,000 および端数利息 ¥36,000 を支払っている。

c．得意先秋田商店から受け取っていた同店振り出しの約束手形 ¥1,400,000 を取引銀行で割り引き，割引料を差し引かれた手取金 ¥1,379,000 は当座預金とした。なお，保証債務の時価は手形額面金額の 1 %とする。

d．かねて，取引銀行で割り引いていた岩手商店振り出しの約束手形 ¥1,500,000 が期日に決済されたとの通知を受けた。なお，この手形を割り引いたさいに，手形額面金額の 2 %の保証債務を計上している。

e．宮城物産株式会社は，事業規模拡大のため，株式 35,000 株を 1 株につき ¥700 で発行し，全額の引き受け・払い込みを受け，払込金は当座預金とした。ただし，払込金額のうち，資本金とする額は会社法に規定する原則を適用する。なお，この株式の発行に要した諸費用 ¥210,000 は小切手を振り出して支払った。

f．山形商事株式会社は，自社の発行済株式のうち 10,000 株を 1 株につき ¥600 で取得し，代金は小切手を振り出して支払った。

g．福島産業株式会社は，保有する自己株式（1 株の帳簿価額 ¥840）2,000 株を消却した。

第２回　簿記実務検定１級模擬試験問題　会　計

解答上の注意

1　解答にあたえられた時間は90分です。試験開始後の途中退室はできません。

2　問題は全部で４問あります。

3　解答はすべて別紙解答用紙に記入しなさい。　解答用紙　p.101 ～ 104

●学習振り返りシート（模擬問題を解いた後に記入して，チェックボックス（□）に印をつけましょう。）

第１問　適語選択・英語表記の問題

小分類	出題内容・つまずいたポイント	点　数	チェック
(1)		点	□
(2)		点	□

第２問　計算・連結財務諸表・分析の問題

小分類	出題内容・つまずいたポイント	点　数	チェック
(1)		点	□
(2)		点	□
(3)		点	□

第３問　決算の問題

小分類	出題内容・つまずいたポイント	点　数	チェック
貸借対照表		点	□
損益計算書		点	□

第４問　仕訳の問題

小分類	出題内容・つまずいたポイント	点　数	チェック
a.		点	□
b.		点	□
c.		点	□
d.		点	□
e.		点	□
f.		点	□
g.		点	□

合　計　点　数
（　　　　／100　）

1 次の各問いに答えなさい。

(1) 次の各文の ＿＿＿ にあてはまるもっとも適当な語を，下記の語群のなかから選び，その番号を記入しなさい。

a．企業会計は，すべての取引について ［ア］ の原則にしたがって，正確な会計帳簿を作成しなければならない。しかし，勘定科目の性質や金額の大きさによっては，本来の厳密な処理方法によらず他の簡便な方法をとることも認められている。これは ［イ］ の原則によるものである。

b．費用および収益は，その発生源泉にしたがって明瞭に分類し，各収益項目とそれに関連する費用項目とを対応させて損益計算書に表示しなければならない。これは ［ウ］ の原則によるものである。

c．損益計算書の費用および収益は，費用の項目と収益の項目とを相殺して，その差額だけを表示してはならない。これを ［エ］ の原則といい，たとえば支払利息 ¥30,000 と受取利息 ¥40,000 を相殺して，受取利息 ¥10,000 として表示してはならない。

1．真　実　性	2．正規の簿記	3．明　瞭　性	4．継　続　性
5．保守主義	6．単　一　性	7．重　要　性	8．費用収益対応
9．財務諸表	10．株式会社	11．期間比較	12．総額主義

(2) 次の用語の英語表記を，下記の語群のなかから選び，その番号を記入しなさい。

ア．投　資　家　　イ．会計責任　　ウ．会計公準

1．disclosure	2．goodwill	3．investors
4．management accounting	5．accountability	6．accounting period
7．accounting postulates	8．financial accounting	9．net assets

2 次の各問いに答えなさい。

(1) 千葉商事株式会社の決算日における当座預金出納帳の残高は ¥7,900,000 であり，銀行が発行した当座勘定残高証明書の金額は ¥9,950,000 であった。そこで，不一致の原因を調査したところ，次の資料を得た。よって，当座預金出納帳の次月繰越高を求めなさい。

資　　料

i　決算日に現金 ¥750,000 を預け入れたが，営業時間外のため銀行では翌日付けの入金として扱われていた。

ii　かねて仕入先あてに振り出していた小切手 ¥1,600,000 が，銀行でまだ支払われていなかった。

iii　買掛金支払いのために小切手 ¥1,200,000 を作成して記帳していたが，まだ仕入先に渡していなかった。

(2) 次の資料により，令和○3年3月31日（連結決算日）における連結貸借対照表および連結株主資本等変動計算書の（ ア ）から（ エ ）にあてはまる金額を答えなさい。

連結貸借対照表

P社　　令和○3年3月31日　　(単位：千円)

借方	金額	貸方	金額
諸資産	(ア)	諸負債	52,000
のれん	(イ)	資本金	48,000
		利益剰余金	(　　　)
		非支配株主持分	(　　　)
	(　　　)		(　　　)

連結株主資本等変動計算書

P社　　令和○2年4月1日から令和○3年3月31日まで　　(単位：千円)

	資本金	利益剰余金	非支配株主持分
当期首残高	48,000	19,130	(　　　)
当期変動額　剰余金の配当		△ 3,600	
親会社株主に帰属する当期純利益		(　　　)	
株主資本以外の項目の当期変動額（純額）			(　　　)
当期末残高	48,000	(ウ)	(エ)

資　　料

i　令和○3年3月31日における個別財務諸表

損益計算書

P社　　令和○2年4月1日から令和○3年3月31日まで　(単位：千円)

借方	金額	貸方	金額
売上原価	82,500	売上高	108,400
給料	20,850	受取配当金	420
当期純利益	5,470		
	108,820		108,820

損益計算書

S社　　令和○2年4月1日から令和○3年3月31日まで　(単位：千円)

借方	金額	貸方	金額
売上原価	22,770	売上高	36,000
給料	10,230		
当期純利益	3,000		
	36,000		36,000

株主資本等変動計算書

令和○2年4月1日から令和○3年3月31日まで　(単位：千円)

	資本金		利益剰余金	
	P社	S社	P社	S社
当期首残高	48,000	15,000	19,130	5,700
当期変動額　剰余金の配当			△3,600	△ 600
当期純利益			5,470	3,000
当期末残高	48,000	15,000	21,000	8,100

貸借対照表

P社　　令和○3年3月31日　(単位：千円)

借方	金額	貸方	金額
諸資産	92,700	諸負債	39,000
子会社株式	15,300	資本金	48,000
		利益剰余金	21,000
	108,000		108,000

貸借対照表

S社　　令和○3年3月31日　(単位：千円)

借方	金額	貸方	金額
諸資産	36,100	諸負債	13,000
		資本金	15,000
		利益剰余金	8,100
	36,100		36,100

ii　P社は，令和○2年3月31日にS社の発行する株式の60％を15,300千円で取得し支配した。取得日のS社の資本は，資本金15,000千円，利益剰余金5,700千円であり，S社の資産および負債の時価は帳簿価額に等しかった。

iii　のれんは償却期間を10年間とし，定額法により償却する。

iv　P社とS社相互間の債権・債務の取引はなかった。

v　P社とS社相互間で売買された資産はなかった。

(3) A社の下記の資料によって，次の [　　] のなかに入る適当な比率または金額を記入しなさい。また，{　　} のなかから，いずれか適当な語を選び，その番号を記入しなさい。

企業の成長性を調べるため，売上高成長率（増収率）を計算すると，第5期は20.0％であり，第6期は [ア] ％である。このことから，第5期よりも第6期の成長性は鈍化していることがわかる。

収益性を調べるため，売上高総利益率を計算すると，第5期は42.0％であり，第6期は [イ] ％である。次に，税引後の当期純利益を用いて売上高純利益率を計算すると，第5期は [ウ] ％であり，第6期は4.0％である。このことから，第5期よりも第6期の収益性は エ{1．上昇　2．低下} していることがわかる。

資　　料

i　第4期の売上高 ¥6,000,000

ii　比較損益計算書

比較損益計算書　（単位：円）

項　目	第5期	第6期
売上高	7,200,000	7,560,000
売上原価	(　　)	4,536,000
売上総利益	3,024,000	(　　)
販売費及び一般管理費	2,160,000	(　　)
営業利益	(　　)	[オ]
営業外収益	35,680	(　　)
営業外費用	215,680	(　　)
経常利益	(　　)	408,240
特別利益	13,440	12,160
特別損失	2,560	2,640
税引前当期純利益	(　　)	417,760
法人税・住民税及び事業税	190,880	115,360
当期純利益	(　　)	302,400

iii　第6期の販売費及び一般管理費と営業外費用は次のとおりである。ただし，金額の大きい順に示している。

給料	¥1,180,800
減価償却費	579,200
広告料	359,200
保険料	105,100
有価証券評価損	100,800
退職給付費用	89,600
雑損	66,080
租税公課	59,900
支払利息	44,000
有価証券売却損	36,800
雑費	30,280

iv　貸借対照表の金額（一部）　（単位：円）

	第4期末	第5期末	第6期末
資産合計	9,320,000	9,632,000	11,659,200
うち，受取勘定(売上債権)	864,000	[カ]	1,080,000
商品	299,200	(　　)	467,200
固定資産合計	5,213,600	5,152,000	5,880,000
純資産合計(自己資本と同額)	5,320,000	5,600,000	(　　)

v　財務比率

	第5期	第6期
売上高経常利益率	9.5 ％	[キ] ％
自己資本利益率	[ク] ％	4.5 ％
(当期純利益は税引後の金額を，自己資本は期末の金額による)		
固定比率	92.0 ％	87.5 ％
負債比率	72.0 ％	[ケ] ％
受取勘定回転率	8.0 回	7.5 回
(期首と期末の平均による)		
商品回転率	[コ] 回	10.5 回
(期首と期末の商品有高の平均と売上原価による)		

3 大分商事株式会社の総勘定元帳勘定残高と付記事項および決算整理事項によって，

(1) 報告式の貸借対照表を完成しなさい。

(2) 報告式の損益計算書（営業利益まで）を完成しなさい。

ただし，i 会社計算規則によること。

ii 会計期間は令和○7年4月1日から令和○8年3月31日までとする。

元帳勘定残高

現金	¥ 1,704,000	当座預金	¥ 3,237,000	電子記録債権	¥ 2,000,000
売掛金	3,996,000	貸倒引当金	24,000	繰越商品	5,022,000
仮払法人税等	1,200,000	備品	4,000,000	備品減価償却累計額	1,440,000
土地	9,185,000	その他有価証券	5,500,000	電子記録債務	1,500,000
買掛金	2,497,000	短期借入金	1,500,000	未払金	161,000
長期借入金	2,000,000	退職給付引当金	2,496,000	資本金	12,000,000
資本準備金	2,100,000	利益準備金	760,000	繰越利益剰余金	465,000
売上	79,304,000	受取地代	920,000	受取配当金	189,000
固定資産売却益	373,000	仕入	52,865,000	給料	9,260,000
発送費	1,657,000	広告料	1,860,000	保険料	1,568,000
租税公課	796,000	支払家賃	2,270,000	水道光熱費	1,053,000
雑費	206,000	支払利息	50,000	固定資産除却損	300,000

付記事項

① 佐賀商店に対する売掛金 ¥96,000 を回収し，代金について同店振り出しの小切手で受け取っていたが，未記帳であった。

決算整理事項

a．期末商品棚卸高

	帳簿棚卸数量	実地棚卸数量	原価	正味売却価額
A品	1,800個	1,750個	@¥2,100	@¥2,000
B品	1,200 〃	1,100 〃	〃 〃 1,400	〃 〃 1,200

ただし，棚卸減耗損および商品評価損は売上原価の内訳項目とする。

b．貸倒見積高　電子記録債権と売掛金の期末残高に対し，それぞれ1%と見積もり，貸倒引当金を設定する。

c．有価証券評価高　保有する株式は次のとおりである。

	銘柄	株数	1株の帳簿価額	1株の時価
その他有価証券	北東商事株式会社	200株	¥20,000	¥22,000
	南西商事株式会社	100株	¥15,000	¥14,000

d．備品減価償却高　定率法により，毎期の償却率は20%とする。

e．保険料前払高　保険料のうち ¥900,000 は，令和○8年2月1日から1年分の保険料として支払ったものであり，前払高を次期に繰り延べる。

f．利息未払高　¥ 65,000

g．退職給付引当金繰入額　¥1,327,000

h．法人税・住民税及び事業税額　¥2,284,000

4 下記の取引の仕訳を示しなさい。ただし，勘定科目は，次のなかからもっとも適当なものを使用すること。

現金	当座預金	売掛金	繰越商品
仕掛品	繰延税金資産	建設仮勘定	建物
備品	備品減価償却累計額	のれん	長期貸付金
買掛金	未払金	短期借入金	長期借入金
資本金	新築積立金	繰越利益剰余金	役務収益
固定資産売却益	役務原価	給料	旅費
減価償却費	修繕費	固定資産売却損	法人税等調整額

a．茨城商事株式会社は，かねて建築を依頼していた本社社屋が完成し，引き渡しを受けた。よって，建築代金 ¥43,000,000 のうち，すでに支払ってある金額を差し引いて，残額 ¥15,000,000 は小切手を振り出して支払った。なお，取締役会の決議により新築積立金 ¥43,000,000 を取り崩した。

b．栃木商事株式会社は，建物の改良と修繕をおこない，その代金 ¥7,360,000 を小切手を振り出して支払った。ただし，代金のうち ¥6,000,000 は建物の使用可能期間を延長させる資本的支出と認められ，残額は通常の維持・管理のための収益的支出とした。

c．群馬商事株式会社（決算年1回）は，第7期初頭に備品を ¥4,400,000 で買い入れ，この代金はこれまで使用してきた備品を ¥1,600,000 で引き取らせ，新しい備品の代金との差額は現金で支払った。ただし，この古い備品は第4期初頭に ¥4,800,000 で買い入れたもので，耐用年数5年，残存価額は零（0）とし，定額法によって毎期の減価償却費を計算し，間接法で記帳してきた。

d．埼玉商事株式会社は，次の財政状態にある北東商会を取得し，代金は小切手を振り出して支払った。ただし，同商会の平均利益額は ¥742,000 同種企業の平均利益率は7％として収益還元価値を求め，その金額を取得対価とした。なお，北東商会の貸借対照表に示されている資産および負債の時価は帳簿価額に等しいものとする。

北東商会　　貸借対照表　　（単位：円）

売掛金	10,400,000	買掛金	6,600,000
商品	9,200,000	長期借入金	3,000,000
		資本金	10,000,000
	19,600,000		19,600,000

e．千葉設計事務所は，東京商店から依頼のあった店舗用建物の設計をおこない，給料 ¥120,000，旅費 ¥240,000 はこの設計のための支出であることがわかったので，仕掛品勘定へ振り替える。

f．神奈川マーケティング会社は，顧客から依頼のあった市場調査に要した諸費用 ¥660,000 を仕掛品勘定で処理していたが，本日，その調査報告書を顧客に渡し，その対価として現金 ¥1,000,000 を受け取った。

g．決算において，売掛金 ¥1,200,000 について，¥24,000 の貸倒引当金を設定したが，法人税法上の繰入限度額は ¥12,000 であるため，その超過額 ¥12,000 については，損金として認められなかった。そのため，税効果会計を適用する。なお，法定実効税率は30％とする。

第3回　簿記実務検定1級模擬試験問題　会　計

解答上の注意

1　解答にあたえられた時間は90分です。試験開始後の途中退室はできません。

2　問題は全部で4問あります。

3　解答はすべて別紙解答用紙に記入しなさい。　解答用紙　p.105～108

●学習振り返りシート（模擬問題を解いた後に記入して，チェックボックス（□）に印をつけましょう。）

第1問　適語選択・英語表記の問題			
小分類	出題内容・つまずいたポイント	点　数	チェック
(1)		点	□
(2)		点	□

第2問　計算・連結財務諸表・分析の問題			
小分類	出題内容・つまずいたポイント	点　数	チェック
(1)		点	□
(2)		点	□
(3)		点	□

第3問　決算の問題			
小分類	出題内容・つまずいたポイント	点　数	チェック
損益計算書		点	□
株主資本等変動計算書		点	□

第4問　仕訳の問題			
小分類	出題内容・つまずいたポイント	点　数	チェック
a.		点	□
b.		点	□
c.		点	□
d.		点	□
e.		点	□
f.		点	□
g.		点	□

合　計　点　数
（　　　　／100　）

1 次の各問いに答えなさい。

(1) 次の各文の [　　] にあてはまるもっとも適当な語を，下記の語群のなかから選び，その番号を記入しなさい。

a．企業会計では，財務諸表を作成する場合，科目の分類や配列に一定の基準を設けたり，重要な会計方針を注記するなどして，利害関係者に企業の状況に関する判断を誤らせないようにしなければならない。これは [ア] の原則によるものである。

b．経営破綻の状態には至っていないが，債務の弁済に重大な問題が生じているか，または生じる可能性が高い債務者に対する債権を [イ] という。これに対する貸倒見積高の算定方法には，[ウ] とキャッシュ・フロー見積法がある。

c．株主・債権者など企業の経営に直接かかわらない外部の者に対しておこなう外部報告会計を財務会計という。この会計には，配当金などによる企業の財産の分配について，それが適正である根拠を財務諸表によって示し，利害関係者を納得させる利害調整機能がある。また，投資家に対して意思決定に必要な財務諸表を開示する [エ] 機能もあり，これは企業の資金調達を円滑にする重要な機能とされている。

1．明　瞭　性	2．継　続　性	3．保 守 主 義	4．単　一　性
5．一 般 債 権	6．貸倒懸念債権	7．貸倒実績率法	8．定　率　法
9．財務内容評価法	10．利 害 調 整	11．情 報 提 供	12．財 務 会 計

(2) 次の用語の英語表記を，下記の語群のなかから選び，その番号を記入しなさい。

ア．1年基準　　イ．流動資産　　ウ．流動負債

1．one-year rule	2．operating cycle rule	3．accountability
4．investors	5．fixed assets	6．current assets
7．accounting postulates	8．current liabilities	9．fixed liabilities

2 次の各問いに答えなさい。

(1) 当期に3年後完成予定で契約した次の工事について，①工事進行基準および②原価回収基準による当期の工事収益を求めなさい。

i　工事収益総額　¥450,000,000
ii　工事原価総額　380,000,000
iii　当期発生工事原価　95,000,000

(2) 次の資料により，令和○4年3月31日（連結決算日）における連結損益計算書，連結株主資本等変動計算書および連結貸借対照表の（ ア ）から（ エ ）にあてはまる金額を答えなさい。

連結損益計算書

P社　　令和○3年4月1日から令和○4年3月31日まで（単位：千円）

売上原価	75,300	売上高	103,500
給料	18,700		
のれん償却	(　　)		
当期純利益	(　　)		
	(　　)		(　　)
非支配株主に帰属する当期純利益	(　　)	当期純利益	(ア)
親会社株主に帰属する当期純利益	(　　)		
	(　　)		(　　)

連結株主資本等変動計算書

P社　　　令和○3年4月1日から令和○4年3月31日まで　　(単位：千円)

	資本金	利益剰余金	非支配株主持分
当期首残高	20,000	5,600	(　　)
当期変動額　剰余金の配当		△ 2,000	
親会社株主に帰属する当期純利益		(　イ　)	
株主資本以外の項目の当期変動額（純額）			(　　)
当期末残高	20,000	(　　)	(　　)

連結貸借対照表

P社　　　令和○4年3月31日　　(単位：千円)

諸資産	60,600	諸負債	29,800
のれん	(　ウ　)	資本金	(　　)
		利益剰余金	(　　)
		非支配株主持分	(　エ　)
	(　　)		(　　)

資　　料

i　令和○4年3月31日における個別財務諸表

損益計算書

P社　令和○3年4月1日から令和○4年3月31日まで　(単位：千円)

売上原価	63,000	売上高	85,000
給料	14,200	受取配当金	400
当期純利益	8,200		
	85,400		85,400

損益計算書

S社　令和○3年4月1日から令和○4年3月31日まで　(単位：千円)

売上原価	12,300	売上高	18,500
給料	4,500		
当期純利益	1,700		
	18,500		18,500

株主資本等変動計算書

令和○3年4月1日から令和○4年3月31日まで　(単位：千円)

	資本金		利益剰余金	
	P社	S社	P社	S社
当期首残高	20,000	6,000	5,600	600
当期変動額　剰余金の配当			△2,000	△ 500
当期純利益			8,200	1,700
当期末残高	20,000	6,000	11,800	1,800

貸借対照表

P社　令和○4年3月31日　(単位：千円)

諸資産	45,000	諸負債	22,000
子会社株式	8,800	資本金	20,000
		利益剰余金	11,800
	53,800		53,800

貸借対照表

S社　令和○4年3月31日　(単位：千円)

諸資産	15,600	諸負債	7,800
		資本金	6,000
		利益剰余金	1,800
	15,600		15,600

ii　P社は，令和○3年3月31日にS社の発行する株式の80％を8,800千円で取得し支配した。取得日のS社の資本は，資本金6,000千円，利益剰余金600千円であり，S社の資産および負債の時価は帳簿価額に等しかった。

iii　のれんは償却期間を20年間とし，定額法により償却する。

iv　P社とS社相互間の債権・債務の取引はなかった。

v　P社とS社相互間で売買された資産はなかった。

(3) 大阪商事株式会社の下記の資料によって，次の各文の [　　　] のなかに入る金額または比率を求めなさい。また，{　　} のなかから，いずれか適当な語を選び，その番号を記入しなさい。なお，端数が生じた場合は回数または%の小数第2位を四捨五入して第1位まで示すこと。

① 第5期の流動資産は [ア] 千円であり，流動負債は [イ] 千円である。なお，短期的な支払能力を判断するために，流動比率を求めると [ウ] %であり，一般的に望ましいとされている200%以上であるので問題ないと判断できる。

② 第5期の総資本は [エ] 千円である。なお，総資本回転率は [オ] 回であり，第4期の1.5回に比べて回数がわずかに多くなり，総資本が売上高に対して有効に，カ{1．利用されている　2．利用されていない} と判断できる。

③ 第5期の売上高は第4期の売上高に比べて [キ] 千円増加している。なお，企業の成長性を調べるために，売上高成長率（増収率）を計算すると，第5期は [ク] %であり，第4期の9.4%に比べて，ケ{3．高く　4．低く} なったと判断できる。

資　　料

i　第5期における純資産の部に関する事項

6月25日　株主総会において，次のとおり繰越利益剰余金を配当および処分することを決議した。

配当金　800千円　　利益準備金　会社法による額　　別途積立金　80千円

ii　株主資本等変動計算書

（第5期）株主資本等変動計算書

大阪商事株式会社　　令和○5年4月1日から令和○6年3月31日まで　　（単位：千円）

	資本金	資本剰余金		利益剰余金				純資産合計
		資本準備金	資本剰余金合計	利益準備金	その他利益剰余金		利益剰余金合計	
					別途積立金	繰越利益剰余金		
当期首残高	64,000	2,080	2,080	(　　)	1,920	(　　)	20,560	86,640
当期変動額								
剰余金の配当				(　　)		(　　)	(　　)	(　　)
別途積立金の積立					(　　)	△80	——	——
当期純利益						4,720	4,720	4,720
当期変動額合計	——	——	——	(　　)	(　　)	(　　)	(　　)	(　　)
当期末残高	64,000	2,080	2,080	(　　)	(　　)	21,200	(　　)	90,560

iii　貸借対照表

比較貸借対照表

（単位：千円）

資　産	第4期	第5期	負債・純資産	第4期	第5期
現金預金	10,556	11,040	支払手形	3,520	3,360
受取手形	5,000	5,360	買掛金	16,324	15,440
売掛金	25,860	24,720	未払法人税等	2,560	2,400
商品	2,592	(　　)	長期借入金	10,896	12,680
前払費用	800	656	退職給付引当金	3,500	3,400
備品	10,000	10,000	資本金	(　　)	(　　)
土地	(　　)	43,200	資本準備金	2,080	2,080
特許権	3,248	3,200	利益準備金	1,200	(　　)
関係会社株式	18,184	19,360	別途積立金	1,920	(　　)
長期貸付金	4,000	7,984	繰越利益剰余金	(　　)	21,200
	(　　)	(　　)		(　　)	(　　)

iv　売上高　　第4期　185,160千円　　第5期　204,544千円

v　売上高成長率（増収率）　　第4期　9.4%

3 長野商事株式会社の純資産の部に関する事項と総勘定元帳勘定残高および決算整理事項によって，

(1) 報告式の損益計算書を完成しなさい。

(2) 株主資本等変動計算書を完成しなさい。

ただし，i 会社計算規則によること。

ii 会計期間は令和○6年4月1日から令和○7年3月31日までとする。

純資産の部に関する事項

令和○6年6月25日 定時株主総会において，次のとおり繰越利益剰余金を配当および処分することを決議した。

配 当 金 ¥1,600,000 利益準備金 会社法による額

別途積立金 ¥ 25,000

元帳勘定残高

現 金	¥ 1,654,000	当座預金	¥ 4,035,000	受取手形	¥ 3,600,000
売 掛 金	4,400,000	貸倒引当金	16,000	繰越商品	1,038,000
未収入金	450,000	仮払法人税等	730,000	備 品	4,000,000
備品減価償却累計額	1,000,000	リース資産	3,000,000	リース資産減価償却累計額	600,000
土 地	9,000,000	満期保有目的債券	1,750,000	子会社株式	2,500,000
支払手形	675,000	買 掛 金	3,325,000	短期借入金	1,300,000
長期借入金	3,200,000	リース債務	1,800,000	退職給付引当金	1,100,000
資 本 金	12,000,000	資本準備金	1,500,000	利益準備金	800,000
別途積立金	600,000	繰越利益剰余金	435,000	売 上	74,200,000
受取地代	450,000	有価証券利息	60,000	固定資産売却益	150,000
仕 入	53,800,000	給 料	8,000,000	発 送 費	1,740,000
広 告 料	1,360,000	支払家賃	900,000	保 険 料	500,000
租税公課	296,000	雑 費	198,000	支払利息	160,000
手形売却損	40,000	固定資産除却損	60,000		

決算整理事項

a．期末商品棚卸高 帳簿棚卸数量 900個 原 価 @¥1,000

実地棚卸数量 880〃 正味売却価額 〃〃 950

ただし，棚卸減耗損および商品評価損は売上原価の内訳項目とする。

b．外貨建取引の円換算 当社が保有している外貨建取引による買掛金は，取引日の為替レートで円換算しており，為替予約はおこなっていない。

	取引額	取引日の為替レート	決算日の為替レート
買 掛 金	25,000ドル	1ドル129円	1ドル131円

c．貸倒見積高 受取手形と売掛金の期末残高に対し，それぞれ1%と見積もり，貸倒引当金を設定する。

d．有価証券評価高 保有する債券および株式は次のとおりである。なお，子会社株式は実質価額が著しく下落し，回復の見込みがない。

満期保有目的債券：償却原価法によって¥1,800,000に評価する。

なお，満期日は令和○8年3月31日である。

子会社株式：東西物産株式会社 200株 実質価額1株 ¥5,000

e．減価償却高 備 品：取得原価¥4,000,000 毎期の償却率を25%とし，定率法により計算している。

リース資産：取得原価（見積現金購入価額）¥3,000,000 残存価額は零（0）耐用年数は5年とし，定額法により計算している。なお，リース契約は令和○5年4月1日に締結したものであり，リース期間は5年である。

f．保険料前払高 保険料のうち¥240,000は，令和○6年12月1日から1年分の保険料として支払ったものであり，前払高を次期に繰り延べる。

g．退職給付引当金繰入額 ¥ 700,000

h．法人税・住民税及び事業税額 ¥1,300,000

4 下記の取引の仕訳を示しなさい。ただし，勘定科目は，次のなかからもっとも適当なものを使用すること。

現金	当座預金	定期預金	建物
建物減価償却累計額	リース資産	リース資産減価償却累計額	備品
その他有価証券	リース債務	未払配当金	退職給付引当金
繰延税金負債	資本金	資本準備金	利益準備金
別途積立金	繰越利益剰余金	その他有価証券評価差額金	売上
受取配当金	受取利息	仕入	給料
減価償却費	退職給付費用	支払利息	火災損失

a．当期首において，リース会社と備品のリース契約（ファイナンス・リース取引，リース期間：8年，見積現金購入価額 ¥312,000，リース料：年額 ¥45,000，毎年3月末払い，利子込み法）を締結し，備品を調達した。

b．当期首において，リース契約（ファイナンス・リース取引，リース期間：4年，見積現金購入価額 ¥36,000，リース料：年額 ¥10,000，毎年3月末払い，利子込み法）を結んでいたが，3月末にリース料を現金で支払った。

c．従業員が退職し，退職一時金 ¥12,000,000 を定期預金から支払った。ただし，退職給付引当金勘定の残高が ¥60,000,000 ある。

d．新潟商事株式会社は，株主総会において，繰越利益剰余金を次のとおり配当および処分することを決議した。なお，当社の純資産は，資本金 ¥40,000,000　資本準備金 ¥8,000,000　利益準備金 ¥1,900,000　別途積立金 ¥560,000　繰越利益剰余金 ¥1,700,000（貸方残高）である。

　　利益準備金　会社法による額　　配当金　¥1,200,000　　別途積立金　¥110,000

e．富山物産株式会社は，株主総会において，繰越利益剰余金の借方残高 ¥1,600,000 をてん補するため，利益準備金 ¥1,600,000 を取り崩すことを決議した。

f．建物（取得原価 ¥20,000,000　減価償却累計額 ¥12,000,000）が，火災により焼失した。

g．決算にあたり，その他有価証券として保有する福井産業株式会社の株式30株（1株の帳簿価額 ¥60,000）を1株につき時価 ¥70,000 に評価替えする。なお，税効果会計を適用し，法定実効税率は30％とする。

第4回　簿記実務検定1級模擬試験問題　会　計

解答上の注意

1　解答にあたえられた時間は90分です。試験開始後の途中退室はできません。
2　問題は全部で4問あります。
3　解答はすべて別紙解答用紙に記入しなさい。

解答用紙　p.109～112

●学習振り返りシート（模擬問題を解いた後に記入して，チェックボックス（□）に印をつけましょう。）

第1問　適語選択・英語表記の問題

小分類	出題内容・つまずいたポイント	点　数	チェック
(1)		点	□
(2)		点	□

第2問　計算・連結財務諸表・分析の問題

小分類	出題内容・つまずいたポイント	点　数	チェック
(1)		点	□
(2)		点	□
(3)		点	□

第3問　決算の問題

小分類	出題内容・つまずいたポイント	点　数	チェック
貸借対照表		点	□
損益計算書		点	□

第4問　仕訳の問題

小分類	出題内容・つまずいたポイント	点　数	チェック
a.		点	□
b.		点	□
c.		点	□
d.		点	□
e.		点	□
f.		点	□
g.		点	□

合　計　点　数
(　　　　／100　)

1 次の各問いに答えなさい。

(1) 次の各文の [　　] にあてはまるもっとも適当な語を，下記の語群のなかから選び，その番号を記入しなさい。

a．企業会計ではいったん採用した会計処理の原則および手続きは，正当な理由により変更をおこなう場合を除き，みだりにこれを変更してはならない。これを [ア] の原則という。この原則により財務諸表の [イ] が可能となり，また，利益操作の防止ができる。

b．企業が自社の会計情報を開示することを [ウ] といい，わが国では会社法や金融商品取引法によって規制されている。会社法は，株主に対する計算書類の提供や，貸借対照表・損益計算書の要旨を官報や新聞等で公告することを規定している。また，金融商品取引法は，[エ] の開示を義務づけている。

1．明瞭性	2．継続性	3．単一性	4．期間比較
5．会計記録	6．減価償却	7．利害調整	8．重要性
9．ディスクロージャー	10．連結財務諸表	11．有価証券報告書	12．企業会計原則

(2) 次の用語の英語表記を，下記の語群のなかから選び，その番号を記入しなさい。

ア．固定負債　　イ．株主資本　　ウ．固定資産

1．current liabilities	2．fixed liabilities	3．disclosure
4．shareholders' equity	5．one-year rule	6．operating cycle rule
7．current assets	8．fixed assets	9．goodwill

2 次の各問いに答えなさい。

(1) 大阪鉱業株式会社（決算年1回　3月31日）の次の資料から，貸借対照表に記載する鉱業権の金額を求めなさい。ただし，鉱業権は当期に取得したもののみである。

資　料

令和○7年7月　1日　鉱業権を¥400,000,000で取得した。なお，この鉱区の推定埋蔵量は2,000,000トンである。

令和○8年3月31日　決算にあたり，当期に44,000トンの採掘量があったので，生産高比例法を用いて鉱業権を償却した。ただし，鉱業権の残存価額は零（0）である。

(2) 次の資料により，令和○9年3月31日（連結決算日）における連結損益計算書，連結株主資本等変動計算書および連結貸借対照表を作成しなさい。

資　　料

i　令和○9年3月31日における個別財務諸表

損益計算書

P社　令和○8年4月1日から令和○9年3月31日まで　(単位：千円)

売上原価	84,240	売上高	124,200
給料	25,200	受取配当金	3,240
当期純利益	18,000		
	127,440		127,440

損益計算書

S社　令和○8年4月1日から令和○9年3月31日まで　(単位：千円)

売上原価	32,400	売上高	46,800
給料	5,400		
当期純利益	9,000		
	46,800		46,800

株主資本等変動計算書

令和○8年4月1日から令和○9年3月31日まで　(単位：千円)

		資本金		利益剰余金	
		P社	S社	P社	S社
当期首残高		86,400	18,000	14,400	9,000
当期変動額	剰余金の配当			△7,200	△5,400
	当期純利益			18,000	9,000
当期末残高		86,400	18,000	25,200	12,600

貸借対照表

P社　令和○9年3月31日　(単位：千円)

諸資産	126,000	諸負債	36,000
子会社株式	21,600	資本金	86,400
		利益剰余金	25,200
	147,600		147,600

貸借対照表

S社　令和○9年3月31日　(単位：千円)

諸資産	61,200	諸負債	30,600
		資本金	18,000
		利益剰余金	12,600
	61,200		61,200

ii　P社は，令和○8年3月31日にS社の発行する株式の60％を21,600千円で取得し支配した。なお，取得日におけるS社の資産および負債の時価は帳簿価額に等しかった。

iii　のれんは償却期間を10年間とし，定額法により償却する。

iv　P社とS社相互間の債権・債務の取引や資産の売買はなかった。

(3) 鳥取商事株式会社（決算年1回　3月31日）の下記の資料によって，

① 次の文の ［　　　］ のなかに入る適当な比率を記入しなさい。また，｛　　｝のなかから，いずれか適当な語を選び，その番号を記入しなさい。

商品回転率を商品有高の平均と売上原価を用いて計算すると，第8期は ［　ア　］ 回で，第9期は22.4回となり，第9期は第8期に比べ，　イ｛1．安全性　2．収益性｝が高くなっている。

当座比率により即時の支払能力を判断すると，第8期の ［　ウ　］ %に対して，第9期は150.0%で，流動比率により短期的な支払能力を判断しても，第8期の207.5%に対して，第9期は ［　エ　］ %となり，ともに改善されてきている。さらに，負債比率により　オ｛3．短期　4．長期｝の支払能力を判断すると，第8期の78.5%に対して，第9期は ［　カ　］ %であり，安全性に問題はないと思われる。

② 次の金額を求めなさい。

a．第8期の自己資本　　b．第8期の固定負債　　c．第9期の有形固定資産

資　　料

i　第9期における純資産の部に関する事項

4月18日　新株式300株を1株につき3.6千円で発行した。ただし，会社法に規定する最高限度額を資本金に組み入れないことにした。

6月27日　株主総会において，次のとおり繰越利益剰余金を配当および処分することを決議した。

利益準備金　420千円　　配当金　4,200千円　　別途積立金　150千円

3月31日　当期純利益4,920千円を計上した。

ii　比較貸借対照表

比較貸借対照表　（単位：千円）

資産	第8期	第9期	負債及び純資産	第8期	第9期
現金預金	17,190	(　　)	支払手形	13,860	13,590
受取手形	11,550	12,750	買掛金	17,385	16,815
売掛金	16,950	15,150	短期借入金	9,720	11,220
有価証券	12,900	12,840	未払法人税等	1,035	1,095
商品	27,720	27,270	長期借入金	28,800	28,368
前払費用	840	498	退職給付引当金	(　　)	11,682
建物	36,300	34,500	資本金	(　　)	60,540
備品	16,440	(　　)	資本準備金	7,500	8,040
土地	43,935	43,935	利益準備金	3,900	(　　)
長期貸付金	3,600	3,600	別途積立金	(　　)	7,950
			繰越利益剰余金	25,800	(　　)
	(　　)	(　　)		(　　)	(　　)

iii　第8期に関する金額および財務比率

売上原価　579,600千円
売上原価率　80.0%
期首の売上債権　29,460千円
受取勘定回転率　25.0回
（期首と期末の平均による）
期首商品棚卸高　27,480千円
固定比率　95.5%

iv　第9期に関する金額および財務比率

売上原価　615,888千円
売上原価率　78.0%
受取勘定回転率　28.0回
（期首と期末の平均による）
固定比率　91.5%

v　第8期・第9期ともに棚卸減耗損および商品評価損は発生していない。

3 静岡商事株式会社の総勘定元帳勘定残高と付記事項および決算整理事項によって，

(1) 報告式の貸借対照表を完成しなさい。

(2) 報告式の損益計算書（営業利益まで）を完成しなさい。

(3) 損益計算書に記載する当期純利益の金額を求めなさい。

ただし，i 会社計算規則によること。

ii 会計期間は令和○4年4月1日から令和○5年3月31日までとする。

元帳勘定残高

現　　金	¥ 902,000	当座預金	¥ 1,176,000	電子記録債権	¥ 1,600,000
売　掛　金	1,400,000	貸倒引当金	32,000	売買目的有価証券	2,100,000
繰越商品	1,600,000	仮払法人税等	890,000	建　　物	4,500,000
建物減価償却累計額	1,500,000	備　　品	2,000,000	備品減価償却累計額	400,000
土　　地	16,100,000	建設仮勘定	1,000,000	ソフトウェア	500,000
その他有価証券	3,000,000	電子記録債務	2,400,000	買　掛　金	2,200,000
仮　受　金	100,000	短期借入金	1,000,000	長期借入金	2,000,000
退職給付引当金	2,800,000	資　本　金	12,000,000	資本準備金	1,200,000
利益準備金	1,250,000	別途積立金	1,400,000	繰越利益剰余金	630,000
売　　上	71,580,000	受取配当金	85,000	仕入割引	70,000
固定資産売却益	120,000	仕　　入	49,540,000	給　　料	8,160,000
発　送　費	680,000	広　告　料	1,870,000	支払家賃	1,910,000
消耗品費	130,000	保　険　料	620,000	租税公課	340,000
雑　　費	105,000	支払利息	84,000	固定資産除却損	560,000

付記事項

① 仮受金 ¥100,000 は，東西商店からの商品注文に対する内金であった。

② 配当金領収証 ¥30,000 を受け取っていたが，未処理であった。

決算整理事項

a．期末商品棚卸高

	帳簿棚卸数量	実地棚卸数量	原　価	正味売却価額
A 品	1,000個	900個	@¥900	@¥830
B 品	1,300〃	1,200〃	〃〃800	〃〃870

ただし，棚卸減耗損および商品評価損は売上原価の内訳項目とする。

b．貸倒見積高　電子記録債権と売掛金の期末残高に対し，それぞれ2％と見積もり，貸倒引当金を設定する。

c．有価証券評価高　保有する株式は次のとおりである。なお，その他有価証券については，法定実効税率30％として，税効果会計を適用する。

売買目的有価証券	甲商事株式会社	200株	時価／株	¥ 2,800
	乙商事株式会社	300株	時価／株	¥ 4,600
その他有価証券	丙物産株式会社	100株	時価／株	¥31,000

d．減価償却高　建物：取得原価 ¥4,500,000　残存価額は零（0）　耐用年数は30年とし，定額法により計算している。

備品：取得原価 ¥2,000,000　残存価額は零（0）　耐用年数は5年とし，定額法により計算している。

e．ソフトウェア償却高　ソフトウェア ¥500,000 は，自社利用の目的で当期首に取得したものであり，利用可能期間を5年とし，定額法により償却する。

f．保険料前払高　保険料のうち ¥360,000 は，令和○5年1月1日から3年分の保険料として支払ったものであり，前払高を次期に繰り延べる。

g．退職給付引当金繰入額　¥1,485,000

h．法人税・住民税及び事業税額　¥1,800,000

4 下記の取引の仕訳を示しなさい。ただし，勘定科目は，次のなかからもっとも適当なものを使用すること。

現金	当座預金	売掛金	売買目的有価証券
貯蔵品	未収入金	備品	備品減価償却累計額
ソフトウェア	子会社株式	買掛金	未払金
退職給付引当金	資本金	資本準備金	利益準備金
繰越利益剰余金	新株予約権	売上	為替差損益
有価証券利息	固定資産売却益	仕入	減価償却費
ソフトウェア償却	支払利息	子会社株式評価損	固定資産除却損

a．山梨商事株式会社（決算年1回）は，取得原価 ¥1,820,000 の備品を第29期初頭に除却し，廃棄処分した。ただし，この備品は，第23期初頭に買い入れたもので，定額法により，残存価額は零（0） 耐用年数は8年として減価償却費を計算し，間接法で記帳してきた。なお，この備品の評価額は零（0）である。

b．自社で利用する目的でソフトウェアの制作を外部に委託していたが，本日，制作代金 ¥3,100,000 を小切手を振り出して支払い，その引き渡しを受けた。

c．長野商事株式会社は，実質的に支配している南北商事株式会社の財政状態が著しく悪化したので，保有する同社の株式400株（帳簿価額 ¥9,200,000）を実質価額によって評価替えした。なお，南北商事株式会社の資産総額は ¥34,000,000 負債総額は ¥28,000,000 で，発行済株式数は600株であり，市場価格のない株式である。

d．新株予約権10個を1個につき ¥60,000 で発行し，受け取った払込金額 ¥600,000 は当座預金とした。

e．岐阜商事株式会社は，新株予約権10個を1個につき ¥60,000 で発行していたが，そのうち5個の権利行使があったので新株を交付し，払い込みを受けた権利行使価額 ¥3,500,000（新株予約権1個あたりの権利行使価額 ¥700,000）を当座預金とした。なお，会社法に規定する最高限度額を資本金に計上しないことにした。

f．商品20,000ドルを掛けで売り上げた。なお，同日の為替相場は1ドルあたり ¥140 であった。

g．決算にあたり，外貨建て売掛金期末残高について決算日の為替相場により円換算する。売掛金期末残高のうち ¥700,000 は，外貨建てによる輸出取引額5,000ドルを取引日の為替相場で円換算したものである。なお，決算日の為替相場は1ドルあたり ¥142 で，為替予約はおこなっていない。

第5回　簿記実務検定1級模擬試験問題　会　計

解答上の注意

1　解答にあたえられた時間は90分です。試験開始後の途中退室はできません。

2　問題は全部で4問あります。

3　解答はすべて別紙解答用紙に記入しなさい。　解答用紙　p.113～116

●学習振り返りシート（模擬問題を解いた後に記入して，チェックボックス（□）に印をつけましょう。）

第1問　適語選択・英語表記の問題

小分類	出題内容・つまずいたポイント	点　数	チェック
(1)		点	□
(2)		点	□

第2問　計算・連結財務諸表・分析の問題

小分類	出題内容・つまずいたポイント	点　数	チェック
(1)		点	□
(2)		点	□
(3)		点	□

第3問　決算の問題

小分類	出題内容・つまずいたポイント	点　数	チェック
損益計算書		点	□
貸借対照表		点	□

第4問　仕訳の問題

小分類	出題内容・つまずいたポイント	点　数	チェック
a.		点	□
b.		点	□
c.		点	□
d.		点	□
e.		点	□
f.		点	□
g.		点	□

合　計　点　数
（　　　　／100　）

1 次の各問いに答えなさい。

(1) 次の各文の ＿＿＿ にあてはまるもっとも適当な語を，下記の語群のなかから選び，その番号を記入しなさい。

a．財務諸表は，利用目的に応じてその形式は異なることはあっても，それらは信頼できる［ア］にもとづいて作成され，実質的な内容は同じでなければならない。これは［イ］の原則によるものである。

b．企業集団を構成する複数の企業の財政状態と経営成績を，総合的に報告する目的で企業集団に属する複数の企業を一つの会計主体とみなし，［ウ］を作成することが求められている。これは，企業集団の中で，他の企業の意思決定機関を支配している親会社が作成する。

c．自己株式を取得するために要した費用は取得原価に含めない。よって，この費用は損益計算書に営業外費用として処理する。また，期末に自己株式を保有している場合は，貸借対照表の［エ］の末尾に控除する形式で表示することになる。

1．企業会計原則	2．財務諸表	3．会計記録	4．継続性
5．保守主義	6．単一性	7．会社法	8．連結財務諸表
9．有価証券報告書	10．流動負債	11．固定資産	12．株主資本

(2) 次の用語の英語表記を，下記の語群のなかから選び，その番号を記入しなさい。

ア．売上原価　　イ．営業外収益　　ウ．売上総利益

1．cost of goods sold	2．shareholders' equity	3．sales
4．non-operating expenses	5．non-operating revenues	6．fixed assets
7．fixed liabilities	8．net income	9．gross profit on sales

2 次の各問いに答えなさい。

(1) 次の資料によって，①貸借対照表に記載する売掛金，②損益計算書に記載する為替差益または為替差損の金額を求めなさい。なお，決算日における為替相場は1ドルあたり¥110である。

資　　料

i　売掛金　外貨額50,000ドル　帳簿価額¥5,600,000

ii　買掛金　外貨額40,000ドル　帳簿価額¥4,720,000

(2) 次の資料により，令和○4年3月31日（連結決算日）における連結損益計算書，連結株主資本等変動計算書および連結貸借対照表を作成しなさい。

資　　料

i　令和○4年3月31日における個別財務諸表

損　益　計　算　書

P社　令和○3年4月1日から令和○4年3月31日まで　（単位：千円）

売上原価	161,280	売上高	204,160
給料	35,648	受取利息	960
支払利息	512	受取配当金	1,280
当期純利益	8,960		
	206,400		206,400

損　益　計　算　書

S社　令和○3年4月1日から令和○4年3月31日まで　（単位：千円）

売上原価	64,800	売上高	89,600
給料	19,952		
支払利息	48		
当期純利益	4,800		
	89,600		89,600

株主資本等変動計算書

令和○3年4月1日から令和○4年3月31日まで　（単位：千円）

	資本金		利益剰余金	
	P社	S社	P社	S社
当期首残高	108,800	19,840	27,040	8,960
当期変動額　剰余金の配当			△4,000	△1,600
当期純利益			8,960	4,800
当期末残高	108,800	19,840	32,000	12,160

貸　借　対　照　表

P社　令和○4年3月31日　（単位：千円）

諸資産	140,800	諸負債	25,600
子会社株式	25,600	資本金	108,800
		利益剰余金	32,000
	166,400		166,400

貸　借　対　照　表

S社　令和○4年3月31日　（単位：千円）

諸資産	44,800	諸負債	12,800
		資本金	19,840
		利益剰余金	12,160
	44,800		44,800

ii　P社は，令和○3年3月31日にS社の発行する株式の80％を25,600千円で取得し支配した。なお，取得日におけるS社の資産および負債の時価は帳簿価額に等しかった。

iii　のれんは償却期間を20年間とし，定額法により償却する。

iv　P社，S社間の債権・債務の取引や資産の売買はなかった。

(3) 愛媛商事株式会社の前期（第16期）と当期（第17期）の下記の資料によって，

① （　ア　）～（　オ　）に入る比率および金額を求めなさい。

② 損益計算書の営業外収益に属する項目（科目）を次のなかから1つ選び，その番号を記入しなさい。

1．支払利息　　2．未収利息　　3．有価証券利息　　4．固定資産売却益

③ 次の文の □ にあてはまる適当な語を記入しなさい。

収益性について調べるため，前期と当期の総資本利益率を求めたところ，ともに1.0％で変化がなかった。さらに収益性について詳しく分析するために，総資本利益率を次のように売上高純利益率と □ に分解した。

$$\frac{当期純利益}{総資本}=\frac{当期純利益}{売上高}\times\frac{売上高}{総資本}$$

④ 上記③により判明したことを説明している文を次のなかから1つ選び，その番号を記入しなさい。

1．総資本は一定で，売価の値引き等により，売上高を増加させたが，費用を減少できなかった。
2．総資本は一定で，費用を減少させて利益を増加させようとしたが，売上高も減少してしまった。
3．総資本を増加させて販売活動を強化したが，売上高が増加しなかった。
4．総資本を増加させて販売活動を強化したことで，売上高総利益率が高くなった。

資　料

		第16期	第17期
i	売上原価率	76.5 %	（　ウ　）%
ii	売上高総利益率	（　ア　）%	（　　）%
iii	総資本利益率	1.0 %	1.0 %
iv	自己資本利益率	3.5 %	（　エ　）%
v	売上高純利益率	2.0 %	（　　）%
vi	総資本回転率	0.5 回	（　オ　）回
vii	自己資本	（　イ　）千円	80,000 千円
viii	売上総利益	32,900 千円	27,440 千円

※ 当期純利益は税引後の金額を用いること。
総資本と自己資本は期末の金額を用いること。

（第17期）損益計算書

愛媛商事株式会社　令和○2年4月1日から令和○3年3月31日まで　（単位:千円）

I	売上高	112,000
II	売上原価	84,560
	売上総利益	27,440
III	販売費及び一般管理費	22,440
	営業利益	5,000
IV	営業外費用	900
	経常利益	4,100
V	特別損失	100
	税引前当期純利益	4,000
	法人税・住民税及び事業税	1,200
	当期純利益	2,800

（第17期）株主資本等変動計算書

愛媛商事株式会社　令和○2年4月1日から令和○3年3月31日まで　（単位：千円）

	資本金	資本剰余金		利益剰余金				純資産合計
		資本準備金	資本剰余金合計	利益準備金	その他利益剰余金 別途積立金	その他利益剰余金 繰越利益剰余金	利益剰余金合計	
当期首残高	68,000	6,000	6,000	1,200	1,000	3,800	6,000	（　　）
当期変動額								
剰余金の配当				280		△3,080	△2,800	（　　）
別途積立金の積立					400	△400	――	――
当期純利益						2,800	2,800	（　　）
当期変動額合計	――	――	――	280	400	△680	――	（　　）
当期末残高	68,000	6,000	6,000	1,480	1,400	3,120	6,000	（　　）

3 青森物産株式会社の総勘定元帳勘定残高と付記事項および決算整理事項によって，

(1) 報告式の損益計算書を完成しなさい。

(2) 報告式の貸借対照表（資産の部）を完成しなさい。

(3) 貸借対照表に記載する流動負債合計の金額を求めなさい。

ただし，i 会社計算規則によること。

ii 会計期間は令和○5年4月1日から令和○6年3月31日までとする。

元帳勘定残高

現金	¥ 1,350,300	当座預金	¥ 7,231,300	電子記録債権	¥ 4,850,000
売掛金	3,200,000	貸倒引当金	42,000	売買目的有価証券	5,362,000
繰越商品	6,300,000	仮払法人税等	730,000	備品	4,000,000
備品減価償却累計額	800,000	土地	25,000,000	ソフトウェア	600,000
満期保有目的債券	7,760,000	長期貸付金	2,500,000	電子記録債務	5,000,000
買掛金	4,268,000	短期借入金	2,610,000	長期借入金	7,100,000
退職給付引当金	3,740,000	資本金	30,000,000	資本準備金	4,000,000
利益準備金	3,000,000	新築積立金	1,000,000	繰越利益剰余金	510,000
売上	95,109,000	受取利息	16,000	有価証券利息	360,000
固定資産売却益	270,000	仕入	75,020,000	給料	4,802,000
発送費	1,310,000	広告料	3,860,000	支払家賃	2,563,000
保険料	400,000	租税公課	374,000	雑費	292,400
支払利息	130,000	固定資産除却損	190,000		

付記事項

① 電子記録債権のうち¥50,000は，得意先北商店に対する前期末のものであり，同店はすでに倒産しているため，貸し倒れとして処理する。

② 仕入先南商店に対する買掛金¥50,000の支払いにあたり，支払期日前のため，契約によって同店から割引を受け，割引額を差し引いた金額¥45,000を現金で支払っていたが，未記帳であった。

決算整理事項

a．期末商品棚卸高

	帳簿棚卸数量	実地棚卸数量	原価	正味売却価額
A品	3,000個	3,000個	@¥1,400	@¥1,350
B品	1,000 〃	900 〃	〃 〃 2,800	〃 〃 2,960

ただし，棚卸減耗損および商品評価損は売上原価の内訳項目とする。

b．貸倒見積高　電子記録債権と売掛金の期末残高に対し，それぞれ1％と見積もり，貸倒引当金を設定する。

ただし，法人税法上の繰入限度超過額¥30,000については損金として認められなかった。なお，法定実効税率30％として，税効果会計を適用する。

c．有価証券評価高　保有する株式および債券は次のとおりである。

売買目的有価証券：北東物産株式会社　200株　時価/株　¥15,800

西南商事株式会社　500株　時価/株　¥ 4,000

満期保有目的債券：償却原価法によって¥7,820,000に評価する。

なお，満期日は令和○9年3月31日である。

d．備品減価償却高　定率法により，毎期の償却率を20％とする。

e．ソフトウェア償却高　ソフトウェアは，自社で利用する目的で当期首に¥600,000で取得したものであり，利用可能期間を5年とし，定額法により償却する。

f．保険料前払高　保険料のうち¥200,000は，令和○6年1月から6か月分の保険料として支払ったものであり，前払高を次期に繰り延べる。

g．利息未収高　¥ 4,000

h．退職給付引当金繰入額　¥ 960,000

i．法人税・住民税及び事業税額　¥1,581,780

4 下記の取引の仕訳を示しなさい。ただし，勘定科目は，次のなかからもっとも適当なものを使用すること。

現金	当座預金	受取手形	売掛金
繰越商品	建設仮勘定	建物	備品
備品減価償却累計額	のれん	繰延税金資産	支払手形
買掛金	保証債務	前受金	資本金
資本準備金	新築積立金	繰越利益剰余金	新株予約権
売上	保証債務取崩益	新株予約権戻入益	仕入
減価償却費	保証債務費用	株式交付費	法人税等調整額

a．新株予約権20個（新株予約権1個あたりの株式交付数5株，権利行使価額 ¥70,000）を1個当たり ¥40,000で交付し，払い込みは当座預金としていたが，本日，権利行使期限が到来し，新株予約権3個が権利を行使されないまま失効した。

b．かねて建築を依頼していた本社社屋が完成し，引き渡しを受けたので，建築代金 ¥44,000,000 のうち，すでに支払ってある金額を差し引いて，残額 ¥11,500,000 は小切手を振り出して支払った。なお，取締役会の決議により新築積立金 ¥44,000,000 を取り崩した。

c．静岡商事株式会社は，次の財政状態にある北西商会を取得し，代金は小切手を振り出して支払った。ただし，同商会の平均利益額は ¥504,000　同種企業の平均利益率は6％として収益還元価値を求め，その金額を取得対価とした。なお，北西商会の貸借対照表に示されている資産および負債の時価は帳簿価額に等しいものとする。

北西商会　　　貸借対照表　　　（単位：円）

売掛金	5,600,000	支払手形	2,600,000
商品	7,200,000	買掛金	2,200,000
		資本金	8,000,000
	12,800,000		12,800,000

d．愛知商店から商品 ¥1,400,000 を仕入れ，代金のうち ¥1,000,000 は得意先三重商店振り出し，当店あての約束手形を裏書譲渡し，残額は愛知商店あての約束手形を振り出して支払った。なお，保証債務の時価は手形額面金額の1％とする。

e．滋賀物産株式会社は，事業規模拡大のため，株式40,000株を1株につき ¥700 で発行し，全額の引き受け・払い込みを受け，払込金は当座預金とした。ただし，払込金額のうち，資本金に計上しない金額は，会社法に規定する最高限度額とした。なお，この株式の発行に要した諸費用 ¥225,000 は小切手を振り出して支払った。

f．学習塾を経営している京都学園は，来月から4か月間開講する講座の受講料 ¥1,600,000 を現金で受け取った。

g．決算において，当期首に購入した取得原価 ¥640,000 の備品について，残存価額は零（0），耐用年数8年として定額法により減価償却をおこなった。ただし，この備品に対する法人税法上の耐用年数は10年であるため，法定実効税率を30％とした税効果会計を適用する。なお，間接法により記帳している。

第６回　簿記実務検定１級模擬試験問題　会　計

解答上の注意

1　解答にあたえられた時間は90分です。試験開始後の途中退室はできません。
2　問題は全部で４問あります。
3　解答はすべて別紙解答用紙に記入しなさい。　解答用紙　p.117～120

●学習振り返りシート（模擬問題を解いた後に記入して，チェックボックス（□）に印をつけましょう。）

第１問　適語選択・英語表記の問題

小分類	出題内容・つまずいたポイント	点　数	チェック
(1)		点	□
(2)		点	□

第２問　計算・連結財務諸表・分析の問題

小分類	出題内容・つまずいたポイント	点　数	チェック
(1)		点	□
(2)		点	□
(3)		点	□

第３問　決算の問題

小分類	出題内容・つまずいたポイント	点　数	チェック
貸借対照表		点	□
損益計算書		点	□

第４問　仕訳の問題

小分類	出題内容・つまずいたポイント	点　数	チェック
a.		点	□
b.		点	□
c.		点	□
d.		点	□
e.		点	□
f.		点	□
g.		点	□

合　計　点　数
（　　　　／100　）

1 次の各問いに答えなさい。

(1) 次の各文の ＿＿＿ にあてはまるもっとも適当な語を，下記の語群のなかから選び，その番号を記入しなさい。

a．財務諸表分析は，株主や債権者の立場からおこなう [ア] と，経営者の立場からおこなうものとに分類することができる。また，財務諸表分析の方法には，財務諸表の金額によって財務比率を求めて分析する方法と，財務諸表の金額を用いて分析する方法があり，後者を [イ] という。

b．企業が社会的責任を果たす目的で，自社に関する情報を開示することを [ウ] という。会社法では，債権者や株主の保護および利害調整を目的として計算書類等の作成と報告を義務づけており，金融商品取引法では，投資家保護を目的として有価証券報告書の開示を義務づけている。

c．財務諸表は，利害関係者が企業の財政状態および経営成績を正しく判断できるように，必要な会計事実を明瞭に表示しなければならない。これを [エ] の原則という。これによると，貸付金 ¥800,000 と借入金 ¥500,000 を相殺して貸付金 ¥300,000 として表示することは認められない。

1．外部分析	2．内部分析	3．比率法(比率分析)	4．実数法(実数分析)
5．財務会計	6．管理会計	7．会社法	8．アカウンタビリティ
9．有価証券報告書	10．ディスクロージャー	11．明瞭性	12．費用収益対応

(2) 次の用語の英語表記を，下記の語群のなかから選び，その番号を記入しなさい。

ア．当座資産　　イ．有形固定資産　　ウ．棚卸資産

1．gross profit on sales	2．current assets	3．quick assets
4．tangible fixed assets	5．fixed assets	6．goodwill
7．inventories	8．non-operating revenues	9．cost of goods sold

2 次の各問いに答えなさい。

(1) 次の資料によって，税効果会計を適用した場合における繰延税金資産の金額を求めなさい。なお，法定実効税率は30％である。

資　料

i　売掛金に対して ¥1,000,000 の貸倒引当金を設定したが，税法上の繰入限度額は ¥800,000 である。

ii　当期首に ¥3,000,000 で取得して使用を開始していた備品について，定額法により減価償却をおこなった。会計上の耐用年数は6年，税法上の法定耐用年数は8年であり，残存価額はどちらも零（0）である。

(2) 次の資料により，令和○3年3月31日（連結決算日）における連結損益計算書，連結株主資本等変動計算書および連結貸借対照表を作成しなさい。

資　　料

i　令和○3年3月31日における個別財務諸表

貸 借 対 照 表

P社　令和○3年3月31日　(単位：千円)

諸資産	21,900	諸負債	11,800
子会社株式	4,100	資本金	12,000
		利益剰余金	2,200
	26,000		26,000

損 益 計 算 書

P社　令和○2年4月1日から令和○3年3月31日まで (単位：千円)

売上原価	9,600	売上高	14,580
給料	3,400	受取配当金	420
当期純利益	2,000		
	15,000		15,000

貸 借 対 照 表

S社　令和○3年3月31日　(単位：千円)

諸資産	9,400	諸負債	3,760
		資本金	4,000
		利益剰余金	1,640
	9,400		9,400

損 益 計 算 書

S社　令和○2年4月1日から令和○3年3月31日まで (単位：千円)

売上原価	4,620	売上高	7,200
給料	1,740		
当期純利益	840		
	7,200		7,200

株主資本等変動計算書

令和○2年4月1日から令和○3年3月31日まで　(単位：千円)

	資本金		利益剰余金	
	P社	S社	P社	S社
当期首残高	12,000	4,000	1,740	1,400
当期変動額　剰余金の配当			△1,540	△ 600
当期純利益			2,000	840
当期末残高	12,000	4,000	2,200	1,640

ii　P社は，令和○2年3月31日にS社の発行する株式の70％を4,100千円で取得し支配した。取得日のS社の資本は，資本金4,000千円　利益剰余金1,400千円であった。なお，令和○2年3月31日におけるS社の資産および負債の時価は帳簿価額に等しかった。

iii　のれんは償却期間を10年間とし，定額法により償却する。

iv　当期中にS社が計上した純利益は840千円であった。

v　当期中にS社が支払った配当金は600千円であった。

vi　P社とS社相互間の債権・債務の取引はなかった。

vii　P社とS社相互間で売買された資産はなかった。

(3) 熊本商事株式会社（決算年／回 3月31日）の次の資料と比較損益計算書および比較貸借対照表によって，[ア]から[ケ]のなかに入る適当な比率または金額を求めなさい。

資　　料

i 発行済株式総数 2,000千株

ii 第8期における純資産の部に関する事項

(1) 6月27日 剰余金の配当 ／株につき ¥40

(2) 〃 利益準備金の計上 [　　] 千円

(3) 11月25日 自己株式の取得 ／株あたり ¥1,400 × 110千株

(4) 3月31日 当期純利益 504,000千円

iii 財務比率

	第7期	第8期
(1) 当座比率	120.0 %	[ア] %
(2) 流動比率	[イ] %	211.0 %
(3) 自己資本比率	[ウ] %	62.5 %
(4) 売上高純利益率	2.4 %	[エ] %
(5) 総資本利益率	[オ] %	10.0 %
(6) 売上高成長率(増収率)	12.5 %	[カ] %
(7) 商品回転率	11.3 回	11.9 回

(5) 期末の総資本と税引後の当期純利益を用いている。

(6) 第6期の売上高 8,000,000千円

(7) 期首と期末の商品有高の平均と売上原価を用いている。ただし，棚卸減耗損と商品評価損は発生していない。

(8) 第7期の期首商品棚卸高 582,000千円

比 較 損 益 計 算 書　(単位：千円)

項　　目	第7期	第8期
売上高	9,000,000	10,080,000
売上原価	(　　)	7,616,000
売上総利益	(　　)	2,464,000
販売費及び一般管理費	[キ]	1,784,000
営業利益	(　　)	680,000
営業外収益	148,000	156,000
営業外費用	104,000	74,000
経常利益	444,000	762,000
特別損失	144,000	62,000
税引前当期純利益	(　　)	700,000
法人税・住民税及び事業税	84,000	(　　)
当期純利益	(　　)	504,000

比 較 貸 借 対 照 表　(単位：千円)

資　産	第7期	第8期	負債・純資産	第7期	第8期
現金預金	434,000	418,000	支払手形	298,000	274,000
受取手形	204,000	166,000	買掛金	430,000	358,000
売掛金	174,000	212,000	未払法人税等	32,000	168,000
有価証券	100,000	140,000	長期借入金	600,000	600,000
商品	618,000	[ク]	退職給付引当金	560,000	490,000
前払費用	66,000	90,000	資本金	2,000,000	2,000,000
建物	960,000	928,000	資本準備金	200,000	200,000
土地	1,000,000	1,000,000	利益準備金	92,000	(　　)
長期貸付金	554,000	(　　)	繰越利益剰余金	588,000	[ケ]
投資有価証券	690,000	694,000	自己株式	――	△154,000
	4,800,000	(　　)		4,800,000	(　　)

3 新潟商事株式会社の総勘定元帳勘定残高と付記事項および決算整理事項によって，

(1) 報告式の貸借対照表を完成しなさい。

(2) 報告式の損益計算書（営業利益まで）を完成しなさい。

(3) 損益計算書に記載する当期純利益の金額を求めなさい。

ただし，i 会社計算規則によること。

ii 会計期間は令和○4年4月1日から令和○5年3月31日までとする。

元帳勘定残高

現金	¥ 1,656,000	当座預金	¥ 3,340,000	電子記録債権	¥ 3,600,000
売掛金	8,520,000	貸倒引当金	36,000	売買目的有価証券	5,780,000
繰越商品	2,970,000	仮払法人税等	1,240,000	建物	79,600,000
建物減価償却累計額	12,736,000	土地	13,840,000	リース資産	4,500,000
リース資産減価償却累計額	1,800,000	子会社株式	14,800,000	電子記録債務	3,744,000
買掛金	6,456,000	リース債務	1,800,000	退職給付引当金	9,280,000
資本金	80,000,000	資本準備金	3,600,000	利益準備金	1,540,000
別途積立金	760,000	繰越利益剰余金	596,000	売上	78,824,000
受取配当金	180,000	受取家賃	3,120,000	固定資産売却益	380,000
仕入	43,556,000	給料	12,200,000	発送費	1,660,000
広告料	1,080,000	通信費	1,238,000	消耗品費	68,000
保険料	3,216,000	租税公課	620,000	雑費	298,000
支払利息	30,000	固定資産除却損	1,040,000		

付記事項

① 令和○5年3月31日現在の当座預金勘定残高証明書の金額は¥3,670,000であり，その不一致の原因を調査したところ，次の資料を得た。

(ア) かねて仕入先長岡商店あてに振り出した小切手¥150,000が，銀行でまだ引き落とされていなかった。

(イ) 買掛金支払いのために小切手¥180,000を作成して記帳していたが，まだ仕入先に渡していなかった。

② リース債務残高¥1,800,000は，リース契約にもとづいて調達したオフィス設備に対するものであり，決算日の翌日から1年以内に支払期限の到来する部分は流動負債として表示する。なお，リース契約は令和○2年4月1日にリース期間5年で締結したものであり，リース料は毎年3月末日払いである。

決算整理事項

a. 期末商品棚卸高　帳簿棚卸数量 2,600個　原価 @¥950
　実地棚卸数量 2,500 〃　正味売却価額 〃〃930
　ただし，棚卸減耗損および商品評価損は売上原価の内訳項目とする。

b. 外貨建取引の円換算　当社が保有している外貨建取引による売掛金は，取引日の為替レートで円換算しており，為替予約はおこなっていない。

	取引額	取引日の為替レート	決算日の為替レート
売掛金	30,000ドル	1ドル132円	1ドル128円

c. 貸倒見積高　電子記録債権と売掛金の期末残高に対し，それぞれ1%と見積もり，貸倒引当金を設定する。

d. 有価証券評価高　保有する株式は次のとおりである。なお，子会社株式は実質価額が著しく下落し，回復の見込みがない。
　売買目的有価証券：X商事株式会社 200株　時価/株 ¥30,000
　子会社株式：Y物産株式会社 800株　実質価額/株 ¥ 8,500

e. 減価償却高　建物：取得原価¥79,600,000 残存価額は零（0） 耐用年数は50年とし，定額法により計算している。
　リース資産：取得原価（見積現金購入価額）¥4,500,000 残存価額は零（0） 耐用年数は5年とし，定額法により計算している。

f. 保険料前払高　保険料のうち¥2,880,000は，令和○4年12月1日から1年分の保険料として支払ったものであり，前払高を次期に繰り延べる。

g. 家賃前受高　¥ 240,000

h. 退職給付引当金繰入額　¥ 370,000

i. 法人税・住民税及び事業税額　¥2,940,000

4 下記の取引の仕訳を示しなさい。ただし，勘定科目は，次のなかからもっとも適当なものを使用すること。

現金	当座預金	受取手形	不渡手形
売買目的有価証券	建物	建物減価償却累計額	備品
備品減価償却累計額	リース資産	繰延税金資産	支払手形
未払配当金	前受金	保証債務	リース債務
資本金	資本準備金	その他資本剰余金	役務収益
有価証券利息	有価証券売却益	保証債務取崩益	減価償却費
保証債務費用	有価証券売却損	法人税等調整額	未決算

a．売買目的で保有している大阪株式会社の社債 額面 ¥10,000,000 のうち ¥2,500,000 を額面 ¥100 につき ¥99.50 で売却し，代金は端数利息 ¥17,000 とともに小切手で受け取った。ただし，この額面 ¥10,000,000 の社債は，当期に額面 ¥100 につき ¥98.60 で買い入れたものであり，同時に買入手数料 ¥70,000 および端数利息 ¥136,000 を支払っている。

b．当期首において，リース会社と備品のリース契約（ファイナンス・リース取引，利子抜き法，リース期間：5年，見積現金購入価額 ¥135,000，リース料：年額 ¥30,000，毎年3月末払い）を締結し，備品を調達した。

c．保険会社と ¥45,000,000 の火災保険契約を結んでいた建物（取得原価 ¥100,000,000 減価償却累計額 ¥60,000,000）が火災により焼失した。なお，保険会社に保険金を請求した。

d．奈良産業株式会社は，かねて，商品代金の支払いとして和歌山商事株式会社に裏書譲渡していた西商店振り出しの約束手形が不渡りとなり，償還請求を受けた。よって，手形金額 ¥2,400,000 および期日以後の利息 ¥6,000 をともに小切手を振り出して支払い，同時に西商店に支払請求をおこなった。なお，この手形を裏書きしたさいに，手形額面金額の1％の保証債務を計上している。

e．鳥取商事株式会社は，株主総会において，資本金 ¥7,700,000 を減少して，その他資本剰余金を同額増加させたうえで，剰余金 ¥7,000,000 の配当をおこなうことを決議した。これにともない，配当額の10分の1を準備金に計上した。

f．学習塾を経営している島根学園は，開講予定の講座（受講期間4か月）の受講料 ¥1,600,000 を受け取っていたが，本日，講座の日程がすべて終了した。

g．決算において，次の資料により備品の減価償却費を計上した。なお，間接法により記帳し，法定実効税率を30％とした税効果会計を適用している。

資　料

取得・使用開始日：令和○1年4月1日　　決算日：令和○2年3月31日
取得原価：¥1,800,000　　残存価額：零（0）　　償却方法：定額法
耐用年数：会計上3年（税法上5年）

第７回　簿記実務検定１級模擬試験問題　会　計

解答上の注意

1　解答にあたえられた時間は90分です。試験開始後の途中退室はできません。

2　問題は全部で４問あります。

3　解答はすべて別紙解答用紙に記入しなさい。　解答用紙　p.121～124

●学習振り返りシート（模擬問題を解いた後に記入して，チェックボックス（□）に印をつけましょう。）

第１問　適語選択・英語表記の問題

小分類	出題内容・つまずいたポイント	点　数	チェック
(1)		点	□
(2)		点	□

第２問　計算・連結財務諸表・分析の問題

小分類	出題内容・つまずいたポイント	点　数	チェック
(1)		点	□
(2)		点	□
(3)		点	□

第３問　決算の問題

小分類	出題内容・つまずいたポイント	点　数	チェック
損益計算書		点	□
株主資本等変動計算書		点	□

第４問　仕訳の問題

小分類	出題内容・つまずいたポイント	点　数	チェック
a.		点	□
b.		点	□
c.		点	□
d.		点	□
e.		点	□
f.		点	□
g.		点	□

合　計　点　数
（　　　　／100　）

1 次の各問いに答えなさい。

(1) 次の各文の [　　　] にあてはまるもっとも適当な語を，下記の語群のなかから選び，その番号を記入しなさい。

a．固定資産の通常の維持・管理および原状を回復させるための支出では，その支出が生じた会計期間の費用として修繕費勘定に計上する。これを [ア] という。たとえば，修繕費として計上すべき支出額を，建物として計上するなど，その区分を誤ると一会計期間における正しい損益計算をおこなうことができなくなるため，非常に重要である。

b．企業会計は，すべての取引につき [イ] の原則にしたがって，正確な会計帳簿を作成しなければならない。この原則は，網羅的，秩序的かつ明瞭に取引を記録することを求めており，この原則にそった記帳には [ウ] がもっとも適している。

c．会計処理のさい，勘定科目の性質や金額の大小などから判断し，影響が小さいものについては，簡便な方法を採用することができる。これは，[エ] の原則の適用によるものである。たとえば，少額の消耗品について，買入時または払出時に費用として処理する方法を採用することができる。

1．資本的支出	2．収益的支出	3．資産計上	4．真実性
5．正規の簿記	6．明瞭性	7．継続性	8．複式簿記
9．単式簿記	10．重要性	11．単一性	12．総額主義

(2) 次の用語の英語表記を，下記の語群のなかから選び，その番号を記入しなさい。

ア．のれん　　イ．資本剰余金　　ウ．資本金

1．inventories	2．goodwill	3．fixed assets
4．net assets	5．earned surplus	6．capital surplus
7．shareholders' equity	8．quick assets	9．stated capital

2 次の各問いに答えなさい。

(1) 売価還元法を採用している奈良商事株式会社の下記の資料によって，次の金額を求めなさい。

①　期末商品棚卸高（原価）　　②　売上高

資　料

		原　価	売　価
i	期首商品棚卸高	¥ 1,184,000	¥ 1,560,000
ii	当期純仕入高	12,800,000	16,840,000
iii	期末商品棚卸高	[　　　]	1,100,000

(2) 次の資料により，令和○3年3月31日（連結決算日）における連結貸借対照表の（ ア ）から（ エ ）にあてはまる金額を答えなさい。

連結貸借対照表

P社　令和○3年3月31日　(単位：千円)

現金預金	20,400	買掛金	11,400
売掛金	(　　)	長期借入金	1,600
商品	9,200	資本金	(イ)
土地	1,500	利益剰余金	(ウ)
(　　)	(ア)	非支配株主持分	(エ)
	(　　)		(　　)

資　　料

i　令和○3年3月31日における個別財務諸表

貸借対照表

P社　令和○3年3月31日　(単位：千円)

現金預金	14,400	買掛金	8,000
売掛金	10,000	資本金	22,000
商品	6,800	利益剰余金	7,600
子会社株式	6,400		
	37,600		37,600

損益計算書

P社　令和○2年4月1日から令和○3年3月31日まで　(単位：千円)

売上原価	9,000	売上高	12,840
給料	3,020	受取配当金	80
当期純利益	900		
	12,920		12,920

貸借対照表

S社　令和○3年3月31日　(単位：千円)

現金預金	6,000	買掛金	3,400
売掛金	3,000	長期借入金	1,600
商品	2,400	資本金	4,000
土地	1,500	利益剰余金	3,900
	12,900		12,900

損益計算書

S社　令和○2年4月1日から令和○3年3月31日まで　(単位：千円)

売上原価	4,720	売上高	6,940
給料	1,820		
支払利息	100		
当期純利益	300		
	6,940		6,940

ii　P社は，令和○2年3月31日にS社の発行する株式の80％を6,400千円で取得し支配した。取得日のS社の資本は，資本金4,000千円　利益剰余金3,700千円であった。なお，S社の資産および負債の時価は帳簿価額に等しかった。

iii　のれんは償却期間を20年間とし，定額法により償却する。

iv　当期中にP社が計上した純利益は900千円であり，S社が計上した純利益は300千円であった。

v　当期中にP社が支払った配当金は700千円であり，S社が支払った配当金は100千円であった。

vi　P社とS社相互間の債権・債務の取引はなかった。

vii　P社とS社相互間で売買された資産はなかった。

viii　P社の利益剰余金の当期首残高は7,400千円であった。

(3) 宮城商事株式会社の下記の資料によって,

① 第8期における次の金額を求めなさい。

a. 株主資本等変動計算書の（ア）の金額　　b. 貸借対照表の（イ）の金額

② 次の［　　］のなかに入る適当な比率を記入しなさい。また,｛　　｝のなかから, いずれか適当な語を選び, その番号を記入しなさい。

宮城商事株式会社の総資本回転率を期末の数値を用いて計算すると, 第7期では1.2回であり, 第8期は［ウ］回である。このことから, エ｛1. 安全性　2. 収益性｝は良くなっていることがわかる。

また, 販売効率を判断するため, 商品回転率を商品有高の平均と売上原価を用いて計算し, 商品平均在庫日数を求めると第7期では25日であり, 第8期は［オ］日である。このことから判断すると, 商品の在庫期間は　カ｛1. 短く　2. 長く｝なっていることもわかる。

資　　料

i 第8期における純資産の部に関する事項は次のとおりである。

5月16日 事業拡張のため新たに株式100株を1株につき3.2千円で発行した。ただし, 会社法に規定する最高限度額を資本金に計上しないことにした。

6月28日 株主総会において, 次のとおり繰越利益剰余金を配当および処分することを決議した。

利益準備金　会社法による額　　配当金 2,000千円　　別途積立金 180千円

ii 第8期の株主資本等変動計算書

株主資本等変動計算書

宮城商事株式会社　　令和○8年4月1日から令和○9年3月31日まで　　(単位：千円)

	資本金	資本剰余金		利益剰余金				純資産合計
		資本準備金	資本剰余金合計	利益準備金	その他利益剰余金		利益剰余金合計	
					別途積立金	繰越利益剰余金		
当期首残高	12,000	800	800	500	1,000	(　　)	5,200	18,000
当期変動額								
新株の発行	(　　)	(　　)	(　　)					(　　)
剰余金の配当				(　　)		(　　)	(　　)	(　　)
別途積立金の積立					(　　)	△180	——	——
当期純利益						2,880	(　　)	(　　)
当期変動額合計	(　　)	(　　)	(　　)	(　　)	(　　)	(　　)	(　　)	(　　)
当期末残高	(　　)	(　　)	(　　)	(　　)	(　　)	(　　)	(　ア　)	(　　)

iii 第8期の貸借対照表

貸借対照表

宮城商事株式会社　令和○9年3月31日　(単位：千円)

資産	金額	負債及び純資産	金額
現金預金	2,920	支払手形	900
受取手形	3,160	買掛金	1,860
売掛金	2,600	短期借入金	2,500
有価証券	3,440	未払法人税等	740
商品	(　　)	長期借入金	4,560
前払費用	880	退職給付引当金	240
建物	9,200	資本金	(　　)
備品	(　イ　)	資本準備金	(　　)
投資有価証券	3,020	利益準備金	(　　)
		別途積立金	(　　)
		(　　)	(　　)
	(　　)		(　　)

iv 第7期に関する金額

売上高	33,600千円
売上原価	20,440千円
期首商品棚卸高	1,560千円
期末商品棚卸高	1,240千円
負債合計	10,000千円

v 第8期に関する金額および財務比率

売上高	48,000千円
売上原価	26,280千円
流動比率	244%
負債比率	56.25%
固定比率	80%

vi 第7期・第8期ともに棚卸減耗損および商品評価損は発生していない。

vii 1年は365日とする。

3 長崎商事株式会社の純資産の部に関する事項，総勘定元帳勘定残高，付記事項および決算整理事項によって，

(1) 報告式の損益計算書を完成しなさい。
(2) 株主資本等変動計算書を完成しなさい。
(3) 貸借対照表の負債の部に記載する合計額を求めなさい。なお，貸借対照表の資産の部に記載する合計額は ¥25,985,000 である。

ただし，i 会社計算規則によること。
ii 会計期間は令和○3年4月1日から令和○4年3月31日までとする。

純資産の部に関する事項

令和○3年6月26日 定時株主総会において，次のとおり繰越利益剰余金を配当および処分することを決議した。

利益準備金 会社法による額 配 当 金 ¥1,500,000
別途積立金 ¥20,000

元帳勘定残高

現金	¥ 2,319,500	当座預金	¥ 2,375,500	受取手形	¥ 2,500,000
売掛金	2,200,000	貸倒引当金	42,000	売買目的有価証券	2,700,000
繰越商品	3,530,000	仮払法人税等	780,000	備品	5,000,000
備品減価償却累計額	1,000,000	土地	6,000,000	ソフトウェア	800,000
その他有価証券	1,600,000	繰延税金資産	112,500	支払手形	1,720,000
買掛金	1,993,500	長期借入金	3,000,000	退職給付引当金	1,540,000
資本金	12,000,000	資本準備金	1,200,000	利益準備金	750,000
別途積立金	80,000	繰越利益剰余金	398,000	売上	73,236,500
受取配当金	130,000	固定資産売却益	140,000	仕入	50,472,000
給料	6,956,000	発送費	2,560,000	広告料	3,120,000
支払家賃	3,000,000	保険料	400,000	租税公課	350,000
雑費	189,500	支払利息	35,000	手形売却損	30,000
固定資産除却損	200,000				

付記事項

① 配当金領収証 ¥40,000 を受け取っていたが，未処理であった。

決算整理事項

a．期末商品棚卸高

	帳簿棚卸数量	実地棚卸数量	原価	正味売却価額
A品	1,000個	900個	@¥1,100	@¥1,140
B品	2,000〃	2,000〃	〃〃 600	〃〃 570

ただし，棚卸減耗損および商品評価損は売上原価の内訳項目とする。

b．貸倒見積高 売上債権の期末残高に対し，それぞれ2％と見積もり，貸倒引当金を設定する。

c．有価証券評価高 保有する株式は次のとおりである。なお，その他有価証券については，法定実効税率30％として，税効果会計を適用する。

売買目的有価証券	甲商事株式会社	70株	時価／株	¥24,000
	乙商事株式会社	50株	時価／株	¥22,500
その他有価証券	丙物産株式会社	40株	時価／株	¥38,000

d．備品減価償却高 取得原価 ¥5,000,000 残存価額は零（0） 耐用年数5年とし，定額法により計算している。ただし，法人税法上の耐用年数は8年であるため，税法上の償却限度額を超過した部分については，法定実効税率30％として，税効果会計を適用する。

e．ソフトウェア償却高 ソフトウェアは，自社で利用する目的で当期首に取得したものであり，利用可能期間を5年とし，定額法により償却する。

f．保険料前払高 保険料のうち ¥360,000 は，令和○3年10月1日から3年分の保険料として支払ったものであり，前払高を次期に繰り延べる。

g．利息未払高 長期借入金に対する利息は，利率年4％で，毎年2月末と8月末に経過した6か月分を支払う契約となっており，未払高を計上する。

h．退職給付引当金繰入額 ¥ 520,000

i．法人税・住民税及び事業税額 ¥1,161,600

4 下記の取引の仕訳を示しなさい。ただし，勘定科目は，次のなかからもっとも適当なものを使用すること。

現金	当座預金	前払金	貯蔵品
未収入金	建物	備品	備品減価償却累計額
リース資産	ソフトウェア	満期保有目的債券	その他有価証券
買掛金	前受金	リース債務	資本金
その他資本剰余金	繰越利益剰余金	売上	有価証券利息
保険差益	仕入	修繕費	ソフトウェア償却
支払利息	固定資産除却損	為替差損益	未決算

a．岡山商事株式会社（決算年１回）は，取得原価 ¥2,500,000 の備品を第21期初頭に除却し，廃棄処分した。ただし，この備品は，第18期初頭に買い入れたもので，定率法により，毎期の償却率を40％として減価償却費を計算し，間接法で記帳してきた。なお，この備品の評価額は零（0）である。

b．広島工業株式会社は建物の改良と修繕をおこない，その代金 ¥3,850,000 を小切手を振り出して支払った。ただし，代金のうち ¥3,250,000 は建物の使用可能期間を延長させる支出と認められ，資本的支出とした。

c．当期首において，リース契約（ファイナンス・リース取引，リース期間：4年，見積現金購入価額 ¥36,000，リース料：年額 ¥10,000，毎年3月末払い）を結んでいたが，3月末にリース料を現金で支払った。なお，リース取引については，利子抜き法（支払利息の配分は定額法）によって処理している。

d．決算にあたり，期首に取得したソフトウェアを定額法により償却した。なお，ソフトウェアの取得原価は ¥4,000,000，償却期間は5年である。

e．満期まで保有する目的で，山口物産株式会社の額面 ¥4,000,000 の社債を，額面 ¥100 につき ¥97.40 で買い入れ，代金は買入手数料 ¥8,000 および端数利息 ¥10,000 とともに小切手を振り出して支払った。

f．保険会社と ¥45,000,000 の火災保険契約を結んでいた建物（取得原価 ¥100,000,000 減価償却累計額 ¥60,000,000）が火災により焼失していたが，保険会社より，保険金 ¥43,500,000 を支払うとの通知を受けた。なお，焼失した建物の帳簿価額を未決算勘定に振り替えていた。

g．さきに米国の取引先に注文していた5,000ドルの商品が本日輸入された。なお，この商品代金のうち1,000ドルについては前払金として以前に支払っており，残額については翌月支払うことにした。

前払金支払日の為替相場：1ドル138円　　商品輸入日の為替相場：1ドル135円

第８回　簿記実務検定１級模擬試験問題　会　計

解答上の注意

1　解答にあたえられた時間は 90 分です。試験開始後の途中退室はできません。

2　問題は全部で４問あります。

3　解答はすべて別紙解答用紙に記入しなさい。　解答用紙　p.125 ～ 128

●学習振り返りシート（模擬問題を解いた後に記入して，チェックボックス（□）に印をつけましょう。）

第１問　適語選択・英語表記の問題

小分類	出題内容・つまずいたポイント	点　数	チェック
(1)		点	□
(2)		点	□

第２問　計算・連結財務諸表・分析の問題

小分類	出題内容・つまずいたポイント	点　数	チェック
(1)		点	□
(2)		点	□
(3)		点	□

第３問　決算の問題

小分類	出題内容・つまずいたポイント	点　数	チェック
貸借対照表		点	□
損益計算書		点	□

第４問　仕訳の問題

小分類	出題内容・つまずいたポイント	点　数	チェック
a.		点	□
b.		点	□
c.		点	□
d.		点	□
e.		点	□
f.		点	□
g.		点	□

合　計　点　数
（　　　　／100　）

1 次の各問いに答えなさい。

(1) 次の各文の ＿＿ にあてはまるもっとも適当な語を，下記の語群のなかから選び，その番号を記入しなさい。

a．株主総会への提出，信用目的，租税目的など利用目的によって，形式が異なる財務諸表を作成する必要がある場合，それらの内容は信頼しうる会計記録にもとづいて作成されたものであり，実質的に同じでなければならない。これを ［ア］ の原則という。

b．費用および収益は，その発生源泉にしたがって明瞭に分類し，各収益項目とそれに関連する費用項目とを損益計算書に対応表示しなければならないのは ［イ］ の原則によるものである。たとえば，売上高と売上原価を対応させて表示するのは，この原則によるものである。

c．企業会計において，いったん採用した会計処理の原則および手続きは，毎期継続して適用し，正当な理由がないかぎり変更してはならない。これを ［ウ］ の原則という。なお，正当な理由によって会計処理の原則および手続きを変更したときは，財務諸表にこのことを ［エ］ しなければならない。

1．明瞭性	2．保守主義	3．単一性	4．費用収益対応
5．総額主義	6．実現主義	7．発生主義	8．正規の簿記
9．継続性	10．仕訳	11．注記	12．附属明細書

(2) 次の用語の英語表記を，下記の語群のなかから選び，その番号を記入しなさい。

ア．販売費及び一般管理費　　イ．営業利益　　ウ．当期純利益

1．selling and administrative expenses	2．cost of goods sold	3．capital surplus
4．gross profit on sales	5．operating profit	6．goodwill
7．sales	8．net income	9．stated capital

2 次の各問いに答えなさい。

(1) 京都商事株式会社の決算日における当座預金出納帳の残高は ¥500,000 であり，銀行が発行した当座勘定残高証明書の金額は ¥1,480,000 であった。そこで，不一致の原因を調査したところ，次の資料を得た。よって，当座預金出納帳の次月繰越高を求めなさい。

資　料

i　仕入先に対する買掛金の支払いのために小切手 ¥500,000 を作成して記帳していたが，まだ仕入先に渡していなかった。

ii　三重商店あてに買掛金の支払いとして振り出した小切手 ¥250,000 が，銀行でまだ支払われていなかった。なお，この小切手を振り出したさいに，会計係が誤って，¥520,000 と記帳していた。

iii　当月分の電話代 ¥40,000 が当座預金口座から引き落とされていたが，当社ではまだ記帳していなかった。

(2) 次の資料により，令和○9年3月31日（連結決算日）における次の金額を求めなさい。

a．連結貸借対照表に計上するのれん　　b．連結損益計算書に計上する受取配当金

c．連結損益計算書に計上する非支配株主に帰属する当期純利益

d．連結損益計算書に計上する親会社株主に帰属する当期純利益

資　　料

i　令和○9年3月31日における個別財務諸表

貸借対照表

P社　令和○9年3月31日　(単位：千円)

諸資産	4,300	諸負債	1,400
子会社株式	900	資本金	2,000
		資本剰余金	600
		利益剰余金	1,200
	5,200		5,200

損益計算書

P社　令和○8年4月1日から令和○9年3月31日まで (単位：千円)

売上原価	2,600	売上高	4,150
給料	720	受取配当金	210
当期純利益	1,040		
	4,360		4,360

貸借対照表

S社　令和○9年3月31日　(単位：千円)

諸資産	2,040	諸負債	520
		資本金	700
		資本剰余金	300
		利益剰余金	520
	2,040		2,040

損益計算書

S社　令和○8年4月1日から令和○9年3月31日まで (単位：千円)

売上原価	1,020	売上高	1,800
給料	340		
当期純利益	440		
	1,800		1,800

ii　P社は，令和○8年3月31日にS社の発行する株式の60%を900千円で取得し支配した。取得日のS社の資本は，資本金700千円　資本剰余金300千円　利益剰余金400千円であった。なお，令和○8年3月31日におけるS社の資産および負債の時価は帳簿価額に等しかった。

iii　のれんは償却期間を10年間とし，定額法により償却する。

iv　当期中にP社が支払った配当金は840千円であり，S社が支払った配当金は320千円であった。

v　P社とS社相互間の債権・債務の取引や資産の売買はなかった。

(3) 茨城商事株式会社の下記の資料と比較貸借対照表によって，

① 次の文の [　　　] のなかに入る適当な金額または比率を求めなさい。

第3期の売上高は2,100,000千円であったが，第4期の売上高は [　ア　] 千円と増加した。そこで，商品の販売効率を調べるために，商品回転率を期首と期末の商品有高の平均と売上原価を用いて計算すると，第3期は5.0回，第4期は [　イ　] 回であり，商品の在庫期間が短くなり，販売効率がよくなっている。受取勘定（売上債権）の回収速度を調べるために，受取勘定（売上債権）回転率を期首と期末の受取勘定（売上債権）の平均を用いて計算すると，第3期は [　ウ　] 回，第4期は5.4回と回収期間も短くなっている。

また，短期の支払能力を調べるために，流動比率を計算すると，第3期は [　エ　] %で，第4期は159.5%であり，一般に望ましいとされている200%を下回っているが，当座比率を計算すると，第4期は [　オ　] %であり，一般に望ましいとされている100%を超えている。次に，長期の支払能力を調べるために，固定比率を計算すると，第3期は [　カ　] %，第4期は76.5%であり，一般に望ましいとされる100%以下であり，安全性に問題はないといえる。

② 次の比率を求めなさい。

a．第3期の負債比率　　　b．第4期の自己資本比率

資　　料

i 第3期の長期借入金140,000千円は，すべて第5期中に返済期日が到来し，その他に借入金はない。

ii 第3期の期首商品棚卸高は240,000千円である。なお，第3期・第4期ともに商品評価損・棚卸減耗損は発生していない。

iii 第3期の期首の売上債権は415,000千円である。

iv 第3期と第4期の財務比率および金額

	第3期	第4期
売上原価率	65.0%	63.8%
売上原価	1,365,000千円	1,722,600千円
商品回転率	5.0回	（　）回
受取勘定(売上債権)回転率	（　）回	5.4回
固定比率	（　）%	76.5%

比較貸借対照表　　　(単位：千円)

勘定科目	第3期	第4期	勘定科目	第3期	第4期
現金預金	127,600	172,200	支払手形	196,000	225,000
受取手形	206,000	258,800	買掛金	160,000	186,000
売掛金	254,000	281,200	短期借入金	——	（　）
商品	306,000	216,000	未払法人税等	44,000	49,000
前払費用	28,400	28,800	長期借入金	140,000	（　）
建物	210,000	304,200	退職給付引当金	60,000	75,000
備品	154,000	237,000	資本金	600,000	700,000
土地	240,000	298,000	資本剰余金	204,000	264,000
投資有価証券	74,000	78,800	利益剰余金	196,000	236,000
	1,600,000	1,875,000		1,600,000	1,875,000

3 島根商事株式会社の総勘定元帳勘定残高と付記事項および決算整理事項によって，

(1) 報告式の貸借対照表を完成しなさい。

(2) 報告式の損益計算書（営業利益まで）を完成しなさい。

(3) 損益計算書に記載する当期純利益の金額を求めなさい。

ただし，i 会社計算規則によること。

ii 会計期間は令和○4年4月1日から令和○5年3月31日までとする。

元帳勘定残高

現金	¥1,729,500	当座預金	¥3,014,600	電子記録債権	¥2,400,000
売掛金	3,700,000	貸倒引当金	16,000	売買目的有価証券	1,220,000
繰越商品	2,380,000	仮払法人税等	865,000	建物	7,600,000
建物減価償却累計額	1,672,000	備品	3,500,000	備品減価償却累計額	1,260,000
土地	4,000,000	建設仮勘定	2,000,000	満期保有目的債券	1,952,000
その他有価証券	1,560,000	電子記録債務	1,400,000	買掛金	2,084,100
借入金	5,000,000	退職給付引当金	2,868,000	資本金	10,000,000
資本準備金	1,000,000	その他資本剰余金	200,000	利益準備金	300,000
別途積立金	840,000	繰越利益剰余金	576,000	新株予約権	200,000
売上	83,737,500	受取地代	560,000	受取配当金	120,000
有価証券利息	40,000	有価証券売却益	190,000	固定資産売却益	150,000
仕入	60,327,500	給料	9,075,000	発送費	1,892,000
広告料	1,786,000	支払家賃	1,520,000	消耗品費	227,000
保険料	560,000	租税公課	273,600	雑費	161,400
支払利息	140,000	固定資産除却損	330,000		

付記事項

① 引渡時に掛売上として計上していた金額のうち売価 ¥700,000（原価 ¥500,000）のA品について，得意先でまだ検収されていないことが判明した。なお，当社は収益の認識を検収時におこなっている。

② 借入金 ¥5,000,000 の返済期限は，令和○5年9月30日までのものが ¥1,000,000 であり，令和○7年7月31日までのものが ¥4,000,000 である。

決算整理事項

a．期末商品棚卸高

	帳簿棚卸数量	実地棚卸数量	原価	正味売却価額
A 品	1,600個	1,540個	@¥800	@¥870
B 品	1,200 〃	1,200 〃	〃〃950	〃〃920

ただし，棚卸減耗損および商品評価損は売上原価の内訳項目とする。なお，上記A品の棚卸数量に付記事項①の分は含まれていない。

b．外貨建取引の円換算　当社が保有している外貨建取引による買掛金は，取引日の為替レートで円換算しており，為替予約はおこなっていない。

	取引額	取引日の為替レート	決算日の為替レート
買掛金	14,000ドル	1ドル131円	1ドル134円

c．貸倒見積高　売上債権の期末残高に対し，それぞれ2％と見積もり，貸倒引当金を設定する。

d．有価証券評価高　保有する株式および債券は次のとおりである。なお，その他有価証券については，法定実効税率30％として，税効果会計を適用する。

売買目的有価証券：甲産業株式会社　200株　時価　1株 ¥6,400

満期保有目的債券：償却原価法によって ¥1,964,000 に評価する。

なお，満期日は令和○8年3月31日である。

その他有価証券：乙物産株式会社　60株　時価　1株 ¥29,000

e．減価償却高　建物：定額法により，残存価額は零（0）耐用年数は50年とする。

備品：定率法により，毎期の償却率を20％とする。

f．保険料前払高　保険料のうち ¥420,000 は，令和○4年10月1日から3年分の保険料として支払ったものであり，前払高を次期に繰り延べる。

g．利息未払高　¥12,000

h．退職給付引当金繰入額　¥1,780,000

i．法人税・住民税及び事業税額　¥1,845,000

4 下記の取引の仕訳を示しなさい。ただし，勘定科目は，次のなかからもっとも適当なものを使用すること。

現金	当座預金	定期預金	電子記録債権
売掛金	未収入金	備品	備品減価償却累計額
子会社株式	その他有価証券	電子記録債務	買掛金
未払金	退職給付引当金	資本金	その他資本剰余金
自己株式	新株予約権	売上	受取利息
為替差損益	固定資産売却益	仕入	減価償却費
退職給付費用	支払利息	子会社株式評価損	固定資産売却損

a. 売掛金 ¥560,000 について，電子債権記録機関から取引銀行を通じて電子記録債権の発生記録の通知を受けた。

b. 香川工業株式会社（決算年1回）は，第13期初頭に備品を ¥4,400,000 で買い入れ，この代金はこれまで使用してきた備品を ¥1,600,000 で引き取らせ，新しい備品の代金との差額は翌月末に支払うことにした。ただし，この古い備品は第10期初頭に ¥4,000,000 で買い入れたもので，定率法により毎期の償却率を20％として減価償却費を計算し，間接法で記帳してきた。

c. 愛媛商事株式会社は，南西商事株式会社の財政状態が悪化したので，保有する同社の株式600株（1株の帳簿価額 ¥40,000）を実質価額によって評価替えした。なお，南西商事株式会社の資産総額は ¥36,250,000 負債総額は ¥21,250,000 で，発行済株式数は800株（市場価格のない株式）である。

d. 従業員が退職し，退職一時金 ¥18,000,000 を定期預金から支払った。ただし，退職給付引当金勘定の残高が ¥40,000,000 ある。

e. 高知商事株式会社は，自己株式（1株の帳簿価額 ¥750）のうち，6,000株を1株につき ¥800 で処分し，受け取った代金は当座預金とした。

f. 福岡商事株式会社は，次の条件で新株予約権20個を発行し，受け取った払込金は当座預金とした。

発行条件

発行総数：20個（新株予約権1個につき5株を付与）
払込金額：新株予約権1個につき ¥40,000
権利行使価額：1株につき ¥60,000
権利行使期間：令和○4年10月1日から令和○5年9月30日

g. 外国企業のA社に対する買掛金7,000ドルの決済にあたり，小切手を振り出して支払った。なお，商品の輸入時の為替相場は1ドルあたり ¥136 で，決済時の為替相場は1ドルあたり ¥133 であった。

第９回　簿記実務検定１級模擬試験問題　会　計

解答上の注意

1　解答にあたえられた時間は 90 分です。試験開始後の途中退室はできません。

2　問題は全部で４問あります。

3　解答はすべて別紙解答用紙に記入しなさい。　解答用紙　p. 129 ～ 132

●学習振り返りシート（模擬問題を解いた後に記入して，チェックボックス（□）に印をつけましょう。）

第１問　適語選択・英語表記の問題

小分類	出題内容・つまずいたポイント	点　数	チェック
(1)		点	□
(2)		点	□

第２問　計算・連結財務諸表・分析の問題

小分類	出題内容・つまずいたポイント	点　数	チェック
(1)		点	□
(2)		点	□
(3)		点	□

第３問　決算の問題

小分類	出題内容・つまずいたポイント	点　数	チェック
損益計算書		点	□
貸借対照表		点	□

第４問　仕訳の問題

小分類	出題内容・つまずいたポイント	点　数	チェック
a.		点	□
b.		点	□
c.		点	□
d.		点	□
e.		点	□
f.		点	□
g.		点	□

合　計　点　数
（　　　　／100　）

1 次の各問いに答えなさい。

(1) 次の各文の [　　] にあてはまるもっとも適当な語を，下記の語群のなかから選び，その番号を記入しなさい。

a．企業が自社の会計情報を開示することを [ア] といい，わが国では会社法や金融商品取引法によって規制されている。会社法は，株主に対する計算書類の提供や，貸借対照表・損益計算書の要旨を官報や新聞等で公告することを規定している。また，金融商品取引法は，[イ] の開示を義務づけている。

b．財務諸表を作成する場合，固定資産の減価償却の方法などの重要な会計方針を注記するなどして，利害関係者に対し，企業の状況に関する判断を誤らせないようにしなければならない。これは [ウ] の原則によるものである。

c．固定資産の通常の維持・管理および原状を回復させるための支出を [エ] という。この支出を費用として計上せずに，資産として処理した場合には，純利益は過大に計上される。

1．ディスクロージャー	2．アカウンタビリティ	3．キャッシュ・フロー	4．有価証券報告書
5．附属明細書	6．真実性	7．明瞭性	8．継続性
9．単一性	10．重要性	11．資本的支出	12．収益的支出

(2) 次の用語の英語表記を，下記の語群のなかから選び，その番号を記入しなさい。

ア．発生主義　　イ．自己資本利益率　　ウ．総資産利益率

1．cost of goods sold	2．cash basis	3．accrual basis
4．net income	5．intangible fixed assets	6．return on equity
7．selling and administrative expenses	8．operating profit	9．return on assets

2 次の各問いに答えなさい。

(1) 次の2つの工事について，（ ア ）から（ エ ）にあてはまる勘定科目または金額を答え，当期の工事収益を計上する仕訳を完成しなさい。なお，（ ア ）および（ イ ）については，下記の語群のなかから選び，その番号を記入しなさい。

1．工事原価	2．工事収益	3．前受収益
4．契約資産	5．契約負債	6．建設仮勘定

① 当期に請け負った次の工事について，工事進行基準により工事収益を計上する。

i 工事収益総額は ¥456,000,00 であり，工事原価総額を ¥345,600,000 と見積もることができた。

ii 当期の実際発生工事原価は ¥103,680,000 であった。

② 前期に請け負った次の工事について，原価回収基準により工事収益を計上する。

i 工事収益総額は ¥85,000,000 であり，工事原価総額は合理的に見積もることができなかった。

ii 実際発生工事原価は，前期が ¥24,720,000 当期が ¥36,080,000 であった。

	借方		貸方	
①	（ ア ）	（ ウ ）	（ イ ）	（ ウ ）
②	（ ア ）	（ エ ）	（ イ ）	（ エ ）

(2) 次の資料により，令和○8年3月31日（連結決算日）における連結貸借対照表および連結損益計算書を作成しなさい。

資　　料

i　令和○8年3月31日における個別財務諸表

貸借対照表

P社　令和○8年3月31日　(単位：千円)

現金預金	18,950	買掛金	6,000
売掛金	12,000	資本金	27,000
商品	4,800	利益剰余金	9,000
子会社株式	6,250		
	42,000		42,000

損益計算書

P社　令和○7年4月1日から令和○8年3月31日まで (単位：千円)

売上原価	42,000	売上高	60,000
給料	15,810	受取配当金	210
当期純利益	2,400		
	60,210		60,210

貸借対照表

S社　令和○8年3月31日　(単位：千円)

現金預金	7,500	買掛金	3,900
売掛金	4,500	資本金	6,000
商品	700	利益剰余金	2,800
	12,700		12,700

損益計算書

S社　令和○7年4月1日から令和○8年3月31日まで (単位：千円)

売上原価	10,500	売上高	15,000
給料	3,900		
当期純利益	600		
	15,000		15,000

株主資本等変動計算書

令和○7年4月1日から令和○8年3月31日まで　(単位：千円)

		資本金		利益剰余金	
		P社	S社	P社	S社
当期首残高		27,000	6,000	10,800	2,500
当期変動額	剰余金の配当	——	——	△4,200	△(　　)
	当期純利益	——	——	2,400	(　　)
当期末残高		27,000	6,000	9,000	2,800

ii　P社は，令和○7年3月31日にS社の発行する株式の70%を6,250千円で取得し支配した。取得日のS社の資本は，資本金6,000千円　利益剰余金2,500千円であり，S社の資産および負債の時価は帳簿価額に等しかった。

iii　のれんは償却期間を20年間とし，定額法により償却する。

iv　当期中にS社が計上した純利益は（　　　）千円であった。

v　当期中にS社が支払った配当金は（　　　）千円であった。

vi　P社とS社相互間の債権・債務の取引はなかった。

vii　P社とS社相互間で売買された資産はなかった。

(3) 和歌山商事株式会社（決算年1回 3月31日）は，令和○5年4月1日に子会社としてA株式会社とB株式会社を設立した。よって，A株式会社とB株式会社の下記の資料と貸借対照表から，次の各問いに答えなさい。

① 次の文の ＿＿＿ のなかに適当な比率を記入しなさい。また，{　} のなかから，いずれか適当な語を選び，その番号を記入しなさい。

負債比率を使い，子会社の企業経営の安全性を判断すると，A株式会社の50％に対して，B株式会社は [ア] ％である。よって，安全性が高いのは イ {1．A株式会社　2．B株式会社} と判断される。収益性について期末の自己資本の金額を使った自己資本利益率は，A株式会社の [ウ] ％に対して，B株式会社は [エ] ％である。また，売上債権の期首の金額と期末の金額の平均を使った受取勘定（売上債権）回転率は，A株式会社の24.0回に対して，B株式会社は [オ] 回であるので，売上債権の回収状況が良いのは カ {1．A株式会社　2．B株式会社} と判断される。

② 次の金額を求めなさい。

a．A株式会社の買掛金（キの金額）　　b．B株式会社の商品（クの金額）

A株式会社の資料

ⅰ 損益計算書に関する金額（一部）
　売　上　高 ¥54,000,000

ⅱ 財務比率
　総資本回転率　3.0回
　総資本利益率　12％
　（期末の総資本による）
　当座比率　200％
　流動比率　240％
　固定比率　90％

ⅲ 商品の平均在庫日数は14.6日であった。（1年を365日とする） 商品回転率は期首と期末の商品有高の平均と売上原価を用いている。なお，期首商品棚卸高は¥1,206,000である。ただし，棚卸減耗損と商品評価損は発生していない。

ⅳ 期首の売上債権の金額は¥2,360,000である。

貸借対照表

A株式会社　令和○8年3月31日　（単位：円）

資産	金額	負債・純資産	金額
現金預金	1,754,000	支払手形	740,000
受取手形	700,000	買掛金	（ キ ）
売掛金	1,440,000	短期借入金	1,320,000
有価証券	2,106,000	未払法人税等	300,000
商品	1,170,000	長期借入金	2,366,000
前払費用	（　）	退職給付引当金	634,000
建物	2,200,000	資本金	7,600,000
備品	2,520,000	繰越利益剰余金	4,400,000
土地	（　）		
特許権	450,000		
	（　）		（　）

B株式会社の資料

ⅰ 損益計算書に関する金額（一部）
　売上原価 ¥34,650,000

ⅱ 財務比率
　総資本回転率　2.5回
　総資本利益率　4％
　（期末の総資本による）
　売上原価率　70％
　当座比率　126％

ⅲ 商品の平均在庫日数は29.2日であった。（1年を365日とする） 商品回転率は期首と期末の商品有高の平均と売上原価を用いている。なお，期首商品棚卸高は¥2,684,000である。ただし，棚卸減耗損と商品評価損は発生していない。

ⅳ 期首の売上債権の金額は¥2,992,000である。

貸借対照表

B株式会社　令和○8年3月31日　（単位：円）

資産	金額	負債・純資産	金額
現金預金	（　）	支払手形	2,320,000
受取手形	3,000,000	買掛金	770,000
売掛金	1,508,000	短期借入金	1,750,000
商品	（ ク ）	未払法人税等	660,000
前払費用	（　）	長期借入金	2,900,000
備品	2,000,000	退職給付引当金	2,400,000
土地	1,900,000	資本金	7,600,000
建設仮勘定	6,000,000	繰越利益剰余金	1,400,000
	19,800,000		19,800,000

3 山形商事株式会社の総勘定元帳勘定残高と付記事項および決算整理事項によって，

(1) 報告式の損益計算書を完成しなさい。

(2) 報告式の貸借対照表（負債の部と純資産の部）を完成しなさい。

(3) 貸借対照表に記載する商品の金額を求めなさい。

ただし，i 会社計算規則によること。

ii 会計期間は令和○2年4月1日から令和○3年3月31日までとする。

元帳勘定残高

現金	¥ 1,710,680	当座預金	¥ 2,564,000	電子記録債権	¥ 2,420,000
売掛金	3,240,000	貸倒引当金	14,400	売買目的有価証券	2,786,000
繰越商品	6,078,000	仮払法人税等	1,740,000	建物	8,100,000
建物減価償却累計額	1,134,000	備品	3,000,000	備品減価償却累計額	1,500,000
土地	11,030,000	ソフトウェア	500,000	その他有価証券	2,430,000
電子記録債務	685,000	買掛金	2,690,480	長期借入金	6,000,000
退職給付引当金	4,113,000	資本金	13,200,000	資本準備金	1,680,000
利益準備金	1,440,000	別途積立金	612,000	繰越利益剰余金	334,800
売上	95,352,000	受取配当金	127,200	仕入	66,746,400
給料	9,879,600	発送費	2,100,000	広告料	2,374,000
支払手数料	14,000	水道光熱費	708,000	消耗品費	160,200
保険料	615,600	租税公課	112,800	雑費	228,000
支払利息	129,600	固定資産売却損	216,000		

付記事項

① 電子記録債権のうち ¥720,000 を取引銀行で割り引くために電子債権記録機関に譲渡記録の請求をおこない，割引料 ¥21,800 を差し引かれた手取金 ¥698,200 が当社の当座預金口座に振り込まれていたが，記帳していなかった。

② 支払手数料 ¥14,000 は，売買目的で北東商事株式会社の株式700株を1株につき ¥3,980 で買い入れたときの手数料と判明したので，適切な科目に訂正した。

決算整理事項

a．期末商品棚卸高　帳簿棚卸数量 1,980個　原　　価 @¥3,000
実地棚卸数量 1,900 〃　正味売却価額 〃 〃 2,920
ただし，棚卸減耗損および商品評価損は売上原価の内訳項目とする。

b．外貨建取引の円換算　当社が保有している外貨建取引による売掛金は，取引日の為替レートで円換算しており，為替予約はおこなっていない。

	取引額	取引日の為替レート	決算日の為替レート
売　掛　金	15,000ドル	1ドル120円	1ドル124円

c．貸倒見積高　電子記録債権と売掛金の期末残高に対し，それぞれ1％と見積もり，貸倒引当金を設定する。

d．有価証券評価高　保有する株式は次のとおりである。
売買目的有価証券：北東商事株式会社　700株　時価1株 ¥4,200
※北東商事株式会社の株式は，付記事項②のものである。
その他有価証券：南西物産株式会社　500株　時価1株 ¥5,100

e．減価償却高　建物：取得原価 ¥8,100,000 残存価額は零（0） 耐用年数は50年とし，定額法により計算している。
備品：取得原価 ¥3,000,000 残存価額は零（0） 耐用年数は6年とし，定額法により計算している。

f．ソフトウェア償却高　ソフトウェアは，自社で利用する目的で当期首に ¥500,000 で取得したものであり，利用可能期間を5年とし，定額法により償却する。

g．保険料前払高　保険料のうち ¥420,000 は，令和○2年9月1日から1年分の保険料として支払ったものであり，前払高を次期に繰り延べる。

h．利息未払高　¥ 24,000

i．退職給付引当金繰入額　¥ 998,000

j．法人税・住民税及び事業税額　¥3,184,000

4 下記の取引の仕訳を示しなさい。ただし，勘定科目は，次のなかからもっとも適当なものを使用すること。

現金	当座預金	定期預金	売掛金
売買目的有価証券	前払金	備品	リース資産
鉱業権	満期保有目的債券	買掛金	契約負債
未払配当金	リース債務	退職給付引当金	資本金
資本準備金	その他資本剰余金	利益準備金	繰越利益剰余金
新株予約権	役務収益	為替差損益	有価証券利息
有価証券売却益	仕入	鉱業権償却	有価証券売却損

a．売買目的で額面 ¥2,500,000 の社債を ¥100 につき ¥97.60 で買い入れ，代金は買入手数料 ¥12,000 および端数利息 ¥6,000 とともに小切手を振り出して支払った。

b．佐賀産業株式会社は，当期首において，次の条件によってリース会社とリース契約を結び，コピー機を調達した。このリース取引はファイナンス・リース取引に該当する。なお，会計処理は利子抜き法によること。(決算日は年1回3月31日)

リース期間 5年　　リース料年額 ¥200,000 (毎年3月末日払い)

見積現金購入価額 ¥900,000

c．大学受験に向けた予備校を経営している長崎学園は，来月から6か月間開講する講座の受講料 ¥2,400,000 を現金で受け取った。

d．従業員が退職し，退職一時金 ¥20,000,000 を定期預金から支払った。ただし，退職給付引当金勘定の残高が ¥100,000,000 ある。

e．熊本商事株式会社は，株主総会において，剰余金 ¥7,500,000 (その他資本剰余金 ¥3,000,000 繰越利益剰余金 ¥4,500,000) の配当をおこなうことを決議した。なお，配当にともない，資本準備金 ¥300,000 利益準備金 ¥450,000 を計上する。

f．大分商事株式会社は，次の条件で発行した新株予約権のうち10個の権利行使があったので，新株50株を発行し，権利行使価額の払込金を当座預金とした。ただし，会社法に規定する最高限度額を資本金に計上しないことにした。

発行条件

発行総数：20個 (新株予約権1個につき5株を付与)

払込金額：新株予約権1個につき ¥40,000

権利行使価額：1株につき ¥60,000

権利行使期間：令和○4年10月1日から令和○5年9月30日

g．鹿児島鉱業株式会社 (決算年1回 3月31日) は，決算にあたり，生産高比例法を用いて鉱業権を償却した。なお，この鉱業権は当期の10月1日に ¥300,000,000 で取得し，当期に12,000トンの採掘量があった。ただし，この鉱区の推定埋蔵量は500,000トンであり，鉱業権の残存価額は零 (0) である。

第10回　簿記実務検定１級模擬試験問題　会　計

解答上の注意

1　解答にあたえられた時間は90分です。試験開始後の途中退室はできません。

2　問題は全部で４問あります。

3　解答はすべて別紙解答用紙に記入しなさい。　解答用紙　p.133～136

●学習振り返りシート（模擬問題を解いた後に記入して，チェックボックス（□）に印をつけましょう。）

第１問　適語選択・英語表記の問題

小分類	出題内容・つまずいたポイント	点　数	チェック
(1)		点	□
(2)		点	□

第２問　計算・連結財務諸表・分析の問題

小分類	出題内容・つまずいたポイント	点　数	チェック
(1)		点	□
(2)		点	□
(3)		点	□

第３問　決算の問題

小分類	出題内容・つまずいたポイント	点　数	チェック
貸借対照表		点	□
損益計算書		点	□

第４問　仕訳の問題

小分類	出題内容・つまずいたポイント	点　数	チェック
a.		点	□
b.		点	□
c.		点	□
d.		点	□
e.		点	□
f.		点	□
g.		点	□

合　計　点　数
（　　　　／100　）

1 次の各問いに答えなさい。

(1) 次の各文の □ にあてはまるもっとも適当な語を，下記の語群のなかから選び，その番号を記入しなさい。

a．企業会計は，すべての取引につき，[ア] の原則にしたがって，正確な会計帳簿を作成しなければならない。しかし，勘定科目の性質や金額の大きさなどから判断して，本来の厳密な会計処理をしないで他の簡便な方法をとることも認められている。これは，[イ] の原則によるものである。

b．有形固定資産の減価のうち，企業経営上，当然発生する減価を [ウ] 減価という。これには，使用または時の経過などにともない生じる物質的減価と，陳腐化や不適応化によって生じる機能的減価がある。

c．企業会計は，財務諸表によって利害関係者に対して必要な会計事実をよりわかりやすく表示し，企業の状況に関する判断を誤らせないようにしなければならない。これを [エ] の原則という。この適用例として，損益計算書，貸借対照表の区分表示や総額主義の適用などがある。

1．真実性	2．正規の簿記	3．継続性	4．保守主義
5．重要性	6．経常的	7．偶発的	8．物質的
9．機能的	10．単一性	11．明瞭性	12．費用収益対応

(2) 次の用語の英語表記を，下記の語群のなかから選び，その番号を記入しなさい。

ア．連結財務諸表　　イ．非支配株主持分　　ウ．子会社

1．return on assets	2．consolidated financial statements	3．investors
4．non-controlling interests	5．return on equity	6．disclosure
7．subsidiary company	8．parent company	9．accrual basis

2 次の各問いに答えなさい。

(1) 福井商事株式会社（決算年1回 3月31日）の次の資料から，①損益計算書に記載するソフトウェア償却および②貸借対照表に記載するソフトウェアの金額を求めなさい。ただし，ソフトウェアは当期に取得したもののみである。

資　料

i　当期首において，自社利用目的のソフトウェアを ¥800,000 で取得した。

ii　決算にあたり，定額法により償却する。なお，使用可能期間（耐用年数）は5年と見積もっている。

(2) 次の資料により，令和○3年3月31日（連結決算日）における連結損益計算書，連結株主資本等変動計算書および連結貸借対照表を作成しなさい。

資　　料

i　令和○3年3月31日における個別財務諸表

損　益　計　算　書

P社　令和○2年4月1日から令和○3年3月31日まで　(単位：千円)

売上原価	36,000	売上高	54,000
給料	4,200	受取配当金	1,400
当期純利益	15,200		
	55,400		55,400

損　益　計　算　書

S社　令和○2年4月1日から令和○3年3月31日まで　(単位：千円)

売上原価	11,800	売上高	19,000
給料	2,200		
当期純利益	5,000		
	19,000		19,000

株主資本等変動計算書

令和○2年4月1日から令和○3年3月31日まで　(単位：千円)

		資本金		利益剰余金	
		P社	S社	P社	S社
当期首残高		32,000	8,000	10,900	7,000
当期変動額	剰余金の配当			△3,600	△2,000
	当期純利益			15,200	5,000
当期末残高		32,000	8,000	22,500	10,000

貸　借　対　照　表

P社　令和○3年3月31日　(単位：千円)

諸資産	49,600	諸負債	6,600
子会社株式	11,500	資本金	32,000
		利益剰余金	22,500
	61,100		61,100

貸　借　対　照　表

S社　令和○3年3月31日　(単位：千円)

諸資産	19,800	諸負債	1,800
		資本金	8,000
		利益剰余金	10,000
	19,800		19,800

ii　P社は，令和○2年3月31日にS社の発行する株式の70％を11,500千円で取得し支配した。なお，取得日におけるS社の資産および負債の時価は帳簿価額に等しかった。

iii　のれんは償却期間5年間とし，定額法により償却する。

iv　P社，S社間の債権・債務の取引や資産の売買はなかった。

(3)　X社とY社の下記の資料によって，次の文の［　　　］のなかに入る適当な比率を記入しなさい。また，{　　}のなかから，いずれか適当な語を選び，その番号を記入しなさい。

【安全性の分析】

短期的な支払能力を調べるために，流動比率を計算すると，X社は［ア］%であり，Y社は120%である。さらに当座比率を計算すると，X社は118%であり，Y社は［イ］%である。また，長期の安全性を測るため，自己資本比率を計算すると，X社は［ウ］%で，Y社は30%であることがわかる。このことから，安全性が高いのは　エ{1．X社　2．Y社}である。

【収益性の分析】

総合的な収益性を調べるために，総資本利益率を期末の数値と税引後当期純利益を用いて計算すると，X社は［オ］%であり，Y社の5.6%と比較して資本の利用状況が　カ{1．良い　2．悪い}ことがわかる。さらに，総資本利益率を売上高純利益率と総資本回転率に分解し，売上高純利益率を税引後当期純利益を用いて計算すると，X社は4.0%，Y社は［キ］%であり，総資本回転率を期末の数値を用いて計算すると，X社が2.5回，Y社は［ク］回である。

【成長性の分析】

企業の成長性を調べるために，売上高成長率（増収率）を計算すると，X社は［ケ］%であり，Y社は20%となり，コ{1．X社　2．Y社}のほうが高いことがわかる。

資　　料

i　X社とY社の金額および財務比率

	前　期	当　期	
	売　上　高	売上原価	商品回転率
X社	200,000千円	168,000千円	7回
Y社	40,000千円	33,600千円	4回

商品回転率は期首と期末の商品有高の平均と売上原価を用いている。ただし，商品評価損と棚卸減耗損は発生していない。

ii　X社とY社の貸借対照表および損益計算書（損益計算書の科目の細目は省略している）

貸　借　対　照　表

X社　　令和○9年3月31日　　(単位：千円)

資　産	金　額	負債・純資産	金　額
現金預金	8,800	支払手形	13,200
受取手形	13,000	買掛金	15,600
売掛金	18,200	短期借入金	10,200
有価証券	7,200	未払法人税等	800
商品	23,600	前受金	200
短期貸付金	800	長期借入金	3,800
備品	2,600	退職給付引当金	1,000
建物	3,400	資本金	18,000
土地	3,600	資本剰余金	10,800
投資有価証券	8,400	利益剰余金	16,000
	89,600		89,600

損　益　計　算　書

X社　　令和○8年4月1日から令和○9年3月31日まで　　(単位：千円)

費　用	金　額	収　益	金　額
期首商品棚卸高	24,400	売上高	224,000
当期商品仕入高	167,200	期末商品棚卸高	23,600
売上総利益	56,000		
	247,600		247,600
販売費	35,720	売上総利益	56,000
一般管理費	4,600	営業外収益	4,260
営業外費用	5,420	特別利益	780
特別損失	2,500		
法人税等	3,840		
当期純利益	8,960		
	61,040		61,040

貸　借　対　照　表

Y社　　令和○9年3月31日　　(単位：千円)

資　産	金　額	負債・純資産	金　額
現金預金	2,000	支払手形	(　　)
受取手形	3,720	買掛金	6,400
売掛金	3,680	短期借入金	4,100
有価証券	400	未払法人税等	600
商品	(　　)	前受金	100
備品	600	長期借入金	2,200
建物	1,400	退職給付引当金	600
土地	1,200	資本金	3,600
特許権	1,000	資本剰余金	1,200
投資有価証券	3,000	利益剰余金	2,400
	(　　)		(　　)

損　益　計　算　書

Y社　　令和○8年4月1日から令和○9年3月31日まで　　(単位：千円)

費　用	金　額	収　益	金　額
期首商品棚卸高	9,800	売上高	48,000
当期商品仕入高	(　　)	期末商品棚卸高	(　　)
売上総利益	(　　)		
	(　　)		(　　)
販売費	12,000	売上総利益	(　　)
一般管理費	1,440	営業外収益	1,880
営業外費用	1,140	特別利益	840
特別損失	620		
法人税等	576		
当期純利益	(　　)		
	(　　)		(　　)

3 福岡商事株式会社の総勘定元帳勘定残高と付記事項および決算整理事項によって，
(1) 報告式の貸借対照表を完成しなさい。
(2) 報告式の損益計算書（営業利益まで）を完成しなさい。
(3) 損益計算書に記載する税引前当期純利益の金額を求めなさい。
ただし，i 会社計算規則によること。
ii 会計期間は令和○3年4月1日から令和○4年3月31日までとする。

元帳勘定残高

現　　金	¥ 794,540	当座預金	¥ 2,860,400	電子記録債権	¥ 1,320,000
売掛金	3,490,000	貸倒引当金	18,000	売買目的有価証券	2,700,000
繰越商品	3,586,800	仮払法人税等	890,000	備　　品	3,456,000
備品減価償却累計額	864,000	土　　地	7,800,000	リース資産	6,000,000
リース資産減価償却累計額	1,000,000	ソフトウェア	320,000	子会社株式	7,000,000
長期貸付金	3,500,000	電子記録債務	1,652,400	買掛金	3,279,130
リース債務	4,000,000	退職給付引当金	1,522,800	資本金	18,300,000
資本準備金	1,300,000	利益準備金	410,000	別途積立金	432,000
繰越利益剰余金	470,600	売　　上	82,942,400	受取配当金	156,000
受取利息	70,000	固定資産売却益	240,000	仕　　入	60,425,200
給　　料	10,080,000	広告料	1,179,600	消耗品費	170,020
保険料	572,400	租税公課	222,000	雑　　費	35,170
支払利息	50,000	電子記録債権売却損	44,000	固定資産除却損	161,200

付記事項

① 売掛金¥360,000が博多銀行の当座預金口座に振り込まれていたが，未記帳であった。なお，当座預金勘定残高¥2,860,400の内訳は，小倉銀行の当座預金残高が¥3,004,400であり，博多銀行の当座借越残高が¥144,000である。

② リース債務¥4,000,000は，リース契約にもとづいて調達したコピー機に対するものであり，決算日の翌日から1年以内に支払期限の到来する部分は流動負債として表示する。なお，リース契約は令和○2年4月1日に締結したものであり，リース期間は6年，リース料は毎年3月末日払いである。

決算整理事項

a．期末商品棚卸高

	帳簿棚卸数量	実地棚卸数量	原　価	正味売却価額
A　品	900個	800個	@¥1,730	@¥1,690
B　品	800 〃	750 〃	〃 〃 1,910	〃 〃 2,030

ただし，棚卸減耗損および商品評価損は売上原価の内訳項目とする。

b．外貨建取引の円換算　当社が保有している外貨建取引による売掛金および買掛金は，取引日の為替レートで円換算しており，為替予約はおこなっていない。

	取引額	取引日の為替レート	決算日の為替レート
売掛金	10,000ドル	1ドル120円	1ドル125円
買掛金	15,000ドル	1ドル118円	1ドル125円

c．貸倒見積高　電子記録債権と売掛金の期末残高に対し，それぞれ1％と見積もり，貸倒引当金を設定する。
ただし，法人税法上の繰入限度超過額¥25,000については損金として認められなかった。なお，法定実効税率30％として，税効果会計を適用する。

d．有価証券評価高　保有する株式は次のとおりである。なお，子会社株式は実質価額が著しく下落し，回復の見込みがない。
売買目的有価証券：ＥＦ製菓株式会社　600株　時　価/株 ¥4,100
子会社株式：ＸＹ物産株式会社　1,000株　実質価額/株 ¥3,200

e．減価償却高　備　品：取得原価¥3,456,000　毎期の償却率を25％とし，定率法により計算している。
リース資産：取得原価（見積現金購入価額）¥6,000,000　残存価額は零（0）耐用年数は6年とし，定額法により計算している。

f．ソフトウェア償却高　ソフトウェアは，自社で利用する目的で前期首に¥400,000で取得したものであり，利用可能期間を5年とし，定額法により償却する。

g．保険料前払高　保険料のうち¥243,000は，令和○3年12月1日から3年分の保険料として支払ったものであり，前払高を次期に繰り延べる。

h．利息未収高　¥35,000

i．退職給付引当金繰入額　¥670,000

j．法人税・住民税及び事業税額　¥1,872,000

4 下記の取引の仕訳を示しなさい。ただし，勘定科目は，次のなかからもっとも適当なものを使用すること。

現金	当座預金	受取手形	売掛金
売買目的有価証券	備品	リース資産	その他有価証券
支払手形	買掛金	未払金	前受金
保証債務	リース債務	資本金	資本準備金
その他資本剰余金	繰越利益剰余金	売上	有価証券利息
有価証券売却益	為替差損益	保証債務取崩益	仕入割引
保証債務費用	支払リース料	手形売却損	有価証券売却損

a．売買目的で保有している宮崎建設株式会社の株式500株を1株につき￥4,370で売却し，代金は当座預金口座に振り込まれた。ただし，この株式の当期首の帳簿価額は￥1,528,000　株式数は400株であった。また，当期中に追加で同社の株式600株を1株につき￥4,120で購入している。なお，単価の計算は移動平均法によっている。

b．当期首において，リース会社と備品のリース契約（オペレーティング・リース取引，リース期間：6年，見積現金購入価額￥81,000，リース料：年額￥20,000，毎年3月末払い）を結んでいたが，本日，1回目のリース料を小切手を振り出して支払った。

c．さきに米国の取引先から注文を受けていた8,000ドルの商品を本日輸出した。なお，この商品代金のうち3,000ドルについては前受金として以前に受け取っており，残額については翌月受け取ることにした。
　　前受金受取日の為替相場：1ドル137円　　商品輸出日の為替相場：1ドル139円

d．得意先沖縄商店から受け取っていた同店振り出しの約束手形￥1,200,000を取引銀行で割り引き，割引料を差し引かれた手取金￥1,182,000は当座預金とした。なお，保証債務の時価は手形額面金額の1％とする。

e．札幌商事株式会社は，株主総会の決議によって資本金￥4,000,000を減少して，その他資本剰余金を同額増加させたうえで，繰越利益剰余金勘定の借方残高￥4,000,000をてん補した。

f．盛岡商店に対する買掛金￥500,000の支払いにあたり，期日の10日前に割引額を差し引いた金額￥495,000を小切手を振り出して支払った。なお，盛岡商店とは買掛金を期日の7日以前に支払うときに割引を受ける契約をしている。

g．外国企業のB社に対する売掛金5,000ドルの決済にあたり，当座預金口座に振り込まれた。なお，商品の輸出時の為替相場は1ドルあたり￥140で，決済時の為替相場は1ドルあたり￥136であった。

第11回　簿記実務検定１級模擬試験問題　会　計

解答上の注意

1　解答にあたえられた時間は90分です。試験開始後の途中退室はできません。

2　問題は全部で４問あります。

3　解答はすべて別紙解答用紙に記入しなさい。　解答用紙　p.137～140

●学習振り返りシート（模擬問題を解いた後に記入して，チェックボックス（□）に印をつけましょう。）

第１問　適語選択・英語表記の問題

小分類	出題内容・つまずいたポイント	点　数	チェック
(1)		点	□
(2)		点	□

第２問　計算・連結財務諸表・分析の問題

小分類	出題内容・つまずいたポイント	点　数	チェック
(1)		点	□
(2)		点	□
(3)		点	□

第３問　決算の問題

小分類	出題内容・つまずいたポイント	点　数	チェック
損益計算書		点	□
株主資本等変動計算書		点	□

第４問　仕訳の問題

小分類	出題内容・つまずいたポイント	点　数	チェック
a.		点	□
b.		点	□
c.		点	□
d.		点	□
e.		点	□
f.		点	□
g.		点	□

合　計　点　数
(　　　　／100　)

1 次の各問いに答えなさい。

(1) 次の各文の [　　　] にあてはまるもっとも適当な語を，下記の語群のなかから選び，その番号を記入しなさい。

a．経営破綻の状態には至っていないが，債務の弁済に重大な問題が生じているか，または生じる可能性が高い債務者に対する債権を [ア] という。これに対する貸倒見積高の算定方法には財務内容評価法とキャッシュ・フロー見積法がある。

b．一つの会計事実について，二つ以上の会計処理の原則および手続きの選択適用が認められている場合，いったん採用した会計処理の原則または手続きは，正当な理由がないかぎり，変更してはならない。これを [イ] という。これにより，財務諸表の期間比較が可能になり，[ウ] を防止することができる。

c．株主・債権者など企業の経営に直接かかわらない外部の者に対しておこなう外部報告会計を財務会計という。この会計には，配当金などによる企業の財産の分配について，それが適正である根拠を財務諸表によって示し，利害関係者を納得させる [エ] 機能がある。また，投資家に対して意思決定に必要な財務諸表を開示する情報提供機能もあり，これは企業の資金調達を円滑にする重要な機能とされている。

1．一般債権	2．破産更生債権	3．貸倒懸念債権	4．継続性の原則
5．正規の簿記の原則	6．明瞭性の原則	7．単一性の原則	8．内部分析
9．利益操作	10．管理会計	11．情報提供	12．利害調整

(2) 次の用語の英語表記を，下記の語群のなかから選び，その番号を記入しなさい。

ア．国際財務報告基準　　イ．国際会計基準審議会　　ウ．親　会　社

1．IFRS	2．ROE	3．earned surplus
4．IASB	5．ROA	6．depreciation
7．ASBJ	8．B/S	9．parent company

2 次の各問いに答えなさい。

(1) 次の資料によって，①貸借対照表に記載する前受金，②損益計算書に記載する為替差益または為替差損の金額を求めなさい。なお，決算日における為替相場は1ドルあたり¥105である。

資　料

i　売掛金　外貨額30,000ドル　帳簿価額¥3,210,000

ii　前受金　外貨額28,000ドル　帳簿価額¥3,052,000

(2) 次の資料により，令和○7年3月31日（連結決算日）における連結損益計算書，連結株主資本等変動計算書および連結貸借対照表を作成しなさい。

資　　料

i　令和○7年3月31日における個別財務諸表

貸借対照表

P社　令和○7年3月31日　（単位：千円）

諸資産	6,080	諸負債	2,100
子会社株式	1,720	資本金	3,000
		資本剰余金	900
		利益剰余金	1,800
	7,800		7,800

損益計算書

P社　令和○6年4月1日から令和○7年3月31日まで（単位：千円）

売上原価	3,200	売上高	5,000
給料	900	受取配当金	450
当期純利益	1,350		
	5,450		5,450

貸借対照表

S社　令和○7年3月31日　（単位：千円）

諸資産	3,080	諸負債	780
		資本金	1,200
		資本剰余金	350
		利益剰余金	750
	3,080		3,080

損益計算書

S社　令和○6年4月1日から令和○7年3月31日まで（単位：千円）

売上原価	1,600	売上高	2,700
給料	500		
当期純利益	600		
	2,700		2,700

ii　P社は，令和○6年3月31日にS社の発行する株式の80％を1,720千円で取得し支配した。取得日のS社の資本は，資本金1,200千円　資本剰余金350千円　利益剰余金550千円であった。なお，令和○6年3月31日におけるS社の資産および負債の時価は帳簿価額に等しかった。

iii　のれんは償却期間を20年間とし，定額法により償却する。

iv　当期中にP社が計上した純利益は1,350千円であり，S社が計上した純利益は600千円であった。

v　当期中にP社が支払った配当金は1,100千円であり，S社が支払った配当金は400千円であった。

vi　P社とS社相互間の債権・債務の取引はなかった。

vii　P社とS社相互間で売買された資産はなかった。

(3) 仙台産業株式会社の下記の比較損益計算書と資料によって，次の文の［　　］のなかに入る適当な金額または比率を記入しなさい。また，{　　} のなかから，いずれか適当な語を選び，その番号を記入しなさい。

第24期は，第23期に比べて売上高が増加し，当期純利益も第23期の￥［ a ］から￥749,700に増加した。しかし，売上高純利益率は第23期の5.0％から［ b ］％に低下している。そこで，他の利益率を調べてみると，売上高総利益率は第23期・24期ともに［ c ］％と変化がなく，売上高経常利益率は，第23期の7.4％から第24期の［ d ］％とやや増加した。特別利益にも大きな変化が見られないことから，売上高純利益率が低下したのは，第24期に特別損失が￥［ e ］に増加したことが原因といえる。

一方，固定資産と資本金の金額が大幅に増加していることから，株式発行によって調達した資金で新規の固定資産を購入し，事業の拡大を図っていることがわかる。期末の自己資本を用いて自己資本回転率を調べてみると，第23期の1.12回から第24期の［ f ］回と　g {1．安全性　2．収益性} が低下しており，固定資産回転率も低下していることから，投資の効果がまだあらわれていないと判断できる。今後も設備投資の有効性を注目していく必要がある。

比　較　損　益　計　算　書　(単位：円)

項　　目	第23期	第24期
売　上　高	14,840,000	15,300,000
売　上　原　価	(　　)	6,426,000
(　　)	(　　)	(　　)
販売費及び一般管理費	7,431,000	(　　)
(　　)	1,176,200	1,239,300
営業外収益	75,000	76,200
営業外費用	153,040	152,700
(　　)	(　　)	(　　)
特　別　利　益	15,000	15,300
特　別　損　失	53,160	(　　)
(　　)	(　　)	(　　)
(　　)	318,000	(　　)
(　　)	(　　)	749,700

資　　　料

i　比較貸借対照表に関する金額

項　目		第23期	第24期
資産	流動資産	13,125,000	13,837,500
	固定資産	9,275,000	11,250,000
負債	流動負債	6,225,000	6,150,000
	固定負債	2,925,000	3,000,000
純資産	資　本　金	8,600,000	11,250,000
	資本剰余金	2,647,500	2,647,500
	利益剰余金	2,002,500	2,040,000

ii　固定資産回転率

第23期　1.60回　　第24期　1.36回

iii　第23期・第24期とも法人税・住民税及び事業税は税引前当期純利益の30％である。

3 福島商事株式会社の純資産の部に関する事項，総勘定元帳勘定残高，付記事項および決算整理事項によって，

(1) 報告式の損益計算書を完成しなさい。

(2) 株主資本等変動計算書を完成しなさい。

(3) 貸借対照表に記載する流動負債合計の金額を求めなさい。

ただし，i 会社計算規則によること。

ii 会計期間は令和○4年4月1日から令和○5年3月31日までとする。

純資産の部に関する事項

令和○4年6月25日 定時株主総会において，次のとおり繰越利益剰余金を配当および処分することを決議した。

利益準備金 会社法による額　　配 当 金 ¥1,200,000

新築積立金 ¥30,000

元帳勘定残高

現金	¥ 2,252,680	当座預金	¥ 2,798,700	受取手形	¥ 2,520,000
売掛金	3,400,000	貸倒引当金	96,000	売買目的有価証券	2,905,000
繰越商品	5,705,600	仮払法人税等	785,800	建物	6,800,000
建物減価償却累計額	3,400,000	備品	2,600,000	備品減価償却累計額	650,000
土地	3,150,000	ソフトウェア	600,000	満期保有目的債券	1,782,000
その他有価証券	1,170,000	支払手形	2,360,400	買掛金	2,963,730
長期借入金	4,800,000	退職給付引当金	841,250	資本金	9,000,000
資本準備金	550,000	利益準備金	620,000	新築積立金	120,000
繰越利益剰余金	406,000	新株予約権	1,200,000	売上	69,072,240
受取配当金	93,200	有価証券利息	36,000	固定資産売却益	734,000
仕入	46,778,400	給料	9,895,000	発送費	903,160
広告料	1,154,390	保険料	586,400	租税公課	406,400
雑費	261,240	支払利息	108,000	固定資産除却損	380,050

付記事項

① 売掛金のうち¥436,000は，北西商店に対する前期末のものであり，同店はすでに倒産しているため，貸し倒れとして処理する。

決算整理事項

a．期末商品棚卸高

	帳簿棚卸数量	実地棚卸数量	原価	正味売却価額
A 品	800個	800個	@¥3,120	@¥3,040
B 品	2,100〃	2,000〃	〃〃1,200	〃〃1,260

ただし，棚卸減耗損および商品評価損は売上原価の内訳項目とする。

b．外貨建取引の円換算　当社が保有している外貨建取引による売掛金および買掛金は，取引日の為替レートで円換算しており，為替予約はおこなっていない。

	取引額	取引日の為替レート	決算日の為替レート
売掛金	8,000ドル	1ドル128円	1ドル130円
買掛金	9,000ドル	1ドル125円	1ドル130円

c．貸倒見積高　売上債権の期末残高に対し，それぞれ2％と見積もり，貸倒引当金を設定する。ただし，法人税法上の繰入限度超過額¥55,000については損金として認められなかった。なお，法定実効税率30％として，税効果会計を適用する。

d．有価証券評価高　保有する株式および債券は次のとおりである。なお，その他有価証券については，法定実効税率30％として，税効果会計を適用する。

売買目的有価証券：甲商事株式会社 35株　時価 1株 ¥84,600

満期保有目的債券：償却原価法によって¥1,788,000に評価する。

その他有価証券：乙物産株式会社 60株　時価 1株 ¥23,000

e．減価償却高　建物：定額法により，残存価額は零（0） 耐用年数は50年とする。

備品：定率法により，毎期の償却率を25％とする。

f．ソフトウェア償却高　ソフトウェアは，前期首に事務効率化の目的で取得したものであり，利用可能期間を5年とし，定額法により償却する。

g．保険料前払高　保険料のうち¥342,000は，令和○4年7月1日から3年分の保険料として支払ったものであり，前払高を次期に繰り延べる。

h．利息未払高　長期借入金に対する利息は，利率年3％で，毎年6月末と12月末に経過した6か月分を支払う契約となっており，未払高を計上する。

i．退職給付引当金繰入額　¥ 524,800

j．法人税・住民税及び事業税額　¥2,144,700

4 下記の取引の仕訳を示しなさい。ただし，勘定科目は，次のなかからもっとも適当なものを使用すること。

現金	当座預金	電子記録債権	売掛金
売買目的有価証券	建設仮勘定	構築物	ソフトウェア仮勘定
ソフトウェア	満期保有目的債券	その他有価証券	繰延税金資産
電子記録債務	買掛金	未払金	契約負債
繰延税金負債	資本金	資本準備金	その他資本剰余金
繰越利益剰余金	自己株式	役務収益	有価証券利息
役務原価	ソフトウェア償却	保証債務費用	法人税等調整額

a．東京商事株式会社は，かねて自社の敷地内に広告塔の建設を依頼していたが，本日完成し，引き渡しを受けたので，建設代金 ¥1,250,000 のうち，すでに支払ってある ¥750,000 を差し引いて，残額は小切手を振り出して支払った。

b．かねて自社利用目的として制作を外部に依頼していたソフトウェアが完成し，引き渡しを受けたので，契約総額 ¥2,500,000 のうち，すでに支払ってある金額を差し引いた残額 ¥1,000,000 を小切手を振り出して支払った。

c．満期まで保有する目的で，水戸物産株式会社の額面 ¥4,500,000 の社債を，額面 ¥100 につき ¥98.40 で買い入れ，代金は買入手数料 ¥10,000 および端数利息 ¥17,000 とともに小切手を振り出して支払った。

d．大学受験に向けた予備校を経営している伊勢崎学園は，開講予定の講座（受講期間 6 か月）の受講料 ¥2,400,000 を受け取っていたが，本日，講座の日程がすべて終了した。

e．前橋商事株式会社は，保有する自己株式（1 株の帳簿価額 ¥30,000）200 株を消却した。

f．旅行業を営む横浜観光株式会社は，国内のツアーを実施し，サービスの提供にともなう費用 ¥683,500 を現金で支払った。

g．決算において，売掛金の期末残高 ¥3,000,000 に対して 2 %の貸倒引当金を設定したが，損金算入限度額は ¥40,000 であるため，その超過額 ¥20,000 については，損金として認められなかった。そのため，税効果会計を適用する。なお，法定実効税率は 30 %とする。

第12回　簿記実務検定１級模擬試験問題　会　計

解答上の注意

1　解答にあたえられた時間は90分です。試験開始後の途中退室はできません。

2　問題は全部で４問あります。

3　解答はすべて別紙解答用紙に記入しなさい。　解答用紙　p.141～144

●学習振り返りシート（模擬問題を解いた後に記入して，チェックボックス（□）に印をつけましょう。）

第１問　適語選択・英語表記の問題			
小分類	出題内容・つまずいたポイント	点　数	チェック
(1)		点	□
(2)		点	□

第２問　計算・連結財務諸表・分析の問題			
小分類	出題内容・つまずいたポイント	点　数	チェック
(1)		点	□
(2)		点	□
(3)		点	□

第３問　決算の問題			
小分類	出題内容・つまずいたポイント	点　数	チェック
貸借対照表		点	□
損益計算書		点	□

第４問　仕訳の問題			
小分類	出題内容・つまずいたポイント	点　数	チェック
a.		点	□
b.		点	□
c.		点	□
d.		点	□
e.		点	□
f.		点	□
g.		点	□

合　計　点　数
（　　　　／100　）

1 次の各問いに答えなさい。

(1) 次の各文の [　　] にあてはまるもっとも適当な語を，下記の語群のなかから選び，その番号を記入しなさい。

a．株主総会提出のため，租税目的のためなど，利用目的の違いから形式の異なる財務諸表を作成する必要がある場合，それらの内容は信頼しうる [ア] にもとづいて作成されたものであり，実質的に同じでなければならない。これを [イ] の原則という。

b．国民経済の健全な発展と投資者の保護を目的として，財務諸表の作成や監査についての規定を設け，証券取引所に株式が上場されている会社などが適用対象となる法律を [ウ] という。この規定では有価証券報告書や有価証券届出書の提出を求められているが，それらに含まれる貸借対照表や損益計算書などは [エ] に定められた項目の分類・配列・区分表示にしたがって作成する。

1．財務指標	2．会計記録	3．経営者	4．明瞭性
5．単一性	6．継続性	7．保守主義	8．金融商品取引法
9．会社法	10．法人税法	11．財務諸表等規則	12．国際財務報告基準

(2) 次の用語の英語表記を，下記の語群のなかから選び，その番号を記入しなさい。

ア．企業会計基準委員会　　イ．財務諸表　　ウ．継続企業

1．ASBJ	2．IASB	3．IFRS
4．P/L	5．IOSCO	6．financial statements
7．going concern	8．accounting period	9．accounting postulates

2 次の各問いに答えなさい。

(1) 次の資料によって，税効果会計を適用した場合における法人税等調整額の金額を求めなさい。なお，法定実効税率は30％である。

資　　料

i　当期首に¥1,200,000で取得していたその他有価証券について，当期末における時価¥1,150,000に評価替えをおこなった。

ii　当期首に¥3,000,000で取得して使用を開始していた備品について，定額法により減価償却をおこなったが，そのうち¥125,000は税務上損金に算入することが認められなかった。

(2) 次の資料により，令和○5年3月31日（連結決算日）における連結損益計算書，連結株主資本等変動計算書および連結貸借対照表を作成しなさい。

資　　料

i　令和○5年3月31日における個別財務諸表

貸 借 対 照 表

P社　　令和○5年3月31日　　(単位：千円)

諸資産	540,000	諸負債	400,000
子会社株式	160,000	資本金	200,000
		利益剰余金	100,000
	700,000		700,000

損 益 計 算 書

P社　　令和○4年4月1日から令和○5年3月31日まで　　(単位：千円)

売上原価	600,000	売上高	800,000
給料	180,000	受取配当金	8,000
当期純利益	28,000		
	808,000		808,000

貸 借 対 照 表

S社　　令和○5年3月31日　　(単位：千円)

諸資産	365,000	諸負債	170,000
		資本金	100,000
		利益剰余金	95,000
	365,000		365,000

損 益 計 算 書

S社　　令和○4年4月1日から令和○5年3月31日まで　　(単位：千円)

売上原価	560,000	売上高	760,000
給料	180,000		
当期純利益	20,000		
	760,000		760,000

株主資本等変動計算書

令和○4年4月1日から令和○5年3月31日まで　(単位：千円)

	資本金		利益剰余金	
	P社	S社	P社	S社
当期首残高	200,000	100,000	88,000	85,000
当期変動額　剰余金の配当			△16,000	△10,000
当期純利益			28,000	20,000
当期末残高	200,000	100,000	100,000	95,000

ii　P社は，令和○4年3月31日にS社の発行する株式の80%を160,000千円で取得し支配した。取得日のS社の資本は，資本金100,000千円　利益剰余金85,000千円であった。なお，令和○4年3月31日におけるS社の資産および負債の時価は帳簿価額に等しかった。

iii　のれんは償却期間を10年間とし，定額法により償却する。

iv　P社とS社相互間の債権・債務の取引や資産の売買はなかった。

(3) 同種企業であるA株式会社とB株式会社の下記の資料によって，次の各問いに答えなさい。

① 次の文の ［　　　］ のなかに入る適当な比率を記入しなさい。また，｛　　｝のなかから，いずれか適当な語を選び，その番号を記入しなさい。

a．流動比率は，A株式会社は ［ア］ ％であり，B株式会社は180％である。よって，流動比率によれば，A株式会社はB株式会社に比べて短期的な支払能力は　イ．｛1．高い　2．低い｝ことがわかる。

b．前期の売上高と当期の売上高を比べて売上高成長率（増収率）を求めると，A株式会社の5％に対して，B株式会社は ［ウ］ ％となる。よって，売上高成長率（増収率）は　エ．｛1．A株式会社　2．B株式会社｝のほうが良いことがわかる。

c．売上債権の期首と期末の平均を用いて計算した受取勘定回転率は，A株式会社の25回に対して，B株式会社は ［オ］ 回である。よって，売上債権の回収はB株式会社が，A株式会社よりもカ．｛1．早い　2．遅い｝ことがわかる。

② 次の金額を求めなさい。

a．A株式会社の投資有価証券勘定（キの金額）　　b．B株式会社の有形固定資産の合計額

A株式会社の資料

i　第7期の貸借対照表

貸借対照表

A株式会社　令和○9年3月31日　（単位：円）

資産	金額	負債・純資産	金額
現金預金	1,182,000	支払手形	2,340,000
受取手形	1,560,000	買掛金	2,540,000
売掛金	1,218,000	未払法人税等	510,000
有価証券	3,600,000	前受金	10,000
商品	3,012,000	長期借入金	2,715,000
前払費用	228,000	退職給付引当金	885,000
備品	2,895,000	資本金	12,000,000
土地	5,460,000	資本準備金	1,125,000
投資有価証券	（　キ　）	利益準備金	（　　）
長期貸付金	3,300,000	繰越利益剰余金	1,290,000
	（　　）		（　　）

ii　第6期の損益計算書に関する金額（一部）

売上高　¥67,500,000

iii　第7期の損益計算書に関する金額（一部）

売上高　¥70,875,000

売上原価　¥53,460,000

（商品評価損と棚卸減耗損はなかった）

当期純利益　¥900,000

iv　第7期の財務比率

自己資本利益率　6％

（期末の自己資本による）

固定比率　88％

負債比率　60％

v　その他

期首の売上債権　¥2,892,000

B株式会社の資料

i　第7期の貸借対照表

貸借対照表

B株式会社　令和○9年3月31日　（単位：円）

資産	金額	負債・純資産	金額
現金預金	690,000	支払手形	2,841,000
受取手形	1,896,000	買掛金	2,670,000
売掛金	2,454,000	未払法人税等	780,000
有価証券	3,150,000	前受金	9,000
商品	（　　）	長期借入金	（　　）
前払費用	195,000	退職給付引当金	975,000
備品	2,550,000	資本金	9,600,000
土地	（　　）	資本準備金	1,245,000
投資有価証券	1,155,000	利益準備金	（　　）
長期貸付金	3,525,000	繰越利益剰余金	1,530,000
	22,950,000		22,950,000

ii　第6期の損益計算書に関する金額（一部）

売上高　¥75,000,000

iii　第7期の損益計算書に関する金額（一部）

売上高　¥85,500,000

期首商品棚卸高　¥2,745,000

売上総利益　¥19,950,000

（商品評価損と棚卸減耗損はなかった）

当期純利益　¥1,275,000

iv　第7期の財務比率

自己資本利益率　10％

（期末の自己資本による）

負債比率　80％

商品回転率　23回

（期首と期末の商品有高の平均と売上原価による）

v　その他

期首の売上債権　¥4,200,000

3 広島商事株式会社の総勘定元帳勘定残高と付記事項および決算整理事項によって，

(1) 報告式の貸借対照表を完成しなさい。

(2) 報告式の損益計算書（営業利益まで）を完成しなさい。

(3) 損益計算書に記載する経常利益の金額を求めなさい。

ただし，i　会社計算規則によること。

　　　　ii　会計期間は令和○4年4月1日から令和○5年3月31日までとする。

元帳勘定残高

現金	¥ 2,704,570	当座預金	¥ 3,015,230	電子記録債権	¥ 3,600,000
売掛金	3,720,000	貸倒引当金	26,200	売買目的有価証券	5,353,500
繰越商品	5,405,000	仮払法人税等	704,100	建物	8,400,000
備品	2,500,000	備品減価償却累計額	500,000	リース資産	2,020,000
リース資産減価償却累計額	404,000	ソフトウェア	1,076,000	満期保有目的債券	2,880,000
その他有価証券	3,360,000	電子記録債務	3,320,000	買掛金	2,256,400
長期借入金	3,000,000	リース債務	1,212,000	退職給付引当金	854,400
資本金	19,400,000	資本準備金	2,000,000	その他資本剰余金	480,000
利益準備金	1,800,000	別途積立金	438,000	繰越利益剰余金	627,000
新株予約権	100,000	売上	79,052,000	受取配当金	129,600
有価証券利息	120,000	固定資産売却益	79,600	仕入	62,071,200
給料	4,983,200	発送費	880,760	広告料	809,640
支払地代	1,035,800	保険料	575,600	水道光熱費	174,610
支払手数料	84,000	租税公課	145,330	雑費	50,660
支払利息	105,000	電子記録債権売却損	25,000	固定資産除却損	120,000

付記事項

① 支払手数料 ¥84,000 は，当期首に取得した建物 ¥8,400,000 の買入手数料と判明したので，適切な科目に訂正する。

② リース債務 ¥1,212,000 は，令和○8年3月31日までリース契約をしているコピー機に対するものであり，決算日の翌日から1年以内に支払期限の到来する部分は流動負債として表示する。なお，リース期間は5年，リース料は毎年3月末日払いである。

決算整理事項

a．期末商品棚卸高

	帳簿棚卸数量	実地棚卸数量	原価	正味売却価額
A品	2,000個	1,960個	@¥1,250	@¥1,210
B品	950〃	950〃	〃〃2,600	〃〃2,640

ただし，棚卸減耗損および商品評価損は売上原価の内訳項目とする。

b．外貨建取引の円換算　当社が保有している外貨建取引による売掛金および買掛金は，取引日の為替レートで円換算しており，為替予約はおこなっていない。

	取引額	取引日の為替レート	決算日の為替レート
売掛金	20,000ドル	1ドル130円	1ドル134円
買掛金	14,000ドル	1ドル131円	1ドル134円

c．貸倒見積高　売上債権の期末残高に対し，それぞれ2％と見積もり，貸倒引当金を設定する。

d．有価証券評価高　保有する株式および債券は次のとおりである。なお，その他有価証券については，法定実効税率30％として，税効果会計を適用する。

売買目的有価証券：甲通信株式会社　150株　時価　1株 ¥34,870

満期保有目的債券：償却原価法によって ¥2,920,000 に評価する。

その他有価証券：乙産業株式会社　70株　時価　1株 ¥49,000

e．減価償却高　建物：定額法により，残存価額は零（0）耐用年数は30年とする。

備品：定率法により，毎期の償却率を20％とする。

リース資産：定額法により，残存価額は零（0）耐用年数は5年とする。

f．ソフトウェア償却高　ソフトウェアは，前期首に自社利用の目的で取得したものであり，利用可能期間を5年とし，定額法により償却する。

g．保険料前払高　保険料のうち ¥276,000 は，令和○4年10月1日から2年分の保険料として支払ったものであり，前払高を次期に繰り延べる。

h．利息未払高　長期借入金に対する利息は，利率年4％で，毎年4月末と10月末に経過した6か月分を支払う契約となっており，未払高を計上する。

i．退職給付引当金繰入額　¥670,000

j．法人税・住民税及び事業税額　¥1,872,000

4 下記の取引の仕訳を示しなさい。ただし，勘定科目は，次のなかからもっとも適当なものを使用すること。

現金	当座預金	電子記録債権	売掛金
建物	備品	機械装置	機械装置減価償却累計額
のれん	その他有価証券	繰延税金資産	電子記録債務
買掛金	未払金	長期借入金	繰延税金負債
資本金	その他資本剰余金	自己株式	その他有価証券評価差額金
新株予約権	仕入割引	固定資産売却益	創立費
株式交付費	電子記録債権売却損	固定資産売却損	法人税等調整額

a．電子債権記録機関に取引銀行を通じて電子記録債権 ¥500,000 の取引銀行への譲渡記録をおこない，取引銀行から ¥4,000 が差し引かれた残額が当座預金口座に振り込まれた。

b．金沢鉱業株式会社（決算年1回）は，第22期初頭に鉱業用の機械装置を ¥5,880,000 で買い入れ，この代金は，これまで使用してきた機械装置を ¥2,160,000 で引き取らせ，新しい機械装置の代金との差額は月末に支払うことにした。ただし，これまで使用してきた古い機械装置は第19期に ¥5,500,000 で買い入れたもので，残存価額は零（0） 予定総利用時間数は50,000時間 前期末までの実際総利用時間数は28,000時間であり，生産高比例法によって減価償却費を計算し，間接法で記帳してきた。

c．甲府商事株式会社は，次の財政状態にある東西商会を取得し，取得代金は小切手を振り出して支払った。ただし，同商会の平均利益額は ¥672,000 同種の企業の平均利益率は8％として収益還元価値を求め，その金額を取得代金とした。なお，東西商会の貸借対照表に示されている資産および負債の帳簿価額は時価に等しいものとする。

東西商会　　貸借対照表　　（単位：円）

売掛金	6,600,000	買掛金	6,400,000
建物	7,600,000	長期借入金	3,600,000
備品	2,840,000	資本金	7,040,000
	17,040,000		17,040,000

d．名古屋物産株式会社は，設立にさいし，株式900株を1株につき ¥65,000 で発行し，全額の引き受け・払い込みを受け，払込金は当座預金とした。ただし，資本金とする額は会社法が規定する原則を適用する。なお，設立準備に要した諸費用 ¥5,300,000 は小切手を振り出して支払った。

e．津商事株式会社は，新株予約権10個を1個につき ¥50,000 で発行していたが，そのうち5個の権利行使があったので，自己株式 ¥3,800,000 を交付し，払い込みを受けた権利行使価額 ¥4,000,000（新株予約権1個あたりの権利行使価額 ¥800,000）を当座預金とした。

f．大津商店に対する買掛金 ¥600,000 の支払いにあたり，支払期日前のため，契約によって2％の割引を受け，割引額を差し引いた金額は小切手を振り出して支払った。

g．決算にあたり，その他有価証券として保有する神戸産業株式会社の株式40株（1株の帳簿価額 ¥90,000）を1株につき時価 ¥80,000 に評価替えする。なお，税効果会計を適用し，法定実効税率は30％とする。

1級会計模擬試験問題　第１回〔解　答　用　紙〕

1

(1)

ア	イ	ウ	エ

(2)

ア	イ	ウ

2

(1)

期末商品棚卸高(原価)　¥

(2)

ア	千円	イ	千円
ウ	千円	エ	千円

(3)

①

a	%	b	%
c	回		

②

a	%	b	%
c	回		

③

ア	%	イ	%	ウ	

1 得点		**2** 得点		**3** 得点		**4** 得点		合計	

組	番号	名　　　前

3 (1)

損益計算書

宮崎産業株式会社　　令和○6年4月1日から令和○7年3月31日まで　　(単位：円)

Ⅰ 売上高		(　　)
Ⅱ 売上原価		
1. 期首商品棚卸高	(　　)	
2. 当期商品仕入高	(　　)	
合計	(　　)	
3. 期末商品棚卸高	(　　)	
	(　　)	
4. (　　)	(　　)	
5. (　　)	(　　)	(　　)
売上総利益		(　　)
Ⅲ 販売費及び一般管理費		
1. 給料	4,098,000	
2. 発送費	1,250,000	
3. 広告料	1,060,000	
4. (　　)	(　　)	
5. (　　)	(　　)	
6. (　　)	(　　)	
7. 支払家賃	1,728,000	
8. 保険料	(　　)	
9. 租税公課	98,000	
10. (　　)	(　　)	(　　)
営業利益		(　　)
Ⅳ 営業外収益		
1. 受取配当金	(　　)	
2. (　　)	(　　)	(　　)
Ⅴ 営業外費用		
1. 支払利息	(　　)	(　　)
経常利益		(　　)
Ⅵ 特別利益		
1. 固定資産売却益	(　　)	(　　)
Ⅶ 特別損失		
1. 固定資産除却損	(　　)	(　　)
税引前当期純利益		(　　)
法人税・住民税及び事業税		(　　)
当期純利益		(　　)

(2)

貸借対照表

宮崎産業株式会社　　令和○7年3月31日　　(単位：円)

資産の部

Ⅰ 流動資産			
1. 現金預金		(　　)	
2. 電子記録債権	1,700,000		
貸倒引当金	(　　)	(　　)	
3. 売掛金	1,300,000		
貸倒引当金	(　　)	(　　)	
4. 有価証券		(　　)	
5. 商品		(　　)	
6. 前払費用		(　　)	
流動資産合計			(　　)
Ⅱ 固定資産			
(1) 有形固定資産			
1. 建物	1,800,000		
減価償却累計額	(　　)	(　　)	
2. 土地		4,000,000	
有形固定資産合計		(　　)	
(2) 投資その他の資産			
1. 長期貸付金		1,500,000	
投資その他の資産合計		1,500,000	
固定資産合計			(　　)
資産合計			(　　)

負債及び純資産合計	14,697,000

組	番号	名前

3 得点	

4

	借　　　　方	貸　　　　方
a		
b		
c		
d		
e		
f		
g		

4 得点	

1級会計模擬試験問題　第2回〔解　答　用　紙〕

1

(1)

ア	イ	ウ	エ

(2)

ア	イ	ウ

2

(1)

当座預金出納帳の次月繰越高	¥

(2)

ア	千円	イ	千円
ウ	千円	エ	千円

(3)

ア	%	イ	%	ウ	%	エ	

オ	¥	カ	¥

キ	%	ク	%	ケ	%	コ	回

1 得点		2 得点		3 得点		4 得点		合計	

組	番号	名　前

3 (1)

貸借対照表

大分商事株式会社　　令和○8年3月31日　　(単位：円)

資産の部			
Ⅰ 流動資産			
1. 現金預金		( )	
2. 電子記録債権	2,000,000		
貸倒引当金	( )	( )	
3. 売掛金	( )		
貸倒引当金	( )	( )	
4. ( )		( )	
5. 前払費用		( )	
流動資産合計			( )
Ⅱ 固定資産			
(1) 有形固定資産			
1. 備品	4,000,000		
減価償却累計額	( )	( )	
2. 土地		9,185,000	
有形固定資産合計		( )	
(2) 投資その他の資産			
1. 投資有価証券		( )	
投資その他の資産合計		( )	
固定資産合計			( )
資産合計			( )
負債の部			
Ⅰ 流動負債			
1. 電子記録債務		1,500,000	
2. 買掛金		2,497,000	
3. 短期借入金		1,500,000	
4. 未払金		161,000	
5. 未払費用		( )	
6. ( )		( )	
流動負債合計			( )
Ⅱ 固定負債			
1. 長期借入金		( )	
2. ( )		( )	
固定負債合計			( )
負債合計			( )
純資産の部			
Ⅰ 株主資本			
(1) 資本金			( )
(2) 資本剰余金			
1. 資本準備金		( )	
資本剰余金合計			( )
(3) 利益剰余金			
1. 利益準備金		760,000	
2. その他利益剰余金			
① 繰越利益剰余金		( )	
利益剰余金合計			( )
株主資本合計			( )
Ⅱ 評価・換算差額等			
1. その他有価証券評価差額金		( )	
評価・換算差額等合計			( )
純資産合計			( )
負債及び純資産合計			( )

(2)

損　益　計　算　書

大分商事株式会社　　令和○7年4月1日から令和○8年3月31日まで　　（単位：円）

Ⅰ 売上高		79,304,000
Ⅱ 売上原価		
1. 期首商品棚卸高	5,022,000	
2. 当期商品仕入高	52,865,000	
合計	57,887,000	
3. 期末商品棚卸高	(　　)	
	(　　)	
4.(　　)	(　　)	
5.(　　)	(　　)	(　　)
売上総利益		(　　)
Ⅲ 販売費及び一般管理費		
1. 給料	9,260,000	
2. 発送費	1,657,000	
3. 広告料	1,860,000	
4.(　　)	(　　)	
5.(　　)	(　　)	
6.(　　)	(　　)	
7. 保険料	(　　)	
8. 租税公課	796,000	
9. 支払家賃	2,270,000	
10. 水道光熱費	1,053,000	
11. 雑費	206,000	(　　)
営業利益		(　　)

組	番号	名前

3 得点	

4

	借　　　方	貸　　　方
a		
b		
c		
d		
e		
f		
g		

4 得点	

1級会計模擬試験問題　第3回〔解　答　用　紙〕

1

(1)

ア	イ	ウ	エ

(2)

ア	イ	ウ

2

(1)

①	工事進行基準による 当期の工事収益　¥	②	原価回収基準による 当期の工事収益　¥

(2)

ア	千円	イ	千円
ウ	千円	エ	千円

(3)

①

ア	千円	イ	千円
ウ	%		

②

エ	千円	オ	回
カ			

③

キ	千円	ク	%
ケ			

1 得点		**2** 得点		**3** 得点		**4** 得点		合計	

組	番号	名　　前

3 (1)

損　益　計　算　書

長野商事株式会社　　令和○6年4月1日から令和○7年3月31日まで　　(単位：円)

Ⅰ 売上高		74,200,000
Ⅱ 売上原価		
1. 期首商品棚卸高	1,038,000	
2. 当期商品仕入高	53,800,000	
合計	54,838,000	
3. 期末商品棚卸高	(　　)	
	(　　)	
4. (　　)	(　　)	
5. (　　)	(　　)	(　　)
売上総利益		(　　)
Ⅲ 販売費及び一般管理費		
1. 給料	8,000,000	
2. 発送費	1,740,000	
3. 広告料	1,360,000	
4. (　　)	(　　)	
5. (　　)	(　　)	
6. (　　)	(　　)	
7. 支払家賃	900,000	
8. 保険料	(　　)	
9. 租税公課	296,000	
10. (　　)	(　　)	(　　)
営業利益		(　　)
Ⅳ 営業外収益		
1. 受取地代	450,000	
2. 有価証券利息	(　　)	(　　)
Ⅴ 営業外費用		
1. 支払利息	160,000	
2. 手形売却損	40,000	
3. 為替差損	(　　)	(　　)
経常利益		(　　)
Ⅵ 特別利益		
1. 固定資産売却益	150,000	150,000
Ⅶ 特別損失		
1. 固定資産除却損	60,000	
2. 関係会社株式評価損	(　　)	(　　)
税引前当期純利益		(　　)
法人税・住民税及び事業税		(　　)
当期純利益		(　　)

(2)

株主資本等変動計算書

長野商事株式会社　令和○6年4月1日から令和○7年3月31日まで　(単位：円)

	資本金	資本剰余金		利益剰余金				純資産合計
		資本準備金	資本剰余金合計	利益準備金	その他利益剰余金		利益剰余金合計	
					別途積立金	繰越利益剰余金		
当期首残高	12,000,000	1,500,000	1,500,000	640,000	575,000	2,220,000	3,435,000	16,935,000
当期変動額								
剰余金の配当				(　　)		(　　)	△1,600,000	△1,600,000
別途積立金の積立					25,000	△25,000	——	——
当期純利益						(　　)	(　　)	(　　)
当期変動額合計	——	——	——	(　　)	25,000	(　　)	(　　)	(　　)
当期末残高	12,000,000	1,500,000	1,500,000	(　　)	600,000	(　　)	(　　)	(　　)

組	番号	名前

3 得点	

4

	借　　　方	貸　　　方
a		
b		
c		
d		
e		
f		
g		

4 得点	

1級会計模擬試験問題　第４回〔解　答　用　紙〕

1

(1)

ア	イ	ウ	エ

(2)

ア	イ	ウ

2

(1)

貸借対照表に記載する鉱業権の金額	¥

(2)

連結損益計算書

P社　令和○8年4月1日から令和○9年3月31日まで　(単位：千円)

売上原価	116,640	売上高	171,000
給料	30,600		
のれん償却	(　　)		
当期純利益	(　　)		
	171,000		171,000
非支配株主に帰属する当期純利益	(　　)	当期純利益	(　　)
親会社株主に帰属する当期純利益	(　　)		
	(　　)		(　　)

連結株主資本等変動計算書

P社　令和○8年4月1日から令和○9年3月31日まで　(単位：千円)

	資本金	利益剰余金	非支配株主持分
当期首残高	86,400	14,400	(　　)
当期変動額　剰余金の配当		△7,200	
親会社株主に帰属する当期純利益		(　　)	
株主資本以外の項目の当期変動額(純額)			(　　)
当期末残高	86,400	(　　)	(　　)

連結貸借対照表

P社　令和○9年3月31日　(単位：千円)

諸資産	187,200	諸負債	66,600
のれん	(　　)	資本金	(　　)
		利益剰余金	(　　)
		非支配株主持分	(　　)
	(　　)		(　　)

(3)

①

ア	回	イ		ウ	%	エ	%	オ		カ	%

②

a	千円	b	千円	c	千円

1 得点		2 得点		3 得点		4 得点		合計	

組	番号	名前

3 (1)

貸借対照表

静岡商事株式会社　　　令和○5年3月31日　　　(単位：円)

資産の部			
Ⅰ 流動資産			
1．現金預金		(　　)	
2．電子記録債権	1,600,000		
貸倒引当金	(　　)	(　　)	
3．売掛金	1,400,000		
貸倒引当金	(　　)	(　　)	
4．(　　)		(　　)	
5．(　　)		(　　)	
6．前払費用		(　　)	
流動資産合計			(　　)
Ⅱ 固定資産			
(1) 有形固定資産			
1．建物	4,500,000		
減価償却累計額	(　　)	(　　)	
2．備品	2,000,000		
減価償却累計額	(　　)	(　　)	
3．土地		16,100,000	
4．建設仮勘定		1,000,000	
有形固定資産合計		(　　)	
(2) 無形固定資産			
1．ソフトウェア		(　　)	
無形固定資産合計		(　　)	
(3) 投資その他の資産			
1．投資有価証券		(　　)	
2．長期前払費用		(　　)	
投資その他の資産合計		(　　)	
固定資産合計			(　　)
資産合計			(　　)
負債の部			
Ⅰ 流動負債			
1．電子記録債務		2,400,000	
2．買掛金		2,200,000	
3．(　　)		(　　)	
4．短期借入金		1,000,000	
5．(　　)		(　　)	
流動負債合計			(　　)
Ⅱ 固定負債			
1．長期借入金		2,000,000	
2．(　　)		(　　)	
3．繰延税金負債		(　　)	
固定負債合計			(　　)
負債合計			(　　)

純 資 産 の 部

Ⅰ 株 主 資 本		
(1) 資 本 金		12,000,000
(2) 資 本 剰 余 金		
1. 資 本 準 備 金	1,200,000	
資本剰余金合計		1,200,000
(3) 利 益 剰 余 金		
1. 利 益 準 備 金	1,250,000	
2. その他利益剰余金		
① 別 途 積 立 金	1,400,000	
② 繰越利益剰余金	( )	
利益剰余金合計		( )
株 主 資 本 合 計		( )
Ⅱ 評価・換算差額等		
1. その他有価証券評価差額金	( )	
評価・換算差額等合計		( )
純 資 産 合 計		( )
負債及び純資産合計		( )

(2)

損 益 計 算 書

静岡商事株式会社　令和○4年4月1日から令和○5年3月31日まで　(単位：円)

Ⅰ 売 上 高		71,580,000
Ⅱ 売 上 原 価		
1. 期首商品棚卸高	1,600,000	
2. 当期商品仕入高	49,540,000	
合 計	51,140,000	
3. 期末商品棚卸高	( )	
	( )	
4. ( )	( )	
5. ( )	( )	( )
売 上 総 利 益		( )
Ⅲ 販売費及び一般管理費		
1. 給 料	8,160,000	
2. 発 送 費	680,000	
3. 広 告 料	1,870,000	
4. ( )	( )	
5. ( )	( )	
6. ソフトウェア償却	( )	
7. ( )	( )	
8. 支 払 家 賃	1,910,000	
9. 消 耗 品 費	130,000	
10. 保 険 料	( )	
11. 租 税 公 課	340,000	
12. ( )	( )	( )
営 業 利 益		( )

(3)

損益計算書に記載する当期純利益　¥

組	番号	名　前

3 得点	

4

	借　　　方	貸　　　方
a		
b		
c		
d		
e		
f		
g		

4 得点	

1級会計模擬試験問題　第5回〔解　答　用　紙〕

1

(1)

ア	イ	ウ	エ

(2)

ア	イ	ウ

2

(1)

①	貸借対照表に記載する売掛金	¥	②	損益計算書に記載する為替差（　）	¥

※（　）内に「益」または「損」を記入すること。

(2)

連結損益計算書

P社　令和○3年4月1日から令和○4年3月31日まで　（単位：千円）

借方	金額	貸方	金額
売上原価	226,080	売上高	293,760
給料	55,600	受取利息	（　）
支払利息	560		
のれん償却	（　）		
当期純利益	（　）		
	（　）		（　）
非支配株主に帰属する当期純利益	（　）	当期純利益	（　）
親会社株主に帰属する当期純利益	（　）		
	（　）		（　）

連結株主資本等変動計算書

P社　令和○3年4月1日から令和○4年3月31日まで　（単位：千円）

	資本金	利益剰余金	非支配株主持分
当期首残高	108,800	27,040	（　）
当期変動額　剰余金の配当		△4,000	
親会社株主に帰属する当期純利益		（　）	
株主資本以外の項目の当期変動額(純額)			（　）
当期末残高	108,800	（　）	（　）

連結貸借対照表

P社　令和○4年3月31日　（単位：千円）

借方	金額	貸方	金額
諸資産	185,600	諸負債	38,400
のれん	（　）	資本金	（　）
		利益剰余金	（　）
		非支配株主持分	（　）
	（　）		（　）

(3)

①

ア	%	イ	千円	ウ	%	エ	%	オ	回

②　　③　　④

1 得点	2 得点	3 得点	4 得点	合計

組	番号	名前

3 (1)

損　益　計　算　書

青森物産株式会社　　令和○5年4月1日から令和○6年3月31日まで　　(単位：円)

Ⅰ 売上高		95,109,000
Ⅱ 売上原価		
1. 期首商品棚卸高	(　　)	
2. 当期商品仕入高	(　　)	
合計	(　　)	
3. 期末商品棚卸高	(　　)	
	(　　)	
4. (　　)	(　　)	
5. (　　)	(　　)	(　　)
売上総利益		(　　)
Ⅲ 販売費及び一般管理費		
1. 給料	4,802,000	
2. 発送費	1,310,000	
3. 広告料	3,860,000	
4. 貸倒損失	(　　)	
5. (　　)	(　　)	
6. (　　)	(　　)	
7. ソフトウェア償却	(　　)	
8. (　　)	(　　)	
9. 支払家賃	2,563,000	
10. 保険料	(　　)	
11. 租税公課	374,000	
12. (　　)	(　　)	(　　)
営業利益		(　　)
Ⅳ 営業外収益		
1. 受取利息	(　　)	
2. 有価証券利息	(　　)	
3. (　　)	(　　)	(　　)
Ⅴ 営業外費用		
1. 支払利息	130,000	
2. (　　)	(　　)	(　　)
経常利益		(　　)
Ⅵ 特別利益		
1. 固定資産売却益	(　　)	(　　)
Ⅶ 特別損失		
1. 固定資産除却損	190,000	190,000
税引前当期純利益		(　　)
法人税・住民税及び事業税	(　　)	
法人税等調整額	(　　)	(　　)
当期純利益		(　　)

(2)

貸　借　対　照　表

青森物産株式会社　　令和○6年3月31日　　(単位：円)

資　産　の　部

Ⅰ 流　動　資　産			
1. 現　金　預　金		(　　　)	
2. 電 子 記 録 債 権	(　　　)		
貸 倒 引 当 金	(　　　)	(　　　)	
3. 売　　掛　　金	(　　　)		
貸 倒 引 当 金	(　　　)	(　　　)	
4. (　　　　)		(　　　)	
5. (　　　　)		(　　　)	
6. 前　払　費　用		(　　　)	
7. 未　収　収　益		(　　　)	
流 動 資 産 合 計			(　　　)
Ⅱ 固　定　資　産			
(1) 有 形 固 定 資 産			
1. 備　　　品	4,000,000		
減 価 償 却 累 計 額	(　　　)	(　　　)	
2. 土　　　地		25,000,000	
有形固定資産合計		(　　　)	
(2) 無 形 固 定 資 産			
1. ソ フ ト ウ ェ ア		(　　　)	
無形固定資産合計		(　　　)	
(3) 投資その他の資産			
1. 投 資 有 価 証 券		(　　　)	
2. 長 期 貸 付 金		2,500,000	
3. 繰 延 税 金 資 産		(　　　)	
投資その他の資産合計		(　　　)	
固 定 資 産 合 計			(　　　)
資　産　合　計			(　　　)

〰〰〰〰〰〰〰〰〰〰〰〰

負債及び純資産合計	66,659,600

(3)

貸借対照表に記載する流動負債合計　¥

組	番号	名　　前

3 得点	

4

	借　　方	貸　　方
a		
b		
c		
d		
e		
f		
g		

4 得点	

1級会計模擬試験問題　第6回〔解　答　用　紙〕

1

(1)

ア	イ	ウ	エ

(2)

ア	イ	ウ

2

(1)

繰延税金資産　¥

(2)

連結損益計算書

P社　令和○2年4月1日から令和○3年3月31日まで　(単位：千円)

売上原価	14,220	売上高	21,780
給料	5,140		
(　　)	(　　)		
当期純利益	(　　)		
	21,780		21,780
非支配株主に帰属する当期純利益	(　　)	当期純利益	(　　)
親会社株主に帰属する当期純利益	(　　)		
	(　　)		(　　)

連結株主資本等変動計算書

P社　令和○2年4月1日から令和○3年3月31日まで　(単位：千円)

	資本金	利益剰余金	非支配株主持分
当期首残高	12,000	1,740	1,620
当期変動額　剰余金の配当		△1,540	
親会社株主に帰属する当期純利益		(　　)	
株主資本以外の項目の当期変動額(純額)			(　　)
当期末残高	12,000	(　　)	(　　)

連結貸借対照表

P社　令和○3年3月31日　(単位：千円)

諸資産	31,300	諸負債	15,560
(　　)	(　　)	資本金	(　　)
		利益剰余金	(　　)
		非支配株主持分	(　　)
	(　　)		(　　)

(3)

ア	%	イ	%	ウ	%	エ	%	オ	%	カ	%

キ	千円	ク	千円	ケ	千円

1 得点		**2** 得点		**3** 得点		**4** 得点		合計	

組	番号	名前

3 (1)

貸借対照表

新潟商事株式会社　　令和○5年3月31日　　(単位：円)

資産の部			
Ⅰ 流動資産			
1．現金預金		( )	
2．電子記録債権	3,600,000		
貸倒引当金	( )	( )	
3．売掛金	( )		
貸倒引当金	( )	( )	
4．( )		( )	
5．( )		( )	
6．前払費用		( )	
流動資産合計			( )
Ⅱ 固定資産			
(1) 有形固定資産			
1．建物	79,600,000		
減価償却累計額	( )	( )	
2．土地		13,840,000	
3．リース資産	4,500,000		
減価償却累計額	( )	( )	
有形固定資産合計		( )	
(2) 投資その他の資産			
1．関係会社株式		( )	
投資その他の資産合計		( )	
固定資産合計			( )
資産合計			( )
負債の部			
Ⅰ 流動負債			
1．電子記録債務		3,744,000	
2．買掛金		( )	
3．リース債務		( )	
4．前受収益		( )	
5．( )		( )	
流動負債合計			( )
Ⅱ 固定負債			
1．リース債務		( )	
2．( )		( )	
固定負債合計			( )
負債合計			( )
純資産の部			
Ⅰ 株主資本			
(1) 資本金			80,000,000
(2) 資本剰余金			
1．資本準備金		3,600,000	
資本剰余金合計			3,600,000
(3) 利益剰余金			
1．利益準備金		1,540,000	
2．その他利益剰余金			
① 別途積立金		760,000	
② 繰越利益剰余金		( )	
利益剰余金合計			( )
株主資本合計			( )
純資産合計			( )
負債及び純資産合計			( )

(2)

損　益　計　算　書

新潟商事株式会社　　令和○4年4月1日から令和○5年3月31日まで　　(単位：円)

Ⅰ 売上高		78,824,000
Ⅱ 売上原価		
1. 期首商品棚卸高	(　　)	
2. 当期商品仕入高	(　　)	
合計	(　　)	
3. 期末商品棚卸高	(　　)	
	(　　)	
4.(　　)	(　　)	
5.(　　)	(　　)	(　　)
売上総利益		(　　)
Ⅲ 販売費及び一般管理費		
1. 給料	12,200,000	
2. 発送費	1,660,000	
3. 広告料	1,080,000	
4.(　　)	(　　)	
5.(　　)	(　　)	
6.(　　)	(　　)	
7. 通信費	1,238,000	
8. 消耗品費	68,000	
9. 保険料	(　　)	
10. 租税公課	620,000	
11.(　　)	(　　)	(　　)
営業利益		(　　)

(3)

損益計算書に記載する当期純利益　¥

組	番号	名前

3 得点	

4

	借　　方	貸　　方
a		
b		
c		
d		
e		
f		
g		

4 得点	

1級会計模擬試験問題　第7回　〔解　答　用　紙〕

1

(1)

ア	イ	ウ	エ

(2)

ア	イ	ウ

2

(1)

①	期末商品棚卸高(原価)　¥	②	売　上　高　¥

(2)

ア	千円	イ	千円
ウ	千円	エ	千円

(3)

①

a	千円	b	千円

②（注意）ウについては，小数第1位まで示すこと。

ウ	回	エ		オ	日	カ	

1 得点		2 得点		3 得点		4 得点		合計	

組	番号	名　　前

3 (1)

損益計算書

長崎商事株式会社　　令和○3年4月1日から令和○4年3月31日まで　　(単位：円)

Ⅰ 売上高		73,236,500
Ⅱ 売上原価		
1. 期首商品棚卸高	3,530,000	
2. 当期商品仕入高	50,472,000	
合計	54,002,000	
3. 期末商品棚卸高	(　　)	
	(　　)	
4. (　　)	(　　)	
5. (　　)	(　　)	(　　)
売上総利益		(　　)
Ⅲ 販売費及び一般管理費		
1. 給料	6,956,000	
2. 発送費	2,560,000	
3. 広告料	3,120,000	
4. (　　)	(　　)	
5. (　　)	(　　)	
6. (　　)	(　　)	
7. (　　)	(　　)	
8. 支払家賃	3,000,000	
9. 保険料	(　　)	
10. 租税公課	350,000	
11. (　　)	(　　)	(　　)
営業利益		(　　)
Ⅳ 営業外収益		
1. 受取配当金	(　　)	
2. (　　)	(　　)	(　　)
Ⅴ 営業外費用		
1. (　　)	(　　)	
2. 手形売却損	(　　)	(　　)
経常利益		(　　)
Ⅵ 特別利益		
1. 固定資産売却益	(　　)	(　　)
Ⅶ 特別損失		
1. 固定資産除却損	(　　)	(　　)
税引前当期純利益		(　　)
法人税・住民税及び事業税	(　　)	
法人税等調整額	(　　)	(　　)
当期純利益		(　　)

(2)

株主資本等変動計算書

長崎商事株式会社　　令和○3年4月1日から令和○4年3月31日まで　　(単位：円)

	株主資本							
	資本金	資本剰余金		利益剰余金				株主資本合計
		資本準備金	資本剰余金合計	利益準備金	その他利益剰余金		利益剰余金合計	
					別途積立金	繰越利益剰余金		
当期首残高	12,000,000	1,200,000	1,200,000	600,000	60,000	2,068,000	2,728,000	15,928,000
当期変動額								
剰余金の配当				(　　)		(　　)	△1,500,000	△1,500,000
別途積立金の積立					20,000	△20,000	——	——
当期純利益						(　　)	(　　)	(　　)
株主資本以外(純額)								
当期変動額合計	——	——	——	(　　)	20,000	(　　)	(　　)	(　　)
当期末残高	12,000,000	1,200,000	1,200,000	(　　)	80,000	(　　)	(　　)	(　　)

下段へ続く

上段より続く

	評価・換算差額等		純資産合計
	その他有価証券評価差額金	評価・換算差額等合計	
当期首残高	——	——	15,928,000
当期変動額			
剰余金の配当			△1,500,000
別途積立金の積立			——
当期純利益			(　　)
株主資本以外(純額)	(　　)	(　　)	(　　)
当期変動額合計	(　　)	(　　)	(　　)
当期末残高	(　　)	(　　)	(　　)

(3)

貸借対照表の負債の部に記載する合計額　¥

組	番号	名　前

3 得点	

4

	借　　　　　　　方	貸　　　　　　　方
a		
b		
c		
d		
e		
f		
g		

4 得点	

1級会計模擬試験問題　第8回〔解　答　用　紙〕

1

(1)

ア	イ	ウ	エ

(2)

ア	イ	ウ

2

(1)

当座預金出納帳の次月繰越高	¥

(2)

a	千円	b	千円
c	千円	d	千円

(3)　(注意) ①の比率について，小数第1位まで示すこと。

①

ア	千円	イ	回	ウ	回
エ	%	オ	%	カ	%

②

a	%	b	%

1 得点		2 得点		3 得点		4 得点		合計	

組	番号	名　前

3 (1)

貸　借　対　照　表

島根商事株式会社　　　令和○5年3月31日　　　（単位：円）

資　産　の　部			
Ⅰ 流　動　資　産			
1．現　金　預　金		( )	
2．電 子 記 録 債 権	2,400,000		
貸 倒 引 当 金	( )	( )	
3．売　掛　金	( )		
貸 倒 引 当 金	( )	( )	
4．( )		( )	
5．( )		( )	
6．( )		( )	
流 動 資 産 合 計			( )
Ⅱ 固　定　資　産			
(1) 有 形 固 定 資 産			
1．建　物	7,600,000		
減 価 償 却 累 計 額	( )	( )	
2．備　品	3,500,000		
減 価 償 却 累 計 額	( )	( )	
3．土　地		4,000,000	
4．建 設 仮 勘 定		2,000,000	
有形固定資産合計		( )	
(2) 投資その他の資産			
1．投 資 有 価 証 券		( )	
2．長 期 前 払 費 用		( )	
投資その他の資産合計		( )	
固 定 資 産 合 計			( )
資　産　合　計			( )
負　債　の　部			
Ⅰ 流　動　負　債			
1．電 子 記 録 債 務		1,400,000	
2．買　掛　金		( )	
3．短 期 借 入 金		( )	
4．( )		( )	
5．( )		( )	
流 動 負 債 合 計			( )
Ⅱ 固　定　負　債			
1．長 期 借 入 金		4,000,000	
2．( )		( )	
3．繰 延 税 金 負 債		( )	
固 定 負 債 合 計			( )
負　債　合　計			( )

純　資　産　の　部

Ⅰ 株　主　資　本		
(1) 資　　本　　金		10,000,000
(2) 資　本　剰　余　金		
1. 資　本　準　備　金	1,000,000	
2. その他資本剰余金	200,000	
資本剰余金合計		1,200,000
(3) 利　益　剰　余　金		
1. 利　益　準　備　金	300,000	
2. その他利益剰余金		
① 別　途　積　立　金	840,000	
② 繰越利益剰余金	(　　)	
利益剰余金合計		(　　)
株　主　資　本　合　計		(　　)
Ⅱ 評価・換算差額等		
1. その他有価証券評価差額金	(　　)	
評価・換算差額等合計		(　　)
Ⅲ 新　株　予　約　権		200,000
純　資　産　合　計		(　　)
負債及び純資産合計		(　　)

(2)

損　益　計　算　書

島根商事株式会社　　令和○4年4月1日から令和○5年3月31日まで　　(単位：円)

Ⅰ 売　上　高		(　　)
Ⅱ 売　上　原　価		
1. 期首商品棚卸高	2,380,000	
2. 当期商品仕入高	60,327,500	
合　計	62,707,500	
3. 期末商品棚卸高	(　　)	
	(　　)	
4. (　　)	(　　)	
5. (　　)	(　　)	(　　)
売　上　総　利　益		(　　)
Ⅲ 販売費及び一般管理費		
1. 給　　料	9,075,000	
2. 発　送　費	1,892,000	
3. 広　告　料	1,786,000	
4. (　　)	(　　)	
5. (　　)	(　　)	
6. (　　)	(　　)	
7. 支　払　家　賃	1,520,000	
8. 消　耗　品　費	227,000	
9. 保　険　料	(　　)	
10. 租　税　公　課	273,600	
11. (　　)	(　　)	(　　)
営　業　利　益		(　　)

(3)

損益計算書に記載する当期純利益　¥

組	番号	名　　前

3 得点

4

	借　　方	貸　　方
a		
b		
c		
d		
e		
f		
g		

4 得点	

1級会計模擬試験問題　第9回〔解　答　用　紙〕

1

(1)

ア	イ	ウ	エ

(2)

ア	イ	ウ

2

(1)

ア		イ		ウ		エ	

(2)

連結貸借対照表

P社　令和○8年3月31日　(単位：千円)

現金預金	26,450	買掛金	9,900
売掛金	(　　)	資本金	(　　)
商品	5,500	利益剰余金	(　　)
のれん	(　　)	非支配株主持分	(　　)
	(　　)		(　　)

連結損益計算書

P社　令和○7年4月1日から令和○8年3月31日まで　(単位：千円)

売上原価	52,500	売上高	75,000
給料	19,710		
のれん償却	(　　)		
当期純利益	(　　)		
	(　　)		75,000
非支配株主に帰属する当期純利益	(　　)	当期純利益	(　　)
親会社株主に帰属する当期純利益	(　　)		
	(　　)		(　　)

(3)　(注意) エとオについては，小数第1位まで示すこと。

①

ア	%	イ		ウ	%	エ	%	オ	回	カ	

②

a	¥	b	¥

1 得点		**2** 得点		**3** 得点		**4** 得点		合計	

組	番号	名　　前

3 (1)

損　益　計　算　書

山形商事株式会社　　令和○2年4月1日から令和○3年3月31日まで　　(単位：円)

Ⅰ 売　上　高		95,352,000
Ⅱ 売　上　原　価		
1. 期首商品棚卸高	(　　)	
2. 当期商品仕入高	(　　)	
合　計	(　　)	
3. 期末商品棚卸高	(　　)	
	(　　)	
4. (　　)	(　　)	
5. (　　)	(　　)	(　　)
売上総利益		(　　)
Ⅲ 販売費及び一般管理費		
1. 給　料	9,879,600	
2. 発　送　費	2,100,000	
3. 広　告　料	2,374,000	
4. (　　)	(　　)	
5. (　　)	(　　)	
6. ソフトウェア償却	(　　)	
7. (　　)	(　　)	
8. 水道光熱費	708,000	
9. 消耗品費	160,200	
10. 保　険　料	(　　)	
11. 租税公課	112,800	
12. (　　)	(　　)	(　　)
営業利益		(　　)
Ⅳ 営業外収益		
1. 受取配当金	127,200	
2. 為替差益	(　　)	
3. (　　)	(　　)	(　　)
Ⅴ 営業外費用		
1. 支払利息	(　　)	
2. (　　)	(　　)	(　　)
経常利益		(　　)
Ⅵ 特別損失		
1. 固定資産売却損	216,000	216,000
税引前当期純利益		(　　)
法人税・住民税及び事業税		(　　)
当期純利益		(　　)

(2)

貸借対照表

山形商事株式会社　　　令和○3年3月31日　　　(単位：円)

資産の部

〜〜〜〜〜〜

資産合計		40,369,880
負債の部		
Ⅰ 流動負債		
1. 電子記録債務	685,000	
2. 買掛金	2,690,480	
3. 未払費用	(　　)	
4. (　　)	(　　)	
流動負債合計		(　　)
Ⅱ 固定負債		
1. 長期借入金	6,000,000	
2. (　　)	(　　)	
固定負債合計		(　　)
負債合計		(　　)
純資産の部		
Ⅰ 株主資本		
(1) 資本金		13,200,000
(2) 資本剰余金		
1. 資本準備金	1,680,000	
資本剰余金合計		1,680,000
(3) 利益剰余金		
1. 利益準備金	1,440,000	
2. その他利益剰余金		
① 別途積立金	612,000	
② 繰越利益剰余金	(　　)	
利益剰余金合計		(　　)
株主資本合計		(　　)
Ⅱ 評価・換算差額等		
1. その他有価証券評価差額金	(　　)	
評価・換算差額等合計		(　　)
純資産合計		(　　)
負債及び純資産合計		(　　)

(3)

貸借対照表に記載する商品の金額　¥

組	番号	名前

3 得点	

4

	借　　　　方	貸　　　　方
a		
b		
c		
d		
e		
f		
g		

4 得点	

1級会計模擬試験問題　第10回　〔解　答　用　紙〕

1

(1)

ア	イ	ウ	エ

(2)

ア	イ	ウ

2

(1)

①	損益計算書に記載する ソフトウェア償却	¥	②	貸借対照表に記載する ソフトウェア	¥

(2)

連結損益計算書

P社　令和○2年4月1日から令和○3年3月31日まで　(単位：千円)

売上原価	( )	売上高	73,000
給料	6,400		
( )	( )		
当期純利益	( )		
	( )		( )
非支配株主に帰属する当期純利益	( )	当期純利益	( )
親会社株主に帰属する当期純利益	( )		
	( )		( )

連結株主資本等変動計算書

P社　令和○2年4月1日から令和○3年3月31日まで　(単位：千円)

	資本金	利益剰余金	非支配株主持分
当期首残高	32,000	10,900	4,500
当期変動額　剰余金の配当		△3,600	
親会社株主に帰属する当期純利益		( )	
株主資本以外の項目の当期変動額(純額)			( )
当期末残高	32,000	( )	( )

連結貸借対照表

P社　令和○3年3月31日　(単位：千円)

諸資産	69,400	諸負債	8,400
( )	( )	資本金	( )
		利益剰余金	( )
		( )	( )
	( )		( )

(3)

ア	%	イ	%	ウ	%	エ		オ	%

カ		キ	%	ク	回	ケ	%	コ	

1 得点		**2** 得点		**3** 得点		**4** 得点		合計	

組	番号	名前

3 (1)

貸借対照表

福岡商事株式会社　　令和○4年3月31日　　(単位：円)

資産の部			
Ⅰ 流動資産			
1. 現金預金		( )	
2. 電子記録債権	1,320,000		
貸倒引当金	( )	( )	
3. 売掛金	( )		
貸倒引当金	( )	( )	
4. ( )		( )	
5. ( )		( )	
6. 前払費用		( )	
7. 未収収益		( )	
流動資産合計			( )
Ⅱ 固定資産			
(1) 有形固定資産			
1. 備品	3,456,000		
減価償却累計額	( )	( )	
2. 土地		7,800,000	
3. リース資産	6,000,000		
減価償却累計額	( )	( )	
有形固定資産合計		( )	
(2) 無形固定資産			
1. ( )		( )	
無形固定資産合計		( )	
(3) 投資その他の資産			
1. 関係会社株式		( )	
2. 長期貸付金		3,500,000	
3. ( )		( )	
4. 繰延税金資産		( )	
投資その他の資産合計		( )	
固定資産合計			( )
資産合計			( )
負債の部			
Ⅰ 流動負債			
1. 電子記録債務		1,652,400	
2. 買掛金		3,384,130	
3. リース債務		( )	
4. ( )		( )	
流動負債合計			( )
Ⅱ 固定負債			
1. リース債務		( )	
2. ( )		( )	
固定負債合計			( )
負債合計			( )

純資産の部

Ⅰ 株主資本		
(1) 資本金		18,300,000
(2) 資本剰余金		
1. 資本準備金	1,300,000	
資本剰余金合計		1,300,000
(3) 利益剰余金		
1. 利益準備金	410,000	
2. その他利益剰余金		
① 別途積立金	432,000	
② 繰越利益剰余金	(　　　)	
利益剰余金合計		(　　　)
株主資本合計		(　　　)
純資産合計		(　　　)
負債及び純資産合計		(　　　)

(2)

損益計算書

福岡商事株式会社　　令和○3年4月1日から令和○4年3月31日まで　　(単位：円)

Ⅰ 売上高		82,942,400
Ⅱ 売上原価		
1. 期首商品棚卸高	(　　　)	
2. 当期商品仕入高	(　　　)	
合計	(　　　)	
3. 期末商品棚卸高	(　　　)	
	(　　　)	
4. (　　　)	(　　　)	
5. (　　　)	(　　　)	(　　　)
売上総利益		(　　　)
Ⅲ 販売費及び一般管理費		
1. 給料	10,080,000	
2. 広告料	1,179,600	
3. (　　　)	(　　　)	
4. (　　　)	(　　　)	
5. (　　　)	(　　　)	
6. (　　　)	(　　　)	
7. 消耗品費	170,020	
8. 保険料	(　　　)	
9. 租税公課	222,000	
10. (　　　)	(　　　)	(　　　)
営業利益		(　　　)

(3)

損益計算書に記載する税引前当期純利益　¥

組	番号	名前

3 得点	

4

	借　　　方	貸　　　方
a		
b		
c		
d		
e		
f		
g		

4 得点	

1級会計模擬試験問題　第11回　〔解　答　用　紙〕

1

(1)

ア	イ	ウ	エ

(2)

ア	イ	ウ

2

(1)

①	貸借対照表に記載する前受金	¥	②	損益計算書に記載する為替差(　　)	¥

※（　　）内に「益」または「損」を記入すること。

(2)

連結損益計算書

P社　　令和○6年4月1日から令和○7年3月31日まで　　(単位：千円)

売上原価	(　　)	売上高	(　　)
給料	(　　)	受取配当金	(　　)
(　　)	(　　)		
当期純利益	(　　)		
	(　　)		(　　)
非支配株主に帰属する当期純利益	(　　)	当期純利益	(　　)
親会社株主に帰属する当期純利益	(　　)		
	(　　)		(　　)

連結株主資本等変動計算書

P社　　令和○6年4月1日から令和○7年3月31日まで　　(単位：千円)

	資本金	資本剰余金	利益剰余金	非支配株主持分
当期首残高	3,000	900	1,550	(　　)
当期変動額　剰余金の配当			(　　)	
親会社株主に帰属する当期純利益			(　　)	
株主資本以外の項目の当期変動額(純額)				(　　)
当期末残高	3,000	900	(　　)	(　　)

連結貸借対照表

P社　　令和○7年3月31日　　(単位：千円)

諸資産	(　　)	諸負債	(　　)
(　　)	(　　)	資本金	(　　)
		資本剰余金	(　　)
		利益剰余金	(　　)
		(　　)	(　　)
	(　　)		(　　)

(3)

a	¥	b	%	c	%	d	%
e	¥	f	回	g			

1 得点		2 得点		3 得点		4 得点		合計	

組	番号	名前

3 (1)

損益計算書

福島商事株式会社　令和○4年4月1日から令和○5年3月31日まで　(単位：円)

Ⅰ 売上高			69,072,240
Ⅱ 売上原価			
1. 期首商品棚卸高	( )		
2. 当期商品仕入高	( )		
合計	( )		
3. 期末商品棚卸高	( )		
	( )		
4. ( )	( )		
5. ( )	( )	( )	
売上総利益		( )	
Ⅲ 販売費及び一般管理費			
1. 給料	9,895,000		
2. 発送費	903,160		
3. 広告料	1,154,390		
4. 貸倒損失	( )		
5. ( )	( )		
6. ( )	( )		
7. ( )	( )		
8. ( )	( )		
9. 保険料	( )		
10. 租税公課	406,400		
11. ( )	( )	( )	
営業利益		( )	
Ⅳ 営業外収益			
1. 受取配当金	93,200		
2. 有価証券利息	( )		
3. ( )	( )	( )	
Ⅴ 営業外費用			
1. 支払利息	( )		
2. ( )	( )	( )	
経常利益		( )	
Ⅵ 特別利益			
1. 固定資産売却益	( )	( )	
Ⅶ 特別損失			
1. 固定資産除却損	( )	( )	
税引前当期純利益		( )	
法人税・住民税及び事業税	( )		
法人税等調整額	( )	( )	
当期純利益		( )	

(2)

株主資本等変動計算書

福島商事株式会社　　令和○4年4月1日から令和○5年3月31日まで　　(単位：円)

	株主資本							
	資本金	資本剰余金		利益剰余金				株主資本合計
		資本準備金	資本剰余金合計	利益準備金	その他利益剰余金		利益剰余金合計	
					新築積立金	繰越利益剰余金		
当期首残高	( )	550,000	550,000	500,000	( )	1,756,000	2,346,000	11,896,000
当期変動額								
剰余金の配当				( )		( )	△1,200,000	△1,200,000
新築積立金の積立					30,000	△30,000	——	——
当期純利益						( )	( )	( )
株主資本以外(純額)								
当期変動額合計	——	——	——	( )	30,000	( )	( )	( )
当期末残高	9,000,000	550,000	( )	( )	120,000	( )	( )	( )

下段へ続く

上段より続く

	評価・換算差額等		新株予約権	純資産合計
	その他有価証券評価差額金	評価・換算差額等合計		
当期首残高	——	——	1,200,000	13,096,000
当期変動額				
剰余金の配当				△1,200,000
新築積立金の積立				——
当期純利益				( )
株主資本以外(純額)	( )	( )		( )
当期変動額合計	( )	( )	——	( )
当期末残高	( )	( )	1,200,000	( )

(3)

貸借対照表に記載する流動負債合計　¥

組	番号	名前

3 得点	

4

	借　　　方	貸　　　方
a		
b		
c		
d		
e		
f		
g		

4 得点	

1級会計模擬試験問題　第12回　〔解　答　用　紙〕

1

(1)

ア	イ	ウ	エ

(2)

ア	イ	ウ

2

(1)

法人税等調整額　¥

(2)

連結損益計算書

P社　令和○4年4月1日から令和○5年3月31日まで　(単位：千円)

売上原価	1,160,000	売上高	1,560,000
給料	360,000		
のれん償却	(　　)		
当期純利益	(　　)		
	(　　)		(　　)
非支配株主に帰属する当期純利益	(　　)	当期純利益	(　　)
親会社株主に帰属する当期純利益	(　　)		
	(　　)		(　　)

連結株主資本等変動計算書

P社　令和○4年4月1日から令和○5年3月31日まで　(単位：千円)

	資本金	利益剰余金	非支配株主持分
当期首残高	200,000	88,000	(　　)
当期変動額　剰余金の配当		△16,000	
親会社株主に帰属する当期純利益		(　　)	
株主資本以外の項目の当期変動額(純額)			(　　)
当期末残高	200,000	(　　)	(　　)

連結貸借対照表

P社　令和○5年3月31日　(単位：千円)

諸資産	905,000	諸負債	570,000
のれん	(　　)	資本金	(　　)
		利益剰余金	(　　)
		(　　)	(　　)
	(　　)		(　　)

(3)

①

ア	%	イ	ウ	%	エ	オ	回	カ

②

a	¥	b	¥

1 得点		2 得点		3 得点		4 得点		合計	

組	番号	名前

3 (1)

貸　借　対　照　表

広島商事株式会社　　　　令和○5年3月31日　　　　(単位：円)

資　産　の　部			
Ⅰ 流　動　資　産			
1. 現　金　預　金		(　　　)	
2. 電 子 記 録 債 権	3,600,000		
貸 倒 引 当 金	(　　　)	(　　　)	
3. 売　掛　金	(　　　)		
貸 倒 引 当 金	(　　　)	(　　　)	
4. (　　　)		(　　　)	
5. (　　　)		(　　　)	
6. (　　　)		(　　　)	
流 動 資 産 合 計			(　　　)
Ⅱ 固　定　資　産			
(1) 有 形 固 定 資 産			
1. 建　物	(　　　)		
減 価 償 却 累 計 額	(　　　)	(　　　)	
2. 備　品	2,500,000		
減 価 償 却 累 計 額	(　　　)	(　　　)	
3. (　　　)	(　　　)		
減 価 償 却 累 計 額	(　　　)	(　　　)	
有形固定資産合計		(　　　)	
(2) 無 形 固 定 資 産			
1. (　　　)		(　　　)	
無形固定資産合計		(　　　)	
(3) 投資その他の資産			
1. 投 資 有 価 証 券		(　　　)	
2. (　　　)		(　　　)	
投資その他の資産合計		(　　　)	
固 定 資 産 合 計			(　　　)
資　産　合　計			(　　　)
負　債　の　部			
Ⅰ 流　動　負　債			
1. 電 子 記 録 債 務		3,320,000	
2. 買　掛　金		(　　　)	
3. (　　　)		(　　　)	
4. (　　　)		(　　　)	
5. (　　　)		(　　　)	
流 動 負 債 合 計			(　　　)
Ⅱ 固　定　負　債			
1. 長 期 借 入 金		3,000,000	
2. リ ー ス 債 務		(　　　)	
3. (　　　)		(　　　)	
4. (　　　)		(　　　)	
固 定 負 債 合 計			(　　　)
負　債　合　計			(　　　)

純資産の部

Ⅰ 株主資本		
(1) 資本金		19,400,000
(2) 資本剰余金		
1. 資本準備金	2,000,000	
2. その他資本剰余金	480,000	
資本剰余金合計		2,480,000
(3) 利益剰余金		
1. 利益準備金	1,800,000	
2. その他利益剰余金		
① 別途積立金	438,000	
② 繰越利益剰余金	(　　)	
利益剰余金合計		(　　)
株主資本合計		(　　)
Ⅱ 評価・換算差額等		
1. その他有価証券評価差額金	(　　)	
評価・換算差額等合計		(　　)
Ⅲ 新株予約権		100,000
純資産合計		(　　)
負債及び純資産合計		(　　)

(2)

損益計算書

広島商事株式会社　　令和○4年4月1日から令和○5年3月31日まで　　(単位：円)

Ⅰ 売上高			79,052,000
Ⅱ 売上原価			
1. 期首商品棚卸高		(　　)	
2. 当期商品仕入高		(　　)	
合計		(　　)	
3. 期末商品棚卸高		(　　)	
		(　　)	
4. (　　)		(　　)	
5. (　　)		(　　)	(　　)
売上総利益			(　　)
Ⅲ 販売費及び一般管理費			
1. 給料	4,983,200		
2. 発送費	880,760		
3. 広告料	809,640		
4. (　　)		(　　)	
5. (　　)		(　　)	
6. (　　)		(　　)	
7. (　　)		(　　)	
8. 支払地代	1,035,800		
9. 保険料		(　　)	
10. 水道光熱費	174,610		
11. 租税公課	145,330		
12. (　　)		(　　)	(　　)
営業利益			(　　)

(3)

損益計算書に記載する経常利益　¥

組	番号	名前

3	
得点	

4

	借　　　方	貸　　　方
a		
b		
c		
d		
e		
f		
g		

4 得点	